LEARN HUNGARIAN

LEARN HUNGARIAN

BY

ZOLTÁN BÁNHIDI – ZOLTÁN JÓKAY – DÉNES SZABÓ

In Collaboration with
JENŐ TARJÁN

SIXTH EDITION

KULTÚRA BUDAPEST

Drawings
by
TAMÁS SZECSKÓ

ISSN 0133 1094
ISBN 963 02 5824 2

PREFACE

HUNGARIAN belongs to the Finno-Ugrian family of languages. It therefore differs in both grammatical structure and vocabulary from the other European tongues which belong for the most part to the vast Indo-European group of languages. Our language has been enriched through words borrowed not only from Slav and German speaking peoples who for more than a thousand years have been our neighbours, but from Latin too, the "lingua franca" of the Church and learning in the Middle Ages. Hungarian has maintained, however, its ancient Finno-Ugrian character, which is quite clear in the grammatical structure.

In this book we have paid special attention to the grammar of Hungarian. It has been written for students who already possess the elements of general grammatical knowledge and we have tried to explain the grammatical phenomena and to point out the most striking differences between English and Hungarian.

We cannot promise that the student will find Hungarian an easy language to learn. The aim of the book is to build up the student's knowledge step by step and the grammatical phenomena are explained as fully as possible. The book provides a comprehensive guide to those who are prepared to make a serious effort to learn Hungarian. The method used, however, demands longer and more detailed chapters on grammar than one usually finds in popular language tutors.

The reading exercises combine vocabulary in everyday use with selected points of grammar. Each lesson requires about six to eight hours' work and with continuous daily study the book can be finished within a year. This time can be varied at the student's discretion.

The proverbs, folk songs and jokes form an integral part of the book. It is essential that the exercises should be carefully written out since they are designed to consolidate the student's knowledge. Good results can only be achieved by constant repetition.

The book is intended for the use of teachers of Hungarian and for private study. A key to the exercises is provided on page 433 for students who intend to teach themselves.

After working carefully through this book the student should be able to speak and to write simple but idiomatic Hungarian and to read original texts.

The authors are greatly obliged to Mr. Michael Branch, B. A. (Richmond) who made many useful grammatical and stylistical corrections in the English text. Further they thank Dr. G. F. Cushing (University of London) and Prof. John Lotz (Columbia University, New York) for their valuable suggestions and advice referring to the grammatical rules and terminology (sel p. 519—24).

CONTENTS

jugátion of Direct Objects with Possessive Suffixes. 85. Possessive Suffixes + Suffixes of Adverbs of Place. 86. Additional Verbal Prefixes.

    87. The Possessive Suffix Attached to Words Denoting Relationship. 88. The -i Suffix of the Plural Possessive. 89. The -i Suffix of the Plural Possessive Added to Words Ending in a Vowel. 90. The -i Suffix of the Plural Possessive Added to Words Ending in a Consonant. 91. Emphasis of the Person of the Possessor. 92. Adverbs of Place: External Local or Spatial Relations. 93. The Demonstrative Pronouns ez, az with the Suffixes of Adverbs of Place. 94. Summary of the Adverbial Suffixes of Place. 95. Adverbs of Place Relating to Persons: "Personal Forms". 96. Cases Governed by Verbs.

    97. The Dative Case. 98. The Demonstrative Pronouns ez, az with the Dative Suffix. 99. The Dative of the Personal Pronoun. 100. The Use of the Dative Case. 101. The Verb van — nincs and the Dative. 102. The Verb kell and the Dative. 103. Adverb of Manner Formed from Adjectives. 104. Adverb of Manner Formed from Numerals.

130. The Imperative (Subjunctive Present Tense) of Verbs. 131. The Indefinite Conjugation of the Imperative. 132. The Conjugation of *ik*-Verbs in the Imperative. 133. The Imperative of the Verb *megy* "go". 134. The Definite Conjugation of the Imperative. 135. Special Verb Form Ending in *-alak, -elek*. 136. Verbal Prefix and the Imperative. 137. The Auxiliary Verbs and the Verbal Prefix. 138. Negative Imperative. 139. Use of the Imperative in Simple Sentences and Main Clauses. 140. Use of the Imperative in Subordinate Clauses. 141. The Suffix-*ért*. 142. Changes in the Base of Some Verbs. 143. Double Possessive Relation.

144. The Suffix *-val, -vel*. 145. The Suffix *-kor*. 146. The Suffix *-ig*. 147. The Imperative of the Verbs Ending in a Short Vowel + *t*. 148. Imperative of the Verbs Ending in a Long Vowel + *t* or in a Consonant + *t*. 149. The Imperative of Verbs Ending in *-szt*. 150. Imperative of Irregular Verbs. 151. The Word *hadd*. 152. The Adverbial Participle.

153. Comparison of Adjectives: Use of the Positive. 154. Comparison of Adjectives: Formation and Use of the Comparative. 155. Expression of Degree in Comparative. 156. Comparison of Adjectives: the Superlative. 157. Adverb of Manner of Compared Adjectives. 158. Comparison of Adverbs. 159. The Numerals. 160. Fractions. 161. Ordinal Numbers. 162. Numerals of Multiplication. 163. Use of the Definite Article before Geographical Names. 164. Postpositions Adding Suffixes to Preceding Nouns or Noun-Equivalents.

13

16

INTRODUCTION

The Alphabet

Written Hungarian uses the Roman Alphabet. Sounds not found in this alphabet are indicated in the case of consonants by a combination of letters, and in the case of vowels by two dots or acute accents above the letter. Some letters have a sound value different from that in the Roman Alphabet.

The spoken language free of dialect variations serves as the standard for the written language. The numerous consonant assimilations in pronunciation are rarely shown. The standard spelling clearly indicates the structural elements in a word, its base, formative, modifying and flexional suffixes.

The first syllable of a word, including compound words, is always stressed, although this is not indicated in the written language.

The length of a sound is shown in vowels by acute accents above the letter, **á, é, ő, ű,** etc. In consonants length is shown by doubling: **bb, pp, kk,** etc.

The traditional order of the Hungarian Alphabet is as follows:—

a	á	b	c	cs	d	dz	dzs	e	é	f	g
[ɑ]*	[aː]	[beː]	[tseː]	[tʃeː]	[deː]	[dzeː]	[dʒeː]	[ɛ]	[eː]	[ɛf]	[geː]

gy	h	i	í	j	k	l	ly	m	n	ny
[djeː]	[haː]	[i]	[íː]	[jeː]	[kaː]	[ɛl]	[ɛl ipsilon]	[ɛm]	[ɛn]	[ɛnj]

o	ó	ö	ő	p	r	s	sz	t	ty	u	ú	ü
[o]	[oː]	[ø]	[øː]	[peː]	[ɛr]	[ɛʃ]	[ɛs]	[teː]	[tjeːj]	[u]	[uː]	[y]

ű	v	z	zs
[yː]	[veː]	[zeː]	[ʒeː]

The letters, **q, w, x, y** may also occur in foreign words and names.

Certain archaic letters occur in family names:—

aa, aá = á	eö, ew = ö, ő	oo oó = ó	y = i
ch, ts = cs	cz = c	th = t	w = v

* The Hungarian names of the letters in phonetic transcription are given in square brackets. The sound value of the phonetic symbols see in the next chapters.

Pronunciation

Pronunciation of Vowels

Hungarian is pronounced as it is written. Unlike English it has no mute letters whose sound depends on their position in a stressed or unstressed syllable.

The vowels in each syllable are pronounced clearly and distinctly. A vowel is not reduced in an unstressed syllable. When pronouncing Hungarian vowels, the movement of the lips and jaw is more intense and definite than when articulating English vowels.

Precise differentiation between long and short vowels is extremely important. The accent above a vowel must not be ignored.

Hungarian long vowels must be pronounced in an even tone of voice. There are no diphthongs in the speech of an educated Hungarian.

The Hungarian Letter	Phonetic Symbol	Explanation of Pronunciation	Examples
í	[iː]	a long, close sound like e, ee, ea, ey, ie: *he, tee, hear, key, field* French i, ie: *dire, folie* German ih, ie, i: *ihn, Wiese, wir*	híd [hiːd] *bridge*
i	[i]	a short version of the above [iː]; it is similar to the [i] sound in the words *lip, is, fifty* but it is produced well forward and with a wider opening than the English sound French i: *six, dix* German i: *Tisch, Kind*	mi [mi]? *what*
ú	[uː]	long, close, rounded, as u, oo, o, ew: *rule, noon, do, grew* French ou: *jour, tour* German uh, u: *Uhr, Hut*	út [uːt] *way*
u	[u]	short version of the above [uː] like the [u] sound pronounced in the words *good, put, took* but produced more rounded French ou: *tout, fou* German u: *Mund, kurz*	tud [tud] *he knows*

The Hungarian Letter	Phonetic Symbol	Explanation of Pronunciation	Examples
ű	[yː]	a long, close sound not existing in standard English; when producing this sound the tongue takes the position for pronouncing [iː] but the lips must be rounded For practice try to pronounce the English word *he* but with the lips pursed, rounded, then the Hungarian word **hű** *'faithful'* should be produced. French **u:** *pur, sûr* German **üh, ü:** *früh, Rübe*	**tű** [tyː] *needle*
ü	[y]	a short version of the above [yː] sound, not in standard English; it is pronounced similarly with intense lip rounding French **u:** *tu, but* German **ü:** *dünn, Sünde*	**ül** [yl] *he sits*
ő	[øː]	a long, half-close sound, not in standard English; a long closer version of the sound in the words *girl, earth*, but the Hungarian [øː] sound must be pronounced with lips much more rounded and the tongue in a forward position French **eu:** *feu, deux* German **öh, ö:** *Söhne, schön*	**nő** [nøː] *woman*
ö	[ø]	short, half-close; short version of the above [øː] sound; to be pronounced with strong lip-rounding French **e:** *le, ne* German **ö:** *Löffel, Töchter*	**öt** [øt] *five*
ó	[oː]	a long, half-close sound like the Scottish [o] in *hole, coat;* care should be taken that this sound be pronounced in a long level tone and it should not change into an [u]-like sound French **eau, au:** *beau, chaud* German **oh, oo:** *Sohn, Boot*	**tó** [toː] *lake*

The Hungarian Letter	Phonetic Symbol	Explanation of Pronunciation	Examples
o	[o]	a short, half-close version of the above [oː] sound; it is like the [o] sound in *November* and *politics*, but it should be pronounced a little more rounded French **o**: *monter, pomme* German **o**: *Obst, kochen*	**toll** [toll] *pen*
é	[eː]	long, half-close; as in Scottish pronunciation of *day, name*; care should be taken to pronounce this sound in a level tone and it should not change into an [i]-like sound French **é**: *thé, été* German **ee, e**: *See, lebt*	**kép** [keːp] *picture*
e	[ɛ] [æ]	a short, half-open sound as in Northern English pronunciation of *get, met, pen* or in Southern English pronunciation of *cat, mat* French **e**: *mettre, sec* German **e**: *Bett, Herr* In the Budapest pronunciation — and accordingly also in our phonetic transcription — only this one short [ɛ] sound is used. In many dialects there is another sound, a more open short one, open as in *had, bad, man*. As this sound will be treated only in connection with certain grammatical formulation, it will be referred to in due course.	**ember** [ɛmbɛr] *man*
á	[aː]	long, open; considering its tone-colour it is most approximate to the Northern English pronunciation of **a** in the words *back, pan*, but the Hungarian sound is a long one; it is also very like the **aa** in *baa* (the imitation of a sheep's bleat) French **a, ah**: *pâte, ah!* German **aa, ah, a**: *Haar, Jahr, Straße*	**tál** [taːl] *dish*

The Hungarian Letter	Phonetic Symbol	Explanation of Pronunciation	Examples
a	[ɑ]	short, open, with little lip-rounding; its tone-colour is different from that of the above [aː] sound; as in frequent Southern English pronunciation of *half*, *far*, but the Hungarian is a short sound, it is very like English **o** and **a** in *hot* or *what*, but the Hungarian sound is a little more widely open It is also similar to the first part of the German diphthong **eu**, **äu**: *teuer*, *Häuser*. In phonetic script this sound is represented also by this sign: [ɔ].	**ablak** [ɑblɑk] *window*

Pronunciation of Consonants

As we have already seen, Hungarian consonants can be both long and short. Great care should be paid to the differences in length. The long consonants are pronounced two or three times longer than the short ones. Although the double consonants in English (si**tt**ing, ha**pp**y, fu**ss**) indicate only the shortness of the preceding vowel, since in pronunciation they are themselves short, the formation of the Hungarian double consonant begins in the preceding syllable and finishes in the following one, e.g.:—

éppen [eːp-pen] *just*   kettő [ket-tøː] *two*

ebben [ɛb-bɛn] *in this*   lenne [lɛn-nɛ] *it would be*

If a word ends with a double consonant and is followed by a word beginning with a vowel or a break in speech no further statement, full stop or a comma, then the double consonant is pronounced as a medial sound:—

jobb [jobb] *right (hand side)*   jobb oldal [jobb oldɑl] *the right side*

If the double consonant is followed by a consonant without a break in speech, then the double consonant is pronounced short:—

jobbra [jobrɑ] *to the right*   jobb láb [job laːb] *the right leg*

23

The Hungarian Letter	Phonetic Symbol	Explanation of Pronunciation	Examples
p	[p]	short unvoiced; like English **p** in *pit, lip, plan;* without aspiration French **p**: *père, épée*	**apa** [ɑpɑ] *father*
b	[b]	short, voiced; like English **b** in *but, bring*	**bab** [bɑb] *bean*
pp	[pp]	long, unvoiced, without aspiration	**éppen** [eːppɛn] *just*
bb	[bb]	long, voiced	**jobban** [jobbɑn] *better*
t	[t]	short, unvoiced, it is pronounced hard without aspiration; the tongue-tip touches the gums directly behind the upper teeth; the Hungarian [t] sound must be pronounced more forward like the English [t] in *two, taxi* French **t**: *terre, tête*	**te** [tɛ] *you*
d	[d]	short, voiced; the place of its articulation is identical with that of the Hungarian [t] French **d**: *deux, cadeau*	**dél** [deːl] *noon*
tt	[tt]	long, unvoiced, without aspiration	**kettő** [kɛttøː] *two*
dd	[dd]	long, voiced	**kedd** [kɛdd] *Tuesday*
k	[k]	short, unvoiced, as English **c, ck, k** in *career, back, jerk*, without aspiration French **qu, c**: *quatre, coeur*	**kép** [keːp] *picture*
g	[g]	short, the voiced form of the above sound [k]; as English **g** in *give, ago*	**ág** [ɑːg] *branch*
kk	[kk]	long, unvoiced, without aspiration	**makk** [mɑkk] *acorn*
gg	[gg]	long, voiced	**reggel** [rɛggɛl] *morning*
f	[f]	short, unvoiced, as **f** in *fifty, life*	**kefe** [kɛfɛ] *brush*
v	[v]	short, voiced, as **v** in *very, never*	**világ** [vilɑːg] *world*
ff	[ff]	long, unvoiced	**puffan** [puffɑn] *plop*
vv	[vv]	long, voiced	**névvel** [neːvvɛl] *with name*

The Hungarian Letter	Phonetic Symbol	Explanation of Pronunciation	Examples
sz	[s]	short, unvoiced, as **s** in *see, slow*	**szép** [seːp] *beautiful*
z	[z]	short, voiced, as **z** in *zeal, zoo*	**zene** [zɛnɛ] *music*
ssz	[ss]	long, unvoiced	**rossz** [ross] *bad*
zz	[zz]	long, voiced	**kézzel** [keːzzɛl] *with hand*
s	[ʃ]	short, unvoiced, as **sh** in *ship, shoe*	**és** [eːʃ] *and*
zs	[ʒ]	short, voiced, as **s** in *measure, usual*	**zseb** [ʒɛb] *pocket*
ss	[ʃʃ]	long, unvoiced	**friss** [friʃʃ] *fresh*
zzs	[ʒʒ]	long, voiced	**rozzsal** [roʒʒɑl] *with rye*
h	[h]	short, unvoiced, as in English *he, mahogany;* at the beginning of a word and in medial sound before a vowel it must be pronounced; in spelling it is always shown, it is not pronounced at the end of a word and within a word preceding a consonant	**ház** [haːz] *house* **méh** [meː] *bee* **méhkas** [meːkaʃ] *beehive*
hh	[hh]	long, unvoiced	**ehhez** [ɛhhɛz] *to this*
r	[r]	short, voiced, produced by the roll of the tongue-tip; the uvular and flapped or fricative **r** is considered a defect in speech; like the Scottish [r] in *rule, train* Spanish **r:** *caro, prado*	**óra** [oːra] *clock*
rr	[rr]	long, voiced, rolled	**varr** [varr] *she sews*
l	[l]	short, voiced; the tongue-tip touches the gums like **l** in *lean, law*	**láb** [laːb] *foot*
ll	[ll]	long, voiced, but not dark [l]	**toll** [toll] *pen, feather*

The Hungarian Letter	Phonetic Symbol	Explanation of Pronunciation	Examples
j ⎫ ly ⎭	[j]	short, voiced, both letters denote the same sound as the English **y** in *yet, you*	**jó** [joː] *good* **gólya** [goːja] *stork*
jj ⎫ lly ⎭	[jj]	long, voiced	**jöjj** [jøjj] *come* **osztállyal** [ostaːjjal] *with a class*
m	[m]	short, voiced nasal sound like English **n** in *not, nine*, but the tongue-tip	**ma** [ma] *today*
n	[n]	touches the gums; before **k** and **g** it is pronounced as in English *bank, English*, but in Hungarian **k** and **g** must always be pronounced distinctly even at the end of a word	**nap** [nap] *day* **munkás** [munkaːʃ] *worker* **angol** [angol] *English* **ing** [ing] *shirt*
mm	[mm]	long, voiced nasal sound	**semmi** [ʃɛmmi] *nothing*
nn	[nn]	long, voiced nasal sound	**enni** [ɛnni] *to eat*
ny	[nj]	short, voiced nasal sound as in *new, neutral* before [u]; the Hungarian sound is a complete unit, not [n] + [j] French **gn:** *peigne, cognac*	**nyak** [njak] *neck* **könyv** [kønjv] *book*
nny	[nnj]	long, voiced nasal sound	**annyi** [annji] *so much*
c	[ts]	short, unvoiced, affricate; like **ts** in *hats, roots, tsetse* but produced somewhat more forward German **z, tz:** *Zeit, setzen*	**ceruza** [tsɛruza] *pencil*
dz	[dz]	short, voiced affricate; like **ds** in *roads, bids*, but produced somewhat more forward; **dz** digraph is	**fogódznak** [fogoːdznak] *they hold on*
	[ddz]	pronounced long in Hungarian between two vowels and at the end of a word; it can be met with only in a few words Italian **z:** *zero, verzura*	**fogódzik** [fogoːddzik] *he holds on*
cc	[tts]	long, unvoiced affricate	**moccan** [mottsan] *he budges*

The Hungarian letter	Phonetic Symbol	Explanation of Pronunciation	Examples
ddz	[ddz]	long, voiced affricate	**fogóddz** [foɡoːddz] *hold on*
cs	[tʃ]	short, unvoiced affricate; like **ch** in *chair, church*, but produced somewhat more forward	**csak** [tʃak] *only*
dzs	[dʒ] [ddʒ]	short, voiced affricate; like **j, g** in *jump, page, giant*, but produced somewhat more forward; it occurs only in a few words of foreign origin; between two vowels and at the end of a word it is always pronounced long	**lándzsa** [laːndʒa] *lance* **maharadzsa** [maharaddʒa] *maharajah* **bridzs** [briddʒ] *bridge (cardgame)*
ccs	[ttʃ]	long, unvoiced affricate	**öccse** [øttʃɛ] *his (younger) brother*
ddzs	[ddʒ]	long, voiced affricate	**briddzsel** [briddʒɛl] *with bridge (card)*
ty	[tj]	short, unvoiced affricate; a somewhat similar sound is found in *student, studio* before [u]; the Hungarian [tj] is a combined unit, not [t]+[j] French **t**: *moitié, Étienne*	**tyúk** [tjuːk] *hen* **kesztyű** [kɛstjyː] *glove*
gy	[dj]	a short, voiced form of the above affricate [tj]; it resembles the English sound in *dupe, during;* the Hungarian [dj] is a combined unit, not [d]+[j] French **d**: *adieu!*	**gyufa** [djufa] *match* **magyar** [madjar] *Hungarian*
tty	[ttj]	long, unvoiced affricate	**hattyú** [hattjuː] *swan*
ggy	[ddj]	long, voiced affricate	**meggy** [mɛddj] *morello*

Classification of Vowels

A) According to the length of pronunciation the vowels can be classified as
- *(a)* short vowels
- *(b)* long vowels

B) According to the position of the tongue, whether the front or the back part of the tongue is raised against the gum (palate) :—
- *(a)* front (palatal) vowels
- *(b)* back (velar) vowels

With regard to the position of the tongue there are closed, half-closed, half-open, and open vowels both in the front and in the back series.

C) According to the position of the lips vowels can be classified in the following way:—
- *(a)* produced by lip-spreading (without lip-rounding), illabial, unrounded vowels
- *(b)* produced by lip-rounding, labial, rounded vowels

Classification of Vowels

Tongue-position	Length	Closed with		Half-closed with		Half-open with		Open with	
		lip-spreading	lip-rounding	lip-spreading	lip-rounding	lip-spreading	lip-rounding	lip-spreading	lip-rounding
FRONT	Short	i	ü		ö	e			
	Long	í	ű	é	ő				
BACK	Short		u		o				a
	Long		ú		ó			á	

Separation of Vowels in Pronunciation

Vowels following each other in a word are always pronounced separately and are never joined into diphthongs: each vowel must be considered as a separate syllable, e.g.:—

fiai [fi-ɑ-i]	(three syllables)	*his sons*
Európa [ε-u-roː-pɑ]	(four syllables)	*Europe*
naív [nɑ-iːv]	(two syllables)	*naive*

Classification of Consonants

Here we shall consider two aspects of consonant classification which are important in pronunciation.

A) Length:

   (a) short consonants
   (b) long consonants

B) Role of the vocal chords in their formation:

   (b) unvoiced consonants
   (b) voiced consonants

Classification of Consonants

UN-VOICED	Short	p	t	k	f	sz	's	—	h	—	—	—	—	—	c	cs	ty
UN-VOICED	Long	pp	tt	kk	ff	ssz	ss	—	hh	—	—	—	—	—	cc	ccs	tty
VOICED	Short	b	d	g	v	z	zs	j, ly	—	m	n	ny	l	ɾ	dz	dzs	gy
VOICED	Long	bb	dd	gg	vv	zz	zzs	jj, lly	—	mm	nn	nny	ll	rr	ddz	ddzs	ggy

Consonant Assimilation in Pronunciation

An unvoiced consonant (except **h**) followed by a voiced consonant — with the exception of **j (ly), l, m, n, ny, r** and **v** — is assimilated to the corresponding voiced consonant in pronunciation, e. g.:—

p-d	> [b-d]	né**pd**al	[neːbdɑl]	*folksong*
t-b	> [d-b]	kú**tb**an	[kuːdbɑn]	*in the well*
k-gy	> [g-dj]	keré**kgy**ártó	[kereːgdjaːrtoː]	*wheelwright*
s-d	> [ʒ-d]	hú**sd**arab	[huːʒdɑrɑb]	*piece of meat*
c-b	> [dz-b]	har**cb**an	[hɑrdzbɑn]	*in a struggle*

In pronunciation, a voiced consonant — with the exception of **m, n, ny, j (ly), l, r** which have no unvoiced versions — is assimilated to the corresponding unvoiced consonant before an unvoiced sound.

b-k	> [p-k]	zse**bk**endő	[ʒɛpkɛndøː]	*handkerchief*
d-s	> [t-ʃ]	ha**ds**ereg	[hɑtʃɛrɛg]	*army*
g-h	> [k-h]	vilá**gh**áború	[vilaːkhaːboruː]	*world war*

29

v-t	>	[f-t]	nyelvtan	[njɛlftɑn]	*grammar*
z-cs	>	[s-tʃ]	vízcsap	[viːstʃɑp]	*water tap*
zs-f	>	[ʃ-f]	rizsföld	[riʃføld]	*rice field*
gy-sz	>	[tj-s]	nagyszülők	[nɑtjsyløːk]	*grandparents*

Fusion of Consonants in Pronunciation

Some consonant groups are fused into a long consonant in pronunciation. These consonant groups are:—

A) t
      d   } +sz > [tts]
      gy

                          játszik   [jaːttsik]   *he plays*
                          adsz   [ɑtts]   *you give*
                          egyszerű   [ɛttsɛryː]   *simple*

B) t
      d   } +s > [ttʃ]
      gy

                          barátság   [bɑraːttʃaːg]   *friendship*
                          szabadság   [sɑbɑttʃaːg]   *freedom*
                          egység   [ɛttʃeːg]   *unity*

C) gy +z > [ddz] jegyző   [jɛddzøː]   *notary*

D) d, gy   [ddj]   adja [ɑddjɑ] *he gives*, hagyja [hɑddjɑ] *he lets*

      t, ty   [ttj]   botja [bottjɑ] *his stick*, bátyja [baːttjɑ] *his elder brother*
                  } +j >

      n, ny   [nnj]   menj [mɛnnj] *go*, anyja [ɑnnjɑ] *his mother*

      l, ly   [jj]   célja [tseːjjɑ] *his aim*, folyjon [fojjon] *let it flow*

Shortening of Long Consonants in Pronunciation

A consonant within a word can be pronounced long (with double intensity) only between two vowels. If the double consonant is preceded or followed by another consonant, then it is pronounced short. The same rule applies to consonants which originated from the fusion of consonants.

Examples:—

jobbra	[jobrɑ]	*to the right*		tartja	[tɑrtjɑ]	*he holds*
tollszár	[tolsaːr]	*pen holder*		értse	[eːrtʃe]	*let him understand*
arccal	[ɑrtsɑl]	*with a face*		hordja	[hordjɑ]	*he wears*
hanggal	[hɑngɑl]	*with voice*		rendszer	[rɛntser]	*system*

Syllabification (Word Division)

In Hungarian every vowel is pronounced separately and every word contains as many syllables as it has vowels:—

fiai: fi-a-i *his sons*   mai: ma-i *today's*

Division of words into syllables works on the principle that Hungarian syllables begin, as a rule, with one consonant. Thus one of the consonants is always carried over to the next syllable or at the end of a line to the next line. If there is only one consonant, then this must be carried over to the next syllable.

The consonant groups formed by plosives **p, t, k, b, d, g** + **l** or **r** are divided differently from the English.

Examples:—

One consonant:

vi**r**ág: vi-rág *flower*, háború: há-bo-rú *war*, fekete: fe-ke-te *black*

Two consonants:

mun**k**ás: mun-kás *worker*, ablak: ab-lak *window*, nadrág: nad-rág *trousers*

Three consonants:

fes**tm**ény: fest-mény *painting*, kertben: kert-ben *in a garden*, osztrák: osztrák *Austrian*

The short consonants denoted by digraphs *(**sz, zs, ly, cs, ny, gy, ty**)* cannot be separated:—

beszéd: be-széd *speech*   gólya: gó-lya *stork*
kincsem: kin-csem *my treasure*   gyertya: gyer-tya *candle*
magyar: ma-gyar *Hungarian*   bányász: bá-nyász *miner*

Note

dz and **dzs** — denoting a long consonant — can be separated between two vowels:—
edző: ed-ző *coach*   maharadzsa: ma-ha-rad-zsa *maharajah*
The long consonants denoted by double letters are divided as follows:—
kettő: ket-tő *two*   semmi: sem-mi *nothing*

When long consonants denoted by compound letters are divided, e.g. at the end of a line, they are written in full at the end of one line and at the beginning of the next:—

as**sz**ony: asz-szony *woman*   öccse: öcs-cse *his (younger) brother*

31

The compound words *(a)* are divided — as in English — according to their parts, but *(b)* the suffixes at the end of a word are not divided as in English, but according to the general rules given above:—

(a) rendőr: rend-őr   *policeman*   vasút: vas-út   *railway*
(b) pénzért: pén-zért   *for money*   asztalon: aszta-lon   *on the table*

Orthography

A) The letters **j** and **ly** should both be pronounced as [j]. The use of the letter **ly** is a relic of the time, when these two letters were pronounced differently.

B) Hungarian, unlike English, uses a small letter for the names of nations, adjectives derived from proper nouns, the names of months, days, holidays, historical events and the personal pronoun **én** *(I)*.

C) Hungarian punctuation is very similar to English.

The most important differences are as follows:—

(a) In compound and complex sentences each sentence must be separated by a comma, therefore the conjunction **hogy** *that* and the relative pronouns, if linking a subordinate clause, must always be preceded by a comma.

(b) In Hungarian inserted words like in English: *however, indeed, too, therefore* are not placed between commas unless there is another reason for doing so.

(c) Speech is not separated by a comma but by a dash.

(d) In letters the address is not followed by a comma but by an exclamation mark.

ELSŐ LECKE

Mi? *what?*

ez *this*
az *that*

> **Mi ez?**
> **Mi az?**

Mi ez?	**Mi az?**
What is this?	*What is that?*

Asztal.
Ez asztal.

Szék.
Az szék.

Ajtó.
Ez ajtó.

Ablak.
Az ablak.

Óra.
Ez óra.

Lámpa.
Az lámpa.

1 Szöveg (1)

Text

Mi ez? Asztal. Mi az? Szék. Ez asztal. Az szék.
Mi ez? Ez ajtó. Mi az? Az ablak.
Ez óra, az lámpa.
Mi ez? Tábla. Ez tábla. Mi az? Fogas. Az fogas.
Ez könyv, az füzet.
Mi ez? Ez kép. Mi az? Az térkép. Ez kép, az térkép.
Az óra, az lámpa, az fogas, az térkép, az füzet, ez könyv.

igen	*yes*
nem	*no, (is) not,*
	(is) no

Kérdés	**Felelet**	**Kérdés**	**Felelet**
Question	*Answer*	*Question*	*Answer*
Toll ez?	Toll.	Toll az?	Nem.
	Igen.		Nem, nem toll.
	Igen, toll.		Nem, nem az.
	Igen, ez toll.		Nem, az nem toll.
	Az.		Az nem toll, az ceruza.
	Igen, az.		Nem toll, hanem ceruza.
	Igen, ez az.		Nem az.
	Ez az.		Az nem az.

Szöveg (2)

Ajtó ez? { Igen. — Igen, ez ajtó.
Nem. — Nem, ez nem ajtó. — Nem, nem ajtó, hanem ablak.

Ablak az? Nem. — Nem, az nem ablak. — Az nem ablak, hanem óra.
— Nem, az nem ablak, az óra.

Füzet ez? { Füzet. — Igen, füzet. — Igen, ez füzet. — Igen, az. — Az.
Nem, ez nem füzet. — Nem, nem füzet. — Ez nem füzet, hanem könyv.

34

| Kép az? | Igen, az kép. — Igen, kép. — Kép. — Az. | 1 |
| | Nem, az nem kép, hanem térkép. — Az nem kép, az térkép. | |

Lámpa az? Az nem lámpa. — Nem lámpa, hanem tábla.
Fogas ez? Igen, ez fogas. — Az. — Igen.
Asztal ez? Nem, ez nem asztal, hanem szék. — Nem. Szék.

---

a, az *the*

Mi ez?   Mi az?

Ez a szék.   Az a lámpa.
A szék.   A lámpa.

Mi ez?   Mi az?

Ez az ablak.   Az az óra.
Az ablak.   Az óra.

Szöveg (3)

Mi ez?   Ez a szék. Ez a kép, ez a könyv. Ez az asztal, ez az ajtó.

Mi az?   Az a térkép. Az a fogas. Az az ablak. Az az óra.

A tábla ez? Igen, ez a tábla. Az. A tábla.
             Nem, ez nem az. Ez nem a tábla. Ez a térkép.

A ceruza az? Igen, az a ceruza. Igen, az az. — Nem. Az nem az. Az nem
             a ceruza, hanem a toll.

35

1 Az ablak ez?   Igen, ez az ablak.— Nem, ez nem az ablak, hanem a tábla.

Az óra az?   Igen, az az. Igen, az. — Nem az. Nem, az nem az.

Ez asztal, ez szék, ez szekrény. Ez szekrény, ez nem szék. Ez a szekrény. — A szekrény az? Igen, az a szekrény. Az nem az asztal, hanem a szekrény.

---

vagy *or*

Kérdés	**Felelet**

Toll ez, vagy ceruza?
Mi ez, toll vagy ceruza?

Ez toll. — Toll.

A toll ez, vagy a ceruza?
Mi ez, a toll, vagy a ceruza?

Ez a toll. — A toll.

Asztal az, vagy szék?
Mi az, asztal, vagy szék?

Az asztal, nem szék.
Asztal, nem szék.

A szék az, vagy az asztal?
Mi az, a szék, vagy az asztal?

Az az asztal, nem a szék.
— Az nem a szék, az az asztal. — Az nem a szék, hanem az asztal.
— Az asztal az. — Az asztal.

Szöveg (4)

Ablak ez, vagy ajtó? Ez ablak. Az ablak ez, vagy az ajtó? Ez az ablak, nem az ajtó. Mi ez, a könyv, vagy a füzet? Ez nem a könyv, ez a füzet. Fogas ez, vagy lámpa? Az fogas, nem lámpa. A fogas az, vagy a lámpa? Az a fogas, nem a lámpa. Mi ez, toll, ceruza, vagy kréta? Ez nem toll, nem ceruza, ez kréta. Mi az, füzet vagy papír? Az nem füzet, hanem papír.

Ez asztal, ez szék, ez szekrény, az pad. Mi ez, asztal, vagy szék, vagy pad? Ez nem szék, nem asztal, hanem pad. Papír ez, vagy ceruza? Ez papír. Az ceruza, az kréta, ez papír. Az asztal az, vagy a pad? Az nem az asztal, hanem a pad. Óra az, vagy radírgumi? Radírgumi. Ez az óra, ez a radírgumi.

Vocabulary

egy [ɛddj]	one	toll	*pen*
lecke [letskɛ]	lesson	ceruza	*pencil*
mi?	what?	hanem	*but*
ez	this		
az	that	a, az	*the*
asztal	table	szekrény	*wardrobe*
szék	chair		
ajtó	door	vagy	*or*
ablak	window	kréta	*chalk*
óra	clock, watch	papír	*paper*
lámpa	lamp	pad	*bench*
szöveg	text	radírgumi	*india-rubber*
tábla	blackborad		
fogas	rack	szókincs	*vocabulary (word list)*
könyv	book		
füzet	exercise book	kiejtés	*pronunciation*
kép	picture	nyelvtan	*grammar*
térkép	map	gyakorlatok (plural)	*exercises*
igen	yes	fordítás	*translation*
nem	no, not	tollbamondás	*dictation*
kérdés	question	[tolbɑmondaːʃ]	
felelet	answer		

 In Hungarian only proper nouns begin with a capital letter.

KIEJTÉS

Pronunciation

Hungarian vowels are either short [ᴜ] or long [≄]. Stress ['] is always placed on the firts syllable of a word. Note the difference in length of pronunciation.

[ᴜ]	[≄]	[ᴜᴜ]	[≄ᴜ]	[ᴜ—]	[≄ᴜ]
mi	szék	lecke	kérdés	első	óra
egy	kép	fogas	térkép	szekrény	kréta
toll		füzet		papír	tábla
pad		ablak		ajtó	lámpa

NYELVTAN

Grammar

1. The Nominal Predicate

Ez asztal. *This is a table.* — In this sentence the predicate is expressed by the noun **asztal** (this is stated), the subject is the demonstrative pronoun **ez** (about which it is stated that it is a table). Note that Hungarian does not use a separate word for the English "*is*".

Sentences in which the predicate is a noun, adjective, numeral, or pronoun are called Nominal Sentences.

The interrogative sentences: **Mi ez?** or **Mi az?** are also nominal sentences. The predicate is the interrogative pronoun **mi?** and the subject is denoted by he demonstrative pronoun **ez, az.**

2. Omitting the Subject

In Hungarian, unlike English, the subject is often not expressed if it is unmistakably clear from the context what it denotes, as in the following examples:—

Question	Answers	
	(Ez) szék.	*Yes, this is a chair.*
Szék ez? *Is this a chair?*	Igen, (ez) szék.	
	(Ez) az.	*Yes, it is.*

3. The Definite Article

The Definite Article has two forms:—

(a) the form **a** is used before words beginning with a consonant:—
a kép, a tábla, a könyv, a lámpa

(b) the form **az** is used before words beginning with a vowel:—
az‿ablak, az‿ajtó, az‿asztal, az‿óra

The definite article is generally used — as in English — before a noun to show that in the mind of the speaker and the hearer the thing denoted by the noun is marked as a definite thing distinct from all other things or it has already been mentioned previously.

4. Noun without an Article

The Hungarian noun without the article is most frequently translated into English by a noun with an indefinite article:—

Mi ez? *What is this?*	Asztal.	*A table.*
	Ez asztal.	*This is a table.*

5. The Demonstrative Pronouns *ez, az*

ez	is used for what is close by
az	reters to what is farther off

The form of the definite article **az** used before words beginning with a vowel is identical with the demonstrative **az.** There is, however, a basic difference between them:—

The demonstrative is always stressed, the article on the contrary never; in speech the demonstrative pronoun is separated from the noun by a pause, the definite article never.

Az ‖ **asz**tal.   *That is a table.*

az͜ **asz**tal   *the table*

To note the difference between the demonstrative **az** and the definite article **az** in the first three lessons the definite article **az** will be linked to the noun by a mark: ͜ .

In some sentences two **az** may follow each other: the first is the stressed demonstrative, the second is the unstressed article.

Az az͜ ajtó.   *That is the door.*
Az az͜ ablak.   *That is the window.*

6. Word Stress

Stress in Hungarian is, without exception, placed on the first syllable: *asztal, ceruza,* etc. It is therefore not necessary to indicate the stress.

7. Question Tone

Between a declarative sentence and a question without interrogation there is very often no formal difference in Hungarian. Such interrogative sentences are recognised only by the rising-falling or rising intonation.

GYAKORLATOK

Exercises

1. *Answer the following questions :—*

(a)

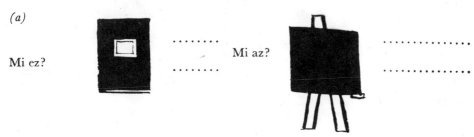

Mi ez?   . . . .   Mi az?   . . . .
          . . . .

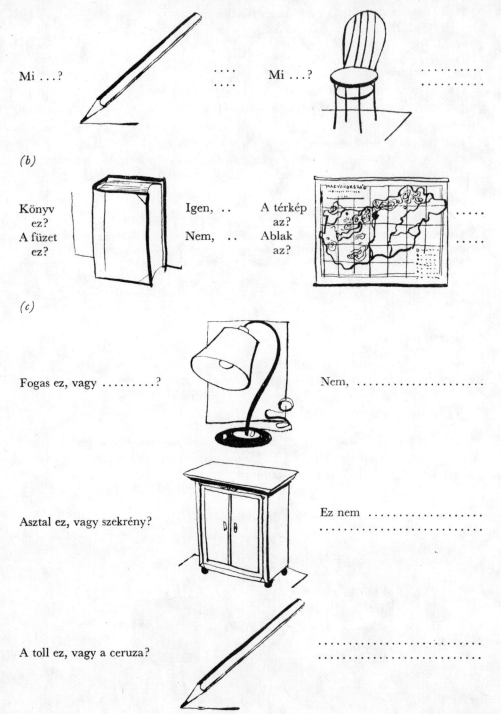

Mi ...? .... Mi ...? ....

(b)

Könyv ez?   Igen, ..   A térkép az?   .....
A füzet ez? Nem, ..   Ablak az?   .....

(c)

Fogas ez, vagy ....?   Nem, ...

Asztal ez, vagy szekrény?   Ez nem ....
                                         ....

A toll ez, vagy a ceruza?   ....
                                         ....

40

2. *Ask questions using the following words :—*

mi? ez; papír; kréta; kép; pad — szék; kréta — radírgumi

3. *Use the word* ablak *in questions and answers.*

4. *Use the nouns in brackets with and without the definite article to answer the following questions :—*

Mi ez? (Blackboard) — Mi az? (Paper) — Ajtó ez? (Yes, ... — No, ...) — Ajtó az? (Yes, ... — No, ...) — Kérdés ez, vagy felelet? (Question) — A ceruza ez, vagy a kréta? (Chalk)

Fordítás
Translation

Translate into Hungarian :—

What is that? That is an exercise book. — What is this? This is a chair. — Is that a table? No, it (that) is not a table, but a wardrobe. — Is that a table or a chair? It is the table, not the chair. — Is this a pencil? Yes, it is a pencil. — Is this grammar or a translation? It is a translation. — Is this a question or an answer?

 The indefinite article is not to be translated in this exercise.

Tollbamondás
Dictation

Take down the text on page 36 from dictation.

MÁSODIK LECKE

Ki? *who?*

Ki ez?
Who is this?

Ki az?
Who is that?

Nagy János
Nagy János úr.
Nagy János elvtárs.

Nagy Jánosné.
Nagy Jánosné elvtárs(nő).
Nagy Jánosné tanárnő.

Ki ez?

Fiú az?

Nagy Mária. Nagy Mária tanuló.

Nem, az nem fiú, hanem leány.
Ő Nagy Mária.
Nagy Mária leány. Ő leány, nem fiú.

Ki az?

Fiú ez?

Fiú ő?

Nagy Lajos. Nagy Lajos tanuló.

Igen, ez fiú. Ő Nagy Lajos tanuló. Az.

Igen, fiú. Ő fiú. Nagy Lajos fiú. Ő az.

43

Férfi ez, vagy nő? Ez nem férfi, hanem nő. A tanár az, vagy a tanárnő? A tanár. Ki ez? Nagy János elvtárs. Mi ő? Tanár. Ő a tanár úr. Nő ez? Igen, nő. Ki ő? Ő Nagy Jánosné. Tanárnő Nagy Jánosné? Igen, tanárnő. Ki ez? Ez leány. Nagy Mária. Ő tanuló. Lajos is leány? Nem, ő fiú. Ki leány, és ki fiú? Mária leány, és Lajos fiú. Mi a leány, és mi a fiú? Mária tanuló, és Lajos is tanuló.

Nagy elvtárs tanár. Nagyné tanárnő. Fekete Géza munkás. Kis Margit munkásnő. Fekete Géza és Kis Margit dolgozó, és Nagyné is dolgozó. Mária tanuló, ő még gyerek. Lajos is gyerek. Fekete Géza már nem gyerek, ő felnőtt. Ő már nem tanuló, hanem dolgozó.

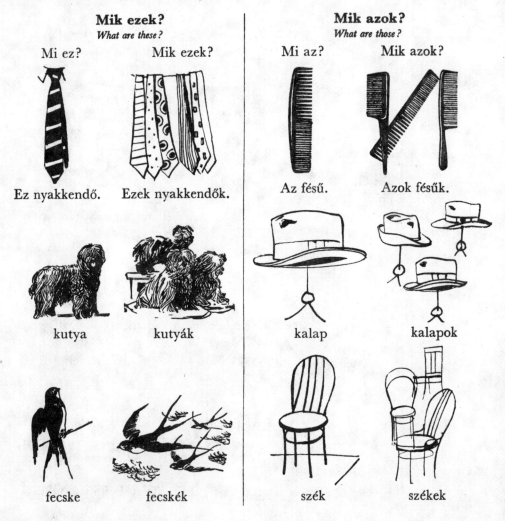

Mik ezek?
What are these?

Mi ez?   Mik ezek?

Ez nyakkendő.   Ezek nyakkendők.

kutya   kutyák

fecske   fecskék

Mik azok?
What are those?

Mi az?   Mik azok?

Az fésű.   Azok fésűk.

kalap   kalapok

szék   székek

Mi ez? Ez ajtó.   — Mik ezek? Ezek ajtók.
Mi az? Az lámpa.   — Mik azok? Azok lámpák.

Mi ez? Ez itt kutya, az ott macska. Mik ezek? Ezek itt kutyák, azok ott macskák. Mik ezek? Ezek állatok.

Mi ez itt? Ez itt alma. Ez itt körte, szilva és szőlő. Az ott dió és barack. Mik ezek? Ezek gyümölcsök.

Mi az ott? Az ott szekrény. Mik azok ott? Azok ott szekrények és padok. A szekrény bútor, az asztal is bútor. A székek és a padok is bútorok. Ezek székek, azok ablakok. Azok ott padok, és azok ott fogasok. Bútorok ezek? Igen, ezek bútorok.

Mik azok ott? Azok ott kabátok és kalapok. Ezek itt nyakkendők és zsebkendők.

Könyvek ezek? Igen, ezek könyvek. Nem, ezek nem könyvek, hanem füzetek. A könyvek és a füzetek is bútorok? Nem, azok nem bútorok.

Kik ezek?
Who are these?

Kik azok?
Who are those?

Ki ez?

Ki az?

Ez tanuló.

Az nő.

Kik ezek?

Kik azok?

Azok nők.

Ezek tanulók.

munkás   munkások   gyerek   gyerekek

Szöveg (3)

Ki ez? Ez itt Nagy Lajos tanuló. Azok is tanulók ott? Igen, azok is tanulók, fiúk és lányok. Kik ezek? Ezek gyerekek. És kik azok? Azok munkások. Fehér János és Kis Péter munkások. Fehérné és Kisné munkásnők.

Péter még gyerek, és Ilona is gyerek. Ők gyerekek. Fehér János már nem gyerek, ő már munkás. A dolgozók már nem gyerekek, hanem felnőttek. A gyerekek még nem felnőttek, és a felnőttek már nem gyerekek.

Kik ezek itt? Ezek férfiak és nők, lányok és fiúk — felnőttek és gyerekek. Ők emberek. Azok is emberek ott? Nem, azok nem emberek, hanem állatok, kutyák és macskák.

Milyen? *what sort of?*
what kind of?

what is it like?

| piros | kék | zöld | sárga | fehér | szürke | barna | fekete |

Milyen könyv ez?   Ez kék könyv.
Milyen könyvek ezek?   Ezek kék könyvek.

Milyen ceruza ez?   Ez piros ceruza.
Milyen ceruzák ezek?   Ezek piros ceruzák.

Milyen kalap az?   Az szürke kalap.
Milyen kalapok azok?   Azok szürke kalapok.

Milyen füzet az?   Az zöld füzet.
Milyen füzetek azok?   Azok zöld füzetek.

Milyen tinta ez? Ez piros tinta.
Milyen virágok ezek? Ezek sárga virágok, azok kék virágok.

Szöveg (4)

Ez szürke kabát, az fekete kabát. Milyen kalap az? Az barna kalap. Barna. Mik ezek itt? Ezek itt fehér szekrények. Mi az ott? Az ott a fekete tábla.

Milyen bútorok ezek? Ezek sárga bútorok. Milyen papír ez? Ez itt szürke papír. **2**
Szürke.

Mi a kutya? A kutya állat. Milyen állat a kutya? A kutya háziállat. A macska
is háziállat? Igen, az. Milyen állatok ezek?
Kutyák és macskák.

Mi a szőlő? A szőlő gyümölcs. Milyen gyü-
mölcs a szőlő? A szőlő édes gyümölcs. Milyen
gyümölcsök ezek itt? Ez itt alma, körte és
szilva, az ott barack és dió. A dió is gyümölcs?
Igen, az is gyümölcs.

Milyen bútorok ezek? Ez szék, ez asztal, és
azok ott padok.

Lajos mi? Lajos tanuló. Milyen tanuló? Lajos
jó tanuló. Mária is jó tanuló? Igen, ő is az. Milyen tanuló Károly? Ő rossz
tanuló.

Az͜alma piros, a körte sárga. A szilva is sárga? Nem, a szilva nem sárga,
hanem kék.

Mi fehér? A kréta fehér, és a lámpa is fehér. Mi piros? Mi fekete? Mi kék?
Mi zöld? Mi sárga?

Melyik? *which?*

Ez zöld füzet, az kék füzet. — Melyik füzet zöld? Ez. És melyik kék? Az.
Melyik tanuló rossz? Károly.
Melyik gyümölcs édes, a szőlő, vagy a dió? A szőlő.
Melyik tinta piros, ez, vagy az? Ez. És melyik kék? Az.

Közmondás:	
Proverb	Az͜idő pénz.

SZÓKINCS

kettő	*two*	Nagy Jánosné	*Mrs. Nagy* (wife of
második	*second*		J. Nagy)
ki? kik?	*who*	tanárnő, -k	*(woman-)teacher*
János	*John*	elvtársnő	*(woman-)comrade*
úr, urak	*Mister ; sir, gentlemen*	[ɛlftaːrʃnøː],-k	
elvtárs [ɛlftaːrʃ],	*comrade*	Mária	*Mary*
elvtársak		tanuló, -k	*pupil*

2

Lajos	*Lewis*	szilva, '-k	*plum*
fiú, -k	*boy*	szőlő, -k	*grape(s)*
ő	*he, she*	dió, -k	*nut*
leány, -ok ⎫		barack	*apricot*
lány, -ok ⎭	*girl*	[bɑrɑtsk], -ok	
férfi, férfiak	*man*	gyümölcs, -ök	*fruit*
nő, -k	*woman*	bútor, -ok	*furniture*
tanár, -ok	*teacher*	kabát, -ok	*coat*
is	*also, too*	zsebkendő	*handkerchief*
és	*and*	[ʒɛpkɛndøː]	
Nagyné	*Mrs. Nagy*	Péter	*Peter*
Géza	*Masculine Chris-*	Ilona	*Helen*
	tian name	ők	*they*
munkás, -ok	*worker*	ember, -ek	*people, man, men*
Margit	*Margaret*	milyen [mijɛn]?	*what sort of? what*
munkásnő, -k	*(woman-)worker*		*kind of? — what*
dolgozó, -k	*working-man*		*is it like?*
	-woman	piros	*red*
még	*still*	sárga	*yellow*
gyerek, -ek	*child*	kék	*blue*
már	*already*	zöld	*green*
már nem	*no more, not any*	barna	*brown*
	more	fehér	*white*
felnőtt, -ek	*adult, grown-up*	szürke	*grey*
nyakkendő, -k	*(neck)tie*	fekete	*black*
fésű, -k	*comb*	tinta, '-k	*ink*
kutya, '-k	*dog*	virág, -ok	*flower*
fecske, '-k	*swallow*	háziállat, -ok	*domestic animal*
kalap, -ok	*hat*	édes	*sweet*
itt	*here*	jó	*good, clever*
ott	*there*	Károly [kaːroj]	*Charles*
macska, '-k	*cat*	rossz	*bad*
állat, -ok	*animal*	melyik [mɛjik]?	*which?*
alma, '-k	*apple*	közmondás, -ok	*proverb*
körte, '-k	*pear*	idő, -k	*time*
		pénz, -ek	*money*

In the grammatical examples the following unknown words occur:—

társ, -ak	*companion, fellow*	szaktárs, -ak	*mate, jellow worker*
kartárs, -ak	*colleague*	betű, -k	*letter*
kartársnő, -k	*woman-colleague*		

48

Kiejtés

In the pronunciation of vowels note the difference between length and the tone-colour:—

[ɛ]	[eː]	[ɑ]	[aː]
egy	kép	macska	lány
lecke	szék	alma	társ
fecske	térkép	szilva	virág
fekete	kérdés	barack	munkás
szekrény		tábla	
édes		kabát	
fehér		tanár	
Ez kép.		sárga	
Szék ez?		háziállat	

NYELVTAN

8. Vowel Harmony

The words so far studied show that in Hungarian any given word contains either all back or all front vowels.

The rule of Vowel Harmony does not apply to foreign words used in Hungarian.

BACK VOWELS	Short:	a	o	u
	Long:	á	ó	ú
FRONT VOWELS	Short:	e	ö	ü i
	Long:	é	ő	ű í

For example back vowel words are:—

ablak, ajtó, munkás, tanár, tanuló, barack

Front vowel words are:—

fecske, szürke, fésű, szőlő, körte, fegyver, gyümölcs

The front vowels **i, í** have no corresponding back vowels. Therefore they may be found also with back vowels. For example:—

dió, virág, piros, tinta, fiú

A few words contain **e** and **é** mixed with back vowels e. g.:—

leány, kréta

49

2   Words containing both types of vowels are considered with a few exceptions as back vowel words.

In compound words the vowels of the second element are decisive.

9. The Plural of Nouns, Adjectives and Pronouns

> The Plural Suffix of nouns, adjectives and pronouns is **-k.**

(a) In words ending in a vowel the plural suffix **-k** is added direct without a linking vowel:—

tanuló — tanulók   első — elsők   fésű — fésűk   ki? — kik?
ajtó   — ajtók   nő   — nők   betű — betűk   mi? — mik?

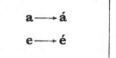

Words ending in the short vowels **-a** and **-e** lengthen and change into the corresponding long vowels:—
a becomes **á:** tábla — táblák, sárga — sárgák
e becomes **é:** fecske — fecskék, szürke — szürkék

(b) Words ending in a consonant require a linking vowel before the plural suffix **-k** according to the rule of vowel harmony.

> In back vowel words it is usually **-o-:**—
> asztal — asztal**ok**, virág — virág**ok**
> munkás — munkás**ok**, az — az**ok**
>
> in front vowel words it is usually **-e-:**—
> könyv — könyv**ek**, ember — ember**ek**
> fehér — fehér**ek**, ez — ez**ek**

 At this stage one must mention the following exceptions:—

toll   — tollak
társ   — társak
              (elvtársak, kartársak, szaktársak)
úr   — urak
férfi   — férfiak
gyümölcs   — gyümölcsök

50

10. Note on the Article

The article in Hungarian, as in English, remains unchanged and unstressed:—

a munkás	— a munkások	a könyv	— a könyvek
az⁀óra	— az⁀órák	az⁀ember	— az⁀emberek

In Hungarian, unlike English, the definite article must qualify an abstract noun used in a general sense, e.g.:—

Az⁀idő pénz.   *Time is money.*

11. Interrogatives

Ki? mi? and **melyik?** are interrogative pronouns and have the functions of nouns.

Ki?   asks only after persons.

Mi?   asks after inanimate objects, abstract nouns and animals.

Ki? and **mi?** — unlike English — also have plural forms.

Kik ezek?   *Who are these (men)?*
Mik azok?   *What are those (things)?*

Melyik? is used in a selective sense. It asks after one or more of a certain number of persons or objects.

The plural form of **melyik?** is **melyek?** (Used as Predicate: see page 61).

Milyen? *what sort of? what kind of? what (colour)? [what is it like?]* is an adjectival pronoun. It asks about the attribute, quality, etc., of persons and objects. It also has a plural form: **milyenek?** (Used as Predicate: see page 61).

12. Agreement of the Subject and the Predicate

As in English the predicate agrees with the subject in number and person. The same applies to the nominal predicate:—

Ez szék. — Ezek székek.   A fiú tanuló. — A fiúk tanulók.

In the case of two or more singular subjects the predicate can be used either in the singular or the plural:—

A körte, az⁀alma, a szilva és a szőlő gyümölcs *or* gyümölcsök.
A kutya és a macska háziállat *or* háziállatok.
Nagy elvtárs és Nagyné elvtársnő dolgozók *or* dolgozó.

13. The Adjective as Attribute

In Hungarian the adjectives used as attributes precede the noun, as in English, and take no suffixes:—

(a) kék ceruza — (a) kék ceruzák

(az⌣)édes gyümölcs — (az⌣)édes gyümölcsök

14. Lack of Gender Distinction

Hungarian has not grammatical gender. Therefore the personal pronoun of the third person ő can denote man, woman and child. To denote animals, inanimate objects, and sometimes even persons, the demonstrative pronouns **ez, az** are used: **Ki ez?** *Who is this (man)?*

The natural gender in animals, mostly domestic animals is generally expressed by using different words: **bika — tehén** *bull — cow*, etc. Distinction of the female sex in persons is expressed by adding the word **nő** *woman* to the word indicating the profession, e.g.: **munkásnő, tanárnő, elvtársnő.**

The word **tanuló** *pupil* may denote either a boy or a girl. The word **elvtárs** *comrade* can also denote a woman.

15. Personal Names — Forms of Address

In using personal names the surname is given first, followed by the Christian name: **Nagy János** *John Nagy*. Words denoting profession, or used in addressing a person follow the Christian name: **Nagy János tanár**, or **Nagy János tanár úr**, or **Nagy János tanár elvtárs.**

In political life the word **elvtárs** (**elvtársnő**) *comrade* is used to address people; e.g. in offices the words **kartárs** (**kartársnő**) *colleague* and among workers **szaktárs** *mate* or *fellow worker* is the most common form of address. The courtesy title **úr** *Mr.* or *Sir* fell into disuse after 1947, but today it is slowly coming back into the language.

16. Use of the Conjunction *is* "also"

The word **is** is always placed after the word which it qualifies. It is never stressed and is pronounced together with the preceding word as if it were a suffix.

Mária is tanuló.   *Mary is also a pupil.*

GYAKORLATOK

1. *Copy the following text:—*

Ki ez? Nagy János elvtárs. Tanuló ő? Nem, ő nem tanuló, hanem tanár. Kik dolgozók? Kis Mária is dolgozó? Kik azok ott? Munkások. Milyen kalap ez? Fekete. Ezek is bútorok? Nem, nem bútorok, hanem könyvek.

2. *Which vowels are back and which are front in the following words?*

ceruza, elvtárs, munkásnő, piros, tinta, dió, Mária, nyelvtan

3. *State to which class of vowels (front or back) each of the following words belongs :—*

zöld, úr, dolgozó, felnőtt, leány, szürke, állat, ember, szilva, kréta, kék, fehér, virág, Ilona, Margit, Géza, János, munkás, gyerek, zsebkendő

4. *Answer the following questions :—*

Milyen állatok ezek?   Felnőttek ezek?   Férfiak ezek, vagy nők?

5. *Form the plural of the following words :—*

fiú, ez, lámpa, virág, kép, munkás, tanár, toll, szilva, papír, szürke, szék, az, tanuló, gyerek, elvtárs

6. *Fill in the missing plural suffixes :—*

Ezek ajtó... Az ... asztalok. Bútor ... az ...? Zöld kabát ... ez ...?
Ki... ezek, felnőtt..., vagy gyerek...? Milyen állat... ez...? Férfi... ezek, vagy nő...? Ezek toll..., azok kréta...

7. *Change the following sentences into the plural :—*

Ki az? Tanár ő? Ez nő, az férfi. A gyerek tanuló. Dolgozó ő? Gyümölcs az? Mi ez? Ez fekete tábla. Toll ez, vagy ceruza? Kutya ez, vagy macska? Milyen könyv az? Milyen kartárs ő? Milyen ajtó ez?

Kérdés — Felelet

Milyen virág ez?
Ki munkás, és ki munkásnő?
Dolgozó Nagy János?
Mik azok ott?
Piros ceruzák ezek?
Ki a tanárnő?
Milyen tanuló Lajos?
Gyerek még Péter?

Milyen tanuló Károly?
Mi a dió, és mi a barack?
Melyik kalap szürke, és melyik fekete?
Melyik kabát barna?
Milyen állat a kutya?
Milyen zsebkendő ez?
Kutyák ezek, vagy macskák?
Édes a szőlő?

Fordítás

What are these? These are chairs, brown chairs. What dog is this? This is a white dog. These are yellow flowers here, those are blue ones there. Is this a red flower? No, this is not a red flower but a blue one. Who is this (boy)? This is a pupil. He is a clever pupil. Are those also pupils? No, they are not pupils but workers. They are not children but adults. What kind of a worker is Mrs. Nagy? She is not a worker, she is a teacher. Apples (the apple), plums (the plum), and pears (the pear) are fruits. Peter is no longer *(már nem)* a child, he is already an adult. Which dog is black? Is this a handkerchief? The tie is red.

HARMADIK LECKE

Milyen a(z) ...?   *what is the ... like?*

Milyenek a(z) ...?   *what are the ... like?*

Milyen ez a(z) ...? milyen az a(z) .. ? *what is this (that) ... like?*

Milyenek ezek a(z) ...? milyenek azok a(z) ...? *what are these (those)*
... like?

Milyen az_ökör,   Az_ökör nagy,

   milyenek az_egerek?   az_egerek kicsik.

Milyen a torony, és milyenek a házak? A torony magas, a házak alacso-
nyak. — Milyenek a fiatal fák, és milyenek az_öreg fák? A fiatal fák vékonyak,
az_öregek vastagok.

Milyen ez az_ember?   És milyenek azok?

   Ez az_ember sovány,

       azok kövérek.

Milyen ez a híd? Ez a híd széles, de rövid.
Milyen az a híd? Az a híd keskeny, de hosszú.

Milyen a magyar zászló?

A magyar zászló
piros-fehér-zöld.

A falu

Itt egy kis keskeny folyó és egy széles híd. Ott egy magas torony. Ezek itt házak, azok ott kertek. Ez falu. A házak kicsik, de a kertek nagyok.

— Ott egy szép fa.

— Milyen fa az?

— Fiatal almafa.

— Milyen az_érett alma?

— Az_érett alma piros és édes, de ez itt még éretlen: zöld és savanyú.

— Milyen ez az_almafa?

— Ez a fa már öreg.

— Milyen fák ezek?

— Ezek is gyümölcsfák. Ezek itt fiatal diófák, azok ott öreg körtefák. A körte már érett, szép sárga, de a dió még éretlen. Ez az öreg fa itt szilvafa. Az_ilyen öreg fák vastagok. Az a vékony kis fa barackfa.

— Mik ezek itt elöl?

— Ezek nem fák, hanem bokrok. A bokor alacsony, nem olyan magas, mint a fa.

— Nini! Ott egy kis madár!

— Igen. Egy kis veréb.

— Azok is verebek ott?

— Nem, azok nem verebek, hanem fecskék. Kedves és szép madarak. A gólya is kedves madár.

— Milyen az_udvar?

— Az_udvar széles és hosszú. Ez itt egy traktor, az ott egy teherautó.

3

Az a hosszú épület, ott hátul, az istálló.

— Nini! Ott egy nagy fekete kutya és egy kis fehér macska. Itt egy szép nagy kakas és sok tyúk. A disznók kövérek.

— Azok ott hátul tehenek és ökrök. A tehén és az ökör igen hasznos háziállat.

— Kik azok ott?

— Azok dolgozó parasztok. A ház és az udvar tiszta és rendes, az állatok szépek, egészségesek. A kert is szép zöld. Az emberek itt vidámak, gazdagok és boldogok.

Közmondások: A tudás hatalom.
A késedelem veszedelem.

SZÓKINCS

három	three	de	but
harmadik	third	rövid	short
ökör, ökrök	ox	keskeny	narrow
egér, egerek	mouse, mice	hosszú	long
nagy	big, large	magyar	Hungarian
kicsi, kis	little, small	zászló	flag
torony, tornyok	tower	falu, -k	village
ház, -ak	house	kis	little, small
magas	high, tall	folyó, -k	river
alacsony	low, short	kert, -ek	garden
fiatal	young	szép	beautiful, nice, fine
fa, '-k	tree, wood	érett	ripe
öreg	old	éretlen	unripe
vékony	thin	savanyú	sour
vastag	thick	ilyen	such
sovány	thin, lean	elöl	in front, before
kövér	fat	bokor, bokrok	bush
híd, hidak	bridge	olyan	such
széles	wide, broad	mint	as

				3
nini!	*look!*	paraszt, -ok	*peasant*	
madár, madarak	*bird*	tiszta	*clean*	
veréb, verebek	*sparrow*	rendes	*tidy, neat*	
kedves	*dear, lovely, kind*	egészséges	*healthy*	
gólya, '-k	*stork*	[ɛgeːʃʃeːgeʃ]		
udvar, -ok	*yard, court*	vidám	*gay*	
traktor, -ok	*tractor*	gazdag	*rich*	
teherautó, -k	*lorry, van, truck*	boldog	*happy*	
épület, -ek	*building*	tudás	*knowledge*	
hátul	*at the back, behind*	hatalom,	*power*	
istálló, -k	*stable, barn*	hatalmak		
kakas, -ok	*cock*	késedelem,	*delay*	
tyúk, -ok	*hen*	késedelmek		
disznó, -k	*swine, pig*	veszedelem,	*danger*	
sok (+Sing.)	*much, many*	veszedelmek		
tehén, tehenek	*cow*			
igen	*yes!* (and: *very*)	szómagyarázat,	*explanation of*	
hasznos	*useful*	-ok	*words*	

Kiejtés

(a) In the pronunciation of vowels note the difference between length and tone-colour:—

[o, oː]		[ɑ]	[ø, øː]	[y, yː]
torony		vastag	zöld	füzet
dolgozó		kalap	nő	épület
sovány		barna	szöveg	szürke
három		Mária	öreg	fésű
bútor		tinta	kövér	
	fogas		ökör	
	Lajos		rövid	
	ajtó		könyv	
	tanuló		szőlő	
	óra		felnőtt	
	gólya		kettő	

(b) Note the difference in length in pronouncing the vowels. Stress is placed always on the first syllable of **a** word. The stressed, short vowels must not be pronounced long.

[ᴗ —]		[ᴗ — —]	[ᴗ ᴗ —]
sovány	madár	tanárnő	savanyú
kövér	veréb	elvtársnő	dolgozó
disznó	vidám	fordítás	nyakkendő
egér	tudás	istálló	zsebkendő
folyó	fehér	munkásnő	csehszlovák

[ᴗ — — ᴗ]
egészséges

Szómagyarázat

Explanation of Words

De, hanem. — The conjunction **hanem** is only used to express a contradiction after a negative; the conjunction **de** is generally used after an affirmative phrase or clause:—

Azéretlen alma nem piros, hanem zöld.	*The unripe apple is not red but green.*
Azérett alma piros, de azéretlen zöld.	*The ripe apple is red, but the unripe one is green.*

If the conjunction **de** follows a negation its meaning expresses the English *yet, still.*
Ez az alma nem piros, de érett.   *This apple is not red but (yet, still) ripe.*

NYELVTAN

17. The Demonstrative Pronouns

1. The demonstratives **ez, az** used as pronouns mean *this, that, it.*

Mi ez?	*What is this?*
Mi az?	*What is that?*
Ez könyv, az füzet.	*This is a book, that is an exercise book.*

In Hungarian, as in English they take the plural:...

Mik **ezek?**	*What are **these?***
Kik **azok?**	*Who are **those** (men)?*

When used as attributes the demonstratives **ez, az** are always followed by the definite article and, unlike other attributes, take the same endings as the noun they precede. The definite article remains unchanged:—

ez a könyv	...	*this book*	.....	ezek a könyvek ...	*these books* ....
ez azasztal	....	*this table*	.....	ezek azasztalok ..	*these tables* .....
az a könyv	....	*that book*	.....	azok a könyvek ..	*those books* ....
az az asztal	..	*that table*	....	azok azasztalok ..	*those tables* .....

Note

Word groups such as **ez a könyv, ezek a könyvek** can be translated in two ways:—
(a) **Ez a könyv.** *This is the book.* In speech there is a pause: **Ez ‖ a könyv.** (In this sentence **ez** is the subject, **a könyv** is the predicate.)
(b) **ez a könyv** ... *this book* ... forms one single speech unit without pause, the tone is unchanged and something is expected to follow, e.g.: ... **piros** = ... *is red.* (In this word group **ez** is an attribute, **a könyv** is a word qualified by an adjective.)

2. The demonstrative adjectives are:—

ilyen	*such, so is...*
olyan	*such, ... is so, ... is like*

A gólya kedves madár.   *The stork is a nice bird.*   **3**
Ilyen a fecske is.   *So is the swallow.*

3. You have met only two of the pronominal adverbs so far: —

itt   *here*   **ott**   *there*

18. Adjectives Used as Attributes

As already mentioned adjectives used as attributes take no suffixes and always precede the noun:—

széles udvar	*broad yard*	— széles udvarok	*broad yards*
a széles udvar	*the broad yard*	— a széles udvarok	*the broad yards*
a szép, széles udvar	*the nice broad yard*	— a szép, széles udvarok	*the nice broad yards*

The interrogatives **milyen?** *what* (+noun) and **melyik?** *which?* (+noun) are used as attributes:—

— Milyen állat ez?	*What animal is this?*
— Macska. Ez macska.	*It is a cat.*
— Melyik kutya fekete?	*Which dog is black?*
— A kicsi.	*The small one.*

Note

In Hungarian the attribute is usually given stronger stress than the noun it modifies:—
A tehén **hasznos** állat.   *The cow is a useful animal.*

19. The Adjective as Predicate

The adjective used as predicate (in the nominal sentence) agrees in number with the subject. E. g.:—

A kert szép.	*The garden is nice.*
A kertek szépek.	*The gardens are nice.*
Ez a gyerek vidám.	*This child is gay.*
Ezek a gyerekek vidámak.	*These children are gay.*

The interrogative adjectives **milyen?** *what is ... like?* **milyenek?** *what are ... like?* **melyik, melyek?** *which?* may also be used as predicate. In this case they are always followed by the definite article:—

— Milyen az udvar?	*What is the yard like?*
— Az udvar tiszta és rendes.	*The yard is clean and tidy.*
— Milyenek az udvarok?	*What are the yards like?*
— Tiszták és rendesek.	*They are clean and tidy.*
— Melyik a fekete kutya?	*Which is the black dog?*
— A nagy.	*The big one.*

The interrogative **milyen?** can be used in two ways:—
(a) **milyen** (unchanged as adjective): *what, which* (+noun)
(b) **milyen a(z‿), milyenek a(z‿)** (as predicate): *what is ... like? what are ... like?*

Examples of *(a)* and *(b)* :—

(a) Milyen kert ... ?	*Which garden ...?*
Milyen kertek ...?	*Which gardens ...?*
(b) Milyen a kert?	*What is the garden like?*
Milyenek a kertek?	*What are the gardens like?*

20. The Adjective *kis, kicsi*

The Hungarian word for "small", "little" has two forms: **kis, kicsi.** As a t t r i b u t e both forms can be used, although the form **kis** is more common:—
kis fiú *or* kicsi fiú   *a little boy*

The form **kicsi** can be used as p r e d i c a t e : —

Ez a fiú kicsi.	*This boy is small.*
Milyen ez a fiú? — Kicsi.	*What is this boy like? — (He is) small.*

21. Plural of Nouns — Linking Vowel (continued)

(a) Back Vowel Nouns. — Several one syllable back vowel nouns (ca 70 words) require the linking vowel **-a-** instead of **-o-** (comp. p. 50) before the plural suffix **-k.**

So far you have learned the following words of this type:—
toll — tollak, úr — urak, híd — hidak, ház — házak
társ — társak (also in the compounds **elvtárs, kartárs, szaktárs,** see p. 50)
To this group belongs the two syllable word: **férfi — férfiak** (originally a compound, cf. **fiú**).

 The appropriate plural suffix of these monosyllabic words is shown in the word list. These should be noted carefully.

(b) Front Vowel Nouns. — The front vowel nouns ending in a consonant require the linking vowel **-e-** (comp. p. 50).

Words with **ö, ő, ü, ű** in the last syllable of their base take the linking vowel **-ö-** instead of *-e-* :—

gyümölcs — gyümölcsök

However a small group of monosyllabic nouns (ca 20) take the linking vowel **-e-** instead of the normal *-ö-*. There is only one word — studied so far — belonging to this group: **könyv — könyvek.**

 The appropriate plural suffix of these nouns is also shown in the word list.

22. Plural of Adjectives — Linking Vowel

(a) The Back Vowel Adjectives

> The back vowel adjectives take the linking vowel **-a-** before the plural suffix **-k**, e.g.:—
>
> piros — pirosak, vékony — vékonyak, vidám — vidámak

There are a few exceptions containing the linking vowel **-o-**. You have already learnt the most important ones:—

nagy — nagyok, vastag — vastagok, gazdag — gazdagok
fiatal — fiatalok, boldog — boldogok, olyan — olyanok

(b) The Front Vowel Adjectives

> The linking vowel of the front vowel adjectives is always **-e-** (never *-ö-*), e.g.:—
>
> széles — szélesek, kövér — kövérek, zöld — zöldek

23. Plural of Nouns — The Word Base

In forming the plural some changes in the word base should be noted. The linking vowel is often correlated within these changes.

(a) Shortening of Base Vowel

Several (about 60) mono- or dissyllabic words with a long vowel in the last, syllable shorten it in the plural. To this group belong the following words you have already learned:—

á → a	é → e	í → i	ú → u
madár — madarak	egér — egerek	híd — hidak	úr — urak
	tehén — tehenek		
	veréb — verebek		

The linking vowel of these back vowel words which shorten the base vowel is always **-a-**:—

madár — madarak   híd — hidak   úr — urak

(b) Elision of Base Vowel

Some dissyllabic nouns (about 110) elide the second vowel of the word base in forming the plural:—

ökör — ökrök   bokor — bokrok   torony — tornyok

In derivatives ending in **-alom, -elem** the same phenomenon can be noted (the second vowel of the ending is dropped):—

hatalom — hatalmak késedelem — késedelmek veszedelem — veszedelmek

The linking vowel of the words ending in **-alom** is always **-a-: hatalom — *hatalmak*.**

24. The Indefinite Article

> The indefinite article is: **egy** *a, an.*

In Hungarian it is the same word as the cardinal numeral **egy** *one.* The indefinite article is always unstressed, as in English, the cardinal numeral is always stressed:—

egy asztal	*one table*
egy **asz**tal	*a table*

The **gy** sound of the cardinal **egy** is always produced long; it is short only before words beginning with a consonant:—

egy egér [ɛddj ɛgeːr], *but:*   egy madár [ɛdj mɑdaːr]

In Hungarian the indefinite article is used less frequently than in English. It denotes that only one is meant from among many people or objects. E.g.:—

Nini! Ott egy kis madár.   *Look! There is a small bird.*

If the person or object is indicated only in a general sense then no article is used in Hungarian. That is why, unlike English, the indefinite article is never used before the nominal predicate.

Ez ceruza.	*This is a pencil.*
A veréb madár.	*The sparrow is a bird.*
A tehén hasznos állat.	*The cow is a useful animal.*

 The indefinite article is not used after the negative particle **nem:**—
Ez alma és nem körte.   *This is an apple and not a pear.*

After the adjectival interrogative **milyen?** *what kind of?* the indefinite article is never used:—
Milyen tanuló Károly?   *What kind of a pupil is Charles?*

GYAKORLATOK

1. Change the following sentences into the plural :—

A bokor zöld. Ez a gyümölcsfa alacsony. Az a könyv vastag. Milyen az a híd? Az a híd keskeny. Ki az a fiú? Milyen a veréb? Ez a pad magas. A piros alma érett, a zöld még éretlen. Ki ez az ember? Mi az a férfi? Kövér ez a disznó? Tiszta az a ház? Ez a fiatal lány tanuló.

2. Change these sentences into the singular :—

Kik azok a lányok? Munkásnők. Azok az emberek munkások. Ezek a parasztok gazdagok. Milyenek azok az ablakok? Milyen madarak ezek? Ezek fecskék, azok verebek. Azok a nagy tehenek fehérek. Ezek a kertek zöldek. Milyenek ezek a virágok? Szépek. Milyenek ezek a gyerekek? Tiszták és rendesek.

3. Copy the following sentences and insert the missing accents above the vowels :—

Azok ott öreg almafak. A körte sarga. A golya feher es fekete. Ő nem ferfi, hanem nő. Maria es Janos dolgozok. A fiu es a leany tanulo. Ez az udvar szeles, de nem hosszu. A viragok szepek. Az erett szőlő edes gyümölcs.

4. *Make up sentences (affirmative or interrogative) containing the following words :—*
munkás, János, nő, tinta, veszedelem, torony, folyó, ember, udvar

3

Tollbamondás és fordítás (1)

(a) A piros ceruza rövid, a kék ceruza hosszú. A híd széles. Az a piros alma kicsi. A szilva és a szőlő is gyümölcs. A kérdés ez: Milyen madár a fecske? A felelet ez: A fecske szép és kedves madár. Nini! Ott egy magas torony! Ezek a háziállatok soványak. Az érett körte sárga. Az éretlen szilva még zöld. Ez a nagy istálló tiszta.

(b) *Make interrogatives to the sentences of the dictation.*

Fordítás (2)

These towers are high. These are high towers. These big pictures are nice. Those green chests are narrow. These birds are small but lovely. That is a thick, old pear-tree there. This bridge is wide, these bridges are narrow. These men are workers and those are peasants. What are the tractors and lorries like? They are clean. This boy is big, that girl is small. She is a little girl. This is a small river here. Who are these young men? Are these animals healthy? Which apple is ripe, the small red one or the big green one? What kind of a child is Lewis? Which garden is this? What is the garden like? What is the stable like? What kind of stables are these?

65

NEGYEDIK LECKE

én tanuló vagyok	I am a pupil
te tanuló vagy	you are a pupil
ő tanuló	he, she is a pupil

Én tanár vagyok.　　　Te tanuló vagy.　　　Ő is tanuló.

Szöveg (1)

Én férfi vagyok. Te leány vagy. Ő nem férfi, hanem leány. Én magyar vagyok. Te angol vagy, ő francia. Én nem vagyok magyar, én angol vagyok.

Én nagy vagyok, te is nagy vagy, ő kicsi. Én öreg vagyok, te nem vagy öreg, te fiatal vagy. Péter is fiatal.

Ki vagy te? Mi vagy te? Én is tanuló vagyok? Ki ő? Mi ő? Mi vagyok én? Magyar ő, vagy angol? Ki angol, ki magyar? Angol a tanár? Angol vagy? Francia vagyok? Angol az a leány, vagy magyar? Tanuló vagy, vagy tanár? Nem vagy angol?

Milyen vagy te? Fiatal? Milyen vagyok én? Milyen ő?

☞ **Vagy** *or* and **vagy** *you are* have the same sound but different meanings (homonyms). From the meaning of the sentence it is always clear which word is meant. — Similarly **mi?** *what?* and **mi** *we*.

mi tanulók vagyunk	we are pupils
ti tanulók vagytok	you are pupils
ők tanulók	they are pupils

4

Mi tanulók vagyunk.   Ti tanulók vagytok.   Ők nem tanulók, hanem
                                                         katonák.

Szöveg (2)

Mi katonák vagyunk. Ti bányászok vagytok. Ők orvosok. Mi magyarok
vagyunk. Ti nem vagytok magyarok, hanem angolok. Ti tanulók vagytok,
ők tanárok. Mi férfiak vagyunk, ők nők. Ti nem vagytok magyarok, angolok
vagytok. Ők magasak. Ti alacsonyak vagytok. Én kicsi vagyok, ti nagyok
vagytok. Ő orvos, mi mérnökök vagyunk.

Munkások vagyunk, nem vagyunk mérnökök. Tanulók vagytok, nem mun-
kások.

Kik vagytok ti? Mik vagytok? Mik ők? Angolok ők, vagy magyarok?
Orvosok vagyunk mi? Bányászok ők, vagy katonák? Nem vagytok ti újság-
írók?

Fiatalok vagytok? Mérnökök vagytok, vagy újságírók? Vidámak vagyunk,
vagy nem vagyunk vidámak? Nem vagytok gazdagok?

Milyenek vagyunk, fiatalok, vagy öregek? Milyenek ők?

Tanár :   Én Nagy János vagyok. Én vagyok a tanár. Te ki vagy?
Tanuló :   Én Kis Péter tanuló vagyok.
Tanár :   Kik vagytok ti? Tanárok, vagy tanulók?
Tanulók :   Mi is tanulók vagyunk.
Tanár :   Én magyar **vagyok**. Német vagy te, vagy francia?
Tanuló :   Én német **fiú vagyok**, ő amerikai **le**ány.
Tanár :   Újságíró ez az osztrák leány?
Tanuló :   Nem, ő nem újságíró, hanem orvosnő.
Tanár :   Kik azok ott? Angolok, vagy olaszok?
Tanuló :   Azok olasz sportolók.
Tanár :   Ti lengyelek vagytok, vagy osztrákok?
Tanulók :   Mi nem vagyunk lengyelek, osztrák diákok vagyunk.
Tanár :   És kik vagytok ti?
Tanulók :   Mi lengyel mérnökök vagyunk.
Tanár :   Te osztrák vagy, vagy német?
Tanuló :   Osztrák diák vagyok.

Hol?	*where?*

Hol van? *Where is?* **Hol vannak?** *Where are?*

Hol vagy? Itt vagyok! Hol vagytok? Itt vagyunk!

Hol van Péter? Itt! Itt van! — Hol vannak a fiúk? Ott! Ott vannak! — Hol van a kréta? *or:* Hol a kréta? Itt van. Itt! — Hol vannak a madarak? Ott! Ott vannak! — Hol vannak a bokrok és a fák? A bokrok itt vannak, a fák ott vannak.

— Hol (van) a mennyezet?

— A mennyezet fent *(or:* fenn) van. Fent. *(or:* Fenn.)

— Hol (van) a padló?

—A padló lent *(or:* lenn) van. Lent. *(or:* Lenn.)

Hol (van) az ajtó,
    és hol vannak az
    ablakok?

Az ajtó jobbra van,
    az ablakok balra
    vannak.

Mi van itt? A kutya. A kutya van itt. — Mik vannak itt? Bútorok: asztal, székek, padok. — Mi van lent? A padló. A padló van lent. — Mik vannak fent? A mennyezet és a lámpa. — Mi van jobbra? Ott van az ajtó. — Mik vannak balra? Balra vannak az ablakok.

Ki van itt? Egy angol diák. — Kik vannak ott? Magyar munkások. — Ki van elöl? Károly. — Kik vannak ott hátul? Osztrák újságírók.

nincs	*there is not (no)*
nincsenek	*there are not (no)*

Van itt kréta? Van. Nincs. Az nincs. Kréta nincs itt. — Vannak ott lámpák? Vannak. Nincsenek. Ott nincsenek. — Nincs itt német mérnök? De igen, itt van. Nincs. — Nincsenek itt lányok? De vannak! Nincsenek, itt csak fiúk vannak. — Ceruza is van itt? Az nincs, csak toll. — Vannak ott tehenek is?

4 Azok nincsenek, csak ökrök. — Itt van Péter? Nem, ő nincs itt, csak Lajos. — Itt vannak a lengyelek? Nincsenek. Nem, itt nincsenek. — Ott van a magyar könyv? Nincs itt. Itt nincs. Nincs. — Ott vannak a lányok? Itt nincsenek. Nincsenek itt. Nincsenek.

Számok

Numbers (Cardinals)

1 egy	6 hat
2 kettő (két)	7 hét
3 három	8 nyolc
4 négy	9 kilenc
5 öt	10 tíz

Hány? *how many?*

Hány forint ez?

Egy.   Kettő.   Három.

Ez egy forint.   Ez két forint.   Ez három forint.

Hány ujj ez? Egy ujj, két ujj, három ujj, négy ujj, öt ujj.
Hány angol férfi van itt? Kettő. Itt csak két angol férfi van.
Hány diák van ott hátul? Öt. Ott öt diák van.

Mennyi? *how much?*

Mennyi pénz ez?      Ez sok pénz.

Mennyi víz ez?   Ez egy pohár víz.

70

$2+2 = ?$	Mennyi kettő meg kettő?	Kettő meg kettő, az négy.	$= 4$
$6+4 = ?$	Mennyi hat meg négy?	Hat meg négy, az tíz.	$= 10$
$7+2 = ?$	Mennyi hét meg kettő?	Hét meg kettő, az kilenc.	$= 9$

4

Hány óra? *or :* **Hány óra van?**   *What's the time ?*
Mennyi az idő? *or :* **Mennyi idő van?** *What time is it ?*

Hány óra van?	Hány óra?	Mennyi az idő?	Mennyi idő van?
Negyed kettő.	Fél kettő.	Háromnegyed kettő.	Két óra.

Szakszervezeti kongresszus

— Érkezés —

— Budapest, Keleti pályaudvar!

— Hány óra van?

— Fél tíz. Már itt van a vonat.

— Mennyi ember van itt: utasok, hordárok, vasutasok!

— Nini! Ott vannak a magyar szaktársak!

— Kovács József vasmunkás vagyok. Ezek az emberek itt jobbra bányászok és balra textilmunkások. Ti vasmunkások vagytok, vagy bányászok?

4   — Csak én vagyok vasmunkás, ők bányászok. Ez az elvtárs itt szovjet
újságíró.

— Az elvtársnő is újságíró?

— Nem, én nem vagyok újságíró. Én angol szövőnő vagyok.

— Mi csehszlovák vasutasok vagyunk.

— Ti vagytok a kanadai vasutasok?

— Igen, mi montreali vasutasok vagyunk.

— Kedves szaktárs! Te vagy a bolgár szakszervezeti küldött?

— Igen, én vagyok.

— Ő is bolgár?

— Nem, ő román mérnök.

— Itt van az osztrák újságíró is?

— Igen, ő is itt van. Ő bécsi újságíró.

— Hol vannak a lengyelek? Nincsenek itt a lengyel munkások

— De igen, itt vagyunk!

— Nincsenek itt francia bányászok?

— De vannak, ott vannak hátul.

— Hol vannak az olasz elvtársak?

— Ők ott vannak jobbra.

Hány szakszervezeti küldött angol? Két küldött angol, nyolc lengyel, öt
csehszlovák, négy kanadai. A három francia küldött bányász. Van egy
osztrák és egy szovjet újságíró.

Mik a kanadaiak és a csehszlovákok? Ők vasutasok. Az olaszok textilmunkások, a lengyelek vasmunkások. Hol vannak a londoniak és a bécsiek?
A londoniak itt vannak elöl, a bécsiek hátul vannak. Ezek a fiatal bányászok
bolgárok.

Közmondások: Egy fa nem erdő!
Kicsi a bors, de erős.

SZÓKINCS

négy	*four*	angol, -ok	*English*
negyedik	*fourth*	francia, '-k	*French*
én	*I*	mi	*we*
vagyok	*I am*	vagyunk	*we are*
te	*you* (Sing.)	ti	*you* (Plur.)
vagy	*you are* (2nd Pers. Sing.)	vagytok [vɔtjtok]	*you are* (2nd Pers. Plur.)

katona, '-k	soldier
bányász, -ok	miner
orvos, -ok	doctor, physician
mérnök, -ök	engineer
újság, -ok	(news)paper, journal
író, -k	writer
újságíró, -k	journalist
lengyel, -ek	Polish
német, -ek	German
amerikai, -ak	American
osztrák, -ok	Austrian
orvosnő, -k	(lady) doctor
olasz, -ok	Italian
diák, -ok	pupil, student
hol?	where?
van	(he, she, it) is
vannak	they are
mennyezet, -ek	ceiling
fent, fenn	above
padló, -k	floor
lent, lenn	below
jobbra [jobra]	to the right
balra	to the left
nincs	there is no (not)
nincsenek	there are no (not)
de igen, de	yes, but, but yes
csak	only
szám, -ok	number
hány?	how many?
forint, -ok	forint, florin
két, kettő	two
ujj, -ak	finger
mennyi?	how much?
víz, vizek	water
pohár, poharak	glass
meg	and
negyed	quarter
fél, felek	half
háromnegyed	three-quarters
szakszervezet, -ek	trade union
szakszervezeti (adj.)	(belonging to) trade union
kongresszus, -ok	congress
érkezés	arrival
keleti	eastern
Kelet	East
pályaudvar, -ok	railway station
vonat, -ok	train
utas, -ok	traveller
hordár, -ok	porter
vasutas, -ok	railway worker
szaktárs, -ak	mate, fellow worker
József	Joseph, Joe
vasmunkás, -ok	ironworker
textil [tɛkstil], -ek	textile
textilmunkás, -ok	textile worker
szovjet (adj.)	Soviet
szövőnő, -k	weaver
csehszlovák [tʃɛslovaːk], -ok	Czechoslovakian
kanadai, -ak	Canadian
montreali [montrɛaːli], -ak	of Montreal
bolgár, -ok	Bulgarian
küldött, -ek	delegate
román, -ok	Rumanian
Bécs	Vienna
bécsi, -ek	Viennese, from Vienna
londoni, -ak	of London, Londoner
erdő, -k	forest, wood
bors	pepper
erős	strong, biting, burning

4

1. The **é** and **ó** sounds are pronounced long and in a long level tonecolour. Take care not to pronounce the **é** sound as an **i** sound, nor the **ó** sound as a **u** sound.

[eː]		[oː]	
Bécs	vékony	óra	jó
és	szép	folyó	dió
fél	Péter	sportoló	zászló
én	egér	tanuló	újságíró

2. Note that the consonants **t** and **ty** must be pronounced unvoiced, but the **d** and **gy** sounds are voiced.

[t]	[d]	[tj]	[dj]
te	de	tyúk	gyerek
ti	diák	kutya	gyümölcs
utas	madár		lengyel
tiszta	udvar		négy

3. The consonant **r** is produced by rolling the tip of the tongue:—

[r]

román	paraszt	veréb	nyár	bolgár	jobbra	Margit
rövid	óra	ceruza	egér	pohár	balra	kérdés
rendes	forint	érett	úr	papír	traktor	sportoló
rossz	erős	virág	ökör	tanár	francia	mérnök
	író	torony	fehér	bútor	kréta	bors

Szómagyarázatok

1. **De. De igen.** — The usual meaning of the conjunction **de** is *but*. It can also mean *yes* in answer to a negative question (cf. Engl.: "but it is", "but of course"). E.g.:—

Nincs itt kréta? De van. De igen, van.

Nincsenek itt franciák? De vannak. De igen, vannak.

De igen is more polite than **de**.

2. **Meg.** — The conjunction **meg** has the meaning *and*. It is used mostly for connecting related objects:—

A disznó meg a tehén hasznos állat. *The pig and the cow are useful animals.*

Négy meg öt, az kilenc. *Four and five are nine.*

It can also be used for connecting sentences and it always comes second (contrary to **és** *and*) :—

Én orvos vagyok, ő meg mérnök. *I am a physician and he is an engineer.*

Ez körtefa, az meg almafa. *This is an apple-tree and that is a pear-tree.*

25. The Personal Pronouns

	Singular	Plural
1st Person	**én**	**mi**
2nd Person	**te**	**ti**
3rd Person	**ő**	**ők**

26. Present Tense of the Verb "to be"

(én) mérnök vagyok	*I am an engineer*
(te) mérnök vagy	*you are an engineer*
(ő) mérnök [ø]	*he is an engineer*
(mi) mérnökök vagyunk	*we are engineers*
(ti) mérnökök vagytok	*you are engineers*
(ők) mérnökök [ø]	*they are engineers*

(én) nem vagyok mérnök	*I am not an engineer*
(te) nem vagy mérnök	*you are not an engineer*
(ő) nem mérnök	*he is not an engineer*
(mi) nem vagyunk mérnökök	*we are not engineers*
(ti) nem vagytok mérnökök	*you are not engineers*
(ők) nem mérnökök	*they are not engineers*

The sentences above show clearly that the 3rd Person Singular and Plural of the verb "to be" is not used with a compound nominal predicate. In other words, Hungarian does not translate "is" or "are" when these only introduce the subject.

Other examples:—

Az idő pénz.	*Time is money.*
Egy fa nem erdő.	*One tree does not make a forest.*
A tehén hasznos állat.	*The cow is a useful animal.*
Ezek a padok alacsonyak.	*These benches are low.*

27. The Use of the Forms *van, vannak — nincs, nincsenek*

The negative forms of **van, vannak** are **nincs, nincsenek.**

In sentences containing an adverbial modifier one must use the 3rd Person of the verb "**to be**":—

van, vannak *is, are ; exist(s)*

nincs, nincsenek *is not, are not, does not ; not exist(s)*

4

(én)	itt vagyok	*I am here*
(te)	itt vagy	*you are here*
(ő)	itt van	*he is here*
	(A mérnök	*The engineer is*
	itt van.	*here.)*
(mi)	itt vagyunk	*we are here*
(ti)	itt vagytok	*you are here*
(ők)	itt vannak	*they are here*
	(A mérnökök	*The engineers*
	itt vannak.	*are here.)*

(én)	nem vagyok itt	*I am not here*
(te)	nem vagy itt	*you are not here*
(ő)	nincs itt	*he is not here*
	(A mérnök	*The engineer is not*
	nincs itt.	*here.)*
(mi)	nem vagyunk itt	*we are not here*
(ti)	nem vagytok itt	*you are not here*
(ők)	nincsenek itt	*they are not here*
	(A mérnökök	*The engineers are not*
	nincsenek itt.	*here.)*

The 3rd Person of the verb "to be" must also be translated in sentences containing "there is not" or "there are not". E.g.:—

— Van szép érett alma?	*Are there any fine ripe apples?*
— Van.	*There are.*
— Nincs kutya?	*Is there not a dog?*
— Kutya nincs, de macskák vannak.	*There is not a dog, but there are cats.*

The interrogative adverb **hol?** *where?* and the adverbs of place **itt** *here* and **ott** *there* act as predicates, if they precede the subject of the sentence; in this case **van** may be omitted:—

Hol van a kréta? Hol a kréta?   *Where is the chalk?*
Itt van az istálló, ott van a traktor.   *Here is the stable, there is the tractor.*

 The question: **Hány óra van?** is often used without the verb **van: Hány óra?** *What is the time?*

28. *Hány? Mennyi?*

For questions about quantity two words are used. **Hány?** *how many?* is used for things which can be easily counted and when one expects a number in reply. **Mennyi?** *how much?* is used before collective nouns or when one gives a less specific indication of the number in the answer, e.g. "a lot, many".

Examples:—

Hány forint ez?	*How many forints are there here?*
Mennyi pénz ez?	*How much money is there here?*

Hány óra van?	*What is the time?*	4
Mennyi idő van?	*What time is it?*	
Hány liter víz ez?	*How many liters of water are there here?*	
Mennyi víz ez?	*How much water is there here?*	

29. The Numeral Used as an Attribute

The numeral is generally used as an attribute.

Numerals used as attributes, like adjectives, take no endings and precede the noun.

Nouns preceded by an adjective of quantity are ALWAYS Singular:—
  két asztal, öt alma, tíz fiú, hét leány, hat szék
The numeral always precedes any other adjective qualifying a noun:—
  három szép piros virág, két nagy kutya, öt kis alacsony ház

30. Two *kettő* — *két*

The cardinal numeral "two" has two forms in Hungarian:—

  (a) as attribute only the form **két** is used
  (b) as predicate it is **kettő**
  E.g.:—
két alma, két katona, két angol diák
  but:—
Egy meg egy, az kettő.   Hány alma ez? — Kettő.

31. Plural of Adjectives (continued)

As already stated back vowel adjectives take the linking vowel **-a-** before the plural suffix **-k.*** The names of nations are also an exception. They take the linking vowel **-o-** instead of *-a-* usually used for back vowel nouns:—
  angol**o**k, osztrák**o**k, bolgár**o**k, dán**o**k, román**o**k, magyar**o**k
Where such words have front vowels either **-e-** or **-ö-** is used as the linking vowel:—

németek, svédek — török**ö**k, görög**ö**k

```
-iak,  iek
```

All derivative adjectives ending in **-i** take the linking vowel **-a-, -e-** before the plural suffix **-k:**—
  London: londoni *Londoner* — londoniak *Londoners*

* Comp. p. 63 for the exceptions already mentioned.

4 In Hungarian all adjectives can act as a noun (usually preceded by the definite or indefinite article):—

a budapesti   *the man (woman, etc.) from Budapest*
egy budapesti   *a man (woman, etc.) from Budapest*
a budapestiek   *the people of Budapest*

kelet *east :* keleti *eastern* — keletiek *the people from the east*
Amerika *America :* amerikai *American* — amerikaiak *Americans*

> Adjectives formed by adding an **i** to proper nouns (very often to the names of towns) never begin with a capital letter even when they are used as nouns.

GYAKORLATOK

1. *Translate the following words into Hungarian and give their plural forms:*—
map, text, answer, translation, tree, peasant, number, question, Viennese, Londoner, man (woman) from Budapest, American

2. *In the following phrases and sentences insert the correct forms of the adjective given in the brackets:*—

(szép)   a ... virág — a ... virágok — A virág ... A virágok ...
(angol) két ... diák — az ... diákok — A diákok ...
           Ez a két diák ... Négy diák ..., kettő nem ...

3. *Change the sentences in the passage for reading into singular or plural (where this is possible).*

4. *Put the words* szép, az, a három, piros *before* könyv *into correct order.*

5. *In the following sentences fill in the correct form of the verb "to be". Note that blank spaces have also been left where nothing need be added:*—
Ti franciák .... Te lengyel ...? Igen, én lengyel ... Nem, mi osztrákok ... Hány vasutas ... csehszlovák? Ez a két férfi német mérnök ... Ti nem ... mérnökök? ...itt angol diákok? Igen, ... Nem, ... Ez a fiatal ember nem ... olasz, hanem amerikai. Hol ... a piros ceruza? Itt ... Hol ... a szovjet küldöttek? Ők ... itt. ... itt kanadai lányok? De igen, kanadai lányok is ... itt. Hány óra ...? Hét óra ... Mi újság ...? Milyen idő *(weather)* ...? Szép idő ... Milyen ... az idő? Az idő szép ...

6. *Introduce yourself in Hungarian, i.e. giving name and profession.*

Tollbamondás

Fehér Lajos mérnök vagyok. Ti kik vagytok? Mi angolok vagyunk. Újságírók vagyunk. A lengyel küldöttek vasutasok. A bolgár küldött is vasutas? Nem, ő nem vasutas, hanem munkás. Nincsenek itt bányászok? De igen, sok bányász van itt. Hol van a német orvos? Nincs itt elöl, hátul van. Hol vannak a londoniak és a bécsiek? Itt vannak balra. Itt van egy budapesti hordár. Erős ember. Milyen idő *(weather)* van? Hány óra? Fél kilenc.

Fordítás

(a) The East Station is large and pleasant (= nice). I am a railway worker, you are a miner. You and I are workers (= working-men). These are the Polish delegates. The English are (over) there on the right. The Soviet delegate is not here. There are

no railway workers behind us (= at the back), they are in front (of us). Three of the comrades (= three comrades) are Italian; they are textile workers. This young man is not an American, but a German engineer. Are there (any) French people here too? Yes, there are two French women, they are weavers. Where are the Hungarians? How many Hungarians are there here? Who is he? He is Hans Müller, an Austrian. What is he? He is a reporter from Vienna. Is there not a doctor here? But of course, here is a doctor.

(b) $3 + 1 = 4$ $\qquad$ $4 + 2 = 6$ $\qquad$ $3 + 7 = 10$

Kérdés — Felelet

Milyen pályaudvar ez?	Hol van az osztrák újságíró?
Kik vannak ott?	Hány angol küldött van?
Kik vagytok?	Van ott jobbra ajtó?
Bányászok vagytok?	Mi van itt balra?
Hol van a román mérnök?	Nincs itt kréta?
Van itt orvos is?	Hátul vannak a szekrények, vagy elöl?
Vannak itt amerikaiak is?	Mi van fenn, és mi van lenn?
Hány vasutas van itt?	Nincsenek ott kutyák és macskák?
Kik a vasutasok?	Mennyi öt meg öt?

ÖTÖDIK LECKE

áll-ok	énekel-ek	ül-ök	olvas-ok	vesz-ek	főz-ök
áll-*sz*	énekel-*sz*	ül-*sz*	olvas-*ol*	vesz-*el*	főz-*öl*
áll	énekel	ül	olvas	vesz	főz
áll-unk	énekel-ünk	ül-ünk	olvas-unk	vesz-ünk	főz-ünk
áll-tok	énekel-tek	ül-tök	olvas-tok	vesz-tek	főz-tök
áll-nak	énekel-nek	ül-nek	olvas-nak	vesz-nek	főz-nek
stand	*sing*	*sit*	*read*	*take, buy*	*cook*

Én állok és írok.   Te **ülsz** és olvasol.   Ő főz.

Mi állunk és írunk.   Ti ültök és olvastok.   Ők főznek.

Magyarul tanulunk

5

Itt van az egyetem. Ez itt egy kis tanterem. Itt tanulnak a külföldi diákok magyarul. Minden hallgató jelen van.

— Helen, tanulsz?
— Tanulok, mert mindjárt nyolc óra, és itt a tanár úr.
— Ti is tanultok?
— Igen, mi is tanulunk, írunk és olvasunk.
— Ki rajzol ott?
— Edward Smith, egy angol diák. Ő nagyon jól tud rajzolni.
— Azok a diákok is rajzolnak ott hátul?
— Nem, ők nem rajzolnak. Ők csak beszélgetnek, ülnek és várnak.

Már itt van a tanár úr. Ő kérdez, a hallgatók felelnek.

A tanár magyarul kérdez:	*A hallgatók magyarul felelnek:*
Beszél ön (maga) magyarul?	Nem, nem beszélek magyarul, de franciául és németül elég jól beszélek. Magyarul most tanulok.
Ki tud magyarul?	Én tudok magyarul, de nem nagyon jól.
Oroszul is tud?	Értek oroszul, de beszélni még nem tudok.
Ki akar olvasni?	Én.
Maguk (Önök) írni akarnak?	Nem, mi fordítani akarunk.
Szeretnek rajzolni?	Én nagyon szeretek rajzolni, de ő nem szeret.
Szeretnek önök (maguk) énekelni?	Nagyon szeretünk énekelni is.
Franciául vagy németül szerettek inkább beszélni?	Mi inkább franciául beszélünk, mert németül nem tudunk jól.
Tudsz oroszul?	Igen, tudok, de még nem jól.

A tanár áll és magyaráz, a fiúk és a lányok figyelnek. A tanár kérdez, és a hallgatók magyarul felelnek. Ha a tanár számol, a tanulók is számolnak. A hallgatók ülnek, nem állnak. A szovjet hallgató nagyon szorgalmas, jól felel. Ha a tanuló nem szorgalmas, nem tanul, rosszul felel. Most egy kanadai diák olvas és fordít. Ő nagyon szeret olvasni és fordítani. Egy csehszlovák aspiráns is akar magyarul olvasni, de csengetnek. Kilenc óra.

Közmondás: Jó útitárs a tudomány.

Name of Country	Inhabitants of the Country	What do they speak?
Albánia	albán(-ok)	albánul
Anglia	angol(-ok)	angolul
Ausztria	osztrák(-ok)	németül
Belgium	belga('-k)	franciául és flamandul
Bulgária	bolgár(-ok)	bolgárul
Csehszlovákia	cseh(-ek) és szlovák(-ok)	csehül és szlovákul
Dánia	dán(-ok)	dánul
Finnország	finn(-ek)	finnül
Franciaország	francia('-k)	franciául
Görögország	görög(-ök)	görögül
Hollandia	holland(-ok)	hollandul
Írország	ír(-ek)	írül

Name of Country	Inhabitants of the Country	What do they speak?
Jugoszlávia	jugoszláv(-ok)	szerbül, horvátul, szlovénül
Lengyelország	lengyel(-ek)	lengyelül
Magyarország	magyar(-ok)	magyarul
Német Demokratikus Köztársaság	német(-ek)	németül
Német Szövetségi Köztársaság	német(-ek)	németül
Norvégia	norvég(-ok)	norvégül
Olaszország	olasz(-ok)	olaszul
Portugália	portugál(-ok)	portugálul
Románia	román(-ok)	románul
Spanyolország	spanyol(-ok)	spanyolul
Svájc	svájci(-ak)	németül, franciául és olaszul
Svédország	svéd(-ek)	svédül
Szovjetunió	orosz(-ok), etc.	oroszul, etc.
Törökország	török(-ök)	törökül

SZÓKINCS

ötödik	fifth	beszélget	talk, chat
áll	stand	vár	wait
énekel	sing	kérdez	ask
ül	sit	felel	answer
olvas	read	beszél	speak
vesz	take, buy	ön, önök,	
főz	cook	(Ön, Önök)	you
ír (írok)	write	maga, maguk	
tanul	learn, study	(Maga, Maguk)	you
egyetem	university	elég jól	fairly well
terem, termek	room	most	now
tanterem, tantermek	class-room	orosz, -ok	Russian
		ért	understand
külföld	abroad	akar	want, will
külföldi, -ek	foreigner	fordít	translate
minden (+Sing.)	every, all	szeret	love
hallgató		szeret tanulni,	he likes (is fond of)
[halgato:], -k	student	olvasni	learning, reading
jelen	present	inkább	rather, better
mert	because	inkább szeret	prefer
mindjárt		szorgalmas	diligent, hard working
[minjdja:rt]	soon		
rajzol	draw	magyaráz	explain
nagyon	very	figyel	listen to, be attentive, watch
jó, jól	good, well		
tud	know, can	ha	if

				5
számol	*count*	útitárs, -ak	*companion*	
aspiráns		tudomány, -ok	*science*	
[aʃpiraɪnʃ], -ok	*aspirant*	Európa		
csenget	*ring (the bell)*	[Euroːpɑ]	*Europe*	
szövetségi	*federal*	köztársaság, -ot	*republic*	

In the grammatical examples you will also meet the following words:—

mond	*say, tell*	segít	*help*
tart	*hold, keep*	este *(adv.)*	*in the evening*
küld	*send*		

Kiejtés

1. The Hungarian **t** and **d** sounds must be pronounced without aspiration and more forward than the same sounds in English. The tip of the tongue should touch the gums directly behind the top teeth.

[t]		[d]	
tábla	asztal	Dánia	kérdez
toll	fiatal	diák	minden
tud	egyetem	dolgozó	ötödik

2. Note well: long consonants are pronounced very long:—

rossz	ott	hosszú	mennyezet
ujj	felnőtt	mennyi	nyakkendő
toll	egy [ɛddj]	vannak	háziállat
áll	tudsz [tutts]	kongresszus	egészséges
			[ɛgeːʃʃeːgeʃ]

Szómagyarázatok

1. The forms of address **ön — önök** are generally used when speaking to people one does not know and in official language. This is a polite form of address which can be used anywhere and on any occasion.

The polite forms **maga, maguk** are used in conversation between a lady and gentleman and in speaking to persons of the same rank. Older people also use this form when speaking to younger ones. It is at the same time a confidential form of address maintaining a certain distance between a man and a woman or an older person and a younger one.

If, however, there is a great difference in rank, this form of address is impolite. Under such circumstances the following forms of address are possible:—

(a) Name + **úr: Tud Kovács úr angolul?** *Can you speak English, Mr. Kovács?*

(b) Name + **elvtárs: Tud Kovács elvtárs angolul?**

(c) Profession + **úr** or **elvtárs: Tanár úr, tud angolul?**

Tanár elvtárs, tud angolul?

2. Among equals, colleagues, friends, etc., the familiar forms **te** — **ti** *thou* and *ye* (which have almost disappeared in English) are generally used in Hungarian.

32. The Verb Base

In most Hungarian verbs the verb base and the third person singular of the present tense are the same:—

tanul- ∼ (ő) tanul   vár- ∼ (ő) vár   tud- ∼ (ő) tud

      It is therefore more useful to learn not the infinitive of the verb but the third person singular of the present tense. That is — in most cases — identical with the verb base. In our word list as well as in most dictionaries verbs are given in this form.

33. The Infinitive

-ni

The infinitive is formed by adding the ending **-ni** to the verb base:—

tanul-ni, szeret-ni, olvas-ni, kérdez-ni, rajzol-ni, ül-ni

A verb base ending in Two Consonants or in a Long Vowel **+t** (mostly **-ít**) requires the linking vowel **-a-** or **-e-** before the infinitive ending:—

mond-**a**-ni   ért-**e**-ni   fordít-**a**-ni
tart-**a**-ni   küld-**e**-ni   segít-**e**-ni

34. The Present Tense

(1)

Singular			
1st Person	tud-**ok**	szeret-**ek**	ül-**ök**
2nd Person	tud-**sz** [tutts]	szeret-**sz** [sɛretts]	ül-**sz**
3rd Person	tud	szeret	ül
Plural			
1st Person	tud-**unk**	szeret-**ünk**	ül-**ünk**
2nd Person	tud-**tok**	szeret-**tek**	ül-**tök**
3rd Person	tud-**nak**	szeret-**nek**	ül-**nek**

This tense translates all the English present tenses.

(2) Verbs ending in Two Consonants or in a Long Vowel + t require a linking vowel in the 2nd Person Singular and Plural and the 3rd Person Plural before personal suffixes beginning with a consonant.

Singular					
1st Person	mondok	értek	küldök	fordítok	segítek
2nd Person	mond-a-sz	ért-e-sz	küld-e-sz	fordít-a-sz	segít-e-sz
3rd Person	mond	ért	küld	fordít	segít
Plural					
1st Person	mondunk	értünk	küldünk	fordítunk	segítünk
2nd Person	mond-o-tok	ért-e-tek	küld-ö-tök	fordít-o-tok	segít-e-tek
3rd Person	mond-a-nak	ért-e-nek	küld-e-nek	fordít-a-nak	segít-e-nek

With verbs ending in a Consonant + **d** (and occasionally with words ending in **-it**) the linking vowel can be dropped:—

mondtok [montok]   küldsz [kylts]   küldtök [kyltøk]

fordítsz [fordiːtts]   segíttek [ʃɛgiːttɛk]   segítnek [ʃɛgiːtnɛk], *etc.*

 Verb bases ending in Sibilants **-s, -sz, -z** take the suffixes **-ol, -el, -öl** for the 2nd Person Singular differing from conjugation (1) and (2):—

olvasok   veszek   kérdezek

olvas-**ol**   vesz-**el**   kérdez-**el**

olvas   vesz   kérdez

etc.   *etc.*   *etc.*

35. The Personal Suffixes

The personal suffixes of the Present Tense are:—

		Back vowel class	Front vowel class
Singular			
1st Person	....	-ok	-ek, -ök
2nd Person	the regular ending	-sz	-sz
	after 2 consonants or after long vowel + t	-asz	-esz
	after sibilants	-ol	-el, -öl
3rd Person	....	-ø	-ø
Plural			
1st Person	....	-unk	-ünk
2nd Person	the regular ending	-tok	-tek, -tök
	after 2 consonants or after long vowel + t	-otok	-etek, -ötök
3rd Person	the regular ending	-nak	-nek
	after 2 consonants or after long vowel + t	-anak	-enek

36. Constant Vowel Relations

 The vowels of the personal suffixes and the linking vowel should be noted and studied:—

Back vowel class	Front vowel class			Back	Front
tartok	értek	küldök		o	e ö
tartasz	értesz	küldesz		a	e
tart	ért	küld		—	—
tartunk	értünk	küldünk		u	ü
tartotok	értetek	küldötök		o	e ö
tartanak	értenek	küldenek		a	e

Constant vowel relations can be observed between the back and front vowels of the personal suffixes and their linking vowels: —

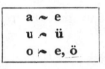

(1) The **-a-** of the back vowel class corresponds only to an **-e-** of the front vowel class in the 2nd Person Singular and the 3rd Person Plural.

(2) The **-u-** of the back vowel class corresponds only to an **-ü-** of the 1st Person Plural.

(3) The **-o-** of the back vowel class corresponds to either an **-e-** or an **-ö-** in the 1st Person Singular and the 2nd Person Plural. **-ö-** (and not *-e-*) is the vowel of the personal suffix or its linking vowel in front vowel verbs if the last vowel of the verb base is **ö, ő, ü, ű** (labials). We meet this phenomenon in the personal suffixes of the present tense in the 1st Person Singular and in the 2nd Person Plural.

Note

$$a\sim \begin{array}{|c|} e \\ e \end{array}$$
$$o\sim \begin{array}{|c|} e \\ e \end{array} \sim ö$$

We see that the e vowel appears twice:

In written and colloquial usage in towns there is no difference between these two e sounds. In many country districts, however, this e sound is pronounced differently:—

(a) the e sound corresponding to **a** (in the personal suffix of the 2nd Person Singular: **-asz, -esz** and the 3rd Person Plural: **-nak, -nek**) is pronounced open: [æ], cf. 22;

(b) the e sound corresponding to **o** (in the personal suffixes of 1st Person Singular: **-ok, -ek, -ök** and 2nd Person Plural: **-tok, -tek, -tök**) is pronounced more closed: (ɛ) cf. 22.

Understanding the difference in the pronunciation of the two e sounds — at least in theory — makes it possible to understand some phenomena of inflection and word building.

37. The Personal Pronoun as Subject

The person of the subject is clearly expressed by the personal suffixes. Therefore in Hungarian the personal pronouns are generally not used with the verb. They are only used for contrast or for special emphasis:—

Olvasni akarok.   *But:* **Én** akarok olvasni (nem te).
Ülünk.   *But:* **Mi** ülünk, **ti** álltok.

The polite form of address is expressed by the 3rd Person Singular or Plural:—

maga — **ön**	*you*	(in the singular)
maguk — **önök**	*you*	(in the plural)

Similarly these pronouns are used only for contrast or emphasis:—

Tanul vagy olvas?
Maga tanul vagy olvas?   } *Are you learning or reading?*
Ön tanul vagy olvas?   (Addressing one person.)

Kérdeznek vagy felelnek?
Maguk kérdeznek vagy felelnek?   } *Are you asking or answering?*
Önök kérdeznek vagy felelnek?   (Addressing two or more persons.)

39. Stress and Word Order in the Declarative Sentence

The word order of the sentence depends on what the speaker wants to say. Consequently Hungarian word order is subjective and logical.

The most important rule of Hungarian word order:—

> The stressed, the most emphatic word always precedes the predicate.

The order of the rest of the sentence is free so that many forms are possible. (Obviously the attribute cannot be separated from the noun it qualifies.)

The word **fiú** is emphasized in the following sentence:—

A *fiúk* tanulnak 'most.
Most a *fiúk* tanulnak.   } *The boys are learning now.*

If the word **most** is stressed then the sentence will read:—

A fiúk *most* tanulnak.
Most tanulnak a fiúk.   } *Now the boys are learning.*

The predicate is placed first in the sentence only if a special emphasis is laid on it: *Tanulnak* **most a fiúk.**

40. Stress and Word Order of Interrogative Sentences

(a) The interrogative sentence may begin with an interrogative word. Being the most emphatic word it must precede the predicate. In such sentences the word order in Hungarian is comparable to that of English:—

Hol **tanulnak** most a fiúk?	*Where are the boys learning now?*
Ki **tanul** most?	*Who is learning now?*

The interrogative word and the predicate need not always come first in the sentence: it is only important that they should not be separated.

Most *hol* **tanulnak** a fiúk? *or :*   A fiúk *hol* **tanulnak** most?

(b) The word order of a general question (i.e. without interrogative word) follows the rules for declarative sentences. In this case the interrogative sentence can be recognized only by its rising-falling or rising intonation (cf. 39).

Hungarian has no auxiliary corresponding to the English "do" in interrogative and negative sentences.

41. Stress and Word Order of Negative Sentences

In negative sentences the negative particle is stressed. Therefore the negative particle **nem** must precede the predicate.

(a) The predicate becomes negative:—

Nem **tanulnak** a fiúk, hanem beszélgetnek.	**Nincsenek** itt a gyerekek.
Most *nem* **tanulnak** a fiúk, hanem beszélgetnek.	A gyerekek **nincsenek** itt.
A fiúk most *nem* **tanulnak,** hanem beszélgetnek.	Itt **nincsenek** a gyerekek.

(b) Another part of the sentence becomes negative:—

Most *nem a fiúk* **tanulnak,** hanem a lányok.	*Nem a gyerekek* **vannak** itt, hanem a felnőttek.
Nem most **tanulnak** a fiúk, hanem este.	A gyerekek *nem itt* **vannak,** hanem ott.

42. The General (Indefinite) Subject

If the person of the subject is unknown or if we do not want to designate it, we generally use the 3rd Person Plural:—

Beszélnek itt magyarul?	*Is Hungarian spoken here?*
Csengetnek.	*They are ringing.*

43. Note on Vowel Hamrony

5

Many monosyllabic words with the base vowel **i, í** take back vowel suffixes, i.e. they count as back vowel words:—

ír: írok, írunk, írtok, írnak

likewise:—

híd: hidak

 These words will be given in the word lists.

44. The Adjective as Adverb of Manner

In Hungarian the adverb of manner is formed from adjectives by suffixes. By adding the suffix **-ul, -ül** to adjectives — mostly to the names of languages — we can make an adverb:—

Magyar-ul olvas.	*He reads Hungarian.*
Angol-ul beszél.	*He speaks English.*
Német-ül tud.	*He knows German.*
Lengyel-ül ír.	*He writes Polish.*

This suffix can be used with other adjectives too, e. g.:—

rossz — rosszul	*bad — badly*
Károly rosszul tanul.	*Charles learns badly.*

 In the word **jól** *well* the suffix **-l** is an exception:—

jó — jól	*good — well*
Lajos jól tanul.	*Lewis learns well.*

GYAKORLATOK

1. *Have you studied the words carefully? Give the antonyms of the following adjectives :—*

vékony	jó	magas	rövid	fiatal
édes	érett	széles	kicsi	kövér

2. *Which parts of speech are the following :—*

barna	csenget	szürke	keskeny	már	magyaráz
most	tinta	tud	ember	ért	áll
ül	bokor	veréb	gyerek	jó	hosszú
vár	még	fordít	olvas	szép	katona

3. *Conjugate the present tense of the verbs in the following phrases :—*

jól magyaráz	angolul beszél	nem szeret énekelni
ő nem magyar	magyarul olvas	elöl ül

5

4. *Read and translate :—*

A hallgatók szeretnek rajzolni. A szorgalmas tanulók figyelnek, ha a tanár beszél. Itt jól beszélnek magyarul. Ki áll ott? Ők nem állnak, hanem ülnek. A tanárnő kérdez, a diákok felelnek. Ti tanultok, olvastok, számoltok és írtok. Tudsz németül? Igen, tudok. Jól beszélsz franciául? Nem, franciául nem tudok jól. Most magyarul tanulok.

5. *Form sentences from the following words and change the word order according to the emphasis :—*

akar, magyarul, én, ő, vagyok, tud, nem, olvasni, beszél, most, elég, jól, angol

6. *Answer the questions both in the affirmative and negative :—*

Figyelsz? Nem akarsz írni? Nem énekeltek? Oroszul is tudnak? Szerettek fordítani? Ő jól tud rajzolni? Itt van már a tanár úr?

7. *Fill in the blanks in these sentences :—*

A munkások vár... Ki olvas...? Ti hol ül...? Az olaszok olasz... beszél... Ti segít... fordítani. Én nem szeret... vár... Te kérdez..., én felel... Te olvas..., én ír... Ők angol diák... Az osztrák fiúk most nincs... itt. Te nem akar..., vagy nem szeret... énekel...? Én nem tud... énekel... Ért... te orosz...?

8. *Form as many questions as possible from these sentences :—*

Ez itt az egyetem. Itt tanulnak a külföldi diákok. Nyolc óra. Minden hallgató jelen van, csak a két osztrák fiú nincs itt. Én nem vagyok magyar, de tudok magyarul. A lengyel diákok szeretnek olvasni és fordítani.

Kérdés — Felelet

Hány óra van?	Maguk olvasnak vagy fordítanak?
Kik tanulnak magyarul?	Szeretsz rajzolni?
Ön nem beszél magyarul?	Ki akar énekelni?
Kik beszélnek németül?	Milyen a magyar zászló?
Tud ez a hallgató oroszul?	Hány osztrák van itt?
Tudtok franciául?	Van itt angol diák?
Ki szeret énekelni?	Nagy ország Magyarország?
Maga német, vagy svéd?	Milyen ország a Szovjetunió?

Fordítás

This girl is hard working: she is now learning Hungarian. We are Czechoslovaks, but we can speak Hungarian. We are fond of singing. Are you *(Plur.)* hard working? You *(Polite form Sing.)* speak Hungarian quite well. Where are you studying Hungarian? Do you *(Polite form, Plur.)* want to read in English or in German? We do not want to read but to translate. Can you draw? Yes, I can draw fairly well. I can draw, but I cannot sing. — Now the girls are singing. The girls are singing now. The girls are now singing. The teacher is not here. There is no teacher here.

HATODIK LECKE

Mit? *What?* (Accusative)

The Accusative Suffix: **-t**	**Mit csinálsz?** *What are you doing?* *What do you do?* **Mit veszel?** *What are you buying?* *What do you buy?*

Bevásárlás

— Szervusz Péter!

— Szervusz, mit csinálsz?

— Ruhát és cipőt akarok vásárolni. Hol kapok szép cipőt?

— Itt van egy áruház. Itt sok mindent lehet kapni. Mindenki szeret itt vásárolni: az áruk jók, és a kiszolgálás kitűnő.

— Jó napot kívánok!

— Jó napot! Mit parancsol?

— Egy pár barna cipőt kérek.

— Tessék! Mutatok egy pár szép félcipőt. Jó és olcsó.

— Ez igazán szép és nagyon kényelmes, nem szorít. Mennyit fizetek?

— Háromszáz forintot. Nem drága. — Kér még valami mást?

— Igen. Kérek még két pár zoknit és egy pár harisnyát. Három méter finom szövetet, egy inget és hat zsebkendőt is akarok vásárolni.

— Ott jobbra van a fehérnemű- és a textilosztály, ott tessék ezeket kérni!

6　　— Hol van a férfiruha-osztály? Egy szürke kabátot, egy rövid sportna**drágot** és egy pár jó meleg kesztyűt is keresek.

— A férfiruha-osztály itt van elöl, jobbra.

— Miklós, te nem veszel semmit?

— De igen! Füzeteket, rajzlapokat, egy kemény ceruzát és egy puha radír- gumit akarok vásárolni. Már itt a kará**cs**ony. Veszek még játékokat is, egy kis vonatot és egy hintalovat.

— Szervusz!

— Szervusz! Jó vásárlást kívánok!

— Jó napot!

— Jó napot! Milyen gyümölcsöt parancsol?

— Kérek két kiló savanyú almát, egy kiló szőlőt és néhány szép körtét.

— Tessék! Csak szépeket adok! ... Friss zöldséget nem kér?

— De igen. Kérek egy fej salátát. Mást most nem kérek. Máris nehéz ez a táska, pedig még húst, tejet, vajat és mézet is akarok vásárolni.

— Tessék adni fél kiló borjúhúst, egy kiló disznó- húst és 30 deka marhahúst! — Mennyit fizetek?

— Százhuszonnégy forint nyolcvan fillért. Tessék, itt a blokk! A pénztár ott van jobbra, ott lehet fizetni.

— A viszontlátásra!

Így köszönünk:

This is what we say when we meet or part :—

Jó reggelt (kívánok)!	*Good morning (I wish) !*
Jó napot (kívánok)!	*Good day !*
Jó estét (kívánok)!	*Good evening !*
Jó éjszakát (kívánok)!	*Good night !*
Szervusz!	*Hello !* (Greeting a friend.)
Szervusztok!	*Hello !* (Greeting several friends.)
A viszontlátásra!	*Good-bye ! So long !*

Számok 6

10 tíz	24 huszonnégy	51 ötvenegy
11 tizenegy	25 huszonöt	60 hatvan
12 tizenkettő	26 huszonhat	70 hetven
13 tizenhárom	27 huszonhét	80 nyolcvan
14 tizennégy	28 huszonnyolc	90 kilencven
15 tizenöt	29 huszonkilenc	100 száz
16 tizenhat	30 harminc	101 százegy
17 tizenhét	31 harmincegy	200 kétszáz
18 tizennyolc	32 harminckettő	999 kilencszázkilencven-
19 tizenkilenc	33 harminchárom	kilenc
20 húsz	*etc.*	1 000 ezer
21 huszonegy	40 negyven	10 000 tízezer
22 huszonkettő	44 negyvennégy	100 000 százezer
23 huszonhárom	50 ötven	1 000 000 millió

1514 ezerötszáztizennégy 1848 ezernyolcszáznegyvennyolc
1945 ezerkilencszáznegyvenöt 1980 ezerkilencszáznyolcvan

*

— Elöl ül 21 leány, hátul 12 fiú. Hány tanuló van itt összesen?
— Itt 33 tanuló van.
— Mennyi 97 + (= meg) 18? | Mennyi 16 + 39?
— Mennyi 320 + 1955? | Mennyi 402 + 7008?

Mennyit fizetek, ha veszek:

2 kiló (kg) húst	120 Ft
2 kiló szilvát	16 Ft
1 kiló szőlőt	14 Ft
1/2 kiló körtét	6 Ft
Összesen	

Hány forintot fizetsz, ha veszel:

egy kalapot	220 Ft
egy kabátot	2050 Ft
egy pár kesztyűt	158 Ft
Összesen	

Közmondások: Minden kezdet nehéz.
Egy barát — száz rokon.
A szó is fegyver.
Egy bolond százat csinál.

hatodik	*sixth*	finom	*fine*
csinál	*make, do*	szövet, -et	*cloth, fabric*
bevásárlás, -t	*shopping*	ing, -et	*shirt*
szervusz!	*hello!* (Greeting a friend.)	fehérnemű, -t	*linen, lingerie, underwear*
ruha, '-t	*suit, dress, clothes*	osztály, -t	*department, class*
bolt, -ot	*shop*	férfiruha, '-t	*suit*
cipő, -t	*shoe, boot*	nadrág, -ot	*trousers*
vásárol	*buy, shop*	meleg	*warm*
kap	*get, receive*	kesztyű, -t	*gloves*
áru, -t	*goods*	keres	*seek, look for*
áruház, -at	*stores, warehouse*	Miklós, -t	*Nicholas*
sok minden, -t	*all kinds*	semmi, -t	*nothing*
lehet	*can, may; it's possible*	rajzlap, -ot	*drawing paper*
mindenki, -t	*everybody*	kemény	*hard*
kiszolgálás, -t	*service*	puha	*soft*
kitűnő	*excellent*	karácsony, -t	*Christmas*
nap, -ot	*day, sun*	játék, -ot	*toy, game*
kíván	*wish*	ló, lovat	*horse*
parancsol	*command, order* (here: *what can I do for you?*)	hintaló, hinta- lovat	*rocking horse*
		vásárlás, -t	*shopping*
pár, -at	*pair*	kiló (kg), -t	*kilogramme* (2,2 pounds)
kér	*ask for*		
tessék!	*please*	néhány, -at	*some, few*
mutat	*show*	ad	*give*
félcipő, -t	*shoe*	friss	*fresh*
olcsó	*cheap*	zöldség	
igazán	*indeed*	[zɔltʃɛɪg], -et	*greens, vegetables*
kényelmes	*comfortable*	fej, -et	*head*
szorít	*pinch, hurt, press*	saláta, '-t	*lettuce, salad*
fizet	*pay*	máris	*at once, even now*
drága	*dear, expensive*	nehéz, nehezet	*heavy, difficult, hard*
még	*even*	táska, '-t	*(hand) bag, satchel*
valami, -t	*something, anything*	pedig	*however*
más, -t	*other, else*	hús, -t	*meat, flesh*
zokni, -t	*socks*	tej, -et	*milk*
harisnya, '-t	*stocking*	vaj, -at	*butter*
méter, -t	*meter*	méz, -et	*honey*

borjú, -t	*calf*	reggel *(adv.)*	*in the morning*	
borjúhús, -t	*veal*	este, '-t	*evening*	
disznóhús, -t	*pork*	este *(adv.)*	*in the evening*	
deka (dkg), '-t	*decagramme*	éjszaka, '-t	*night*	
marha, '-t	*cattle*	éjszaka *(adv.)*	*at night*	
marhahús, -t	*beef*	összesen	*altogether*	
fillér, -t	*fillér* (smallest Hung. coin)	kezdet, -et	*beginning*	
blokk, -ot	*bill*	barát, -ot	*friend*	
pénztár, -t	*pay-desk, cash-desk*	rokon, -t	*relation, relative*	
a viszontlátásra!	*good-bye!*	szó, -t *(pl.* szók *or*		
így	*so, thus*	szavak)	*word*	
köszön	*greet*	fegyver, -t	*weapon, arms*	
reggel, -t	*morning*	bolond, -ot	*fool*	

In the grammatical examples you will also meet the following words:—

tó, tavat	*lake*	baj, -t	*trouble, evil*
kő, követ	*stone*	fül, -et	*ear*
tő, tövet	*base, root ; stem*	valaki, -t	*somebody, anybody*
mű, művet	*work*	senki, -t	*nobody*
fű, füvet	*grass*	oldal, -t	*side, page*

Kiejtés

Pronounce the sounds **ö, ő** and **ü, ű** distinctly. The lips must be pursed so that there is a round lip opening.

[ø, øː]			[y, yː]
mérnök	szövet		kesztyű
erős	önök		ül
ötödik	cipő		fehérnemű
főz	erdő		épület
	külföldi		
	kitűnő		
	küldött		
	köszönünk		

Szómagyarázatok

1. **Kér.** — The verb **kér** *ask for* is transitive in Hungarian and always takes the accusative: **kérek valamit** *I ask for something.*

2. **Tessék.** — A word much used in polite conversation.

6 It can be used:—

(a) When offering or giving someone something, like the English expression "Here you are". E.g.:—

Tessék, itt (van) a fésű!	*Here is the comb.*
Tessék, a fésű!	*Here, please take the comb.*
Tessék!	*Here you are! Help yourself!*

(b) To make a question or request more polite **tessék** is used with a dependent infinitive. E.g.:—

Tessék adni szőlőt is!	*Please give me some grapes too!*
Tessék csengetni!	*Please ring the bell!*

(c) When used interrogatively it means "I beg your pardon" or "What did you say?" E.g., telephoning:—

— Halló, ki beszél?	*"Hallo, who is speaking?"*
— ??	
— Tessék? Ki van ott?	*"I beg your pardon? Who is there?"*

(d) **Tessék** also translates "Come in" when someone knocks at the door.

3. Tud — lehet.

Tud has two meanings: (a) *to know*, (b) *to be able, can*.

Tud functions like "can" when it denotes a physical or a mental ability and refers to a definite subject, e. g.:—

(a) Jól tudok angolul.	*I know English well. I can speak English well.*
(b) Most jól tud tanulni.	*He can now study well* (because he is not tired, he feels like doing, it, etc.).

Lehet *can, can be, may be, it is possible.*

It is used to express possibility over which the speaker has no control. **Lehet** is only used in the 3rd Person Singular with a dependent infinitive; it has an impersonal meaning with a general subject, e. g.:—

Itt jól lehet tanulni.	*Here one can study well* (because it is quiet, comfortable and well heated, etc.).
Itt mindent lehet kapni.	*Here one can get (buy) everything.*

4. Szervusz is a word often used as an intimate greeting among good friends, who are on "thou" terms (2nd Person Singular) with each other.

Szervusz Péter! Mit csinálsz?	*Hello Peter, what are you doing?*

When the greeting is addressed to more than one friend the plural form is used: **Szervusztok!** *Hello everybody!*

45. V-Base Nouns

Certain monosyllabic nouns ending in **-ó, -ő, -ű** add a **-v-** to their base before the plural suffix **-k,** e.g.:—

ló — lovak *horse*   kő — kövek *stone*   fű — füvek *grass*
tó — tavak *lake*   tő — tövek *stem, root* mű — művek *work*

The linking vowel of the **v**-base is always **-a-** or **-e-** (never *-o-* or *-ö-*).

> Szó *word* has two plurals: **szavak** and **szók.**
> It is clear from the examples quoted that the long end vowel (**-ó, -ő, -ű**) is shortened before the **-v-**. (There is only one exception: **mű, művek.**) The long **-ó** is changed to **-a-** in some words.

46. The Accusative (Object)

> The Accusative Suffix is **-t.**

Words ending in a vowel form the accusative singular by the addition of the suffix **-t** without a linking vowel (like the plural suffix **-k**).

(a) Noun bases ending in **-ó, -ő, -u, -ú, -ü, -ű, -i**

> tanuló-t, cipő-,t savanyú-t, fésű-t, ki-t? mi-t?

Derived adjectives ending in **-i** take the accusative suffix **-t,** — unlike the plural suffix cf. p. 77—8 —without a linking vowel:—

> külföldi-t, londoni-t, bécsi-t, európai-t

(b) Noun bases ending in **-a, -e**
The final short vowel **-a** or **-e** is lengthened to **-á-** or **-é-:—**

ruha : ruhá-t   este   : esté-t
drága : drágá-t   fekete : feketé-t

47. The Linking Vowel before the Accusative Suffix

Words ending in Consonants require the same linking vowel before the accusative suffix **-t** as before the plural suffix **-k:—**

Singular	Plural	Accusative
virág	virágok	virágot
kép	képek	képet
gyümölcs	gyümölcsök	gyümölcsöt
társ	társak	társat

6

<table>
<tr><td>The linking vowels **-o-,** **-e-, -ö-** are omitted</td><td>*(a)* The accusative suffix **-t** is added directly to nouns and pronouns ending in **-j, -ly, -l, -n, -ny, -r, -s, -sz, -z.** Unlike the plural suffix **-k** they do not require a linking vowel. This is for phonetic reasons; **-t** forms a natural sound group when added to these consonants.</td></tr>
</table>

Singular	Plural	Accusative	Singular	Plural	Accusative
baj	baj-o-k	baj-t	más	más-o-k	más-t
osztály	osztály-o-k	osztály-t	kérdés	kérdés-e-k	kérdés-t
asztal	asztal-o-k	asztal-t	bányász	bányász-o-k	bányász-t
rokon	rokon-o-k	rokon-t	ez	ez-e-k	ez-t
ön	ön-ö-k	ön-t	az	az-o-k	az-t
szekrény	szekrény-e-k	szekrény-t			
ember	ember-e-k	ember-t			

<table>
<tr><td>The linking vowels **-a-, -e-** are kept</td><td>*(b)* The linking vowels **-a-** and **-e-** [æ] are kept also after the consonants given in paragraph *(a)*.</td></tr>
</table>

Singular	Plural	Accusative	Singular	Plural	Accusative
toll	toll-a-k	toll-a-t	fej	fej-e-k	fej-e-t
ujj	ujj-a-k	ujj-a-t	tej	tej-e-k	tej-e-t
úr	ur-a-k	ur-a-t	fül	fül-e-k	fül-e-t
ház	ház-a-k	ház-a-t	méz	méz-e-k	méz-e-t

48. The Accusative of Adjectives and Numerals Ending in Consonants

Adjectives and Numerals require the linking vowel **-a-** or **-e-** [æ] before the accusative suffix **-t.** This also applies to adjectives ending in **-j, -ly, -l, -n, -ny, -r, -s, -sz, -z.**

Examples:—

vékony	— vékony-**a**-t	keskeny	— keskeny-**e**-t
magas	— magas-**a**-t	kedves	— kedves-**e**-t
rossz	— rossz-**a**-t	fehér	— fehér-**e**-t
húsz	— húsz-**a**-t	tíz	— tíz-**e**-t
hatvan	— hatvan-**a**-t	ötven	— ötven-**e**-t

Exceptions:—

(a) A few adjectives require the linking vowel **-o-:**—
nagy-o-t, vastag-o-t, gazdag-o-t, boldog-o-t (comp. 63)

(b) Of the numerals only **hat** *six*, **öt** *five* take the linking vowel **-o-, -ö-:**—
hat-o-t, öt-ö-t

All the changes in the word base, explained when considering the plural suffix **-k,** occur before the accusative suffix **-t:**—

(a) Shortening of base vowel

madár	— madarak	: madar-**a**-t
híd	— hidak	: hid-**a**-t
egér	— egerek	: eger-**e**-t
nehéz	— nehezek	: nehez-**e**-t

The linking vowel — as we know — is always **-a-** or **-e-** (open) in the shortened word base; therefore it may not be omitted before the accusative suffix **-t** (comp. 100).

(b) Elision of vowel

torony	— tornyok	: torny-**o**-t
ökör	— ökrök	: ökr-**ö**-t
hatalom	— hatalmak	: hatalm-**a**-t
veszedelem	— veszedelmek	: veszedelm-**e**-t

Comp. 63.

(c) **V-**bases

| ló — lovak | : lov-**a**-t | kő — kövek | : köv-**e**-t |
| tó — tavak | : tav-**a**-t | mű — művek | : műv-**e**-t |

 The word **szó** has two plural forms: **szavak** and **szók,** but it has only one accusative form: **szót.**

Note

In the word lists after this lesson words will no longer be followed by their plural, but by their accusative since this is the more difficult to form

(a) If the accusative suffix is preceded by a vowel, the **-t** is replaced by the plural suffix **-k.**

if you find in the word list :—	*the plural will be :*—
zsebkendő, -t	zsebkendők
ruha, '-t	ruhák
este, '-t	esték
állat, -ot	állatok
szövet, -et	szövetek
mérnök, -öt	mérnökök
társ, -at	társak
könyv, -et	könyvek
madár, madarat	madarak
tő, tövet	tövek
terem, termet	termek

6

(b) When the **-t** is preceded by a consonant, then the **-t** is replaced by the plural suffix **-k** with the linking vowels **-o-, -e-** or **-ö-**.

If you find in the word list :—	*the plural will* be:—
osztály, -t	ošztály-o-k
reggel, -t	reggel-e-k
ön, -t	ön-ö-k
papír, -t	papír-o-k
kérdés, -t	kérdés-e-k

Exceptions to this rule are rare, e. g.: **oldal,** -t, plur. **-ak; pénztár,** -t, plur. **-ak.**

50. The Accusative Plural

> **Plural Form +**
> **-at, -et**

The accusative plural uses the same suffix **-t** as the singular, added to the plural, but the linking vowel is always **-a-** or **-e-** according to vowel harmony:—

éjszakák	— éjszakák-**at**	tehenek	— tehenek-**et**
áruházak	— áruházak-**at**	veszedelmek	— veszedelmek-**et**
lovak	— lovak-**at**	kövek	— kövek-**et**

51. The Use of the Article

(a) In Hungarian — as in English — the article remains unchanged:—

a játék, a játékok	— a játékot, a játékokat
az ing, az ingek	— az inget, az ingeket
egy harisnya	— egy harisnyát

(b) The definite article is used before a known and definite object, whether it denotes a single object or a whole category of the same things.

E. g.:—

Ez a fa zöld.	*This tree is green.*	(one tree)
A fa zöld.	*The tree is green.*	(every tree)

(c) If the noun is preceded neither by the definite nor by the indefinite article, the essential quality of the noun is expressed as follows (comp. 64):—

Könyvet olvasok.	*I am reading a book* (i.e. a book and not a letter or a paper).
Tollat kérek!	*Please give me a pen.*

52. The Base of Cardinal Numbers

1. From 11 to 19 the units are added to an extended base **tizen-,** from 21 to 29 to the base **huszon-.** From 30 on the numbers have no extended base (see 95).

2. The bases of some numerals change.

6

(a) Shortening of vowel

három: harmadik, harminc *(but :* hármat)
négy: negyedik, negyven *(but :* négyet)
hét: hetet, hetvenhetedik
tíz: tizedik, tizen- *(but :* tízet)
húsz: huszadik, huszon- *(but :* húszat)

(b) Elision of vowel

három: hárm-at, harm-adik, harm-inc
ezer: ezr-et, ezr-edik

In the base of the cardinal **három** we find a shortening of the vowel in addition to elision.

53. Expression of Quantity

(a) We have already seen that nouns qualified by cardinal numbers cannot have a plural form. The adjective of quantity likewise takes singular nouns and verbs. This important rule also applies to the indefinite pronoun.

E.g.:—

Sok ember van itt.	*There are many people here.*
Itt minden áru olcsó és jó.	*Here all goods are cheap and good.*
Kérek néhány zsebkendőt.	*I would like some handkerchiefs.*

(b) The plural form of the names of materials denote — as in English — the kind of material, e.g.:—

Az ilyen szövetek igen drágák.   *Cloths like these are very expensive.*

The names of fruits are treated in the same way as names of materials. Therefore in Hungarian the names of fruits are very seldom used in the plural even when denoting the kind or sort of fruits. E.g.:—

Ezek édes almák.   *These are sweet apples.*

Otherwise the names of fruits are used, unlike English, only in the singular:—

Almát, körtét és szőlőt veszek.   *I shall buy apples, pears and grapes.*

A sentence such as **Ez édes alma** — may have two meanings: *This is a sweet apple* and *These are sweet apples.*

(c) Names of things which consist of two similar halves, especially articles of clothing, e. g. **cipő, kesztyű, zokni, harisnya,** are only rarely used in the plural since this would indicate different kinds of shoes, gloves, socks or stockings.

For shoes (a pair of shoes) the singular, or the word **pár** *pair* + Singular is used:—

Ez szép cipő!	*These are nice shoes.*
Kérek egy pár barna félcipőt!	*Please give me a pair of brown shoes.*

(d) In Hungarian expressions of quantity are, unlike English, simply attributes before the name of the article:—

Veszek két kiló szőlőt.	*I buy two kilograms of grapes.*
Vásárolok három fej salátát.	*I buy three heads of lettuce.*
Kérsz egy pohár vizet?	*Will you have a glass of water?*

54. The Indefinite Pronouns

valaki *somebody, anybody, anyone*	**valami** *some, something, anything*
mindenki *everybody, everyone*	**minden** *everything, all*
senki *nobody, not ... anybody, no one*	**semmi** *nothing, not ... anything*

These pronouns are usually used only in the singular. E. g.:—

Keresel valakit?	*Are you looking for somebody?*
Pál rajzol valamit.	*Paul is drawing something.*
Itt mindenki tanul.	*Here everybody learns.*
Ők mindent tudnak.	*They know everything.*

With the negative forms **senki** and **semmi** the predicate is also negative (note: Double Negative), e. g.:—

Nem veszel **semmit?**	*Aren't you buying anything?*
Nincs itt **senki?**	*Isn't anybody here?*

Valami and **minden** are used also as adjectival pronouns:—

Veszek valami édes gyümölcsöt.	*I buy some sweet fruit.*
Nem minden szőlő édes.	*Not all grapes are sweet.*

Abbreviations

Valaki abbreviated: **vki**   **valami** abbreviated: **vmi**

These are the abbreviations used in dictionaries and which will be found in our word lists.

GYAKORLATOK

1. *Write down the nouns and adjectives from the following words. Give their accusative, Singular and Plural. Show which adjectives are also antonyms:—*

tej	fillér	este	szövet	nadrág
hatalom	drága	öreg	fehér	teherautó
bors	játék	hallgató	sovány	alacsony
magas	diák	hasznos	finom	szorgalmas
puha	olcsó	macska	kemény	vasutas
nyelvtan	társ	veréb	tudomány	harisnya

2. *Give the nominative and accusative plural of the nouns whose accusative singular form is given below :—* **6**

tollat	ablakot	azt	traktort	parasztot
barátot	széket	önt	feleletet	gyümölcsöt
fogast	asztalt	őt	ujjat	lovat

3. *Insert the missing forms (indicated by the pronouns in brackets) of the verbs on the right hand side of the page :—*

Szép képeket .... *(én, ti)*	**mutat**
Mit ... vásárolni? *(te, ti, ők)*	**kíván**
Már 295 magyar szót ... *(én, mi)*	**tud**
Két inget ... *(te, ők)*	**vesz**
Milyen külföldi könyveket ...? *(te, mi)*	**olvas**
A tanárok ... magyarázni.	**szeret**
A kartárs angolul ... tanulni.	**akar**
Ez a cipő kényelmes, nem ...	**szorít**

4. *Insert the accusative singular and, where possible, the accusative plural of the words and phrases below :—*

Kérek ...	*1 és $^{1}/_{4}$ liter tej*
... fizetek?	*mennyi*
... kívánok!	*jó este*
... veszel?	*marhahús vagy disznóhús*
... vásároltok?	*nadrág vagy kabát*
... akarunk vásárolni.	*szép ing*
Vársz ...?	*valaki*
Nem várok ...	*senki*
... olvastok?	*angol könyv*
... fordítunk.	*magyar szöveg*
... tudnak.	*minden szó*
... tanulnak.	*szavak és nyelvtan*
... szeretek.	*minden jó ember*
... rajzolsz?	*mi*
... rajzolok.	*egy tehén és egy ló*
... veszünk, ...?	*mi ... körte vagy alma*

5. *Pick out the verbs from the passage "Bevásárlás" and underline the personal suffixes in red.*

6. *Form sentences using the following verbs and the person in brackets :—*

kíván *(2nd Pers. Plur.)*, parancsol *(3rd P. Pl.)*, magyaráz *(3rd P. Sing.)*, tud *(1st P. Pl.)*, szeret *(2nd P. S.)*, vesz *(1st P. S.)*

7. *Insert the missing accusative suffix* **-t:**—

Péter cipő vásárol. Miklós jó nap kíván. A mérnök tíz forint fizet. Szürke kabát akarok vásárolni. Milyen gyümölcs kér ön? Vaj és méz kérek. Szép szövetek mutatok. Keresek egy pár jó meleg kesztyű. Tessék adni egy kiló borjúhús.

6

Mi ez a nagy épület?
Mit lehet itt kapni?
Mit akar vásárolni Péter?
Mennyit fizetünk összesen?
Hol van a fehérnemű osztály?
Mit vesz Miklós?
Hol lehet kapni szét gyümölcsöt?
Mennyi szilvát veszel?

Mindenki itt van?
Ki olvas francia könyveket?
Te milyen könyvet olvasol?
Hány magyar közmondást tudsz?
Hány magyar szót tudtok?
Mennyi 11 meg 27?
Mennyi 101 meg 32?
Mennyi 1517 meg 896?

Fordítás

(a) What are you doing now? We are now learning Hungarian. Are you translating? No, I am not translating, but learning words. Can you already (speak) Hungarian? I cannot (speak) Hungarian well. No one *(senki sem)* here can (speak it) well, everyone is only learning Hungarian. Can anyone speak Polish or Czech? I cannot (speak) Czech, but I can (speak) Polish. Can you (speak) English? Yes, everyone here can (speak) English.

(b) The women are buying underwear, but we are buying warm fabric. I want to buy a fine, grey hat and you want a pair of black shoes and a pair of warm gloves. We can get everything here.

"Would you like to buy (some) nice, fresh fruit?"

"Here you are. Do you want *(nem parancsol)* (any) vegetables?"

"Oh yes, I want to buy (some) vegetables."

HETEDIK LECKE

szavakat {	**tanulok** **tanulsz** **tanul** **tanulunk** **tanultok** **tanulnak**

a szavakat {	**tanul-om** **tanul-od** **tanul-ja** **tanul-juk** **tanul-játok** **tanul-ják**

Téli üdülés

Ez a lillafüredi üdülő, hatalmas, pompás palota. Itt üdül Kis András, a kiváló vasmunkás. Ül és olvas. A sportújságot olvassa. Szabó és Molnár szaktársak is újságot olvasnak. Ma új vendégek jönnek, már nagyon várják őket. Az új vendégek ifjúmunkások: vidám lányok és fiúk. A vendégeket autóbusz hozza.

Az idő szép, a táj gyönyörű. Köröskörül magas hegyek, mély völgyek, patakok és sűrű erdők. A hegyeket és a völgyeket, a fákat és a bokrokat, az utakat és a házakat tiszta, friss hó fedi. Lent a hegyi tavat már vastag jég borítja.

A fiúk nézik a csillogó havas tájat, a lányok énekelnek. A Kossuth-nótát énekelik. Ezt a dalt mindenki ismeri.

Kis szaktárs hallja az éneket. Tudja, hogy fiatal üdülők jönnek. Figyel.

— Hallod a dalt? — kérdezi.

— Hallom — feleli Molnár. Jól ismerem a Kossuth-nótát, és nagyon szeretem. Én is szeretek énekelni.

A gondnok fogadja a vendégeket.

— Jó reggelt kívánok!

— Jó reggelt!

— Várjuk már Önöket! Tessék helyet foglalni!

— Köszönjük a szíves fogadtatást.

— Tudjátok, hogy milyen szép és kellemes itt?

— Tudjuk! Mindenki dicséri ezt az üdülőt.

— Már jó a hó, lehet síelni! Szeretitek a sportot?

— Nagyon szeretjük!

— Szerettek kirándulni is?

— Szeretünk.

— Látjátok, a vidék itt nagyon szép, nagyszerű kirándulásokat, sítúrákat lehet tenni. Este lehet zenét hallgatni, sőt táncolni is.

A gondnokot keresik.

— Bocsánatot kérek, keresnek.

— Kérem, tessék csak menni — mondják a vendégek.

Gyermekvers

HULL A HÓ...

Hull a hó és fúj a szél,
A jó gyermek jót remél,
Várja, várja Télapót,
Hoz az diót, mogyorót.

SZÓKINCS

hetedik	seventh	hatalmas	monumental, enormous
téli	wintery, winter-		
üdülés, -t	holiday, vacation	pompás	splendid
Lillafüred, -et	a popular resort-place in the Bükk mountains (Northern Hungary)	palota, '-t	palace, mansion
		üdül	take a holiday
		András, -t	Andrew
		kiváló	outstanding, excellent
lillafüredi	of (from) Lillafüred	sportújság, -ot	sportspaper
üdülő, -t	1. holiday home, resort; 2. guest at a holiday home, holidaymaker	új	new
		jön	come
		vendég, -et	guest
		vár vkit	wait for, await

ifjú, -t	*young man*	helyet foglal	*take a seat*
ifjúmunkás, -t	*young worker*	köszön vmit	*thank for sg*
autóbusz	*bus*	szíves	*hearty, kind*
[auto:bus], -t		fogadtatás	*welcome, reception*
hoz	*bring*	[fogaṭṭata:ʃ], -t	
idő, -t	*weather; time*	milyen *(adv.)*	*how, what a...*
táj, -at	*landscape*	kellemes	*pleasant*
gyönyörű	*wonderful*	dicsér	*praise*
köröskörül	*all round, round about*	síel	*ski*
		sport, -ot	*sport*
hegy, -et	*mountain, hill*	kirándul	*go on an excursion*
mély	*deep, profound*	lát	*see*
völgy, -et	*valley, vale*	vidék, -et	*country, (-side)*
patak, -ot	*brook, stream*	nagyszerű	*magnificent*
sűrű	*thick, dense*	[nɒtjsɛry:]	
út, utat	*way, road, path*	kirándulás, -t	*excursion*
hó, havat	*snow*	tesz *(inf.* tenni)	[here:] *make*
fed	*cover*	sítúra, '-t	*ski-tour*
hegyi *(adj.)*	*mountain*	zene, '-t	*music*
jég, jeget	*ice*	hallgat vmit	*listen to*
borít	*cover*	sőt	*as well, even, moreover*
néz	*look*	táncol	*dance*
csillogó	*glittering*	nevet	*laugh*
havas	*snowy, snow cover-ed*	bocsánat, -ot	*pardon*
		tessék csak!	*please do...*
Kossuth [koʃu:t], -ot	statesman and military governor in the years 1848—1849 (b. 1802, died 1894)	megy *(inf.* men-ni)	*go*
		gyermek, -et = gyerek, -et	*child*
nóta, '-t	*(popular) song*	vers, -et	*poem, verse*
dal, -t	*song*	gyermekvers, -et	*nursery rhyme*
ismer	*know, recognize, be acquainted*	hull	*fall*
		hull a hó	*it is snowing*
hall	*hear*	fúj	*blow*
ének, -et	*song, singing*	szél, szelet	*wind*
hogy *(unstressed)*	*that*	remél	*hope, expect*
gondnok, -ot	*steward, overseer*	tél, telet	*winter*
fogad (vendéget)	*welcome (friend)*	Télapó, -t	*Father Christmas, Santa Claus*
hely, -et	*place, seat*		
foglal	*occupy, take*	mogyoró, -t	*hazel-nut*

Frequently Used Phrases

Tudom. — Nem tudom.	*I know (it). — I don't know (it).*
Ismerem. — Nem ismerem.	*I know him (her, it). — I don't know him (her, it).*
Értem. — Nem értem.	*I understand (it). — I don't understand (it).*
Szeretem. — Nem szeretem.	*I like (love) it. — I don't like (love) it.*
Látod?	*Can you see (it)?*
Köszönöm (szépen).	*Thank you (very much).*
Kérem (szépen).	*Not at all. Don't mention it.*
Bocsánatot kérek.	*I beg your pardon. Excuse me.*

NYELVTAN

55. The Definite Conjugation of Verbs — Present Tense

In Hungarian there are two conjugations of all transitive verbs in all moods and tenses: the Indefinite and the Definite Conjugation. The Indefinite Conjugation is used where there is no object or only an indefinite one; the Definite Conjugation is used with a definite object.

In Lesson 5 we studied the indefinite conjugation of verbs; in this lesson we shall deal with the definite conjugation.

This tense translates all the English present tenses.

Back Vowel Class	Front Vowel Class	
vár-**om**	kér-**em**	köszön-**öm**
vár-**od**	kér-**ed**	köszön-**öd**
vár-**ja**	kér-**i**	köszön-**i**
vár-**juk**	kér-**jük**	köszön-**jük**
vár-**játok**	kér-**itek**	köszön-**itek**
vár-**ják**	kér-**ik**	köszön-**ik**

NB. **-ö-** is the linking vowel (not *-e-*) in the 1st and 2nd Person Singular
in front vowel verbs, if the last vowel of the verb base is **ö, ő, ü, ű** (formed
by rounding the lips).

56. The Definite Conjugation of Verbs Ending in Sibilants

s + j = ss
sz + j = ssz
z + j = zz

The **j-** sound of the personal suffixes assimilates
after the sibilant sounds of the verb bases ending
in **-s, -sz** or **-z.** In back vowel verbs in four forms
(3rd Person Singular and all forms of the Plural),
in front vowel verbs only in one form (1st Person Plural) the **-sj-, -szj-, -zj-**
are replaced by **-ss-, -ssz-, -zz-.** E. g.:—

olvas-om	hoz-om	keres-em	vesz-em	néz-em
olvas-od	hoz-od	keres-ed	vesz-ed	néz-ed
olvas-sa	hoz-za	keres-i	vesz-i	néz-i
olvas-suk	hoz-zuk	keres-sük	vesz-szük	néz-zük
olvas-sátok	hoz-zátok		= vesszük	
olvas-sák	hoz-zák	keres-itek	vesz-itek	néz-itek
		keres-ik	vesz-ik	néz-ik

57. Fusion of Consonants in Pronunciation

d + j
t + j
l + j
n + j

In pronunciation the consonants **-d, -t, -l, -n** are
combined with the **-j** of the personal suffix and are
pronounced as long double consonants. This fusion
is not indicated in the written language.

End conso-nant of the verb base	In writing	In pronun-ciation	Examples	
			in writing	in pronunciation
-d	**-dj-**	[ddj]	ad-ja	[addja]
-t	**-tj-**	[ttj]	lát-ja	[laːttja]
-l	**-lj-**	[jj]	tanul-juk	[tɑnujjuk]
-n	**-nj-**	[nnj]	köszön-jük	[køsønnjyk]

The sounds **gy, ly, ny** in the base of verbs are pronounced long with the **j** sound of the personal suffix
like the double consonants: **ggy, jj, nny.** As above this is not indicated in the written language.

(c) if the object is the 3rd Person pronoun: **őt, őket** or a demonstrative pronoun: **ezt, azt, ezeket, azokat,** these, however, are often omitted, if they are implied in the meaning of the sentence. E.g.:—

— Ismered a gondnokot?	*"Do you know the steward?"*
— Ismerem. **Őt** mindenki ismeri.	*"Yes (I know him). Everybody knows him."*
Ezt ti is tudjátok.	*You know this just as well.*
— Tessék, itt van toll, tinta, papír!	*"Here you are, paper, pen and ink."*
— Köszönöm *(i. e.: **azokat**).*	*"Thank you for them."*

(d) if the object is expressed by an object clause; the predicate of the main clause can always be added to (in thought) by the pronoun **azt:**—

Az üdülők tudják *(azt)*, **hogy új vendégek jönnek.**   *The holiday makers know that new guests are coming.*

(e) if the object is a noun to which a possessive suffix has been added, see 150.

60. The Indefinite Object

The object is considered indefinite:—

(a) if it is preceded by the indefinite article (see 64):—

A lányok egy **szép dalt** énekelnek.   *The girls are singing a nice song.*

(b) if it is not preceded by the definite or indefinite article (and it is not a proper noun):—

Kis András **újságot** olvas.   *András Kis is reading a paper.*

(c) if it is expressed by the infinitive of a verb:—

Szeretek **olvasni.**   *I like to read.*
Szeretek jó könyveket **olvasni.**   *I like to read good books.*

    If the infinitive has a Definite Object, the Definite Conjugation is used:—

Szeretem **olvasni** a jó könyveket.   *I like to read the good books.*

(d) if the object is expressed by an interrogative pronoun: **kit? mit? kiket? miket?**

Mit csináltok?   *What are you doing?*
Kit szeretsz?   *Whom do you like?*

(e) The indefinite conjugation is always used when the verb has no object real or implied:—

Tanulsz, vagy olvasol?   *Are you learning or reading?*

61. Two Irregular Verbs

Jön *come* and **megy** *go.* — These two intransitive verbs have obviously only an indefinite conjugation.

Infinitive	jönni	menni
Present Tense	jövök jössz jön jövünk jöttök jönnek	megyek mész *or* mégy megy megyünk mentek mennek

GYAKORLATOK

1. *From the reading exercise pick out the verbs used in the definite conjugation. Make up sentences with them.*

2. *From the reading exercise pick out the verbs used in the indefinite conjugation. Parse them and where possible give their corresponding definite form.*

3. *Give the number, person and conjugation of the following verbs :*—
várunk, tanulja, tudod, szerettek, köszönünk, kérjük, nevetnek, énekeli, keressük, felelem, mondják, halljuk, ismeritek

4. *Give the definite and indefinite conjugations of the following verbs :*—
tud, ért, magyaráz, kérdez, mond, ismer

5. *Add the personal suffixes for the pronouns given in brackets :*—

(te, ő)	Fogad... a vendégeket.
(én, mi)	Ismer... őt.
(ő, ti)	Köszön... a szíves fogadtatást.
(ők, ő)	Tud... a magyar szavakat.
(ti, te)	Hall... ezt a szép magyar dalt?
(mi, ők)	A sportújságot olvas...

6. *Form a sentence from each of the following groups of words :*—

(a) a gondnok, fogad, a vendégek
(b) szeretitek, a téli, sportok
(c) bocsánat, kérek
(d) a dolgozók, újság, olvas

(e) szeretek, zene, hallgatni
(f) a vendégek, nagy autóbusz, hoz
(g) a fiúk, néz, a csillogó hó
(h) a lányok, magyar dal, énekel

7. *Answer in simple sentences the question "Mit csinálnak az üdülők?" using in one sentence the definite form of the verb, in the other the indefinite form :*—

Újságot olvasnak. — Az újságot olvassák.
Új vendégeket várnak. — ....
.... — ....

8. *Note the pronunciation of the following verbs :—*

adják, tanuljátok, halljuk, olvassa, mondja, szeretjük, kívánja

Kérdés — Felelet

Mit csinál Kis András?
Mit olvas?
Te milyen újságot olvasol?
Kiket várnak az üdülők?
Milyen a téli táj?
Mit énekeltek?
Ismeritek a Kossuth-nótát?

Szeret ön énekelni és táncolni?
Szeretsz kirándulni?
Ki szereti a sportot?
Mit mond a gondnok?
Tudod a magyar leckét?
Ismeri Budapestet?
Értik a magyar nyelvtant?

Fordítás

I am sitting and reading. I am waiting for four new guests. I am waiting for the young fellow workers. The bus is bringing them now. The girls are singing (some) pleasant (= nice) songs. You *(Plur.)* know these songs too. Mr. Molnár says, "I do not understad this passage (= text)."

"What don't you understand?"
"I don't understand this proverb — all beginnings are difficult."
We already know this proverb.

Tollbamondás

The first paragraph of the passage for reading.

NYOLCADIK LECKE

be	*into*		**ki**	*out, out of*
fel	*up, upwards*		**le**	*down, downwards*
		el	*away, out, off*	

Péter **be**megy.

Pál **ki**jön.

A repülőgép **fel**száll.

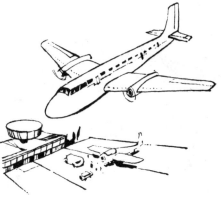

A repülőgép **le**száll.

Géza **el**megy.

hova?	whither? where?	**-ba, -be** into	**-ra, -re**	on to
hol?	where?	**-ban, -ben** in	**-n, -on, -en, -ön**	on, at
honnan?	whence?	**-ból, -ből** out of	**-ról, -ről**	from, off, about

Hova?   **Hol?**   **Honnan?**

Péter almát rak a kosár**ba.**   A kosár**ban** alma van.   Péter kivesz a kosár**ból** két almát.

Helén felszáll a villamos**ra.**

Helén a villamos**on** ül.

Helén leszáll a villamos**ról.**

A tanár belép a tanterem**be.** A hallgatók a tanterem**ben** ülnek. A tanár kimegy a tanterem**ből.**

A turisták felmennek a hegy**re.** A turisták a hegy**en** vannak, és a hegy**ről** nézik a szép tájat.

A fővárosban

Angol turisták vagyunk Londonból.

Sétálunk Budapesten, a magyar fővárosban. Megnézzük a várost, az utcákat, a tereket, a parkokat, a szép hidakat és a gyönyörű Duna-partot. Figyeljük az élénk forgalmat, a budapesti életet. Megnézzük az ízléses kirakatokban a sok szép árut, nézzük az árakat.

Itt van egy könyvesbolt. Bemegyünk ebbe a könyvesboltba.

— Én veszek itt egy budapesti turistatérképet és egy kis magyar—angol szótárt.

— Én egy budapesti albumot vásárolok. Szép emlék Budapestről.

— Milyen remek képek vannak ebben az albumban! „Kilátás a Gellérthegyről" — ez az első kép.

— Gyönyörű! Ezt a kilátást mi is megnézzük, ugye?

— Igen, de hogy jutunk oda? Idegenek vagyunk, a várost még nem ismerjük, magyarul alig néhány szót tudunk.

A sarkon rendőr áll. Megkérdezzük őt.

— Kérem, messze van innen a Gellért-hegy?

— Nincs nagyon messze — mondja az udvarias rendőr. Ott van a megálló, tessék csak megvárni a villamost. A Gellért téren kell leszállni. Jó szórakozást kívánok!

Várunk a villamosra. Már jön is. Megáll. Néhány ember leszáll a villamosról. Mi felszállunk. A villamos elindul. A kocsiban már egy szabad ülőhely sincs, a peronon maradunk. Lukasztjuk a jegyeket. Figyeljük az embereket, a szép épületeket. A gyors beszélgetésből — sajnos — egy szót sem értünk. Jön az ellenőr, kéri a jegyeket. Most egy szép hídra ér a villamos.

— Itt a Duna, ez a Szabadság-híd — mondja valaki.

Erről a hídról jól látjuk a csillogó Dunát, a budai hegyeket, a Várat és a többi Duna-hidat. Pompás látvány!

— Gellért tér! — kiáltja megint valaki.

Kiszállunk. Ezen a téren van a Gellért Szálló és a Gellért fürdő. A szálló és a fürdő szép helyen, a Duna-parton áll. Az ablakokból

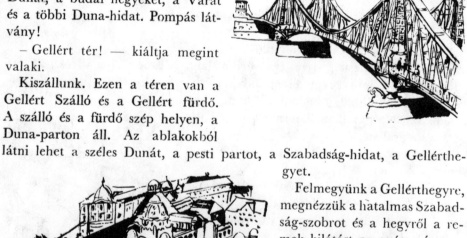

látni lehet a széles Dunát, a pesti partot, a Szabadság-hidat, a Gellérthegyet.

Felmegyünk a Gellérthegyre, megnézzük a hatalmas Szabadság-szobrot és a hegyről a remek kilátást az egész városra. Ezt a látványt sohasem lehet elfelejteni!

Sokáig nem maradunk a hegyen, mert délben a „Béke" étteremben ebédelünk, és ott már várnak a többiek.

Ha feldobom fehér, ha leesik sárga. Mi az?

(syloL)

Tréfa

BUDAPESTI PILLANATKÉP

— Fantasztikus, mennyi baleset van mostanában!

SZÓKINCS

nyolcadik	*eighth*	kimegy (megy)	*go out*
bemegy (megy)	*go in*	turista, '-t	*tourist*
kijön (jön)	*come out*	felmegy (megy)	*climb, go upstairs*
repülőgép-et	*aeroplane*	főváros, -t	*capital*
felszáll (száll)	*take off, fly off;*	sétál	*walk*
	get on (bus, tram)	megnéz (néz)	*look at*
leszáll (száll)	*land; get off, step*	város, -t	*town*
	down	utca, '-t	*street*
elmegy (megy)	*go away; go out*	tér, teret	*square*
hova?	*where? whither?*	park, -ot	*park*
honnan?	*whence? from*	Duna-part, -ot	*bank of the Danube,*
	where?		*Danube embank-*
rak	*put, load*		*ment*
kosár, kosarat	*basket*	élénk	*lively, bustling*
kivesz (vesz)	*take out*	forgalom,	*traffic*
villamos, -t	*tram*	forgalmat	
belép (lép)	*enter*	élet, -et	*life*

ízléses	*tasteful*
kirakat, -ot	*shop-window*
ár, -at	*price*
könyvesbolt [konjvɛʒbolt], -ot	*bookshop*
szótár, -t, *plur.* -ak	*dictionary*
album, -ot	*album,* here: *guide in picture*
emlék, -et	*souvenir*
remek	*splendid, superb*
kilátás, -t	*view, sight, panorama*
Gellért, -et	*Gerald*
ugye?	[here:] *isn't it?*
jut	*get, somehwere*
oda	*there*
idegen, -t (n. and adj.)	*stranger, foreigner; strange, foreign*
alig	*scarcely, hardly*
sarok, sarkot	*corner*
rendőr, -t	*policeman*
megkérdez [mɛkkɛːrdɛz] (kérdez)	*ask*
messze	*far away*
innen	*from here*
udvarias	*polite*
megálló, -t	*stop (tram- or bus-)*
megvár vmit (vár)	*wait for*
kell	*must*
szórakozás, -t	*amusement, good time*
megáll (áll)	*stop*
ellenőr	*ticket inspektor*
elindul (indul)	*start*

kocsi, -t	*waggon, carriage, coach*
szabad	*free, empty*
ülőhely, -et	*seat*
sincs	*nor is*
peron, -t	*platform*
marad	*remain, stay*
lukaszt	*punch*
jegy, -et	*ticket*
gyors	*quick, fast, rapid*
beszélgetés, -t	*talk, conversation*
sajnos	*unfortunately, sorry to say*
sem	*not, either*
ér vmire	*get to, come to*
Duna, '-t	*Danube*
szabadság [sɒbɒtʃɑːg], -ot	*freedom, liberty*
budai	*from Buda*
vár, -at	*fortress*
a többi	*the others*
látvány, -t	*sight*
kiált	*call, cry, shout, exclaim*
megint	*again*
kiszáll (száll)	*get off, get down, alight*
szálló, -t	*hotel*
fürdő, -t	*bath, pool*
pesti	*from Pest*
part, -ot	*bank*
szobor, szobrot	*statue*
egész	*whole*
sohasem	*never*
elfelejt (felejt)	*forget*
sokáig	*long, for a long time*
dél, delet	*noon; south*
délben	*at noon*
béke, '-t	*peace*

étterem, étter- met	*dining-room,* *restaurant*	tojás, -t	*egg*
ebédel	*to dine, to have* *lunch*	pillanatkép, -et	*snapshot*
		fantasztikus	*fantastic*
		mennyi!	*what a lot of . . .*
találós kérdés, -t	*riddle*	(*exclamation*)	
		baleset, -et	*accident*
feldob (dob)	*toss up*	mostanában	*nowadays*
leesik (esik)	*fall down*		

Szómagyarázatok

1. **Ugye?** *isn' .t?* etc., used like French "n'est-ce pas?", German "nicht wahr?" as an afterthought to turn a statement into a question.

2. **Vár vmire (vkire)** or **vmit (vkit):** both forms mean the same, as in English, *wait for* and *await*.

NYELVTAN

62. Adverbs of Place

Hungarian has no prepositions. English prepositions are generally translated by suffixes. These flexional suffixes are the most important means of indicating the relationship between words within the sentence.

63. Adverbs of Place: Within an Enclosed Space

The three aspects of the Adverb of Place within an enclosed space *(whither? where? whence?)* are expressed by the following flexional suffixes:—

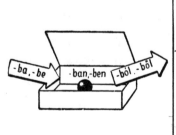

Questions		Suffixes
hova? *whither?* *where?* *(direction)*		**-ba, -be** *into*, (verb +) *in* (motion towards the inside of something)
hol? *where?* *(position)*		**-ban, -ben** *in* (position, action within an en- closed space)
honnan? *whence?* *from* *where?*		**-ból, -ből** *out of* (motion outwards)

8   These suffixes are added to the nominative singular and plural without a
linking vowel. E. g.:—

pad:	padba	kéz:	kézbe
	padban		kézben
	padból		kézből
padok:	padokba	kezek:	kezekbe
	padokban		kezekben
	padokból		kezekből
bokor:	bokorba	szó:	szóba
	bokorban		szóban
	bokorból		szóból
bokrok:	bokrokba	szavak:	szavakba
	bokrokban		szavakban
	bokrokból		szavakból

Words ending in short vowels **-a, -e** lengthen before these suffixes:—

utca:	utcába	zsemle:	zsemlébe
	utcában		zsemlében
	utcából		zsemléből

The plural forms are formed from the nominative plural:—

utcák:	utcákba	zsemlék:	zsemlékbe
	utcákban		zsemlékben
	utcákból		zsemlékből

64. Adverbs of Place: On an Outside or Flat Surface

The three aspects of adverb of place, rest or motion on the outside (surface)
of something, are expressed by the following flexional suffixes:—

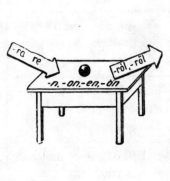

Questions		Suffixes
hova?	*whither?*	**-ra, -re** *on (to)* (motion on to the surface of something)
hol?	*where?*	**-n, -on, -en, -ön** *on* (position or action on the surface of something)
honnan?	*whence?*	**-ról, -ről** *from, off, about* (motion away, removal from the surface of something)

These suffixes are added to the nominative singular and plural without a linking vowel. Words ending in a short **-a, -e** are lengthened into **-á, -é** before these suffixes:—

pad:	padra	kéz:	kézre
	padon		kézen
	padról		kézről
padok:	padokra	kezek:	kezekre
	padokon		kezeken
	padokról		kezekről
utca:	utcára	zene:	zenére
	utcán		zenén
	utcáról		zenéről
utcák:	utcákra	zenék:	zenékre
	utcákon		zenéken
	utcákról		zenékről

The suffix **-on, -en, -ön** is added

(a) to the shortened noun base in nouns with vowel elision:—

bokor	:	bokr-on,	bokrokon
terem	:	term-en,	termeken
ökör	:	ökr-ön,	ökrökön

(b) to the extended noun base in nouns with the **v** sound:—

ló	:	lov-on,	lovakon
kő	:	köv-ön,	köveken
fű	:	füv-ön,	füveken

Exception: **szó: szón, szókon** or **szavakon.**

65. The Demonstrative Pronouns *ez, az* with the Suffixes of the Adverb of Place

The **z** sound of the demonstrative pronouns assimilates with the **b-**, or **r-** sound of the suffixes:—

ez+be	becomes:	**ebbe**		az+ba	becomes:	**abba**
ez+ben	becomes:	**ebben**		az+ban	becomes:	**abban**
ez+ből	becomes:	**ebből**		az+ból	becomes:	**abból**
ez+re	becomes:	**erre**		az+ra	becomes:	**arra**
ez+ről	becomes:	**erről**		az+ról	becomes:	**arról**

§ 8   The **z** sound of the demonstratives remains, of course, unchanged before the vowel of the suffixes **-on, -en:**—

ezen — azon

There is no assimilation in the plural forms:—

ezekbe	azokba		ezekre	azokra
ezekben	azokban		ezeken	azokon
ezekből	azokból		ezekről	azokról

> The demonstrative pronouns **ez, az** used as adjectives take the same suffixes as the noun they qualify. In such cases the noun is always preceded by the definite article.

Examples:—

ez a ház:
- ezt a házat
- ebbe a házba
- ebben a házban
- ebből a házból
- erre a házra
- ezen a házon
- erről a házról

az a kert:
- azt a kertet
- abba a kertbe
- abban a kertben
- abból a kertből
- arra a kertre
- azon a kerten
- arról a kertről

ezek a házak:
- ezeket a házakat
- ezekbe a házakba
- ezekben a házakban
- ezekből a házakból
- ezekre a házakra
- ezeken a házakon
- ezekről a házakról

azok a kertek:
- azokat a kerteket
- azokba a kertekbe
- azokban a kertekben
- azokból a kertekből
- azokra a kertekre
- azokon a kerteken
- azokról a kertekről

Látom azt a házat.	*I see that house.*
Nézem ezeket a kirakatokat.	*I am looking in these shop-windows.*
Mi ezekben a padokban ülünk.	*We are sitting at these desks.*
Arra a villamosra felszállnak.	*They get on that tram.*

66. Suffixes Used with Country and Place-Names

The suffixes **-ba, -be; -ban, -ben; -ból, -ből** are also used with place-names and names of countries outside Hungary:—

Angliába, Angliában, Angliából	*to, in, from England*
Londonba, Londonban, Londonból	*to, in, from London*

The name of the country: **Magyarország** takes the suffixes **-ra, -on, -ról**:—

Magyarországra, Magyarországon   *to, in Hungary*
Magyarországról   *from Hungary*

The suffixes used with Hungarian place-names are decided by the final sound of the word.

(a) Place-names ending in sounds **-j, -l, -m, -n, -ny, -i** take the suffixes **-ba, -be; -ban, -ben; -ból, -ből;** e.g.:—

Tokaj-ba, -ban, -ból; Debrecenbe, -ben, -ből; Tihanyba, -ban, -ból;

(b) All other place-names take the suffixes **-ra, -re; -n, -on, -en, -ön; -ról, -ről;** e.g.:—

Budapestre, -en, -ről; Szegedre, -en, -ről; Budára, -n, -ról.
Exceptions to this rule are rare.

67. Verbal Prefixes

Short adverbs are sometimes added to the beginning of a verb forming a new compound verb. These adverbs are called Verbal Prefixes.

Verbal prefixes modify the original meaning of the verb and often give it a figurative sense.

Verbal Prefixes are very important and most verbs can take a large number of them.

Those most frequently used are given below:—

(a) **ki-** — **be-** *out of — into*

Péter kimegy a szobából.	*Peter goes out of the room.*
Péter bemegy a házba.	*Peter goes into the house.*

(b) **fel-** — **le-** *up(stairs) — down*

Péter felmegy.	*Peter goes upstairs.*
A diákok leülnek.	*The students sit down.*

(c) **el-** *away, off*

Péter elmegy a szállóból.	*Peter goes away from the hotel.*

(d) **meg-**

The verbal prefix **meg-** usually expresses *a)* the completion and in some cases *b)* the beginning of an action:—

a) Péter tanulja a leckét.	*Peter is learning the lesson.*
Péter megtanulja a leckét.	*Peter will learn the lesson.*
b) A villamos áll.	*The tram is standing.*
A villamos megáll.	*The tram stops.*

As already mentioned the verbal prefix modifies the meaning of verbs. e.g.:—

ad *give*
kiad	*give out, spend (money), to let (a room)*
bead	*give in, to administer (drug)*
felad	*give up, stop*
lead	*give (down), hand down, fire off (a shoot) ; broadcast*
megad	*grant, repay*
elad	*sell*

68. The Negative Particles

> **sem**
> **sincs, sincsenek**

If a negative sentence is additionally followed by another one, in the latter we use the negative particle **sem** or the negative verbs **sincs, sincsenek** instead of **nem** or **nincs, nincsenek.**

Examples:—

Ha te **nem** mégy fürdőbe, én **sem** megyek.	*If you don't go to the pool, neither will I.*
A toll **nincs** az asztalon, a padon **sincs.**	*The pen is not on the table, nor is it on the desk.*
A Gellért szállóban most **nincsenek** német vendégek, a fürdőben **sincsenek.**	*In the Gellért Hotel there are no German guests now, neither are there any in the pool.*

If such negative sentences are turned into affirmative ones the conjunction **is** stands before the predicate or after the parallel part of the sentence (see below: **te** — *én,* **asztal** — *pad,* **szálló** — *fürdő*).

Examples:—

Ha te mégy fürdőbe, **én is** megyek.	*If you go to the pool, so will I.*
Egy toll van az asztalon, **a padon is** van egy.	*There is a pen on the table, and there is one on the desk too.*
A Gellért szállóban német vendégek vannak, a **fürdőben is** vannak.	*In the Gellért Hotel there are German guests, and there are some in the pool too.*

69. Double Negation

As already mentioned (comp. 103) if the indefinite pronouns with a negative, **senki** *nobody,* **semmi** *nothing,* **sehova** *to nowhere,* **sehol** *nowhere,* **sehonnan** *from nowhere* are used in a sentence, the predicate must also be negated (Double Negative).

Nem látok **senkit.**	*I can't see anybody.* (Literally: *I don't see nobody.*)
Itt **nincs semmi.**	*There is nothing here.*

A kék füzet **nincs sehol.**   *The blue exercise-book is nowhere.*   8
Ma este **nem** megyek **sehova.**   *Tonight I won't go anywhere.*

If the negative indefinite pronoun precedes the predicate then the forms **sem, sincs, sincsenek** are used:—

Senkit sem látok.   *I can see nobody.*
    I can't see anybody.
Semmi sincs itt.   *Nothing is here.*
Sehol sincs a kék füzet.   *The blue exercise-book is nowhere.*
Sehova sem megyek ma este.   *I shall not go anywhere tonight.*

70. The Irregular Verbs *tesz, vesz*

           tesz   *do, put*
           vesz   *take, buy*

The present tense of these irregular verbs is formed by adding the personal suffixes to the base **tesz-, vesz-.** Their infinitive is also irregular: **tenni, venni.**

Infinitive	tenni
Indefinite Conjugation	teszek, teszel, tesz teszünk, tesztek, tesznek
Definie Conjugattion	teszem, teszed, teszi tesszük, teszitek, teszik
Infinitive	venni
Indefinite Conjugation	veszek, veszel vesz veszünk, vesztek, vesznek
Definite Conjugation	veszem, veszed, veszi vesszük, veszitek, veszik

GYAKORLATOK

1. *Pick out from the reading passage the adverbial suffixes of place and group them according to the questions* hova? hol? honnan?

2. *Add suffixes to the words in brackets :—*

A diákok *(iskola)* mennek.
(A völgy) kis ház áll.
A külföldi vendégek *(a város)* sétálnak.
Mész *(a könyvesbolt)?*
(A pad) ülsz vagy *(a szék)?*
(Ez az étterem) van zene.
(Ez a kép) nézzük.
Az angol vendégek várnak
   (a villamos).
Az angol vendégek várják
   (a villamos).

Felszállunk *(ez a villamos)?*
Figyeljük *(ezek az emberek)*.
A turisták látják *(a híd)* a budai várat.
Ez a rendőr *(a sarok)* áll.
Azok a rendőrök *(ló)* ülnek.
(A Gellért tér) vagyunk.
(A fürdő) jössz?
Megnézzük *(a Szabadság-szobor)* a
   Gellérthegyen.
A külföldi turisták felmennek
   (a Gellérthegy).

8

3. *Make the following sentences negative :—*

Mindenki ismeri ezt a dalt. Minden a kocsiban van. Te felszállsz a villamosra, én is felszállok. A könyvesboltban angol könyvek vannak, a kirakatokban is vannak.

Kérdés — Felelet

Angol turista vagy?	Hol áll a rendőr?
Angliából jössz?	Mit kérdeznek a turisták a rendőrtől?
Mit csinálsz Budapesten?	Mit mond a rendőr?
Hova mész sétálni?	Van szabad ülőhely a villamoson?
Mit látsz a városban?	Hol állnak a vendégek a villamoson?
Milyen a Duna-part?	Melyik hídra ér a villamos?
Hol vannak szép áruk?	Hol áll a Gellért szálló?
Hol vesztek turistatérképet?	Mit lehet látni az ablakokból?
Milyen könyvet vásárol John Smith?	Honnan van gyönyörű kilátás?
Melyik az első kép az albumban?	Hol áll a Szabadság-szobor?
Ismerik a magyar fővárost az idegen	Hol ebédelnek a vendégek?
turisták?	Kik várják őket az étteremben?

Fordítás

(a) We are learning the words. Do you already know all the new words? Who knows these words? Do you understand this passage? Are there many new words in this lesson? Are you learning from the text-book or the exercise book? Where are you putting the book? I am putting it on the table.

(b) We are going for a walk *(sétál)* in the capital. We do not yet know the town. We buy a tourist guide and go up to see the Freedom Monument. We ask the policeman where the tram-stop is. The policeman is polite and tells (us) where we have to wait for the tram. The tram is coming. The passengers alight and we get on. The tram starts. We are standing on the platform because there are no free seats inside. The Danube is a large wide river and the Freedom Bridge is a splendid, large bridge. There are many foreign guests in the Gellért Hotel. The Gellért Pool is very famous. Where are you going? I am going to the pool. Where are you coming from? I am coming from the pool.

Words

passage	szövegrészlet, -et; szöveg, -et	*inside*	bent
text-book	tankönyv, -et	*famous*	híres

ISMÉTLÉS

Revision

(a) From the reading passage pick out the verbs used in the definite conjugation and give their objects.

(b) Write down the definite and indefinite conjugations of the following verbs :—
   fizet, parancsol, fogad, hoz, kíván
   Where is there a difference between writing and pronunciation?

130

KILENCEDIK LECKE

Az étteremben

A vendégek bemennek a „Béke" étterembe. Itt már várja őket a többi angol turista. Kezet fognak, és leülnek. Éhesek, és hívják a pincért.

— Étlapot kérünk!

— Tessék! Mit parancsolnak? — kérdezi a pincér.

— Én húslevest kérek. Te mit eszel?

— Én halászlét. Az étlapon van még bableves is. Senki sem eszik bablevest?

— De igen, én kérek. Szeretem.

— Mindjárt megrendeljük az italokat is!

— Milyen italt parancsolnak?

— Én egy pohár barna sört iszom. Szomjas vagyok.

— Én világos sört rendelek.

— Kérek egy üveg tokaji bort. Anna, ugye maga is iszik egy pohár magyar bort?

— Én máskor csak vizet iszom, nem szeretem sem a bort, sem a sört. Most azonban megkóstolom a híres tokaji bort.

A pincér hozza az első fogást. Itt vannak a levesek!

— Kérek sót, paprikát és egy kis borsot. Szeretem az erős ételeket.

— Tessék, itt van a sótartó!

Megeszik a levest. Következik a második fogás. Sültet, főzeléket vagy burgonyát (krumplit) és salátát rendelnek. Smith úr halat rendel.

— Kenyeret nem parancsolnak?

— Kérünk egy-egy szeletet.

Megérkezik a harmadik fogás is: édes tészta és gyümölcs. A tálban marad még egypár barack és egy fürt szőlő.

— Ki eszi meg ezt a barackot? — kérdezi Anna.

— Én barackot nem kérek, inkább ezt a fürt szőlőt eszem meg — mondja Smith úr.

— Ti sem esztek meg a barackot?

— Köszönjük, gyümölcsöt már nem kérünk.

— Parancsolnak feketekávét?

9   — Igen, mindnyájan kérünk egy-egy feketét.

A pincér gyorsan hozza az illatos kávét.

— Kérek még egy kockacukrot. Nem szeretem a keserű kávét. Ez nem elég édes — mondja Smith úr.

Befejezik az ebédet. A pincér elviszi a tálakat, tányérokat, csészéket, kanalakat, villákat, késeket. Leszedi az asztalt.

— Dohányzol? Ilyen jó ebéd után jólesik a cigaretta!

A teremben szól a zene. A zenekar magyar dalokat játszik. Az idő gyorsan múlik.

— Kérem, fizetünk!

A pincér elkészíti a számlákat. A vendégek fizetnek, és elindulnak a szállóba.

Közmondások:	Nem mind arany, ami fénylik.
	Borban az igazság.

SZÓKINCS

kilencedik	*ninth*	leves, -t	*soup*
kéz, kezet	*hand*	húsleves, -t	*meat soup, broth*
kezet fog	*shake hands*	eszik *(inf.* enni)	*eat*
leül (ül)	*sit down*	halászlé, -t	*fish stew*
éhes	*hungry*	bableves, -t	*bean soup*
hív *(back vowel:*		senki	*nobody, not anybody*
hívok)	*call*	megrendel	
pincér, -t	*waiter*	(rendel)	*order*
étlap, -ot	*menu, bill of fare*	ital, -t	*drink*
parancsol	*command;* here:	sör, -t	*beer*
	wish	barna sör, -t	*porter (beer)*

iszik *(inf.* inni; back vowel: iszom)	*drink*	tál, -at	*dish; fruit-stand*
szomjas	*thirsty*	egypár [ɛtjpaːr]	*some; a pair*
világos	*bright*	fürt, -öt	*bunch, cluster*
világos sör, -t	*lager*	kávé, -t	*coffee*
üveg, -et	*bottle*	mindnyájan [minnjaːjɑn]	*(we, you, they) all*
bor, -t	*wine*	fekete, '-t = feketekávé	*black coffee*
tokaji bor, -t	*Tokay, wine of Tokaj*	gyorsan	*quickly, fast, rapidly*
Anna, '-t	*Ann*	illatos	*fragrant*
máskor	*at another time*	kocka, '-t	*cube* [here:] *lump*
sem...sem...	*neither...nor...*	cukor, cukrot	*sugar*
híres	*famous*	kockacukor, -cukrot	*lump of sugar*
azonban [ɑzombɑn]	*but, however*	keserű	*bitter*
megkóstol [mɛkkoːʃtol] (kóstol)	*taste*	elég, eleget *(adj.* and *adv.)*	*enough; fairly, rather*
fogás, -t	*course*	befejez	*finish*
só, -t	*salt*	ebéd, -et	*lunch, dinner*
paprika, '-t	*red pepper*	elvisz *(inf.* el-vinni)	*take away, clear*
egy kis	*a little, some*	tányér, -t	*plate*
étel, -t	*food, meal*	csésze, '-t	*cup*
sótartó, -t	*salt cellar*	kanál, kanalat	*spoon*
megeszik *(inf.* megenni)	*eat up*	villa, '-t	*fork*
következik	*follow*	kés, -t	*knife*
sült, -et	*roast, fried meat*	leszed (asztalt)	*clear (the table)*
főzelék, -et	*vegetable (dish)*	dohányzik	*smoke*
burgonya, '-t	*potato*	ilyen	*such, so*
krumpli, -t *(colloquial)*	*potato*	ebéd után	*after lunch (dinner)*
hal, -at	*fish*	jólesik	*it is pleasant to sy, do sy good, like*
kenyér, kenyeret	*bread*	cigaretta, '-t	*cigarette*
egy-egy	*each (one to each)*	szól	*sound*
szelet, -et	*slice, steak*	zenekar, -t	*orchestra, band*
megérkezik (érkezik)	*arrive*	játszik [jaːttsik]	*play*
tészta, '-t	*cake, noodles*	múlik	*pass away*
édes tészta	*pastry*	elkészít (készít)	*prepare, get ready, make*

133

számla, '-t	*bill*	fény!ik		*glitter*
arany, -at	*gold*	igazság		
ami	*that*	[igaʃʃaːg], -ot		*truth*

New words which occur in the grammar:—

öltözködik [øltøskødik]	*dress oneself*
hisz (*inf.* hinni)	*believe, think*
lesz (*inf.* lenni)	*become ; be*

Szómagyarázatok

1. Burgonya — krumpli. — Both words mean *potato*. The word **burgonya** is used in literary language and on menus. In colloquial language it is called: **krumpli (krumplileves, krumplifőzelék,** etc.)

As with the names of fruits both words are used in the singular. The plural form means *different kinds of potatoes* (cf. 103).

Krumpli van ebédre. *We have potatoes for lunch.*

2. Jólesik. — An expression in frequent use which means: *it is pleasant to (him), do sy good, like.*

Jólesik a meleg leves. *Warm soup is good for you.*
Ezt jólesik hallani. *It is pleasant to hear that.*

There is also: **rosszul esik** — meaning: *it is unpleasant to ; do sy evil, hurt, grieve.*

3. The adjectival forms of demonstrative pronouns are:—
ilyen (occasionally in poetic language: **ily**) *such (like this)*
olyan (occasionally in poetic language: **oly**) *such (like that)*
They have two accusative forms:—

ilyent, olyant or **ilyet, olyat**

The latter forms are more often used.

Az ilyen kávét szeretem. *I like such coffee.*
Az ilyet szeretem. *I like such a one.*

NYELVTAN

71. The Place of the Verbal Prefix in the Sentence

In certain syntactical positions the verbal prefix is separated from the verb. The place of the verbal prefix is decided by the sentence stress.

We have already studied the most important rule of Hungarian word order. The part of the sentence emphasised always precedes the predicate (cf. 89). Thus it follows:—

(a) If no word receives special stress then the main stress falls on the predicate or the verbal prefix. In this case the prefix obviously precedes the verb. E.g.:—

Felszállok a villamosra.	*I get on the tram.*
Befejezzük az ebédet.	*We finish lunch.*
Kimész a kertbe?	*Are you going out into the garden?*

☞ In interrogative sentences where the main stress is on the verbal prefix, the affirmative answer is given not by **igen** *yes*, but by repeating the verbal prefix:—

— Felszállsz a villamosra?	— **Fel.**
— Leírja a feladatot?	— **Le.**
— Kimész a kertbe?	— **Ki.**

(b) If a part of the sentence other than the predicate is stressed then the part emphasised must precede the verb. In this case the verbal prefix has to follow the verb and is written as a separate word, e.g.:—

A villamosra *szállok fel* (nem az autóbuszra).	*I get on a tram* (not a bus).
Most *írja le* a feladatot (nem holnap).	*He is writing the lesson now* (not tomorrow).
A kertbe *mész ki* (nem az utcára).	*You go out into the garden* (not into the street).

In negative sentences and in interrogative sentences beginning with an interrogative pronoun the verbal prefix must follow the verb because the negative particle **nem** (i. e. the negative part of the sentence) and the interrogatives **ki? mi? kit? mit? hova? hol? honnan? miben? miből? kire? kiről?** etc. always receive the main stress.

Nem *szállunk fel* a villamosra.	*We do not get on the tram.*
Nem a villamosra *szállunk fel* (hanem az autóbuszra).	*We do not get on the tram* (but on the bus).
Ki *megy ki* a kertbe?	*Who is going out into the garden?*
Melyik villamosra *szállsz fel?*	*Which tram do you get on?*

In negative interrogative sentences both the interrogative and the negative particle precede the verb. The interrogative precedes the negative particle:—

Ki nem tudja ezt?	*Who doesn't know this?*
Ki nem eszi meg a barackot?	*Who doesn't eat apricots?*

72. The "*ik*-Verbs"

Verb Base + **ik**

We have already learned that the verb base and the 3rd Person Singular are identical:—

135

(ő) vár	— verb base:	vár-
(ő) kér	— verb base:	kér-
(ő) olvas	— verb base:	olvas-
(ő) szeret	— verb base:	szeret-

Let us consider the following sentences from the text:—

Senki sem **eszik** bablevest?   **Következik** a második fogás.

Ugye **iszik** ön is egy pohár bort?   A zenekar magyar dalokat **játszik**.

The verbs **eszik, iszik, következik, játszik** take the **-ik** ending in the 3rd Person Singular of the indefinite conjugation. Hungarian has many verbs of this kind and they are known as *ik*-**Verbs**.

Their base is found by dropping the **-ik** ending:—

(ő) következik	— base:	következ-
(ő) játszik	— base:	játsz-
(ő) eszik	— base:	esz-
(ő) iszik	— base:	isz-

73. Conjugation of *ik*- Verbs

Since most **ik**-verbs are intransitive they have only an indefinite conjugation (exceptions are **eszik** *eat*, **iszik** *drink* and a few other verbs). It is only in the singular that the conjugation of the **ik**-verbs differs from the regular indefinite conjugation. Thus only the singular forms of the examples are given below:—

iszik *drink*, **eszik** *eat*, **öltözködik** *dress*

Singular				
1st	Person	isz-**om**	esz-**em**	öltözköd-**öm**
2nd	Person	isz-**ol**	esz-**el**	öltözköd-**öl**
3rd	Person	isz-**ik**	esz-**ik**	öltözköd-**ik**

The 1st Person Singular suffix of **ik**-verbs is **-om, -em, -öm**. In colloquial language the **-m** ending is often replaced by the **-k** of the regular indefinite conjugation: **iszok, eszek, öltözködök.**

The **-ol, -el, -öl** of the 2nd Person Singular can also take **-sz** in colloquial forms: **öltözködsz.** Verbs ending in sibilants can take only **-ol, -el, -öl: iszol, eszel.**

Special attention should be given to the 3rd Person Singular of front vowel **ik**-verbs and to the 3rd Person Plural of the definite conjugation, because they have the same sound and form but very different meanings, e.g.:—

| Péter húst eszik. | (ő!) | *Peter eats meat.* |
| A macskák eszik a húst. | (ők!) | *The cats eat the meat.* |

The easiest way of learning Hungarian verbs is to remember the 3rd Person Singular of the indefinite conjugation. This is the form given in dictionaries and in our word lists. As already mentioned this form corresponds to the verb base. In the case of **ik**-verbs it has already been explained that the base is found by dropping the **ik**-ending.

74. A Group of Irregular Verbs

Two verbs of this type **tesz** and **vesz** have already been dealt with (see 129). Other verbs belonging to this group are: **lesz, hisz, visz** and the two **ik**-verbs: **eszik, iszik.** The verb **iszik** takes back vowel suffixes.

These seven verbs form a special group of irregular verbs. They must be learnt carefully since they are used so often.

tesz	— Infinitive:	**tenni**	*do, make ; put, lay*
vesz	— Infinitive:	**venni**	*take ; buy*
lesz	— Infinitive:	**lenni**	*be ; become*
visz	— Infinitive:	**vinni**	*bring, take*
hisz	— Infinitive:	**hinni**	*believe, think*
eszik	— Infinitive:	**enni**	*eat*

Conjugation: Present Tense

hiszek	hiszem	viszek	viszem
hiszel	hiszed	viszel	viszed
hisz	hiszi	visz	viszi
hiszünk	hisszük	viszünk	visszük
hisztek	hiszitek	visztek	viszitek
hisznek	hiszik	visznek	viszik
eszem	eszem	iszom	iszom
eszel	eszed	iszol	iszod
eszik	eszi	iszik	issza
eszünk	esszük	iszunk	isszuk
esztek	eszitek	isztok	isszátok
esznek	eszik	isznak	isszák

Lesz, which is intransitive, has only the Indefinite Conjugation:—

leszek	leszünk
leszel	lesztek
lesz	lesznek

9   The verb **lesz** has two meanings: (1) become; (2) shall, will + be.

Although **leszek, leszel,** etc. are forms of the present tense, they denote a future state and replace the missing forms of the future tense of the verb **van** *be:*—

(1) Katona leszek.   *I (shall) become (a) soldier.*
(2) Nem lesz ott senki.   *Nobody will be there.*

The infinitive **lenni** *to be* replaces the missing form of the infinitive of the verb **van** *is:*—

Milyen jó itt lenni!   *How good it is to be here!*
Lenni vagy nem lenni: az itt a kérdés.   *To be or not to be that is the question.*

To form the future of other verbs these forms (**leszek, leszel,** etc.) are never used.

GYAKORLATOK

1. *Change the word order of the following sentences so that each of the words or phrases in brackets receives the main stress:*—

A pincér behozza az illatos kávét.   *(az illatos kávét; a pincér)*
A külföldiek az étteremben magyar zenét hallgatnak.   *(a külföldiek; az étteremben)*
A vendégek elindulnak a szállóba.   *(a vendégek; a szállóba)*

2. *Make the following sentences negative:*—

A pincér elviszi a tányérokat. A vendégek megeszik a levest. Megkóstolom a híres tokaji bort. Barackot és szőlőt is eszem.

3. *With the help of the interrogatives given form questions that can be answered by the following sentences. (The word order of the answers will be changed according to the questions.)*

Anna megérkezik Londonból Buda-   *(Ki? Honnan? Hova?)*
pestre.
Kék autóbusz hozza a turistákat az   *(Mi? Hova? Kiket?)*
üdülőbe.
A vendégek megisszák a feketét.   *(Kik? Mit?)*
A pincér elkészíti a számlát.   *(Ki? Mit?)*

4. *Using the following verb forms* megrendelik, behozzátok, megeszi, elvisszük, meg-kóstolom, leteszed, *form*

(a) *two interrogative sentences,*
(b) *two negative sentences,*
(c) *two sentences where different parts of the sentence receive the main stress.*

5. *Give the definite and indefinite conjugation of the following verbs. Underline in your exercise book the forms where the ik-verb differs from the other verbs:*—

tesz — eszik   hoz — játszik

6. (a) *Pick out the ik-verbs from the verbs given below.* (b) *Use each of them in a sentence:*—
iszik, viszik, értik, következik, veszik, eszik

7. *Give the antonyms of the words in italics:*—

Ő *felszáll.* Itt *van* mindenki. Itt *semmi* sincs. Ezen az úton *jövök.* Ez *keskeny* utca. Anna *kimegy.* Nem szeretem a *keserű* kávét. A pincér *kiviszi* a tányérokat, tálakat. Mit *hozol?*

8. *Fill in the blanks :—*

A vendégeket autóbuszok...
Mi ... őket.
A vendégek ... a szíves ...
Nagyon éhesek és ...
Megrendelik a ... fogást.
A gyümölcsöt nagyon ...
Mi már ... kérünk semmit.
A vendégek ... az ebédet, és
elindulnak.

A szálló nincs...
Elmegyünk kirándulni...
Felszállunk a ...
A ... csenget, a villamos ...
A ... megáll, az utasok ...
Ő a virágokat ... szereti.
Arra a magas hegyre ...
Ez az út nagyon ...

9. *Answer the following questions in the affirmative :—*

Megeszed ezt a szép fürt szőlőt?
Elviszi a pincér a tányérokat?
Befejezzük a magyar órát?

Kimész a Duna-partra?
Megnézzük a várost?
Felszállok erre a villamosra?

Kérdés — Felelet

Kik mennek be az étterembe?
Mit kérdez a pincér?
Ki eszik bablevest?
Milyen levesek vannak még az
étlapon?
Mit rendel Smith úr?
Esznek a vendégek kenyeret is?
Mi marad a tálban?
Eszel barackot is?

Milyen bort rendelnek?
Milyen italt rendelnek még?
Ki iszik világos sört?
Mi az első fogás, és mi a második?
Szereted a keserű kávét?
Parancsolsz egy cigarettát?
Mit játszik a zenekar?
Ismeritek ezt a dalt?
Hova indulnak a vendégek?

Fordítás

The foreigners enter the dining-room. Ann can already speak Hungarian and translates *(lefordít)* the menu. They order meat soup, roast (beef), salad and vegetables. They also order drinks. They drink wine and beer. An English girl wants only water to drink, but she too tastes the Tokay. The waiter soon brings the food and drink. He also brings bread. He puts the salt-cellar on the table.

"The service here is very good," says John.

"Not only is the service excellent, but the food and wine are also very good (= fine)."

They have cakes (= eat cakes) and fruit and they each order a *(egy-egy)* cup of black coffee.

"I only like strong coffee. Do you think [that] the coffee will be strong enough?"

"How many lumps of sugar do you take in your coffee?"

"I take three lumps in a small cup."

They finish lunch, smoke *(dohányoznak)* and listen to the music. The time passes quickly. They pay (the bill), leave (= go out) the hotel and get on a tram.

TIZEDIK LECKE

óra-m	my clock	óra-nk	our clock
óra-d	your clock	óra-tok	your clock
óra-ja	his (her) clock	óra-juk	their clock

Közös tanulás

Tanrend

Hétfő	Kedd	Szerda	Csütörtök	Péntek	Szombat
Orosz	Magyar	Angol	Biológia	Fizika	
Kémia	Matematika	Történelem	Angol	Matematika	
Történelem	Fizika	Földrajz	Matematika	Történelem	Műhelygyakorlat
Angol	Biológia	Kémia	Orosz	Magyar	
Magyar	Orosz	Matematika	Magyar	Torna	
Földrajz	Ének	Műszaki rajz	Osztály-főnöki óra		

Ma hétfő van, holnap kedd lesz. Kedd nehéz nap lesz az iskolában. Sándor és István együtt akarják elkészíteni házi feladatukat. Találkoznak a Bors utcában.

— Melyik házban laktok? — kérdezi Sándor.

— Itt lakunk ebben az ötemeletes, kertes házban.

Bemennek a kapun. Jobbra és balra bokrok és tarka virágok szegélyezik az utat. Kis gyerekek játszanak a zöld füvön.

— A mi lakásunk a második emeleten van — mondja István.

A két barát felmegy a lépcsőn. Erzsébet éppen most jön ki az ajtón.

— Ki ez a csinos lány? — kérdezi Sándor.

— Nem ismered? A testvérem, a húgom.

— Nagy Sándor vagyok—mutatkozik be a fiú.

— Kis Erzsébet — válaszol a leány.

— Sándor az osztálytársam és jó barátom. Te hova mész, Erzsébet?

10 — Angol órára megyek. Angol tanfolyamra járok. Ma lesz az ötödik órám. A viszontlátásra!

— Milyen kedves a lakásotok! — mondja Sándor. Melyik a te szobád?

— Ez a kis szoba itt jobbra az én szobám. Látod, itt a sarokban van az ágyam, középen az íróasztalom. Mindig itt tanulok. Ott abban a könyvszekrényben tartom minden könyvemet, füzetemet.

A fiúk leülnek. Elöveszik az orosz könyvüket, füzetüket, a magyar—orosz szótárt, és tanulni kezdenek.

— Hol van a ceruzám? Nincs a zsebemben! — kiált fel István.

— Melyiket keresed, a piros ceruzádat? Ott a polcon látok egy ceruzát, azt hiszem, az az.

— Igen, ez az. Köszönöm.

— Mi a lecke oroszból? A mi tanárunk mindig sok leckét ad fel.

— Fordítás van magyarról oroszra, és egy versből kell megtanulni két versszakot könyv nélkül.

— Jó, most mindjárt megtanuljuk a verset.

Megtanulják a verset. Sándor elmondja fejből.

Alig kezdik el a munkájukat, szól a csengő. Dezső jön, az osztálytársuk és barátjuk.

— Az orosz leckét csináljátok?

— Igen, éppen most akarjuk elkészíteni a fordítást magyar nyelvről orosz nyelvre.

Kinyitják az orosz könyvüket. A szótárból kikeresik az ismeretlen szavakat, kiírják, és megtanulják. Lefordítják a magyar szöveget oroszra, és a fordítást leírják a füzetükbe.

Sándor kikérdezi az új szavakat:

— Mit jelent oroszul „osztály"?

— Hogy mondják oroszul „történelem"?

Ismét csengetnek. István kimegy az előszobába, kinyitja az ajtót. Pál érkezik, aki az osztályban a harmadik padban szomszédja. Pál felakasztja a fogasra a kabátját és a sapkáját, azután belép a szobába.

— Szervusztok! Fiúk, baj van.

— Mi a baj? — kérdezik.

— Az a baj, hogy nem értek egy nyelvtani szabályt, és nem tudom jól lefordítani a magyar szöveget.

Pista megmagyarázza a nyelvtant. Pál megérti, és ő is elkészíti a feladatát, megtanulja a leckéjét. Átnézik a füzetét, és kijavítják a hibákat.

— Érted már?

142

— Igen, most már értem, sőt tudom is.

Már elég késő van, sötétedik. A fiúk sietnek. Könyvüket, füzetüket táskájukba teszik. Felveszik a kabátjukat, sapkájukat, köszönnek, és indulnak haza.

Erzsébet most érkezik vissza a tanfolyamról. Találkoznak a lépcsőházban.

— Jó estét fiúk! Már mentek haza? A viszontlátásra!

Népdal

Ha felmegyek a budai nagy hegyre,
Letekintek, letekintek a völgybe.
Ott látom a kicsi kertes házunkat,
Édesanyám szedi a virágokat.

SZÓKINCS

tizedik	tenth	kémia, '-t	chemistry
közös	collective	történelem,	history
tanulás, -t	learning	történelmet	
tanrend, -et	time-table	földrajz, -ot	geography
hétfő, -t	Monday	matematika, '-t	mathematics
kedd, -et, -je	Tuesday	fizika, '-t	physics
szerda, '-t	Wednesday	biológia, '-t	biology
csütörtök, -öt, -je	Thursday	műszaki	technical
péntek, -et, -je	Friday	rajz, -ot	drawing
szombat, -ot, -ja	Saturday	osztályfőnök, -öt	form master
vasárnap, -ot, -ja	Sunday	torna, '-t	gymnastics

műhely-gyakor-lat, -ot	workshop practice
ma	today
holnap	tomorrow
Sándor, -t	Alexander
István, -t (pet name : Pista, '-t)	Stephen
együtt [ɛddjytt]	together
házi feladat, -ot	homework
találkozik	meet
lakik	live
emeletes	having more than one storey
kertes ház, -at	house with garden
kapu, -t	gate
tarka	colourful
szegélyez	line, seam
út, utat, útja	road, way, path
lakás, -t	flat, dwelling
emelet, -et	storey, floor
lépcső	stair, step
Erzsébet, -et	Elizabeth
éppen	just
csinos	nice, pretty
testvér, -t	sister or brother
húg-om, -od, -a etc.	(my, your, his) younger sister
bemutatkozik	introduce oneself
válaszol	answer
osztálytárs, -at	class-mate
óra, '-t	lesson, period
tanfolyam, -ot	course
jár	go
szoba, '-t	room
ágy, -at	bed
közép, közepet	middle
középen	in the middle
íróasztal, -t	writing-desk
mindig	always
könyvszekrény, -t	
[kønjfsɛkreːnj],	book-case
tart	keep, hold
elővesz (vesz)	take (out)
kezd	begin, start
zseb, -et	pocket
felkiált (kiált)	exclaim
polc, -ot	shelf
felad (leckét)	give (lesson)
versszak [vɛrʃak], -ot	stanza, verse
könyv nélkül	by heart
megtanul [mɛktɑnul]	learn
elmond (mond)	tell, say (aloud)
fejből	by heart
alig	scarcely, hardly
elkezd (kezd)	begin, start
munka, '-t	work
csengő, -t	bell
szól (csengő)	ring
Dezső, -t	Desiderius
nyelv, -et	language ; tongue
kinyit (nyit; back vowel)	open
kikeres (keres)	look up
ismeretlen	unknown
kiír (ír; back vowel)	write (out)
lefordít (fordít)	translate
leír (ír; back vowel)	write, put down
kikérdez (leckét)	hear (the lesson) test
jelent	mean
osztály, -t	form, class
hogy(an)?	how?
ismét	again
előszoba, '-t	hall, antechamber
Pál, -t (pet name : Pali, -t)	Paul
érkezik	arrive
aki	who
szomszéd, -ot, -ja	neighbour

felakaszt (akaszt)	*hang up*	késő	*late*
sapka, '-t	*cap*	sötétedik	*it is getting dark*
azután	*then*	siet	*hurry*
baj, -t	*trouble*	felvesz (kabátot)	*put on*
nyelvtani	*grammatical*	haza	*home*
szabály, -t	*rule*	visszaérkezik (érkezik)	*come back, return*
megmagyaráz (magyaráz)	*explain*	lépcsőház, -at	*staircase*
megért (ért)	*understand*	népdal [neːbdɑl], -t	*folksong*
átnéz (néz)	*look through; go through*	letekint (tekint)	*look down*
kijavít (javít)	*correct*	édesanya, '-t	*mother*
hiba, '-t	*mistake, fault*	szed	*pluck, pick*

From now on words used only in grammatical examples will not appear in the word lists.

Kiejtés

(a) Note the consonant-assimilation in pronunciation:—

nyelvtan [njɛlftɑn]

elvtárs [ɛlftɑːrʃ]

zsebkendő [ʒɛpkɛndøɪ]

vagytok [vɑtjtok]

fogadtatás [fogɑttɑtɑːʃ]

megtanul [mɛktɑnul]

nagyszerű [nɑtjsɛryɪ]

megkérdez [mɛkkeːrdɛz]

öltözködik [øltøskødik]

könyvszekrény [kønjfsɛkreːnj]

egészséges [ɛgeːʃʃeːgɛʃ]

igazság [igɑʃʃɑːg]

zöld fű [zølt‿fyɪ]

nagy hegy [nɑtj‿hɛdj]

könyvesbolt [kønjvɛʒbolt]

népdal [neːbdɑl]

sarokban [ʃɑrogbɑn]

versből [vɛrʒbøːl]

oroszból [orozboːl]

kis gyerekek [kiʒ‿djɛrɛkek]

két barát [keːd‿bɑrɑːt]

öt diák [ød‿diɑːk]

(b) Note the fusion of consonants in pronunciation:—

szabadság [sɑbɑttʃɑːg]

játszanak [jɑːttsɑnɑk]

lefordítják [lɛfordiːttjɑːk]

kinyitja [kinjittjɑ]

barátjuk [bɑrɑːttjuk]

megtanulják [mɛktɑnujjɑːk]

csináljátok [tʃinɑːjjɑːtok]

kabátját [kɑbɑːttjɑːt]

zöldség [zøltʃeːg]

felakasztja [fɛlɑkɑstjɑ]

(c) Note the shortening of long consonants in pronunciation if they are preceded or followed by a consonant:—

tollbamondás [tolbɑmondɑːʃ]

jobbra [jobrɑ]

hallgató [hɑlgɑtoɪ]

itt vagyok [it‿vɑdjok]

ott lakunk [ot‿lɑkunk]

rossz gyerek [roz‿djɛrɛk]

1. — Nagy János vagyok — mutat-   *"I am János Nagy,"* the boy introduces
kozik be a fiú.   *himself.*
— Hol van a ceruzám? — kiált fel   *"Where is my pencil?"* exclaims István.
István.

These sentences illustrate the following rule:—

If the intonation or the action to the speaker is expressed after a closing dash (equivalent to English speech-marks), then the verbal prefix follows the verb. In this way the continuity of the action is emphasized (comp. 89).

2. For comparison with the English way of expression we qoute the following sentences:—

Bemennek a kapun.	*They go in at the gate.*
Erzsébet most jön ki az ajtón.	*Elizabeth is coming out at the door.*
Péter kinéz az ablakon.	*Peter is looking out of the window.*

3. **Megy, jön, jár.** — **Megy** *go* and **jön** *come* also always denote the direction of the motion:—

megy: move away from the speaker
jön: move nearer the speaker

The verb **jár** denotes no direction. It expresses a habitual continuous motion:—

Péter iskolába jár.	*Peter goes to (attends) school.*
A mi utcánkban nem jár villamos.	*No trams run in our street.*
Az órám jól jár.	*My watch keeps good time.*

4. **Testvér.** — The word can mean both brother and sister:—

Ő az én testvérem.   *He (she) is my brother (sister).*

5. **Pista. Pali.** — **Pista** and **Pali** are the common pet names for **István** *Stephen* and **Pál** *Paul.*

NYELVTAN

75. Possessive Suffixes

The possessive adjectives of English *(my, your, his, her, its ; our, your, their)* are expressed in Hungarian by Possessive Suffixes. The suffixes are added to the same word base as the plural suffix **-k** or the accusative suffix **-t.**

76. Possessive Suffixes Added to Words Ending in a Vowel

The Possessive Suffixes added to words ending in a vowel are:—

		Singular	Plural	
1st	Person	-m	-nk	
2nd	Person	-d	-tok	-tek, -tök
3rd	Person	-ja, -je	-juk	-jük

Words ending in the short vowel **-a, -e** are lengthened into **-á-, -é-** before these suffixes.

Examples:—

autó-m	cipő-m	kapu-m	fésű-m	szobá-m	csészé-m
autó-d	cipő-d	kapu-d	fésű-d	szobá-d	csészé-d
autó-ja	cipő-je	kapu-ja	fésű-je	szobá-ja	csészé-je
autó-nk	cipő-nk	kapu-nk	fésű-nk	szobá-nk	csészé-nk
autó-tok	cipő-tök	kapu-tok	fésű-tök	szobá-tok	csészé-tek
autó-juk	cipő-jük	kapu-juk	fésű-jük	szobá-juk	csészé-jük

ó → a
ő → e

Some words ending in **-ó** and **-ő** change before the suffixes of the 3rd Person Singular and Plural into **-a-** and **-e-**:—

ajtóm	ajtód	ajtaja	ajtónk	ajtótok	ajtajuk
időm	idődd	ideje	időnk	időtök	idejük

Words of this type will be given in the word lists as follows:—

ajtó, -t, ajtaja   idő, -t, ideje

77. Possessive Suffixes Added to Words Ending in a Consonant

Words ending in a consonant require the same linking vowel before the possessive suffixes as before the plural-suffix **-k,** i.e.:—

the back vowel words require the linking vowel **-o-** or **-a-**
the front vowel words require the linking vowel **-e-** or **-ö-**

The possessive suffixes with linking vowels are:—

		Singular		Plural	
1st	Person	-om, -am	-em, -öm	-unk	-ünk
2nd	Person	-od, -ad	-ed, -öd	-otok, -atok	-etek, -ötök
3rd	Person	-a	-e	-uk	-ük

10   Thus it is clear that the possessive suffixes — apart from the linking vowels — are the same both after words ending in a consonant and after words ending in a vowel. The only difference is that the **j** element is usually missing in the 3rd Person Singular and Plural: instead of **-ja, -je** and **-juk, -jük** only **-a, -e**, or **-uk, -ük** are used. E.g.:—

húg-om	ágy-am	zseb-em	ismerős-öm
húg-od	ágy-ad	zseb-ed	ismerős-öd
húg-a	ágy-a	zseb-e	ismerős-e
húg-unk	ágy-unk	zseb-ünk	ismerős-ünk
húg-otok	ágy-atok	zseb-etek	ismerős-ötök
húg-uk	ágy-uk	zseb-ük	ismerős-ük

Many words ending in consonants also take the **j** element in the 3rd Person Singular and Plural:—

kalap:	kalapja,	kalapjuk		papír:	papírja,	papírjuk
kert:	kertje,	kertjük		szomszéd:	szomszédja,	szomszédjuk
tyúk:	tyúkja,	tyúkjuk		pad:	padja,	padjuk

Below are a few examples to illustrate how possessive suffixes are always added to the same modified word base as the plural suffix **-k** and the accusative **-t**:—

kenyér	kenyerem	terem	termem	ló	lovam
kenyer-ek	kenyered	term-ek	termed	lov-ak	lovad
kenyer-et	kenyere	term-et	terme	lov-at	lova
	kenyerünk		termünk		lovunk
	kenyeretek		termetek		lovatok
	kenyerük		termük		lovuk

78. The *j* Element of the Possessive Suffix Added to Words Ending in a Consonant

For words ending in a consonant no hard and fast rule can be given for the absence or presence of the **j** element of the 3rd Person possessive suffix.

1. The **j** element never occurs:—

(a) in words ending in **h; j, gy; ly, ny, ty; c, cs, sz, z, zs;**
(b) in words that shorten the vowel, in those with vowel elision and in the **v**-bases.

2. The **j** element is used:—

(a) in most back vowel words ending in **b, d, g; p, t, k** (the derivatives in **-at, -et** hardly ever take the **j: felelet-e, feladat-a**);
(b) in bases ending in two consonants of which the second consonant is **b, d, g; p, t, k** (exceptions are rare);
(c) always in the few foreign words ending in **f: srój** *crew* : **srófja, srófjuk;**
(d) occasionally words ending in **l, r; m, n.**

148

3. Some words ending in **g** or in **r** can take both forms:—

virág:	virág-a,	virágja	— virág-uk,	virág-juk
fillér:	fillér-e,	fillér-je	— fillér-ük,	fillér-jük

☞ Words ending in a consonant and taking the **j** element in the 3rd Person Singular will be given in the word list thus:—

kalap, -ot, -ja   **kert, -et, -je**

For the pronunciation of the consonant-groups **tj** and **dj** see 111: —

kertje, kertjük   are pronounced: [kɛrtjɛ], [kɛrtjyk]
padja, padjuk   are pronounced: [pɑddjɑ], [pɑddjuk]

79. Use of the Articles (see 102)

(a) In colloquial Hungarian the definite article is always used before nouns taking the possessive suffixes:—

Pál felakasztja a fogasra a kabátját és a sapkáját.

If there is an adjective before the noun, the definite article obviously precedes it:—
Pál elkészíti az angol feladatát.

In literary Hungarian the definite article is often omitted:—
Pál felakasztja a fogasra **kabátját és** sapkáját.

At the beginning of a sentence words with a possessive suffix are often used without definite article:—
Könyvüket, füzetüket a táskájukba teszik.
Leckéjét mindig megtanulja, feladatát elkészíti.

(b) The indefinite article can also be used before nouns with the possessive suffixes:—

Egy barátom érkezik ma Londonból.   *A friend of mine is arriving from London today.*

80. Emphasis of the Possessor

If the person of the possessor is stressed then the corresponding personal pronouns are added:—

az **én** szobám	a **mi** szobánk
a **te** szobád	a **ti** szobátok
az **ő** szobája	az **ő** szobájuk

In such expressions the definite article cannot be omitted.

az **ő** szobája
az **ő** szobájuk

In the 3rd Person Plural instead of the corresponding *ők* the singular form **ő** is used: **az ő szobájuk.**

81. Possessive Suffixes + Flexional Suffixes

Words with the possessive suffixes always represent the nominative of the word, so they can themselves take all the flexional suffixes.

The 3rd Person Singular possessive suffix **-a, -ja** and **-e, -je** becomes **-á-, -já-** and **-é-, -jé-** before additional suffixes.

82. Possessive Suffix + Accusative Suffix *-t*

The accusative suffix for all possessive forms is **-t** with the linking vowel **-a-, -e-** for back and front vowel words and thus pronounced **-at, -et.**

After the 3rd Person Singular no linking vowel is required before the accusative **-t,** e. g.:—

hiba:	hibám-at	hibánk-at	kenyér:	kenyerem-et	kenyerünk-et
	hibád-at	hibátok-at		kenyered-et	kenyeretek-et
	hibájá-t	hibájuk-at		kenyeré-t	kenyerük-et

Note the difference in pronunciation and meaning of the following sentences:—

Fogadja a vendéget.	*He receives the guest.*
Fogadja a vendégét.	*He receives his guest.*
Kéri a tollat.	*He asks for the pen.*
Kéri a tollát.	*He asks for his pen.*

83. Direct Object (Accusative) without the Suffix *-t*

In Hungarian the direct object must always take the **-t** suffix of the accusative. After the possessive suffixes of the 1st and 2nd Persons Singular, however, the **-at, -et** can often be dropped (Unmarked Direct Object):—

Megnézem az **órámat.** *Or:* Megnézem   *I will look at my watch.*
az **órám.**
Kinyitod a **könyvedet.** *Or:* Kinyitod   *You open your book.*
a **könyved.**

    After the possessive suffixes of the 3rd Person the -t can never be omitted.

84. The Definite Conjugation of Direct Objects with Possessive Suffixes

Words with possessive suffixes take the definite conjugation even if they are not preceded by a definite article (comp. 113).

A fiúk együtt készítik el a házi fel-   *The boys are doing their homework to-*
adatukat.   *gether.*
Péter szereti barátját.   *Peter likes his friend.*

Words with possessive suffixes do not require a linking vowel before adverbial suffixes.

Examples:—

-ba, -be	**-ban, -ben**	**-ból, -ből**
kéz: kezembe	szoba: szobámban	gyümölcs: gyümölcsömből
kezedbe	szobádban	gyümölcsödből
kezébe	szobájában	gyümölcséből
kezünkbe	szobánkban	gyümölcsünkből
kezetekbe	szobátokban	gyümölcsötökből
kezükbe	szobájukban	gyümölcsükből

-ra, -re	**-n, -on, -en, -ön**	**-ról, -ről**
ló: lovamra	szék: székemen	ház: házamról
lovadra	székeden	házadról
lovára	székén	házáról
lovunkra	székünkön	házunkról
lovatokra	széketeken	házatokról
lovukra	székükön	házukról

Compare the difference in the following expressions:—

széken	*on the chair*	— székén	*on his (her) chair*
képen	*on the picture*	— képén	*in his (her) picture*

In words which shorten a vowel in their base the length of two vowels changes:—

középen	*in the middle*	— közepén	*in its middle*
kenyéren	*on bread*	— kenyerén	*on his bread*

86. Additional Verbal Prefixes (see 127—8)

A fiúk előveszik az orosz könyvüket.
A fiúk átnézik a füzetet.
Erzsébet visszaérkezik a tanfolyamról.

In the above sentences the following verbal prefixes occur:—

elő-	*out of, fore-, forward*
át-	*across, through, over*
vissza-	*back, backward, behind*

elővesz	*take out of*	átnéz	*look through, look over*
előlép	*step forward, advance, be promoted*	átad	*hand over, pass, deliver surrender*
előad	*produce, show, perform, relate*	átvesz	*take over*
	visszaérkezik	*come back, arrive (back)*	
	visszajön	*come back, return*	
	visszaad	*give back, pay back, return, restore*	

1. *Pick out from the reading passage the words with possessive suffixes.*

2. *Add the possessive suffixes to the following words :—*

fegyver, utca, pohár, ing, cukor, út, toll, barát

3. *Write out the following sentences in all persons, Singular and Plural :—*

Tanulom a leckém(et) ... [Tanulod a leckéd(et)], *etc.*
Írom a feladatom(at). ...
Felveszem az új kabátom(at). ...
A piros ceruzám a zsebemben van. ...
Kiveszem a tollam(at) a táskámból. ...

4. *Fill in the missing possessive + flexional suffixes :—*

Várjuk a kedves vendég...   Hol van az ő ágy... és az író-
Ez az én könyv...   asztal...?
Felveszik a kalap...   Hol van a tollam? Nincs a zseb...
Itt van Erzsébet, a húg...   Pál a kalap... a fogasra akasztja.
Pál kinyitja a könyv...   Megrendeljük az ebéd...
István a szoba... dolgozik.   Mi van az ő táska...?
                                                     Milyen kalap van a (te) fej...?

5. *Make up sentences using the following words and the person given in brackets :—*
barát *(1st P. S.)*, kesztyű *(2nd P. S.)*, kert *(3rd P. S.)*, óra *(1st P. Pl.)*, lakás *(2nd P. Pl.)*,
osztálytárs *(3rd P. Pl.)*

Kérdés — Felelet

Mit készít el együtt a két barát?   Honnan veszik elő a könyvüket?
Hol találkoznak?   Mit mond el fejből Sándor?
Milyen házban lakik István?   Milyen szöveget fordítanak?
Mit látnak a kertben?   Milyen nyelvre fordítják?
Ki jön ki éppen az ajtón?   Mit nem ért Pál?
Ismeri Sándor Erzsébetet?   Mit néz át István?
Hova megy Erzsébet?   Honnan érkezik vissza Erzsébet?
Hol tartja István a könyvét?   Milyen nap van ma?
Mi van a sarokban, mi van középen?   Milyen nap lesz holnap?
Mit tanulnak a fiúk?   Lesz holnap angol óra?
Miből tanulnak?   Milyen órák lesznek még holnap?

Fordítás

(a) We live on the third floor. We hurry upstairs *(felsiet)* to our flat. Our flat is not large, but it is nice. My room is on the right. There is a little table in the middle. My bed is in the left hand corner. On my writing-desk there is a green lamp.

(b) Sándor and István always study together. They are learning by heart two verses of a Russian poem. They recite it. They look up the words they do not know (= unknown) in the dictionary. They copy them down in their exercise books and learn them. "Knowledge is our weapon." the boys translate into English. It is getting dark. The young men stop studying. Pál takes his coat and hat and hurries home.

TIZENEGYEDIK LECKE

Hova?	-hoz, -hez, -höz	to, towards
Hol?	-nál, -nél	at, by
Honnan?	-tól, -től	from

Péter kimegy
a tábla**hoz.**

Péter a tábla**nál**
felel.

Péter a tábla**tól**
visszajön a helyére.

Annát meglátogatják barátnői

Csengetnek. Három lány áll az ajtónál. Anna az ajtóhoz megy, és kinyitja. A barátnői jönnek hozzá. Az egyik külföldi, német leány, a másik kettő magyar. A német leány már jól beszél magyarul. Neve Helga Bäcker.

Üdvözlik egymást, azután a lányok a tükörhöz lépnek. Rendbe hozzák a hajukat, ruhájukat. Irénen sötét szoknya és fehér selyemblúz van. Kató zöld pulóvert visel. Helgán is jól áll a világosszürke, elegáns kosztüm.

— De csinosak vagytok! — mondja Anna.

Anna bevezeti vendégeit a lakásba. Bemennek a szobába, helyet foglalnak, és beszélgetnek egyetemi tanulmányaikról, a vizsgákról, sportról, kirándulásokról és még sok egyébről. Anna megmutatja fényképeit is. A családi képek érdeklik a lányokat. Az egyik képen nagyszülei, a másikon szülei vannak. Egy nagy képen rajta van az egész család, szülei és testvérei is: bátyja, öccse, nénje és két húga.

Ezek a nagyszülők: a nagyapa és a nagyanya.

Ezek a szülők: az apa és az anya.

Ez a család: a szülők és a gyerekek.

— Helga! A te családodról, szüleidről, testvéreidről még nem tudunk semmit. Nincs nálad fénykép róluk? — fordul Helgához Kató. Kíváncsiak vagyunk rájuk. Hol élnek a szüleid és a testvéreid?

— Éppen van nálam néhány fénykép. Itt vannak a táskámban, megmutatom őket. Ezek itt a szüleim. Apám most 55 éves, szakmunkás egy nagy lipcsei nyomdában. Anyám vezeti a háztartásunkat, főz, mos és varr ránk. Az egyik bátyám — itt van a képe — katonatiszt; apánk nagyon büszke rá, az ő katona fiára. A másik bátyám egyetemi hallgató, ebben az évben végez, agronómus lesz belőle. Ezen a képen, itt középen van a néném. Ő már asszony, foglalkozása vegyészmérnök. Ő is, férje is egy textilgyárban dolgozik. Gyerekeik még kicsik, fiuk 3 éves, kislányuk féléves. A kis unokahúgomat én is csak erről a fényképről ismerem. Az én születési helyem Lipcse. Nagyon szeretem ezt a várost. Itt van néhány kép róla.

— Milyen szép színes felvétel ez!

A lányok még sokat beszélgetnek családjukról, rokonaikról.

Anna közben megteríti az asztalt. Terítőt, csészéket, tányérokat, papírszalvétákat tesz rá. Behoz egy tálcát, rajta teáskannát és egy tálban teasüteményt.

— Tessék venni egy kis süteményt! — kínálja Anna vendégeit. — Kérem a csészéteket! Öntök beléjük teát. Kató, nem teszel bele se rumot, se citromot?

A leányok isszák a teájukat, és esznek hozzá a finom süteményből.

— Iszol még egy csésze teát? Töltök a csészédbe.

— Köszönöm, van benne.

Anna leszedi az asztalt, kinyitja a rádiót. A rádióban könnyűzenét játszanak.

— Kérdezek tőletek valamit, ki tud rá felelni? Ki ért a geometriához? — szól Kató barátnőihez.

— Hol van egy gyufásdoboz?

— Itt van!

— Köszönöm. Éppen hat szál gyufa van benne. Kiveszem a hat szálat belőle. Nos, ki tud ebből a hat szál gyufából négy háromszöget csinálni?

A többiek törik a fejüket, próbálják kirakni az asztalon a négy háromszöget, de nem sikerül.

— Nem találjátok ki? Pedig milyen egyszerű! — nevet Kató. — Megmutatom.

Három gyufából kirak az asztalra egy háromszöget, a másik három szál gyufát meg felállítja így:

— Erre a megoldásra senki sem gondol! — nevetnek a többiek.

— És hogy lehet ebből a hat szál gyufából tízet csinálni?

Ezt a tréfát Irén már ismeri. Kirakja a hat szál gyufából a szót: TÍZ.

— Lányok, már nyolc óra! — kiált fel Irén. — Köszönjük a vendéglátást! Igen kellemes itt nálatok, de már várnak ránk otthon a szüleink. Haza kell menni.

Népdal

Kis kút, kerekes kút van az udvarunkban,
De szép barna kislány van a szomszédunkban!
Csalfa szemeimet rá se merem vetni,
Fiatal az édesanyja, azt is kell szeretni.

11 Tréfa

NEMDOHÁNYZÓ

— Nem tudja, hogy itt tilos a dohány-
zás?
— Nem dohányzom.
— De pipa van a szájában!
— A lábamon is van cipő, mégsem
járok.

SZÓKINCS

tizenegyedik	*eleventh*	elegáns	*elegant, smart*
[tizeneddjedik]		kosztüm, -öt, -je	*costume*
meglátogat	*visit*	de!	*how!*
(látogat)		csinos	*smart, pretty, nice*
barátnő, -t	*girl-friend*	bevezet	
csenget	*ring the bell*	(vezet)	*show in, lead into*
hozzám, hozzád,		egyetemi *(adj.)*	*university*
hozzá...	see grammar	tanulmány, -t	*study*
egyik [eddjik]	*the one ... the*	vizsga, '-t	*examination*
... másik	*other*	egyéb, egyebet	*other (things)*
név, nevet	*name*	megmutat	*show*
üdvözöl	*greet*	(mutat)	
egymás, -t	*each other*	fénykép, -et	*photo, snap*
tükör, tükröt	*looking-glass,*	család, -ot, -ja;	*family*
lép	*step*	*adj.* családi	
rend, -et, -je	*order*	érdekel vkit	*be interested in*
rendbe hoz	*put in order*	nagyszülő	*grandparent*
haj, -at	*hair*	[natjsylør], -t	
rendbe hoz hajat	*do one's hair*	(nagyszüleim)	
Irén, -t	*Irene*	szülő, -k	*parent*
sötét	*dark*	(szüleim)	
szoknya, '-t	*skirt*	rajtam, rajtad,	
selyem, selymet	*silk*	rajta...	see grammar
blúz, -t	*blouse*	bátyám, bátyja	*(my) elder brother*
Kató, -t	*Kate*	öcsém, öccse	*(my) younger broth-er*
pulóver, -t, -e	*pullover*		
visel	*wear*	néném, nénje	*(my) elder sister; (my) aunt*
jól áll (rajta)	*fits (her) well*		
világosszürke	*light gray*	nagyapa, '-t,	*grandfather*
[vilazgoʃsyrke]		nagyapja	

nagyanya, '-t, nagyanyja	grandmother	felvétel, -t	photograph, picture, snapshot
apa, '-t, apja	father	közben	meanwhile
anyja, '-t, anyja	mother	megterít (terít)	lay the table
nála van	it is with him (her)	terítő, -t	table-cloth
rólam, rólad, róla...	see grammar	(papír)szalvéta, '-t	napkin, serviette
fordul vkihez	turn to sy	tálca, '-t	tray
kíváncsi	curious, inquisitive wondering,	teáskanna, '-t	teapot
		tea [tɛɑ], '-t	tea
rám, rád, rá (reám, reád, reá) ...	see grammar	sütemény, -t	cake
		kínál vkit	offer
		önt	pour
él	live	belém, beléd, bele...	se grammar
éves	year old	se... se = sem ... sem	neither ... nor
szakmunkás, -t	skilled worker		
Lipcse, '-t	Leipzig	rum, -ot, -ja	rum
nyomda, '-t	printing, press	citrom, -ot	lemon
háztartás [haːstɑrtaːʃ], -t	household	tölt	pour in, fill
		bennem, benned, benne ...	see grammar
háztartást vezet	keep house	rádió, -t	wireless, radio
mos	wash	könnyű	easy, light
varr	sew	könnyűzene, '-t	easy, light music
katonatiszt, -et, -je	officer	tőlem, tőled, tőle...	see grammar
büszke	proud	ért vmihez	be good at, be expert in, understand sg
fiam, fia	(my) son		
év, -et	year	geometria, '-t	geometry
végez	finish	szól	speak
agronómus, -t	agronomist	gyufásdoboz [djufaːʒdoboz], -t	box of matches
belőlem, belőled, belőle...	see grammar		
asszony, -t	married woman	szál, -at	piece
foglalkozás, -t	profession	gyufa, '-t	matches
vegyészmérnök, -öt	chemical engineer	nos	well
		háromszög, -et	triangle
férj, -et	husband	tör	break
unokahúg, -ot	niece	töri a fejét	rack one's brain
születési hely, -et	birth-place	próbál	try
színes	coloured		

11	kirak (rak)	*lay out*	csalfa	*false, deceitful*
	sikerül	*succeed*	szem, -et	*eye*
	kitalál (talál)	*find out, guess, invent*	mer	*dare*
			vet	*cast*
	pedig	*though, although; but, however*	szemet vet vkire	*cast a glance et sy*
			rá sem merem vetni	*I daren't even glance, look at her*
	egyszerű [ɛtjsɛryː] *or* [ɛttʃɛryː]	*simple*	nemdohányzó, -t	*non-smoker, no smoking*
	felállít (állít)	*put up, set up*	tilos	*prohibited, forbidden*
	megoldás, -t	*solution*		
	gondol vmire	*think of*	dohányzás, -t	*smoking*
	otthon [othon]	*at home*	pipa , '-t	*pipe*
	bár	*although*	száj, -at	*mouth*
	vendéglátás, -t	*hospitality*	láb, -at	*foot*
	kút, -at, -ja	*fountain, well*	mégsem	*still not*
	kerekes *adj.*	*wheel-, wheeled*	[meːkʃɛm]	
	barna kislány, -t	*brunette*	fogalmazás, -t	*composition*

Szómagyarázatok

1. **Egyik — másik.** — These two words are often used in the same sentence, usually with the definite article: **az egyik ... a másik ...** *the one ... the other ...*

Egyik is the definite form of the numeral **egy** *one*, **másik** is the definite form of the adjective **más** *other*.

The interrogative **melyik?** *which* is formed in the same way. The ending **-ik** is philologically identical with the **-uk, -ük** possessive suffix of the 3rd Person Plural.

Melyik? *which (of them)?*
Melyiket kívánod?   *Which one do you want (out of several)?*
Egyik *one of them*
Egyiket sem kívánom.   *I want none (of them).*

The pronouns ending in **-ik,** since this ending had been a possessive suffix, require the definite conjugation.
Másik does not share this characteristic and is subject to the usual rules regulating the definite and indefinite object.
The plural forms of **melyik** and **másik** are formed on the ik-less base: **melyik? ~ melyek? másik ~ mások.**

2. **Egymás** *each other.* — This pronoun as direct object requires the definite conjugation.

Jól ismerjük egymást.   *We know each other well.*
A lányok üdvözlik egymást.   *The girls greet each other.*

3. Más *other, different* — **egyéb** *other, else* — **a többi** *other, the rest, the remainder*
are synonymous. All three can be used both as nouns and adjectives; **többi** is always used with the definite article.

(a) Used as nouns:—

Ez már más.	*This is different (something else).*
Egyéb nincs.	*There is nothing else.*
A többi még a zsebemben van.	*The rest is still in my pocket.*

(b) Used as adjectives:—

Más ország — más emberek.	*Other (different) countries — other (different) people.*
Egyéb áruk is vannak az emeleten.	*There are also other goods on the first floor.*
Hol van a többi vendég?	*Where are the other (the rest of the) guests?*

4. Szülő *parent*. — This word is regularly used in the singular to denote one or both parents:—

A szülő sem ismeri mindig gyermekét. *Even parents do not always know their children.*

In this example the word **gyermek** is also used as a collective noun.

5. Édesanyám *Mother, Mummy* — **édesapám** *Father, Daddy*. — These forms are generally used by children when addressing their parents.

6. Mond *say, tell* — **szól** *speak, address*. — Compare these sentences:—

— De csinosak vagytok! — mondja Anna.	*"How pretty you are" says Ann.*
— Ki ért a geometriához? — szól Kató barátnőihez.	*"Who knows something about geometry?" Kate asks her friends.*

In this word order — after a dash — the verb **mond** (also the verbs **kérdez, gondol**) requires the definite conjugation, on the other hand the verb **szól** — being an intransitive verb — can only be used with the indefinite conjugation.

The verb **felel** can be used in both forms:—
— Köszönöm, teát már nem kérek — felel Erzsébet.
— Köszönöm, teát már nem kérek — (ezt) feleli Erzsébet.

87. The Possessive Suffix Attached to Words Denoting Relationship

Some words denoting relationship show irregular forms in the 3rd Person Singular when the possessive suffix is added:—

apám	atyám	anyám	bátyám	néném	öcsém	fiam
apád	atyád	anyád	bátyád	nénéd	öcséd	fiad
apja	atyja	anyja	bátyja	nénje	öccse	fia

apánk	atyánk	anyánk	bátyánk	nénénk	öcsénk	fiunk
apátok	atyátok	anyátok	bátyátok	nénétek	öcsétek	fiatok
apjuk	atyjuk	anyjuk	bátyjuk	nénjük	öccsük	fiuk

Of the above words only **apa, atya** and **anya** are used without the possessive suffixes.
Apa and **atya** have the same meaning: *father*, but **atya** is used in more archaic style.

88. The -*i*- Suffix of the Plural Possessive

Hungarian has a special suffix to denote plural possession. This suffix is **-i-** and always precedes the other possessive suffixes.

89. The -*i*- Suffix of the Plural Possessive Added to Words Ending in a Vowel

The **-i-** suffix of plural possessive is added directly to words ending in a vowel; the short **-a, -e** is lengthened to **-á-, -é-**. E.g.:—

| autó: | autó-i- | szoba: | szobá-i- |
| fésű: | fésű-i- | csésze: | csészé-i- |

As already mentioned this **-i-** suffix precedes the possessive suffix in all persons. The only exception is the 3rd Person Singular where no possessive suffix follows the **-i** suffix. In the 3rd Person Plural the plural suffix **-k** denotes the plurality of the possessor:—

-im	autó-i-m	fésű-i-m	szobá-i-m	csészé-i-m
-id	autó-i-d	fésű-i-d	szobá-i-d	csészé-i-d
-i	autó-i	fésű-i	szobá-i	csészé-i
-ink	autó-i-nk	fésű-i-nk	szobá-i-nk	csészé-i-nk
-itok, -itek	autó-i-tok	fésű-i-tek	szobá-i-tok	csészé-i-tek
-ik	autó-i-k	fésű-i-k	szobá-i-k	csészé-i-k

Words denoting relationship take the **-i-** suffix as follows:—
bátyáim, nénéim, öcséim, fiaim (fiaid, fiai, fiaink, fiaitok, fiaik)

ajtó: ajtaim,   ajtaid,   ajtai,   ajtaink,   ajtaitok,   ajtaik
szülő: szüleim,   szüleid,   szülei,   szüleink,   szüleitek,   szüleik

Occasionally the final vowel does not change: **ajtóim, szülőim,** *etc.*

90. The *-i-* Suffix of the Plural Possessive Added to Words Ending in a Consonant

Words ending in a consonant require a link before the **-i-** suffix. This link is identical with the possessive suffix of the 3rd Person Singular: **-a, -e** or **-ja, -je** (comp. 147—8).

-aim, -eim	asztala-i-m	háza-i-m	zsebe-i-m	ismerőse-i-m
-aid, -eid	asztala-i-d	háza-i-d	zsebe-i-d	ismerőse-i-d
-ai, -ei	asztala-i	háza-i	zsebe-i	ismerőse-i
-aink, -eink	asztala-i-nk	háza-i-nk	zsebe-i-nk	ismerőse-i-nk
-aitok, -eitek	asztala-i-tok	háza-i-tok	zsebe-i-tek	ismerőse-i-tek
-aik, -eik	asztala-i-k	háza-i-k	zsebe-i-k	ismerőse-i-k

-jaim, -jeim	kalapja-i-m	kertje-i-m
-jaid, -jeid	kalapja-i-d	kertje-i-d
etc.	*etc.*	*etc.*

This rule also applies to words with a changing base:—

tehén — tehene : teheneim,   teheneid,   tehenei,
                    teheneink,   teheneitek,   teheneik
tükör — tükre   : tükreim,   tükreid,   tükrei,
                    tükreink,   tükreitek,   tükreik
szó   — szava   : szavaim,   szavaid,   szavai,
                    szavaink,   szavaitok,   szavaik

Some words drop the **j** sound of the link **-ja, -je;** in some words it is the more common form:—
barát   — **barátja:**   **barátjaim,**   etc. but more common: **barátaim,** etc.
szomszéd — **szomszédja:**   **szomszédjaim,**   etc. but more common: **szomszédaim,** etc.

Correct Pronunciation

The **i** vowel of Hungarian is a separate sound, clearly pronounced. It can never be combined into a diphthong with an adjacent vowel. Therefore attention must be paid to the clear pronunciation of the **-i-** suffix of the plural possessive. The word **barátaim** has 4 syllables: **ba-rá-ta-im** (comp. 28).

91. Emphasis of the Person of the Possessor

If the person of the possessor is stressed the corresponding personal pronouns are added:—

az **én** papírjaim	a **te** könyveid	az **ő** fiai
a **mi** szüleink	a **ti** ruháitok	az **ő** barátaik

In the 3rd Person Plural instead of the corresponding *ők* the singular form *ő* is used:—

az ő fiai	*his (her) sons*	(one possessor)
az ő fiaik	*their sons*	(more than one possessor)

The suffixes of the plural possessive represent the nominal form of a word to which all the flexional suffixes can then be added:—

székeim-et, asztalaid-at, kezei-ben, padjaink-on, lábaitok-ról, házaik-ra, *etc.*

Examples:—

Anna megmutatja a fényképeit.

A lányok egyetemi tanulmányaikról beszélgetnek.

92. Adverbs of Place: External Local or Spatial Relations

The three aspects of the Adverb of Place (comp. 123—4) on the outside are expressed by the following flexional suffixes:—

Questions	Suffixes
hova? *whither?* *where?* (direction)	**-hoz, -hez, -höz** *to, towards* (movement towards, in the direction of something)
hol? *where?* (position)	**-nál, -nél** *at, by* (position or action near, close to something)
honnan? *whence?* *from where?*	**-tól, -től** *from* (motion away, removal from close at hand...)

Examples:—

fa:	fá-**hoz**	**fák:**	fák-**hoz**
	fá-**nál**		fák-**nál**
	fá-**tól**		fák-**tól**

fám: fámhoz, fámnál, fámtól — **fád:** fádhoz, fádnál, fádtól — **fája:** fájához, fájánál, fájától

fánk: fánkhoz, fánknál, fánktól — **fátok:** fátokhoz, fátoknál, fátoktól — **fájuk:** fájukhoz, fájuknál, fájuktól

fáim: fáimhoz, fáimnál, fáimtól — **fáid:** fáidhoz, fáidnál, fáidtól — **fái:** fáihoz, fáinál, fáitól

fáink: fáinkhoz, fáinknál, fáinktól — **fáitok:** fáitokhoz, fáitoknál, fáitoktól — **fáik:** fáikhoz, fáiknál, fáiktól

kert: kerthez, kertnél, kerttől; kertemhez, kertednél, kertjétől; kertjeinkhez, kertjeiteknél, kertjüktől; *etc.*

gyümölcs: gyümölcshöz, gyümölcsökhöz; gyümölcsömhöz, gyümölcseimhez; gyümölcsünkhöz, gyümölcseinkhez; *etc.*

könyv: könyvhöz, könyvekhez; könyvemhez, könyveimhez; könyvünkhöz, könyveinkhez; *etc.*

93. The Demonstrative Pronouns *ez, az* with the Suffixes of Adverbs of Place

Here, too, the **z** sound of the demonstrative pronouns **ez, az** assimilates with the **h-, n-** or **t-** sound of the suffix:—

ez+hez	becomes: **ehhez**		az+hoz	becomes: **ahhoz**
ez+nél	becomes: **ennél**		az+nál	becomes: **annál**
ez+től	becomes: **ettől**		az+től	becomes: **attól**

The plural forms are regular:—

ezekhez, ezeknél, ezektől   azokhoz, azoknál, azoktól

As already mentioned (comp. 126) the demonstrative pronouns **ez, az** used as adjectives take the same suffixes as the noun they qualify, e.g.:—

Ennél az asztal**nál** ülünk.
Ezekhez a lányok**hoz** szólok.
Azoktól a barátaim**tól** kérdezek valamit.

94. Summary of the Adverbial Suffixes of Place

	Hova?	*Hol?*	*Honnan?*
Internal Relations	-ba -be	-ban -ben	-ból -ből
Relations of Surface	-ra -re	-n, -on -n, -en, -ön	-ról -ről
External Relations	-hoz -hez, -höz	-nál -nél	-tól -től

95. Adverbs of Place Relating to Persons: "Personal Forms"

In English the personal pronoun and a preposition is used for expressing relations of place referring to persons, e.g.: *to me, on you, by him.* In Hungarian these relations are never expressed by the personal pronouns, but by word bases representing a more original form of the adverbial suffixes of place with the possessive suffixes attached.

Hova?		*Hol?*		*Honnan?*	
belém	*into me,*	bennem	*in me,*	belőlem	*out of me,*
beléd	*etc.*	benned	*etc.*	belőled	*etc.*
bele (belé, beléje)		benne		belőle	
belénk		bennünk		belőlünk	
belétek		bennetek		belőletek	
beléjük		bennük		belőlük	
rám *or* reám	*on to me,*	rajtam	*on me,*	rólam	*of me,*
rád reád	*(at me),*	rajtad	*etc.*	rólad	*about me,*
rá (rája) reá (reája)	*etc.*	rajta		róla	*etc.*
ránk reánk		rajtunk		rólunk	
rátok reátok		rajtatok		rólatok	
rájuk reájuk		rajtuk		róluk	
hozzám	*to(wards) me,*	nálam	*by me,*	tőlem	*from me,*
hozzád	*etc.*	nálad	*with me,*	tőled	*etc.*
hozzá (hozzája)		nála	*etc.*	tőle	
hozzánk		nálunk		tőlünk	
hozzátok		nálatok		tőletek	
hozzájuk		náluk		tőlük	

The alternative forms **rám** or **reám, rád** or **reád,** etc. have no difference in meaning. The shorter form is more common in colloquial language.

The "personal form" can be stressed by adding the personal pronoun as a prefix:—

énbennem,	tebenned,	őbenne	mibennünk,	tibennetek,	őbennük
énrólam,	terólad,	őróla	mirólunk,	tirólatok,	őróluk
énhozzám,	tehozzád,	őhozzá	mihozzánk,	tihozzátok,	őhozzájuk

☞ In the 3rd Person Plural **ő-,** not **ők-** is used (comp. 149).

Examples:—

Mindenki tetőled várja a megoldást.	*Everyone expects you to solve the problem.*
Mihozzánk ma nem jön senki.	*Nobody comes to us today.*
Őróluk beszél most mindenki.	*Everybody is talking about them now.*

The "personal forms" given above are in common use must therefore be very carefully learnt. Here are some more examples:—

(a) Itt van egy pohár. Nincs benne semmi. Töltök bele vizet. Iszom belőle.

(b) Ez az én kis asztalom. Fehér terítő van rajta. Édesanyám leveszi róla a fehér terítőt, és egy kéket terít rá.

(c) Barátaim jönnek hozzánk. Nálunk maradnak tanulni, s csak este mennek el tőlünk.

The examples *(a)* and *(b)* clearly show that these personal forms can also be used with reference to inanimate objects.

Note

1. Close attention should be paid to the orthography and pronunciation of the long **nn** and long **zz** in the forms **bennem, benned,** etc. **hozzám, hozzád,** etc.

2. Some personal forms can also be used as verbal prefixes: **bele-, rá-, hozzá-,** e.g.:—

Beleteszek a teámba két kockacukrot.	*I put two lumps of sugar in my tea.*
Az anya ráadja a kabátot a kisfiára.	*The mother helps her small son on with his coat.*
A kérdéshez ő is hozzászól.	*He also adds his remarks on the question.*

Verbs with the prefix **bele-** express a stronger, more definite action than **be-.**

96. Cases Governed by Verbs

Where verbs govern cases which are characteristic of Hungarian the case will be given in the word list:—

köszön vmit	*thank for*
kerül vmibe	*cost sg*
emlékezik vmire	*remember sg*
ért vmihez	*understand, know (all about sg)*

GYAKORLATOK

1. *Pick out from the text of Lesson 11 the words with the* **-i-** *suffix of the plural possessive.*

2. *Add the possessive suffixes of the 3rd Person Plural to the bases* ról-, től-, nál-. *Make up sentences illustrating these forms and note their stressed form.*

3. *Complete these sentences:*—

Pista ma eljön ... *(to me)*. Most ... *(with us)* marad. Mikor belép, látom, hogy új kabát van ... *(on him = has on)*. Lesegítem *(help off)* a kabátot, elveszem *(take)* ... *(from him)* a táskáját. A táska igen nehéz. — Mi van ... *(in it?)* — kérdezem. Pista *(at me)* néz, kivesz ... *(out of it)* egy nagy könyvet. Megmutatja a könyvet, gyönyörű képek vannak ... *(in it)*.

4. *Make up sentences using the following words with a different flexional suffix attached to each one :—*

bátyja, fiai, nénjük, anyja

5. *Give the 1st Person Singular of the predicates in the following sentences (do not forget to change the object)*.

Ő behozza a könyveit. Mi kivisszük a füzeteinket. Megkeressük a ceruzánkat és a tollunkat. Felvesszük a könyvet, és olvassuk a leckét. Megnézzük benne a képeket is.

6. *Give the forms indicated in brackets of the following verbs. Use each of these verbs in a sentence.*

hoz	*(Def. 3rd P. Pl.)*	néz	*(Indef. 2nd P. S.)*
mos	*(Indef. 3rd P. S.)*	fogad	*(Def. 3rd P. Pl.)*
mutat	*(Indef. 1st P. Pl.)*	varr	*(Indef. 1st P. S.)*
vesz	*(Def. 1st P. Pl.)*	lát	*(Def. 2nd P. Pl.)*
játszik	*(Def. 2nd P. S.)*	iszik	*(Def. 1st P. Pl.)*

7. *Change the words in italics to express the plural possessive :—*

Péter elmegy a barátjához, Pálhoz. Ott van még két osztálytársuk is. Beszélgetnek a *házi feladatukról*. Előveszik a *könyvüket* és a *füzetüket*, és tanulnak. Együtt elkészítik a *feladatukat*.

— Most megmutatom a színes *felvételemet* — mondja Pál.

De hol van? Keresi a *zsebében*, a táskájában. A *zsebéből* mindent kitesz: *tollát, ceruzáját*. Itt nincs! Megkérdezi a *húgát* :

— Nem tudod, hol van a *fényképem?*

Ő sem tudja. Megnézi a szekrényében is. Ott *van a ruhája, fehérneműje, zsebkendője*, *harisnyája, nadrágja, kabátja*. Minden ott van, csak az nincs ott, amit keres. Péter most nevetni kezd.

— Te, mi ez itt az asztalon?

— Az én *felvételem!*

Kérdés — Felelet

Kik látogatják meg Annát?

Mit csinálnak a tükörnél?

Milyen ruha van rajtuk?

Hol foglalnak helyet, és miről beszélgetnek?

Mi érdekli a lányokat?

Kik vannak a fényképeken?

Beszél Helga a családjáról?

Milyen felvételeket mutat?

Mit tesz Anna az asztalra?

Mit hoz be egy tálcán?

Mit isznak a lányok, és mit esznek hozzá?

Mit kérdez Kató a barátnőitől?

Sikerül megoldani a feladatot?

Mi a megoldás?

Lehet hat szál gyufából tízet csinálni?

My name is John Miller. I am a student. This year (= "in" this year) I am studying in Budapest. My flat is in Petőfi Street. My birth-place is London. My year of birth *(születési év)* is 1954. My father is Paul Miller, my mother is Ann Miller, née White (= Mrs. Paul Miller, Anne White). My father is a worker. My elder brother is an officer, my elder sister is already married (= woman), her husband is a textile engineer. My younger brother goes to the university in London. One *(az egyik)* of my grandmothers is living with my parents. Her husband, my grandfather, is no longer alive *(már nem él)*. I do not yet speak Hungarian very well, but I like being in Budapest. My Hungarian friends are very kind to me.

Fogalmazás

Composition

Write a short composition about yourself and your family.

TIZENKETTEDIK LECKE

Kinek? *(To) Whom?*

The Suffix of the Dative Case:— **-nak, -nek**			
nekem	*(to) me*	**nekünk**	*(to) us*
neked	*(to) you*	**nektek**	*(to) you*
neki	*(to) him, her, it*	**nekik**	*(to) them*

A postás átad Pali**nak**
egy csomagot.

Pali**nak** van egy kis csomag**ja.**

A posta

Jön a postás. Sok levél van nála. Apámnak hoz egy levelet, és nekem adja át. Beviszem a szobába apámnak, és felolvasom neki, mert nem lát jól, és nincs kéznél a szemüvege.

A levelet egyik rokonunk, Gábor bácsi írja apámnak. Neki nagy családja van, három fia és négy lánya. Két nagy lánya már férjnél van, de öten még otthon vannak. Levelében beszámol életükről, és kölcsönkér apámtól 1000 forintot, mert nagy szüksége van a pénzre.

A levélen szép új bélyeg van. Elkérem apámtól. Szívesen nekem adja. Tudja, hogy szorgalmasan gyűjtöm a bélyegeket. Már szép gyűjteményem van, s külföldi bélyegeim is vannak.

12 Apám tintát, levélpapírt kér tőlem. Megkeresi a szemüvegét, leül az író-asztalához, és megírja a választ Gábor bácsinak. Amikor készen van a levél, borítékba teszi, leragasztja és megcímezi. A borítékra ráírja saját nevét és címét is. Az 1000 forintot külön küldi el postautalványon. Apámnak nincs itthon sem bélyege, sem postautalványa, nekem kell elmenni a postára.

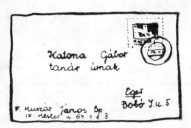

A postán odamegyek az egyik ablakhoz. Itt lehet kapni bélyeget, postai levelezőlapot, postautalványt, szállítólevelet és még sok egyebet. Sokan várnak az ablaknál, de a postatisztviselő gyorsan, ügyesen dolgozik. Hamar rám kerül a sor.

Kérek egy levélbélyeget és egy postautal-ványt.

A bélyeget ráragasztom a levélre, és bedobom a levélszekrénybe. A postautalványt kitöltöm. Ráírom szépen az összeget, a címet és a feladót, azután feladom a pénzt.

A postán telefonfülkék is vannak. Bemegyek az egyik fülkébe. A készülékbe telefonérmét kell bedobni. Leveszem a kagylót, bedobom az érmét, és tárcsázom a 180—960-as számot. Felhívom Imre barátomat. Telefonálok neki.

— Tessék! Itt Szabó Imre beszél.

— Szervusz Imre! Itt Huszár Pál.

— Ki az, kérem? Ki beszél? Nem értem. Rossz a telefon. Tessék még egyszer mondani a nevet! Lassan, világosan!

Lassan ismételem a nevemet.

— Hallod már?

— Te vagy az, Pali? Most már jól értek minden szót. Hogy vagy? Mi újság?

— Köszönöm, jól vagyok. Csak azt akarom mondani, hogy van két felesleges jegyem a „Szabadság" moziba a ma esti előadásra. A néném és a bátyám nem tudnak ma este jönni, nincs idejük. Nem kell nekik a két jegy. Átadom neked és öcsédnek ezt a két felesleges jegyet, és mi hárman megyünk a moziba. Egy új magyar filmet adnak. Ugye eljöttök?

— Köszönöm. Nagyon kedves vagy. Mennyibe kerülnek a jegyek?

— Neked most semmibe. Ezeket a jegyeket én fizetem. A viszontlátásra ma este a mozinál!

— Köszönöm szépen. Biztosan ott leszünk mind a ketten. Szervusz!

Mikor kilépek a fülkéből, már négyen is várnak a telefonra. Sietek haza, mert sok dolgom van.

Amikor hazaérkezem, jön a csomagpostás.

170

— Huszár Pál tanulót keresem.

— Tessék, én vagyok az.

— Csomagja van, kérem.

— Kinek van csomagja? — nem akarok hinni a fülemnek.

— Huszár Pál tanulónak. Magának — mondja barátságosan, és átad nekem egy kis csomagot. — Tessék aláírni a szállítólevelet.

A bélyegről látom, hogy Finnországból küldi Lauri, a finn barátom. Kíváncsian bontom ki a csomagot. Egy kitűnő fényképezőgép van benne. Egy rövid kis levelet is találok a csomagban:

Kedves Pali!

Köszönöm szépen szüleidnek és neked a kedves ajándékot. Leveleidből tudom, hogy nagyon szeretsz fényképezni, de nincs géped. Nékem két fényképezőgépem van. Az egyik nekem nem kell, neked ajándékozom, nekem megmarad a másik.

Szüleidnek, testvéreidnek és magyar ismerőseimnek üdvözletemet küldöm.

Helsinki, 1980. november 5.   *Lauri*

Nagyon örülök a gépnek. Most már fényképezőgépem is van! Megmutatom a szüleimnek, testvéreimnek. Nekik is nagyon tetszik a gép. Sietek ismét a postára, és feladok egy táviratot Laurinak. Megköszönöm neki a drága ajándékot.

Közmondások:
A lónak négy lába van, mégis megbotlik.
Ma nekem, holnap neked!

12

12 Tréfa

A RÖVIDLÁTÓ NÉNI

— Hány éves vagy kisfiam?

Népdal

Sej, Nagyabonyban csak két torony látszik,
De Majlandban harminckettő látszik.
Inkább nézem az abonyi kettőt,
Mint Majlandban azt a harminckettőt.

Animato ♩=126

Sej, Nagy-a-bony-ban csak két to-rony lát-szik,

De Maj-land-ban har-minc-ket-tő lát-szik.

In-kább né-zem az a-bo-nyi ket-tőt,

Mint Maj-land-ban azt a har-minc-ket-tőt.

SZÓKINCS

tizenkettedik	*twelfth*	posta, '-t	*post-office*
postás, -t	*postman*	levél, levelet	*letter*
átad (ad)	*deliver*	nekem, neked	
csomag, -ot, -ja	*parcel, packet*	neki...	see grammar

172

bevisz (visz)	take, carry in
(fel)olvas	read (aloud)
kéznél van	be near at hand
szemüveg-et	spectacles, glasses
bácsi, -t	uncle
férjezett, nős	married
beszámol vmiről	give an account of, report on
kölcsönkér	borrow
szükség, -et	need
szüksége van vmire	need sg
bélyeg, -et	stamp
elkér (kér)	ask for
szívesen	gladly, with pleasure
gyűjt	collect
gyűjtemény, -t	collection
megkeres (keres)	look for
válasz, -t	answer, reply
amikor, or mikor	when
készen	ready
boríték, -ot	envelope
leragaszt (ragaszt)	stick, close
megcímez (címez)	address
ráír (ír)	write
saját	own
cím, -et	address
külön	separate
elküld (küld)	send
itthon	here, at home
postautalvány, -t	postal order, money order
nekem, neked ...kell	I, you...must
(oda)megy	go (there)
postai	postal
levelezőlap, -ot, -ja	postcard
előadás, -t	performance, (cinema-)show
ma este	tonight
szállítólevél, -levelet	bill of delivery, registered parcel form
tisztviselő, -t	clerk
ügyes	skilful
dolgozik	work
hamar	soon
sor, -t	row, line
visszaad (ad)	give back
ráragaszt (ragaszt)	stick
(be)dob	throw (in)
levélszekrény,-t	pillar-box
kitölt (tölt)	fill in
összeg, -et	sum, amount
feladó, -t	sender, (on the envelope) „From:"
felad (ad)	send by post
telefonfülke, '-t	call-box, telephone booth
készülék, -et	apparatus; (here:) telephone
érme, '-t	coin, counter
kagyló, -t	receiver
tárcsáz	dial (verb)
felhív (hív)	call, ring up
Imre, '-t	Emerich
telefonál	(tele)phone
még egyszer	once more
lassú (adv. lassan)	slow
világos	clear, (here:)distinct
ismétel	repeat
újság, -ot	news
hogy (stressed)? = hogyan?	how?
felesleges	superfluous, spare
mozi, -t	cinema
esti (adj.)	evening
ajándékoz	present
megmarad (marad)	remain, stay

12	kell vkinek vmi	*need, want*	
	film, -et, -je	*film, picture*	
	biztos	*sure*	
	dolog, dolgot	*work, thing*	
	sok dolgom van	*I am very busy*	
	hazaérkezik	*return home*	
	fül, -et	*ear*	
	barátságos [baraːttʃaːgoʃ]	*friendly*	
	aláír (ír)	*sign*	
	küld	*send*	
	kibont (bont)	*open, unpack*	
	fényképezőgép, -et	*camera*	
	töltőtoll, -at	*fountain-pen*	
	golyóstoll, -at	*ball-point pen*	
	talál	*find*	
	ajándék, -ot	*present, gift*	
	fényképez	*take a photo*	
	gép, -et	*camera; apparatus, machine*	

ismerős, -t — *acquaintance*
üdvözlet, -et — *greeting*
november, -t — *November*
örül vminek — *be glad about*
tetszik vkinek vmi — *like*
távirat, -ot — *wire, telegram, cable*
mégis — *nevertheless, yet*
megbotlik (botlik) — *stumble*
rövidlátó, -t — *short-sighted*
néni, -t — *aunt*
sej! *(interjection)* — *(nearly:) alas, heigh-ho*
Nagyabony (Abony) — village in Hungary
látszik [laːttsik] — *seem, appear*
Majland, -ot *(obsolete)* — *Milan*
mint — *than, as, like*

Szómagyarázatok

1. **Bácsi — néni** uncle — aunt denote relationship, but they are also used informally when addressing a man or a woman to whom one is not related, yet whom one knows very well: **János bácsi** Uncle John, **Mária néni** Aunt Mary.

My uncle, etc. is translated: **nagybátyám, nagybátyád, nagybátyja,** *etc.,* or also as **nagybácsim,** *etc.*

My aunt, etc. is translated: **nagyném, nagynéd, nagynénje,** etc., or also as **nagynénim,** etc.

2. **Szükségem van** *need, to have need of.* — (Nekem) **szükségem van vmire** and **nekem kell vmi** are nearly identical: **szükségem van vmire** stresses more the necessity, **nekem kell vmi** the will to get something.

Most nagy szükségük van pénzre.	*They are in great need of money.*
Nekem most nincs szükségem pénzre.	*I have no need of money now.*
Mire van szükséged?	*What do you need?*

174

97. The Dative Case

-nak
-nek

The dative of nouns is formed by adding the suffix **-nak, -nek** to the nominal forms without a linking vowel. The short **-a, -e** at the end of a word are lengthened to **-á-, -é-**.

Examples:—

ruha	: ruhának	ruhák	: ruháknak
ruhám	: ruhámnak	ruháim	: ruháimnak
ruhád	: ruhádnak	ruháid	: ruháidnak
ruhája	: ruhájának	ruhái	: ruháinak
ruhánk	: ruhánknak	ruháink	: ruháinknak
ruhátok	: ruhátoknak	ruháitok	: ruháitoknak
ruhájuk	: ruhájuknak	ruháik	: ruháiknak

gép	: gépnek	gépek	: gépeknek
	gépemnek		gépeimnek
	gépednek		gépeidnek
	gépének		gépeinek
	gépünknek		gépeinknek
	gépeteknek		gépeiteknek
	gépüknek		gépeiknek

98. The Demonstrative Pronouns *ez, az* with the Dative Suffix

The **z** sound of the demonstrative pronouns *ez, az* assimilates to the **n** sound of the dative suffix **-nak, -nek:**—

ez+nek becomes: **ennek**   az+nak becomes: **annak**

The plural forms are: **ezeknek, azoknak.**

99. The Dative of the Personal Pronoun

The dative of the personal pronoun is expressed by the base **nek-** + the personal suffixes (comp. 164: **től-em, nál-am,** etc.):—

1st	*Person*	**nekem**	*(to) me*	**nekünk**	*(to) us*
2nd	*Person*	**neked**	*(to) you*	**nektek**	*(to) you*
3rd	*Person*	**neki**	*(to) him, her, it*	**nekik**	*(to) them*

 Pay attention to the unusual possessive suffixes of the 3rd Person Singular and Plural: **-i, -ik!**

100. The Use of the Dative Case

In this lesson the following verbs are used with the Dative (Indirect Object):—

(a) ad (megad, átad, odaad, visszaad, bead, kiad, felad), ajándékoz, fizet;

(b) mond, beszél, szól, beszámol, ír, felel, válaszol, telefonál;

(c) hoz, visz, küld, mutat (megmutat);

(d) köszön (megköszön);

(e) örül: Pali nagyon örül a fényképezőgépnek.

(f) tetszik: Az egész családnak tetszik a szép ajándék.

The verbs listed in *(a)—(d)* can take both an indirect object and a direct object:—

ad, mond, hoz, köszön **vkinek vmit:** Pali táviratban köszöni meg barátjának az ajándékot.

101. The Verb *van — nincs* and the Dative

nekem van	*I have*
nekem nincs	*I have not, I have no*

The verb "to have" (i.e. "to possess") is expressed by a special construction: dative form of the personal pronoun (**nekem, neked, neki,** etc.) and the verb **van, vannak,** in negative sentences by **nincs, nincsenek.**

nekem	van (vannak)	*I have*
	nincs (nincsenek)	*I have not*
neked	van (vannak)	*you have*
	nincs (nincsenek)	*you have not*
neki	van (vannak)	*he, she, it has*
	nincs (nincsenek)	*he, she, it has not*
nekünk	van (vannak)	*we have*
	nincs (nincsenek)	*we have not*
nektek	van (vannak)	*you have*
	nincs (nincsenek)	*you have not*
nekik	van (vannak)	*they have*
	nincs (nincsenek)	*they have not*

In this construction the thing or things possessed always take the personal suffix of the possessor:—

Nekem új ruhá-**m** van.	*I have a new, suit.*
Nekem új ruhá-**im** vannak.	*I have new suits.*

Examples:—

Possessor	Possession	
	Singular	Plural
1st Person *Singular*	Nekem új ruhám van. Nekem nincs új ruhám.	Nekem új ruháim vannak. Nekem nincsenek új ruháim.
Plural	Nekünk szép kertünk van. Nekünk nincs szép ker-tünk.	Nekünk szép kertjeink vannak. Nekünk nincsenek szép kertjeink.
2nd Person *Singular*	Neked jó tollad van. Neked nincs jó tollad.	Neked jó tollaid vannak. Neked nincsenek jó tollaid.
Plural	Nektek gazdag rokono-tok van. Nektek nincs gazdag rokonotok.	Nektek gazdag rokonaitok vannak. Nektek nincsenek gazdag rokonaitok.

In the 3rd Person Singular and Plural the dative form of the personal pronouns can be replaced by any other noun with the suffix **-nak, -nek.**

3rd *Person*		
Singular	**Neki** nagy fia van. **Gábor bácsinak** nagy fia van. **Neki** nincs fia. **Gábor bácsinak** nincs fia.	Neki nagy fiai vannak. Gábor bácsinak nagy fiai vannak. Neki nincsenek fiai. Gábor bácsinak nincsenek fiai.
Plural	**Nekik** szép szobájuk van. **A lányoknak** szép szo-bájuk van. **Nekik** nincs szobájuk. **A lányoknak** nincs szo-bájuk.	Nekik szép szobáik vannak. A lányoknak szép szobáik vannak. Nekik nincsenek szobáik. A lányoknak nincsenek szobáik.

The dative form of the personal pronoun **nekem, neked, neki,** etc. can be omitted if it has no special stress. The examples above thus become:—

1st Person			
Singular	Új ruhám van.		Új ruháim vannak.
	Nincs új ruhám.		Nincsenek új ruháim.
Plural	Szép kertünk van.		Szép kertjeink vannak.
	Nincs szép kertünk.		Nincsenek szép kertjeink.
2nd Person			
Singular	Jó tollad van.		Jó tollaid vannak.
	Nincs jó tollad.		Nincsenek jó tollaid.
Plural	Gazdag rokonotok van.		Gazdag rokonaitok vannak.
	Nincs gazdag rokonotok.		Nincsenek gazdag rokonaitok.
3rd Person			
Singular	Nagy fia van.		Nagy fiai vannak.
	Nincs fia.		Nincsenek fiai.
Plural	Szép szobájuk van.		Szép szobáik vannak.
	Nincs szobájuk.		Nincsenek szobáik.

Further examples:—

— Van pénzed?	*Have you any money?*
— Van.	*I have.*
— Nincs.	*I have not.*
— Van Gábor bácsinak háza?	*Has Uncle Gábor a house?*
— Háza nincs, csak kertje van.	*He has no house, only a garden.*

Note

The suffix **-nak, -nek** can, of course, be added to all forms with possessive suffixes:—
Apámnak van (nincs) fényképezőgépe.   *My father has (hasn't) a camera.*

 The thing possessed can also be a pronoun to which, of course, the appropriate possessive suffix must be added:—

Mid van? *What have you?*

Nincs semmim. (= Semmim sincs.)	*I have nothing.*
Nekünk van mindenünk.	*We have everything.*
Nekik nincs semmijük.	*They have nothing.*
Nincs senkije, semmije.	
(= Senkije, semmije sincs.)	*He has nobody, nothing.*

nekem kell
+
Infinitive

The verb **kell** has two meanings:—

(a) In impersonal constructions with an Infinitive **kell** means *must*. In this sense **kell** is used only in the 3rd Person Singular. The subject of an English "must" construction takes the dative case in Hungarian:—

nekem kell ...	*I must*	**nekünk** kell...	*we must*
neked kell...	*you must*	**nektek** kell...	*you must*
neki kell...	*he, she, it must*	**nekik** kell...	*they must*
a **postásnak** kell...	*the postman must*	a **postásoknak** kell... *the*	
			postmen must

Mindenkinek dolgozni kell.	*Everybody must work.*
Rendnek kell lenni.	*Order must be maintained.*

If no direct object is indicated in **kell**+infinitive construction then it corresponds to the English impersonal o n e or the instructional passive:—

Dolgozni kell.	*One must work.*
A készülékbe érmét kell bedobni.	*One must put the coin into the machine.*
	Or: *The coin must be put into the machine.*

Have to + Present Infinitive expressing obligation or external compulsion is to be translated also by **nekem kell** + Infinitive, e.g.:—

You have to go to the university by 10 o'clock.	Neked 10 órára az egyetemre kell menni.
Paul has to sign the bill of delivery.	Pálnak kell aláírni a szállítólevelet.

nekem kell
+
Noun

(b) Note that the verb **kell** with a noun may be translated by *need, to have need of*. In this meaning the verb **kell** is used in the 3rd Person Singular and Plural:—

Ez a fényképezőgép kell nekem.	*I need this camera.*
Ezek a bélyegek a barátomnak kellenek.	*My friend needs these stamps.*
Neki nem kell a jegy.	*He does not need the ticket.*
Nekem semmi sem kell.	*I need nothing.*

> **hogy? hogyan?** *how?*

The Adverb of Manner answers the question **hogy? hogyan?** *how?*

| **-ul, -ül** | Adverbs of manner are formed by adding **-ul, -ül** to names of languages and occasionally to other adjectives (comp. 91):— |

magyar	: magyarul	*in Hungarian*
angol	: angolul	*in English*
rossz	: rosszul	*badly*

Exception:—

| jó | : jól | | *well* (comp. 91) |

| **-n, -an, -en** | More generally and widely used are the suffixes: **-n, -an, -en.** These can be added to most adjectives. |

| Amikor **készen** van a levél, borítékba teszi. | *When the letter is ready, he puts it in an envelope.* |
| Köszönöm **szépen, biztosan** ott leszünk. | *Thank you very much. We'll certainly be there. (We are sure to be there.)* |

Adjectives ending in a short **-a** or **-e** lengthen before **-n** into **-á-** or **-é-**:—

| drága | : drágán | *expensively* | büszke | : büszkén *proudly* |

Adjectives ending in **-i, -ú, -ű** and also in **-ó, -ő** require the linking vowel **-a-, -e-** before the **-n** suffix of the adverb of manner:—

kíváncsi	: kíváncsian	*curiously*	kiváló	: kiválóan *excellently*
szigorú	: szigorúan	*strictly, severely*	kitűnő	: kitűnően *splendidly*
egyszerű	: egyszerűen	*simply, plainly*		

but:—

| olcsó | : olcsón | *cheaply* | késő | : későn *late* |

The following adjectives ending in **-ú, -ű** drop the final vowel before the **-an, -en** suffixes:—

lassú	: lass-an	*slowly*	könnyű	: könny-en	*easily, lightly*
hosszú	: hossz-an	*at length*	szörnyű	: szörny-en	*horribly*
		ifjú : ifj-an *young*			

nagy	: nagyon	*very, very much*	gazdag	: gazdagon	*richly*
vastag	: vastagon	*thick(ly)*	szabad	: szabadon	*freely*
		fiatal : fiatalon *young*			

but:—

boldog : boldogan *happily*

104. Adverb of Manner Formed from Numerals

Hányan? *How many (people)?*

ketten	*(in) two, two of*	hatan	tízen	harmincan
hárman	*(in) three, three of*	heten	tizenegyen	százan
négyen	*etc.*	nyolcan	tizenketten	ezren
öten		kilencen	húszan	*etc.*

The numerals with the **-an, -en** suffix of the adverb of manner denote the number of people present or performing an action:—

| Minden nap heten ülnek asztalhoz. | *Every day seven of them sit down to table.* |
| Hárman megyünk a moziba. | *Three of us go to the pictures.* |

The indefinite numerals can also take the **-an, -en** suffix of the adverb of manner:—

| Sokan vannak a postán. | *There are a lot of people at the post-office.* |
| Ezt csak kevesen tudják. | *Only few people know this.* |

GYAKORLATOK

1. *Write down this sentence:* Nekem magyar órám van *in all persons, in the negative (all persons), not forgetting to indicate singular and plural possession.*

2. *Give the dative of the personal pronouns in the following sentences:—*
A barátom öt forintot fizet *(én).* Pista megmutatja *(te)* a levelet.
Telefonálsz *(ő)* a postáról. A fiúk segítenek *(mi).*
Megköszönöm *(ti)* az értékes ajándékot. Pál beszámol *(ők)* külföldi útjáról.

3. *Fill in the corresponding possessive suffixes of singular and plural possession and the dative suffix* -nak, -nek:—
Imre táviratozik *(az ő)* külföldi barát...
Beszámolok *(az én)* testvér... a tanulmányaimról.
(Ami) levél... az egész család örül.
Virágot viszünk *(a ti)* húg...
M... ... ajándékot küldesz *(a te)* ismerős...?
Megmutatják a levelet *(az ő)* nagybácsi... *(only single possession)*
Telefonálok *(a te)* szülő... *(only plural possession)*

4. *Form sentences using the phrase:* nekem van, nekem nincs. *The person in brackets is to be the possessor, the given phrase the thing possessed:*—

(1st P. S.)	új kabát		*(1st P. Pl.)*	most magyar óra
(2nd P. S.)	szép könyv		*(2nd P. Pl.)*	mozijegy
(3rd P. S.)	kék boríték		*(3rd P. Pl.)*	új kalap

Change the sentences above into plural possession.

5. *Form sentences using the following words:*—

apám — sok könyv

te — külföldi bélyegek

ezek a gyerekek — szép játékok

ő — gazdag rokonok

mi — nagy kert

ki? — piros ceruza

az a leány — hosszú szoknya

Péter — sok pénz

ez a fiú — szükség — új sapkára

ti — jó fényképezőgép

ők — telefon

senki — radírgumi

6. *Use the following verbs in sentences containing adverbs of manner formed from* (a) *adjectives and* (b) *numerals:*—

(a) beszél, lát, néz, vásárol, dolgozik, repül

(b) sétálnak, megyünk, ültök, várnak

Kérdés — Felelet

Ki hozza a leveleket?

Kinek hoz a postás levelet?

Miről számol be Gábor bácsi?

Milyen családja van neki?

Hányan vannak?

Mire van most szüksége?

Vannak neked bélyegeid?

Hogyan dolgozik a tisztviselő?

Hogyan kell telefonálni?

Kinek telefonál Pál?

Mit telefonál? ·

Kinek ajándékozza a jegyeket?

Hányan mennek a moziba?

Kinek adja át a postás a csomagot?

Honnan érkezik a csomag?

Hogyan bontja fel Pál a csomagot?

Hova kell ragasztani a bélyeget?

Mit kell a borítékra ráírni?

Hova kell bedobni a levelet?

Mit tölt ki Pál?

Örül a csomagnak?

Mi van a csomagban?

Kinek mutatja meg a fényképező-
gépet?

Mennyi pénzed van?

Hány forintod van?

Golyóstollatok, vagy töltőtollatok van?

Kinek írsz levelet?

Hányan vagyunk most itt?

Hogy vagy?

Kell nekik piros ceruza?

Kinek kell dolgozni?

(a) I have six apples. I give you two and two to Paul. Now I have two apples, you have two and Paul also has two apples. I am not eating an apple now, you are eating one apple and Paul is eating two (apples). How many are left (marad) for me, how many remain for you and how many are left for Paul? I still have two apples, you have only one apple and Paul has no more apples.

(b) I go to the post-office. At the post-office I buy a postcard. I am writing it to one of (egyik) my friends. I write the address on it and I put it in the pillar-box. Then I ring up a class-mate of mine. We want to go to the pictures together. He has not (got) a ticket yet, (so) I shall buy one for him too.

"How much are the tickets?"

"I think they cost four forints."

"Good," says my friend. "Thank you very much, we shall meet this evening."

"I shall certainly be there on time."

TIZENHARMADIK LECKE

az író könyve	*the writer's book*
a könyv írója	*the writer of the book*

Az orvos rendelőjében

Az egyik általános iskola tanulói orvosi vizsgálatra mennek. Az orvosi rendelő a Petőfi utcában van. Minden kedden és pénteken van rendelés. Az iskolaorvost dr. *(= doktor)* Horváth Gézának hívják. Ő kezeli ennek az iskolának a beteg tanulóit, de másokat is gyógyít. A rendelő előszobájában most is vár három beteg. Az egyiknek a lábán van kötés, a másiknak a keze fáj, a harmadiknak az arca dagadt. A betegek arca sápadt.

A fiúk leülnek az előszobában, és türelmesen várnak. Az orvos kinéz a rendelőből, megnézi, hány beteg vár még rá.

— Minket mikor vizsgál meg a doktor bácsi? — kérdezi Károly.

— Egy kicsit még várni kell, gyerekek, de mindjárt hívlak titeket is!

Az orvos először befejezi a három **felnőtt** beteg kezelését, és azután hívja be a tanulókat.

Az orvosi rendelőben egy öreg ápolónő megkérdezi a gyerekek személyi adatait: nevüket, életkorukat, szüleiknek a nevét, foglalkozását stb. *(= s a többi)*.

— Hogy hívnak téged?

— Engem Szegedi Péternek hívnak.

— Hány éves vagy?

— Nyolc.

— Mi az édesapád neve?

— **Szegedi Zoltán.**

13 — És az édesanyád neve?

— Nagy Katalin.

— Mi a foglalkozásuk?

— Az apám is és az anyám is nyomdász — válaszolja Péter.

A néni beírja ezeket az adatokat egy könyvbe.

— Engem nem tetszik beírni, néni? — lép elő félénken Laci.

— Persze hogy beírlak téged is, de ha elbújsz, nem látlak!

Megkezdődik a vizsgálat. Péter leveti a kabátját és az ingét. Az orvos meg-
kérdezi tőle:

— Mi bajod van fiam, mid fáj?

— Egy kicsit fáj a torkom és a fejem.

Az orvos megnézi a szemét, meghallgatja a szíve dobo-
gását. Megkopogtatja a mellét és a hátát, belenéz a szájába
és a torkába.

— Nem köhögsz? Nem vagy náthás?

— Nem.

— Nincs lázad?

— Nem tudom.

Péter hőmérőt kap, és megméri a hőmérsékletét. 37,2
(harminchét és két tized) fok a láza.

— Egy kis torokgyulladás és influenza — mondja az orvos. Gyógyszert írok
fel neked. Minden gyógyszertárban megkapod. Ha rendesen szeded a gyógy-
szert, hamar meggyógyulsz. Most még kapsz egy injekciót!

— Azt a nagy tűt szúrja belém a doktor bácsi? — kérdezi Péter ijedten és
sápadtan.

— Nem fáj az, Péter! Nem kell ettől félni! Bátor gyerek vagy te, nem ijedsz
meg egy kis szúrástól!

Az orvos beadja az injekciót Péter karjába. Nem is vérzik.

— Na látod, már készen is vagyunk — és a véred sem folyik! Holnapra
egészséges leszel!

— Kérem a következő beteget!

Laci következik, Péter barátja.

— Na, neked mi a panaszod? Fáj valamid?

— A gyomrom fáj.

— Megvizsgállak téged is. Már látom is, hogy mi a bajod. Fehér a nyelved.
Gyomorrontás.

Az orvosi vizsgálat lassan halad. A fiúk halkan beszélgetnek, és nézik a
képeket a rendelő falain. Az egyik kép az emberi csontvázat ábrázolja. Az
ember minden csontja rajta van. Egy másik kép az ereket és az idegeket mu-
tatja, egy harmadikon az ember izmait lehet látni.

Károly megkérdezi Gábortól:

— Tudod, melyek a test fő részei? 13

— Tudom. Ha felnövök, én is orvos leszek! Testünk fő részei: a fej, a törzs és a végtagok. Egész testünket bőr fedi. A fejen van a szemünk, a fülünk, az orrunk és a szájunk. A szájban találjuk a fogakat és a nyelvet. A törzs felső részében van a tüdő és a szív, alsó részében van a gyomor, a has, benne a máj, az epe, a vese és a belek. Végtagjaink: a két kezünk és a két lábunk. A lábnak a részei: a comb, a térd, a lábszár és a lábfej. A kéznek a részei: a felsőkar, a könyök, az alsókar és a kézfej. Kezünkön és lábunkon ujjak vannak, ezeken körmök.

— Most már elhiszem, hogy belőled orvos lesz! Már most is sokat tudsz!

Az orvosi vizsgálat folyik tovább. Az egyik fiúnak a hasa fáj, a másiknak a foga, a harmadik erősen köhög, a negyedik rövidlátó stb.

A fiúk látják, hogy az orvos munkája szép, de nem könnyű.

Közmondás:

Kis bajból származik a nagy baj.

SZÓKINCS

tizenharmadik	*thirteenth*	türelmes	*patient, tolerant*
író, -t	*writer*	minket	*us*
rendelő, -t	*consulting-room*	megvizsgál	*examine*
általános	*general*	(vizsgál)	
általános iskola	*elementary school*	titeket	*you*
vizsgálat, -ot	*examination*	először	*first*
rendelés, -t	*consulting-hours*	kezelés, -t	*treatment*
hív vkit vminek	*call, name*	behív (hív)	*call in*
kezel	*treat*	orvosi	*medical*
beteg, -et	*patient, ill, sick*	ápolónő, -t	*nurse*
mások *(plur.)*	*others, other people*	személyi	*personal*
gyógyít	*cure, heal*	adat, -ot	*datum, particular(s), data*
kötés, -t	*bandage, dressing*		
fáj vkinek vmije	*ache, be sore, hurt*	személyi adatok	*particulars*
fáj neki a torka	*he has a sore throat*	életkor, -t	*age*
arc, -ot	*face*	stb. = s a többi	*and so on, etc.*
dagadt	*swollen*	téged	*you*
sápadt	*pale*	engem	*me*

Zoltán, -t	Hungarian man's name
Katalin, -t	*Catherine*
is…is	*both…and*
nyomdász, -t	*printer, typographer*
előlép (lép)	*step forward*
félénk	*shy*
László, -t	*Ladislas*
Laci, -t	pet name of *László* (Ladislas)
persze, *or*	
persze, hogy	*of course*
elbújik (bújik)	*hide*
megkezdődik	*begin, start*
levet (vet)	*take off*
baj, -t	*trouble, pain*
mi bajod?	*what is the matter with you?*
torok, torkot	*throat*
meghallgat (hallgat)	*listen to*
szív, -et	*heart*
dobogás, -t	*beat*
megkopogtat (kopogtat)	*percuss, knock*
mell, -et	*chest*
hát, -at	*back*
belenéz	*look into*
köhög	*cough*
náthás	*having a cold*
nátha, '-t	*cold*
láz, -at	*fever*
hőmérő, -t	*thermometer*
megmér (mér)	*measure*
lázat mér	*take one's temperature*
hőmérséklet, -et	*temperature*
tized, -et	*tenth part*
fok, -ot	*degree*
gyulladás, -t	*inflammation*
influenza, '-t	*influenza*
gyógyszer, -t	*medicine, drug*
felír (gyógyszert)	*prescribe*
gyógyszertár, -at	*chemist's shop*
rendesen	*regularly, orderly,*
szed (gyógyszert)	*take (medicine)*
meggyógyul (gyógyul)	*be cured, get well*
injekció, -t	*injection*
tű, -t	*needle*
szúr	*prick*
ijedt	*frightened*
fél vmitől	*fear, be afraid of*
bátor, bátrat	*brave, courageous*
megijed (ijed)	*be frightened*
szúrás, -t	*prick*
kar, -t, -ja	*arm*
vérzik	*bleed*
na!	*well*
vér, -t	*blood*
folyik	*flow*
holnapra	*by tomorrow*
következő	*following, the next*
panasz, -t	*complaint*
gyomor, gyomrot	*stomach*
nyelv, -et	*tongue*
gyomorrontás, -t	*indigestion, upset stomach*
halad	*go on*
halk	*low, soft*
halkan beszélget	*talk in a low voice*
fal, -at	*wall*
emberi	*human*
csontváz, -at	*skeleton*
ábrázol	*illustrate*
csont, -ot, -ja	*bone*
ér, eret	*vein*
ideg, -et	*nerve*
izom, izmot	*muscle*
test, -et	*body*

fő	main, chief		comb, -ot, -ja	thigh	13
rész, -t	part		térd-, et	knee	
felnő (nő)	grow up		lábszár, -at	leg	
törzs, -et	trunk		lábfej, -et	foot	
végtag, -ot, -ja	limb		felsőkar, -t, -ja	upper arm	
bőr, -t	skin		könyök, -öt	elbow	
orr, -ot	nose		alsókar, -t, -ja	forearm	
fog, -at	tooth		kézfej, -et	hand	
felső	upper		köröm, körmöt	nail	
tüdő, -t, tüdeje	lung		elhis..	believe	
alsó	lower		tovább	longer, farther, further	
has, -at	abdomen, belly				
máj, -at	liver		folyik (munka)	flow; (here:) go on	
epe, '-t	gall		tovább (adv.)	continue	
vese, '-t	kidney		származik	originate, come from	
bél, belet	intestine, bowels				

Szómagyarázatok

1. **Hív.** — The verb **hív** has two meanings:—

hív vkit	to call (for)
hív vkit (vmit) vminek	to call

Háromkor hívom őt.	I shall call him at three.
Hogy hívnak téged?	What are you called? What is your name?
Engem Péternek hívnak.	I am called Peter. My name is Peter.

2. **Melyek?** — This is the plural form of the interrogative **melyik?** which? (Comp. 51, 158.)

Melyek a test fő részei?	Which are the chief parts of the human body?

3. **Egy kicsit.** — This phrase expresses in connection with the predicate an adverb of manner, or in rare cases an adverb of time:—

Egy kicsit fáj a torkom.	My throat hurts a little.
Várok még egy kicsit.	I shall still wait a little.

4. **Tetszik + Infinitive.** — This construction is very common in polite conversation. It is a courteous and very frequently used way of asking a question. In such constructions the word **tetszik** is never stressed. E.g.:—

Hová tetszik menni?	(Literally:) Where does it please (you) to go?
Mit tetszik mondani?	(Literally:) What does it please (you) to say?

13 Nem tetszik leülni?   *Don't you want to sit down?*
    Az én nevemet nem tetszik beírni?   *Won't you write down my name?*

Vkinek tetszik vmi without an infinitive means: *it pleases*, e.g.:—

Nekem tetszik ez a ház.   *This house pleases me; i.e., I like this
                                             house.*

NYELVTAN

105. Possessive Relation

az iskola tanulói   *the pupils (students) of the school*
az orvosnak a munkája   *the doctor's work*

The possessive relation consists of two words of a word-group: the noun-possessor, **az iskola,** precedes the modified noun-possessed, **tanulói.** In English the noun-possessor is expressed by the *'s* or *s'* of the genitive or by using the preposition *of*. Possession cannot be shown in this way in Hungarian. The sign of possession is found not in the possessor but in the thing possessed.

Note the word order:—

> In Hungarian the first place is always taken by the noun-possessor in the nominative singular or plural, or sometimes in the dative (the dative suffix **-nak, -nek** added to the noun-possessor) singular and plural.
>
> In the second place there follows the noun-possessed with the possessive suffix of the 3rd Person (Singular or Plural) attached.

If we take the word **író** *writer* as possessor and **könyv** *book* as the thing possessed, the following forms of the possessive relation can be established:—

One writer, one book	**az író könyve** **az írónak a könyve**	*the book of the writer*
More writers, one book	**az írók könyve** **az íróknak a könyve**	*the book of the writers*
One writer, more books	**az író könyvei** **az írónak a könyvei**	*the books of the writer*
More writers, more books	**az írók könyvei** **az íróknak a könyvei**	*the books of the writers*

190

The noun-possessor can even take possessive suffixes.

The book of **my** *writer, the book of* **your** *writer*, etc., is translated into Hungarian:—

az íróm könyve, az íród könyve, etc., or

az íróm-nak a könyve, az íród-nak a könyve, etc.

In case of special emphasis the possessor can be preceded by the personal pronoun:—

a **mi** írónk könyve	*or*	a **mi** írónknak a könyve
a **te** édesapád neve	*or*	a **te** édesapádnak a neve
az **ő** szíve dobogása	*or*	az **ő** szívének a dobogása

Summary:—

I. Noun-possessor: in the nominative singular or plural, occasionally dative (the suffix **-nak, -nek** added to the possessor)

II. Noun-possessed: with the possessive suffixes of the 3rd Person Singular: **-a, -e, -ja, -je**   (singular possession)
                -ai, -ei, -jai, -jei   (plural possession)

---

106. Use of the Article in Possessive Relation

A) The Article before the Noun-Possessed

(i) In colloquial Hungarian the definite article is generally used after the noun-possessor when the dative suffix **-nak, -nek** has been added.

The definite article is never used after the noun-possessor in the nominative case.

Writers and poets often omit the definite article after the suffix **-nak, -nek** making for a more polished style. E.g.:—

A kávénak illata is, íze is kitűnő.   *Booth the aroma and taste of the coffee are excellent.*

(ii) The indefinite article can be used before the noun-possessed as in English, but in Hungarian *egy* is usually replaced by **egyik**:—

Apámnak egyik barátja orvos.	*A friend of my father is a doctor.*
A nagy város egyik kis utcájában laknak.	*They live in a little street of the big town.*

B) The Article before the Noun-Possessor

The noun-possessor is generally preceded by the definite or indefinite article:—

| az orvos rendelője | *the consulting-room of the doctor* |
| egy orvos rendelője | *the consulting-room of a doctor* |

The definite article is not used before the noun-possessor

(a) when it is a place-name or name of a country:—

| Budapest utcái | *the streets of Budapest* |
| Magyarország fővárosa | *Hungary's capital* |

(b) before (proper) names of persons:—

| Péter könyvei tiszták. | *Peter's books are clean.* |

(c) if the noun-possessor has a personal suffix and is the first word in the sentence:

| Városunk utcái szélesek. | *The streets of our town are wide.* |
| Iskolánk tanulói holnap kirándulnak. | *The students of our school are going on an excursion tomorrow.* |

107. The Noun-Possessor in Possessive Relation

There is hardly any difference between the two forms (nominative and dative) of the noun-possessor. The form: **az író könyve** may be regarded as the abbreviated form of the construction: **az írónak a könyve.** However the suffixless (nominative) form is more generally used.

The form with the suffix **-nak, -nek** is preferred when the possession has a special stress or especially when there are several things possessed:—

| A kávénak **illata** is, **íze** is kitűnő. | *Both the aroma and taste of the coffee are excellent.* |
| Gábor bácsi apámnak **öccse** (nem bátyja). | *Uncle Gábor is the younger brother (not the elder) of my father.* |

In the following cases the suffix **-nak, -nek** must be used with the noun-possessor:—

(a) When the possessor is an interrogative pronoun, or when the noun-possessor is modified by the demonstrative pronoun **ez, az:**—

— **Kinek** a sapkája ez?	*"Whose cap is this?"*
— **Ennek** a fiúnak a sapkája.	*"It is this boy's cap."*
— **Minek** a fénye az?	*"What light is that?"* (Literally: *Of what is that light?*)
— Az **annak** a kis lámpának a fénye.	*"It is the light of that small lamp."*
Ezeknek a tanulóknak a könyvei újak, **azoknak** a könyvei nem újak.	*The books of these pupils are new, but the books of those are not new.*

(b) When the possessed is also a possessor, e.g.:—

| Gábor bácsi nővérének a kalapja | *the hat of Uncle Gábor's sister* |

(c) When the possessor and possessed are separated by the predicate or by other parts of the sentence (or by an inserted sentence):—

| Az orvosnak nem könnyű a munkája. | *The doctor's work is not easy.* |
| (= Az orvos munkája nem könnyű.) | |

Nagyapámnak — ha jól tudom — 　　　*My grandfather's birth-place — if I am right —*
születési helye Miskolc. 　　　　　　*is Miskolc.*

(= Nagyapám születési helye
　　— ha jól tudom — Miskolc.)

(d) When the possessor comes after the possessed; this "indirect" word order can be used not only in poems but also in colloquial Hungarian, especially if the possessor is named as an afterthought:—

Nem könnyű a munkája az orvosnak 　　　*The work of the doctor is not easy.*
(= az orvos munkája).

(e) When the possessed is preceded by the definite article:—

a testnek **a** részei 　　　　　　*the parts of the body*
a kávénak **az** illata 　　　　　　*the aroma of coffee*

108. The Noun-Possessed in Possessive Relation

All flexional suffixes can be added to the noun-possessed, e.g.:—

Egy általános iskola tanulói**t** vizsgálja 　*The doctor examines the pupils of an ele-*
az orvos. 　　　　　　　　　　　　*mentary school.*

Az orvos rendelőjé**ben** sok beteg vár. 　*Many patients are waiting in the doctor's*
　　　　　　　　　　　　　　　consulting-room.

A gyerekek nézik a képeket a rendelő 　*The children are looking at .the pictures*
fala**in**. 　　　　　　　　　　　*on the walls of the consulting-room.*

If often happens that several possessors have a possession that could not be common .to them all. In this case the thing possessed does not take the *-i-* suffix of the plural possessive.

A betegek arca (*not :* arcai!) sápadt. 　*The faces of the patients are pale.*
Az ápolónő megkérdezi a szülők nevét. 　*The nurse asks the names of the parents.*
(*not :* neveit!)

When the possession can be common to several possessors both forms can be used:—

a vendégek kutyája *or* kutyái 　　　*the dog or the dogs of the guests*

109. The Accusative of Personal Pronouns

engem(et)	*me*	**minket**	or	**bennünket**	*us*
téged(et)	*you (thee)*	**titeket**	or	**benneteket**	*you*
őt	*him, her, it*	**őket**			*them*

The accusative suffix **-et** is very often dropped from the 1st and 2nd Person Singular. The alternative forms in the 1st and 2nd Person Plural: **minket** ~ **bennünket** and **titeket** ~ **benneteket** are equivalent both in meaning and in use.

1. The accusative of personal pronouns in the 1st and 2nd Person Singular and Plural takes the Indefinite Conjugation whether they are expressed or merely implied:—

Ő szeret (engem).	*He loves me.*
Hogy hívnak (téged)?	*What is your name?* (Literally: *How do they call you?*
Az orvos minket keres.	*The doctor is looking for us.*
Néznek bennünket.	*They are looking at us.*
Szeretnek titeket.	*They love you.*
Várunk benneteket.	*We are waiting for you.*

2. The 3rd Person **őt, őket** require the Definite Conjugation (comp. 113):—

Hogy hívják (őt)?	*What is his name?* (Literally: *How do they call him?*)
(Őt) Pálnak hívják.	*They call him Paul.*
Szeretem őket.	*I love them.*
Hívjuk őket.	*We call them.*

110. Special Verb Form Expressing the Object of the Second Person

-lak, -lek	Beírlak téged is.	*I write your name, too, in a book.* (= *I register your name, too.*)

Ha elbújsz, nem **látlak**.	*When you hide yourself, I can't see you.*
Mindjárt **hívlak** titeket is.	*I call you soon too.*
Megvizsgállak benneteket is.	*I examine you too.*

When the subject is 1st Person Singular (**én**) and the object is 2nd Person Singular or Plural (**téged** or **tégedet, titeket** or **benneteket**) a special verb form is used: **-lak, -lek** (after two consonants or after a long vowel + **t** used: **-alak, -elek**). These personal suffixes express the subject "I" and the object "you" or "thee" without using the pronouns:—

Látlak.	*I see you* (or *thee*).	Tanítalak.	*I teach you.*
Szeretlek.	*I love you.*	Értelek.	*I understand you.*

The pronouns are used only for emphasis or clarity:—

Én szeretlek.	*I love you.*
Téged szeretlek.	*I love you (thee).*

The 2nd Person Plural forms **titeket** or **benneteket** are used with the special verb form **-lak, -lek:**—

Hívlak titeket is.	*I call you* (Plur.) *too.*
Látlak benneteket.	*I see you* (Plur.).

nő
fő
lő
sző
ró

The conjugation of the following verbs: **nő** *grow*, **fő** *cook, boil*, **lő** *shoot*, **sző** *weave*, **ró** *carve, engrave* has several irregularities. Infinitive:—

nőni, főni, lőni, szőni, róni

Indefinite Conjugation		Definite Conjugation	
szövök	rovok	szövöm	rovom
szősz	rósz	szövöd	rovod
sző	ró	szövi	rója
szövünk	rovunk	szőjük	rójuk
szőtök	rótok	szövitek	rójátok
szőnek	rónak	szövik	róják

The verbs **nő** *grow* and **fő** *cook, boil* are intransitive and they have no definite conjugation.

GYAKORLATOK

1. *Give the possessive relations :—*

Possessor : tanuló   *Possession :* toll
          gyerek   szoba
          textilgyár   munkás

Give 4 possessive relations for each example :—
(a) single possessor — single possessed
(b) plural possessor — single possessed
(c) single possessor — plural possessed
(d) plural possessor — plural possessed

2. *Give possessive relations using the words* szoba — ablak *and add to the noun-possessor all the possessive suffixes singular and plural. Use these possessive relations in sentences so that they are in turn subject, direct object and adverb of place.*

3. *Give the possessive relations where the possessor is preceded by a demonstrative pronoun, e.g. :—*

Possessor : ez a tanuló   *Possession :* könyv
          az az orvos   rendelő

4. *Form further possessive relations using the given words. Take care in choosing the word-pairs of the possessive relation. Possessor and possession should take the plural form according to the meaning :—*

Possessor : egyetem   *Possession :* gyógyszer
          orvos   város
          beteg   hallgató
          szoba   ajtó
          Magyarország   rendelő

Form sentences with each possessive relation.

5. *Give the 1st Person Singular of the following verbs. Consider the objects given in brackets.*

gyógyít	*(őket)*	küld	*(valakit)*	megvizsgál	*(benneteket)*
figyel	*(tégedet)*	véd	*(őket)*	lát	*(őt)*
hív	*(titeket)*	vár	*(tégedet)*	kérdez	*(téged)*
szeret	*(őt)*	kér	*(valamit)*	keres	*(valamit)*

6. *Ask questions about the drawings in Lesson 13.*

Kérdés — Felelet

Hova mennek az egyik általános
  iskola tanulói?
Mikor van rendelés?
Hol van a rendelő?
Hogy hívják az iskolaorvost?
Milyen a betegnek az arca?
Hány beteg ül a rendelő előszobájá-
  ban?
Kit hív be először az orvos?
Kinek a foglalkozása nyomdász?
Mit kérdez az orvos a betegtől?
Hogy vizsgálja meg a beteget?
Mennyi a beteg hőmérséklete? Van láza?
Mi a panasza?
Rendesen szedi a gyógyszert?
Hol kap gyógyszert?
Kinek fáj a torka?
Mije fáj Péternek?
Mi a bajod?

Karba vagy combba ad az orvos
  injekciót?
Egészséges vagy?
Melyek a test fő részei?
Melyek a kéz, és melyek a láb fő
  részei?
Mi van a törzsünk felső részében?
Milyen az orvos munkája?

Mi származik a kis bajból?
Hogy hívnak téged?
Ki tanít benneteket?
Látsz engem?
Kit vársz?
Kit küldünk a gyógyszertárba?
Ki hív téged moziba?
Ki gyógyít minket?
Keres bennünket valaki?
Kit keresel?

Fordítás

The school doctor's surgery is in Petőfi Street. Two pupils from our class are going for a medical examination. One of them has a swollen hand, the other a sore throat. The doctor asks them what is wrong. He bandages the swollen hand of the one, gives the other an injection and he prescribes medicine for each (= both) of them.

"Now I'm sending you to the chemist's where (=there) you can get the medicine," says the doctor.

"Thank you very much," they (both) reply.

They get the medicine at the chemist's.

TIZENNEGYEDIK LECKE

hova?

A kapu elé érkeztem.

hol?

A kapu előtt várom
Gézát.

honnan?

A kapu elől elmegyek.

```
The Possession Suffix
        -é
```

A lakás és berendezése

Egy kapu előtt állok. Az egyik budai villa kapuja előtt várom Géza barátomat. Együtt akarjuk meglátogatni Dénest. Már látom is Gézát a város felől jönni. Ő is meglát engem, és siet felém. Eléje megyek, és üdvözöljük egymást.

— Jól van. Pontos vagy.

Bemegyünk a kapun. Szép virágoskertbe érünk. Előttünk áll a gyönyörű villa. A villa körül magas fák nőnek, mögötte pedig gyümölcsöskert van. Onnan, a villa mögül jön elénk Dénes, és melegen üdvözöl bennünket.

— Kié ez a szép ház? A tietek? — kérdezzük Dénestől. Nagyon tetszik nekünk!

14   — Igen, a mienk. Az apámé. De nemcsak mi magunk lakunk benne, hanem még mások is.

Először sétálunk egy kicsit a kertben, majd megnézzük magát a villát. Piros a teteje, hosszú a kéménye, zöld a csatornája. Dénes mutatja nekünk,

hogy a lakásuk az első emeleten van. Alattuk a földszinten egy rokon család lakik.

— Az az ablak ott az én szobámé — mutat rá Dénes az egyik ablakra. Látjátok? Tarka függöny van rajta. Mellette az a másik ablak a konyháé.

— Pince is van a ház alatt? — kérdezi Géza.

— Van. Van pincénk is, padlásunk is. A házban van vízvezeték, gáz és központi fűtés. A központi fűtés kazánja a pincében van, és onnan vezetnek a csövek a lakásba.

Felmegyünk a lépcsőn. A küszöb előtt lábtörlő fekszik. Megtöröljük a lábunkat. Lenyomjuk a kilincset, és kinyitjuk az ajtót. Az előszobában az ajtó mellett a falon van a fogas, mellette tükör. A tükör elé állunk, megnézzük magunkat benne, és megigazítjuk a nyakkendőnket. Amikor eljövünk a tükör elől, Dénes így szól hozzánk:

— Ha érdekel benneteket, szívesen megmutatom az egész lakást, most úgyis egyedül vagyok itthon. Látjátok, minden szobánk innen az előszobából nyílik: a hálószoba, az ebédlő, apám dolgozószobája és a gyerekszoba. Csak a fürdőszoba nem, amely a konyha és a hálószoba között van.

Megnézzük a szobákat. Mindenütt szép szőnyegeket, függönyöket, sok értékes festményt, kézimunkát látunk. Az egyik szoba bútorai régiek, a másiké modernek. Mindkét szoba berendezése igen ízléses.

— Igazán kellemes, kényelmes lakás!

— Most bevezetlek benneteket az én szobámba. Csak magam lakom benne, mert a bátyám külföldön tanul.

Mind a hárman leülünk az asztal köré, és megnézzük Dénes bélyeggyűjteményét. Dénes a könyvei közül is megmutat néhányat. Mind híres írók művei.

— Ez mind a te könyved?

— Sajnos nem. Az orvosi könyvek a bátyáméi. A felső polcokon az ő könyvei vannak, az alsókon az enyéim.

Cigarettát tesz az asztalra, mellé hamutartót. **14**

— Ez finom bolgár cigaretta! Tessék!

— Köszönöm, de én Kossuth-ot szívok. Tüzet kérek, mert nincs nálam az öngyújtóm.

— Bocsánat, azonnal hozok gyufát — ugrik fel az asztal mellől Dénes, és az íróasztala fiókjából egy doboz gyufát hoz, majd ismét helyet foglal közöttünk.

A gyufásdoboz véletlenül leesik az asztal alá. Gyorsan lehajolok, felveszem az asztal alól, és visszateszem az asztalra.

Mikor sötétedni kezd, Dénes az ajtó mögé megy — ott a villanykapcsoló —, és felgyújtja a villanyt: ég a villany, világos a szoba.

Vasárnapra kirándulást tervezünk a budai hegyekbe. Dénes az ágya fölül leveszi Budapest térképét, és azon kikeressük az útvonalat.

Ez a térkép jó és pontos — mondja Géza. Ilyet én is veszek magamnak. A mienk otthon már nagyon régi.

Megbeszéljük a kirándulást, és visszaakasztjuk a térképet a helyére, az ágy fölé.

Hazaérkeznek Dénes szülei. Dénes bemutat bennünket nekik.

— Hogy érzik magukat nálunk?

— Köszönjük szépen, igen kellemesen töltjük az időt, nagyon jól érezzük magunkat!

Közmondás:

Bátraké a szerencse!

Népdal

Erdő mellett nem jó lakni,
Mert sok fát kell hasogatni,
Tizenhárom ölet meg egy felet,
Öleljen meg engem, aki szeret.

Allegretto

Er - dő mel - lett nem jó lak - ni,

Mert sok fát kell ha - so - gat - ni,

Ti - zen-há - rom ö - let meg egy fe - let,

Ö - lel - jen meg en - gem, a - ki sze - ret.

SZÓKINCS

berendezés, -t	*furniture, fur-*	kémény, -t	*chimney*
	nishing	csatorna, '-t	*gutter*
elé, előtt, elől	see grammar	alá, alatt, alól	see grammar
villá, -t	*villa, cottage*	földszint, -et, -je	*ground-floor*
Dénes, -t	*Denis*	fölé, fölött	see grammar
felé, felől	see grammar	függöny, -t	*curtain*
pontos	*punctual, exact*	mellé, mellett,	
virágoskert,		mellől	see grammar
-et, -je	*flower garden*	konyha, '-t	*kitchen*
ér vmibe	*get to*	pince, '-t	*cellar*
köré, körül	see grammar	padlás, -t	*attic, garret*
mögé, mögött,		vízvezeték, -et	*water-pipe*
mögül	see grammar	gáz, -t	*gas*
gyümölcsöskert,		központi	*central*
-et, -je	*fruit garden*	fűtés, -t	*heating*
kié?	*whose? who(m)*	kazán, -t	*boiler*
	does it belong to?	onnan	*from there*
tietek	see grammar	vezet	*lead*
mienk	see grammar	cső, csövet	*pipe, tube*
nemcsak	*not only*	küszöb, -öt	*threshold*
maga	see grammar	lábtörlő, -t	*door-mat*
majd	*then*	fekszik *(inf.*	
tető, -t, teteje	*roof*	feküdni)	*lie*

megtöröl (töröl)	wipe, clean
lenyom (nyom)	press
kilincs, -et	latch, (door-) handle
megigazít (nyakkendőt)	set, straighten (one's tie)
úgyis	anyway
egyedül	alone
nyílik (back vowel)	open
hálószoba, '-t	bedroom
ebédlő, -t	dining-room
dolgozószoba, '-t	study, work-room
fürdőszoba, '-t	bathroom
amely	which, that
közé, között, közül	see grammar
mindenütt	everywhere
szőnyeg, -et	carpet
értékes	valuable
festmény, -t	painting
kézimunka, '-t	embroidery
régi, plur. régiek	old
modern	modern
mindkét	both, either
mű, művet	work
enyém	see grammar
hamutartó, -t	ash-tray
szív, -ok (back vowel)	smoke ; suck
tűz, tüzet	fire

öngyújtó [øɲɟjuːjtoː], -t	lighter
azonnal	at once, on the spot
felugrik (ugrik)	spring up
fiók, -ot, -ja	drawer
véletlenül	by chance
lehajol (hajol)	bend, bow down
visszatesz	replace, set back
villany, -t	(here:) electric light
villanykapcsoló, -t	switch
felgyújt (villanyt)	switch on
ég	burn
ég (villany, lámpa)	lights are on
tervez	plan
útvonal, -at	route
megbeszél (beszél)	discuss, talk over
visszaakaszt (akaszt)	put back
bemutat vkit	introduce
érez	feel
jól érzem magamat	I feel well
tölt (időt)	spend
szerencse, '-t	luck
hasogat	split, cut up in pieces
öl, -et	cord
megölel (ölel)	embrace, hug
öleljen meg engem	embrace me

14

NYELVTAN

112. The Postpositions

A kapu **elé** érkezem. *I arrive in front of the gate.*

A kapu **előtt** várom Gézát. *I am waiting for Géza in front of the gate.*

A kapu **elől** elmegyek. *I go away from (before) the gate.*

14   We have already dealt with a number of suffixes denoting Adverbial Relation of Place. We shall now deal with a group of words which are used to denote extended space or place: these are postpositions which, like suffixes, follow the noun; unlike suffixes, they are written as separate words after the noun.

The suffixes have one syllable; postpositions nearly always consist of two syllables. The suffixes have, as a rule, two forms containing either back or front vowels, the postpositions have only one form.

113. Postpositions of Adverbial Relation of Place

The postpositions of place show the same three aspects as the suffixes: movement towards something, i.e. for direction **hova?** *whither?;* position or action **hol?** *where?;* movement from somewhere, i.e. for direction **honnan?** *whence?*

Hova?		*Hol?*		*Honnan?*	
elé	*(to) before*	előtt	*before*	elől	*from before*
mögé	*(to) behind*	mögött	*behind*	mögül	*from behind*
fölé	*(to) above*	fölött	*above*	fölül	*from above*
alá	*(to) under*	alatt	*under*	alól	*from under*
mellé	*(to) beside*	mellett	*beside*	mellől	*from beside*
közé	*(to) between, among*	között	*between, among*	közül	*from between, from among*
köré	*(to) round*	körül	*(a)round*		
felé	*in the direction of*	————		felől	*from the direction of*

Postpositions take the following endings:—

(a) for direction *whither?* answering the question **hova?**:   -á, -é

(b) for position (action) *where?* answering the question **hol?**:   -tt
(exception: *körül*)

(c) for direction *whence?* answering the question **honnan?**:   -ól, -ől or -ül

114. Postpositions Expressing Personal Relations: "Personal Forms"

With the addition of personal suffixes (comp. 147) postpositions can also express "Personal Forms". The 3rd Person Singular and Plural likewise denote relation with inanimate objects (e.g. **mellette = az ablak mellett**).

Hova?		Hol?		Honnan?	
elém	*(to) before me*	előttem	*before me*	előlem	*from before me*
eléd	*(to) before you*	előtted	*before you*	előled	*from before you*
elé *or*	*(to) before him,*	előtte	*before him,*	előle	*from before him,*
eléje	*her, it*		*her, it*		*her, it*
elénk	*(to) before us*	előttünk	*before us*	előlünk	*from before us*
elétek	*(to) before you*	előttetek	*before you*	előletek	*from before you*
eléjük	*(to) before them*	előttük	*before them*	előlük	*from before them*
alám	*(to) under me*	alattam	*under me*	alólam	*from under me*
alád	*(to) under you*	alattad	*under you*	alólad	*from under you*
alá *or*	*(to) under him,*	alatta	*under him,*	alóla	*from under him,*
alája	*her, it*		*her, it*		*her, it*
alánk	*(to) under us*	alattunk	*under us*	alólunk	*from under us*
alátok	*(to) under you*	alattatok	*under you*	alólatok	*from under you*
alájuk	*(to) under them*	alattuk	*under them*	alóluk	*from under them*

Further examples:—

Géza meglát engem, és siet **felém.** — *Géza catches sight of me and hurries towards me.*

Az az én szobám ablaka, **mellette** a másik ablak a konyháé. — *That is the window of my room; the other one beside it is that of the kitchen.*

Mögöttünk vannak a hegyek, **előttünk** a város. — *Behind us are the mountains, before (in front of) us is the town.*

Ki lakik **alattatok,** és ki lakik **fölöttetek?** — *Who lives under you and who lives above you?*

A pincér elveszi **előlük** a tányért. — *The waiter removes the plate from in front of them.*

Postpositions with possessive suffixes are given special stress if preceded by the corresponding personal pronouns:—

énelőttem	**te**előtted	**ő**előtte
mielőttünk	**ti**előttetek	**ő**előttük

Here too **ő-** is used instead of *ők-* (comp. 164) in the 3rd Person Plural.

Note

The forms of the 3rd Person Singular answering the question **hova?** *whither?* are more often used without the possessive suffix; the forms with the suffix **-ja, -je** are mainly used in the colloquial:—

elé	or	**eléje**	**mögé**	or	**mögéje**	**fölé**	or	**föléje**
alá	or	**alája**	**mellé**	or	**melléje**	**közé**	or	**közéje**

The postpositions **körül** and **között** have double forms:—

körülem	more frequent:	körülöttem		közöttem	or	köztem
körüled	more frequent:	körülötted		közötted	or	közted
körüle	more frequent:	körülötte		közötte	or	közte
	etc.				*etc.*	

115. Demonstrative Pronouns with Postpositions

Demonstrative pronouns used as attributes take postpositions in the same way as the flexional suffixes (see 126, 163). The postposition must be repeated after both the pronoun and the noun.

In writing the **z** sound of **ez, az** is dropped before those postpositions beginning with a consonant. In pronunciation this sound is indicated in the initial long consonant of the postposition.

Examples:—

ez alatt az asztal **alatt**　　　　　*under this table*

but:—

e mellett [ɛmmɛllɛtt] a ház **mellett**　*next to this house*
az előtt a kapu **előtt**　　　　　　*in front of that gate*
but:—
a fölött [ɑfføløtt] az ablak **fölött**　*above that window*
Ott, **a mögött** [ɑmmøgøtt] az ajtó　*The switch is there behind that door.*
　mögött van a villanykapcsoló.

Note

The demonstrative pronoun **ez** also has a form that has no suffix: **e.** The suffixless short form **e** occurs, especially in the written language, in phrases with postpositions:—

E ház mögött (= e mögött a ház　　　*Behind this house there is a garden.*
mögött) kert van.
E gyerekek közül (= ezek közül a　　*Of these children I know only two.*
gyerekek közül) csak kettőt ismerek.

The same rule applies to suffixes, e.g.:—
E kérdésre (= erre a kérdésre) nem　*This (particular) question I don't answer.*
felelek.

116. The Possession Suffix -é

-é

When in a possessive relation the possession is known and need not be repeated it is expressed by the suffix **-é.** The possession suffix **-é** is added to the noun-possessor singular or plural (with or without possessive suffixes); the short **-a, -e** at the end of a word base are lengthened to **-á-, -é-,** e.g.:—

barát-é, barátok-é, barátom-é, barátjá-é, barátaim-é
ebédlő-é, pincé-é, testvéré-é, testvérei-é, *etc.*

Ez a bélyeg az apámé.	*This stamp belongs to my father.*
Ez az en szobám ablaka, a másik a konyháé.	*This is the window of my room, the other is that of the kitchen.*
Bátraké a szerencse.	*Fortune favours the brave.*

The plurality of possession is also shown here by the suffix **-i,** that is added to the possession suffix **-é.** The suffix of plural possession unexpressed is **-éi.** E.g.:—

Ezek a bélyegek az apáméi.	*These stamps belong to my father*

The noun-possessor with suffix **-é** or **-éi** can take any kind of flexional suffix, because the possession which is not repeated can be used as any part of the sentence except as an attribute. E.g.:—

A fogorvos **Péter** fogát kezeli, és **Pál**ét is.	*Peter's tooth is treated by the dentist and so is Paul's.*
A bátyám zsebében 100 forint van, az öcsémében csak 10.	*There are 100 forints in the pocket of my brother, but in my younger brother's (= in that of my younger brother) there are only 10.*

117. The Interrogative Pronoun with Possession Suffix -é

kié?	The possession suffix **-é** (or **-éi**) is very often added to the interrogative **ki?** *who?* Instead of the question-form: **Kinek a szobája ez?** *Whose room is this?* — the following form is used:—

Kié ez a szoba?	*Whose is this room? Who(m) does this room belong to?*
Kié ez?	*Who(m) does it belong to?*

The interrogative **kié?** can also take flexional suffixes:—

Az ápolónő beírja a gyerekek nevét.	*The nurse registers the names of the children.*
Most kiét írja be?	*Whose name is she registering now?*
A Péterét.	*Peter's.*

The form **kiéi?** *whose? (who do they belong to?)* is seldom used: **Kinek a könyvei** (= **Kiéi**) **ezek?** *Whose books are these? (Who do these books belong to?)*

118. The Possessive Pronouns

In Hungarian there are only possessive pronouns. The English possessive adjectives are replaced in Hungarian by the possessive suffixes (comp. 146).

The possessive pronouns are:—

			Single Possession		Plural Possession	
Single Possessor		1st Person	**enyém**	*mine*	**enyéim**	*mine*
		2nd Person	**tied** or **tiéd**	*yours*	**tieid** or **tiéid**	*yours*
		3rd Person	**övé**	*his, hers, its*	**övéi**	*his, hers, its*
Plural Possessor		1st Person	**mienk** or **miénk**	*ours*	**mieink** or **miéink**	*ours*
		2nd Person	**tietek** or **tiétek**	*yours*	**tieitek** or **tiéitek**	*yours*
		3rd Person	**övék**	*theirs*	**övéik**	*theirs*

Examples:—

— A tied ez a nyakkendő, vagy Gáboré?   "*Does this tie belong to you or to Gabriel?*" *(Is this tie yours or Gabriel's?)*

— Nem az enyém, hanem az övé.   "*It is not mine, but his.*" *(It doesn't belong to me, but to him.)*

— Kinek a füzetei ezek?   "*Who(m) do these exercise books belong to?*" *(Whose exercise books are these?)*

— Ezek az enyéim.   "*These are mine.*"

The possessive pronouns can, of course, take flexional suffixes:—

Az ő zsebében van pénz, az **enyém-ben** nincs.   *In his pocket there is money, in mine there is none.*

119. The Reflexive and Emphatic Pronoun

The reflexive and emphatic pronoun was once identical with the forms of the word **mag** *kernel, body* + Possessive Suffixes.

magam	*myself*	**magunk**	*ourselves*
magad	*yourself*	**magatok**	*yourselves*
maga	*him-, her-, itself*	**maguk**	*themselves*

This pronoun has two functions. It can be: *(A)* reflexive, *(B)* emphatic.

(A) As a reflexive pronoun it is inflected, except when followed by a postposition. As a direct object it requires the Definite Conjugation of the verb:—

jól érzem magamat   jól érezzük magunkat   *I feel well, etc.*
jól érzed magadat   jól érzitek magatokat
jól érzi magát   jól érzik magukat

In the forms **magamat** and **magadat** the accusative suffix **-t** may be drop-
ped: **jól érzem magam, jól érzed magad** (comp. 150).

Note

In the conjugation of the verb **érez** *feel* the same phenomenon (vowel elision) can be noted as
in nouns like **bokor ∼ bokrot, tükör ∼ tükröt** (comp. 63, 101). There are many other such verbs:
dohányzik *smoke,* **üdvözöl** *greet,* **hajol** *bend, bow,* **énekel** *sing,* etc.

The following examples will help make clear the use of the reflexive pronoun
with different suffixes and postpositions:—

Veszek magamnak néhány könyvet.	*I buy myself some books.*
Te mindig magadról beszélsz.	*You are always talking about yourself.*
Megbeszélik maguk között a kirán-	*They discuss the excursion among them-*
dulást.	*selves.*
A táskánkat magunk mellé tesszük.	*We put our bags beside (us) ourselves.*

(B) As an emphatic pronoun:—

(a) The emphatic pronouns are used, as in English, when we want to
indicate that we mean the person himself. In this case the pronoun may be
preceded by the personal pronoun **én, te, ő,** etc.:—

(én) magam	(te) magad	(ő) maga
(mi) magunk	(ti) magatok	(ők) maguk

Examples:—

(Én) Magam megyek el hozzá.	*I myself (= personally) shall go to him.*
(Ő) Maga nyitja ki az ajtót.	*He himself opens the door.*
Csak neki magának mondom meg.	*I'll tell it only to him.*

(b) The pronoun has also the meaning *alone.* E.g.:—

Magad vagy?	*Are you alone?*
Magatok laktok ebben a házban?	*Do you live alone in this house?*

(c) We have already mentioned that the forms **maga** and **maguk** are used
as pronouns of polite address (comp. 85, 89):—

Maga nem jön moziba?	*Aren't you coming to the pictures?*
Maguk mit csinálnak itt?	*What are you doing here?*

(d) In possessive relation as possessor the pronoun has the meaning *own.*
E. g.:—

Minden beteg a maga bajáról beszél.	*Every patient talks about his own pains.*
Ők a maguk házában laknak.	*They live in their own house.*

14   "Own" can often be designated by the adjective **saját**. It is always used as an attribute modifying the noun.

Compare these phrases:—

a magam házában	— a saját házamban
a maga házában	— a saját házában
a maguk házában	— a saját házukban
	etc.

GYAKORLATOK

1. *Look round your room and by using postpositions give the position of the bed, table, chairs, wardrobe, book-case and pictures.*

2. *Fill in the missing postpositions :—*

A gyerekek egymás ... ülnek a padban. Az egyik tanuló ... könyv van, olvas belőle. Az ágy ... van Magyarország térképe. A Duna ... jövök, a hegyek ... megyek. A pincér tányérokat tesz a vendégek ... A pincér elviszi a tányérokat a vendégek ... A padló a lábunk ..., a mennyezet a fejünk ... van. Kiveszem a füzetet a könyvek ... Ez ... a ház ... gyümölcsöskert van. Az autó az ... a nagy kapu ... áll meg. Elveszek egyet ezek ... a könyvek ...

3. *Change the following phrases to answer the questions* hol? *where?* and honnan? *whence?*

a bokrok közé — az erdő mellé — a hegy mögé — a pad alá — a fiú elé

4. *Answer these questions :—*

Ki ül előtted, melletted, mögötted?
Mi van alattatok, felettetek?
Ki lesz közületek orvos?
Hol van a szekrény, a kép, a fal, az ágy, ha az íróasztalodnál ülsz?

5. *Give the possessive pronouns corresponding to the personal pronouns in brackets :—*

Ez a toll nem az *(én)*, hanem az *(ő)*. Az a ceruza az *(ő)*, nem a *(te)*. A könyv az *(ők)*, a füzet a *(ti)*. Ez az udvar nemcsak a *(mi)*, hanem a *(ti)* is.

6. *Fill in the missing parts and form sentences in all persons using the possessive pronoun. The first sentence is given as an example.*

(1st P. S.)	Ez az én almám.	Ezek az én almáim.
	Ez az enyém.	Ezek az enyéim.
(2nd P. S.)	Ez a te almád.	....
	Ez a	....
(3rd P. S.)	Ez az ő	....
(1st P. Pl.)	....	....
(2nd P. Pl.)	....	....
(3rd P. Pl.)	....	....

7. *In the following sentences make the thing possessed plural :—*

Az én szobám kicsi, de a tied nagy. A kép a mienk, nem a tietek. Az a könyv az övé. Az ő ceruzája kemény, az enyém puha.

208

8. *Form sentences using the interrogative* kié? *and answer them with different sentences.* **14**
Example :—

Kié ez a kabát?   Az enyém. — Egy külföldié.
                                  Az övé. — A londoni fiúé.
                                  Senkié. — Azé a fiatalemberé.

9. *Fill in the accusative of the pronouns in brackets :—*

szeretlek...	*(Pers. Pron. — 2nd P. S.)*
vizsgálsz...	*(Pers. Pron. — 1st P. S.)*
bemutatjátok...	*(Pers. Pron. — 3rd P. Pl.)*
érzik...	*(Refl. Pron. — 3rd P. Pl.)*
keresem...	*(Pers. Pron. — 3rd P. S.)*
látod...	*(Refl. Pron. — 2nd P. S.)*
várlak...	*(Pers. Pron. — 2nd P. Pl.)*
nézik...	*(Pers. Pron. — 3rd P. S.)*
dicsérnek...	*(Pers. Pron. — 1st P. S.)*
gyógyítom...	*(Refl. Pron. — 1st P. S.)*

10. *Add the accusative of the personal or reflexive pronoun to the given verbs. The number in brackets shows how many complements of this kind are possible. (The alternatives* minket — bennünket, titeket — benneteket *are considered as one possibility.)*

kérlek	*(2)*	gyógyítja	*(3)*	néznek	*(4)*
bemutatsz	*(2)*	keresel	*(2)*	bemutatod	*(3)*
üdvözöl	*(4)*	dicsértek	*(2)*	szereti	*(3)*

Kérdés — Felelet

Ki áll az előtt a kapu előtt?
Hol lakik Dénes?
Honnan jön Géza?
Mit kérdez?
Mit felel a barátja?
Fák vagy bokrok nőnek a ház körül?
Hol van a kert?
Honnan jön Dénes a fiúk elé?
Kié ez a ház?
Tetszik a fiúknak a villa?
Tetszenek önnek a bútorok?
Kinek tetszik ez a kert?
Kinek a szobája ez?
Minek az ablakai azok?
Van ez alatt a ház alatt pince?
Van ebben a házban központi fűtés?
Milyen fűtés van maguknál?
Ki nézi magát a tükör előtt?
Ki szereti magát a tükörben nézni?
Maga van itthon?
Egyedül van?
Honnan nyílik a fürdőszoba?

Milyen szobák vannak a lakásban?
Tetszik magának ez a kép?
Milyen képek tetszenek maguknak?
A tied vagy Dénesé ez a bélyeg?
Kié ez a kesztyű?
Magáé ez a kis kalap?
Ismersz valamit a magyar írók művei
   közül?
Van nálad gyufa?
Van öngyújtód?
Kié ez a cigaretta?
Ki gyújtja fel a villanyt?
Hol van a villanykapcsoló?
Ég már a villany?
Mikor érkeznek haza a barátod
   szülei?
Jól érzik magukat nálam?
Hogy érzi magát Budapesten?
Jól érzi magát?
Kinek mutatkozik be?
Milyen az ön lakása?
Hány emeletes ez a ház?

14

(a) I live in this pretty house with a garden. The house is not mine, I only live in it. In front of the house there is a small garden, behind there is an orchard. The third window on the right is that of my room. The door of my room opens into the hall. My room is light and comfortable. I only like light, airy flats. Mine is light and airy. The curtains and the carpet are not expensive but in good taste (= tasteful). I do not have any valuable pictures, there are only photographs on the walls. I have (= there are) the works of great Hungarian writers on my bookshelf. My wireless stands on a small, round table. I like listening to the wireless. I am very happy (= I feel very well) in this flat. I like living here.

(b) I pour a glass of wine for myself. You (Sing.) pour me a glass of wine. You are always thinking of yourself. I often think of you. He expects too much of himself. You expect too much of him. We are buying a new wireless (for ourselves). They will buy us a new wireless. You (Plur.) are always talking about yourselves. They often talk about you (Plur.).

Words

airy	levegős		
bookshelf	könyvespolc, -ot	often	sokszor
think of sy	gondol vkire	expect of sy sg	kíván vkitől vmit

TIZENÖTÖDIK LECKE

Egy külföldi ösztöndíjas levele barátjához

Kedves Barátom!

Budapestről küldöm ezt a levelet.

Ebben az évben Magyarországon tanulok. A budapesti agráregyetem első-éves hallgatója vagyok. Szorgalmasan tanulom a magyar nyelvet. Magyarul akarok vizsgázni minden tárgyból.

Tanáraim nagyon szigorúak.

A magyar nyelv nem könnyű. Különösen a hangok kiejtése nehéz. A kiejtést sokat kell gyakorolni. Sokszor kell ismételni egy-egy új szót, egy-egy új kifejezést. „Minden kezdet nehéz" — mondja a közmondás. Ez így is van! A nyelvtanulás feltétele a kedv, a szorgalom és az állandó gyakorlás. A feladatokat és a gyakorlatokat mindig elvégzem. Már sok magyar szót tudok, de ha gyorsan beszélnek, még nem értek meg minden mondatot. Magyar kiejtésem nem hibátlan, de — azt mondják — jól haladok. Szabad időmben magyar újságokat olvasok, és remélem, hogy nemsokára már a nagy magyar írók műveit is megértem.

Az egyetemen kiváló tanáraim vannak. A szaktárgyakat nagyon szeretem. A magyar hallgatók szívesen segítenek és tanítanak, gyakran együtt tanulunk és dolgozunk. Mellékelten küldök néhány fényképet magamról és magyar barátaimról.

Lakásom nincs messze az egyetemtől. Szép kis szobám van az egyik diákotthon második emeletén. A szoba két ablaka az utcára néz. A két ablak között áll az íróasztal, rajta a lámpa. Fölötte a falon van Kossuth Lajosnak egyik mondása: „A NÉPEK HARCA LEGYŐZHETETLEN!" Ennél az asztalnál írok és tanulok. Az egyik sarokban áll a kályha, a másikban az ágyam. A szekrényem az ajtó mellett van. Középen foglal helyet egy kerek asztal és az asztal

15 körül négy szék. Alattuk a padlót tarka szőnyeg fedi. A bútorok sárgák, a falak zöldek. A fehér mennyezetről villanylámpa világít. A falakat festmények és fényképek díszítik. Hazám kis térképe is ott függ az ágyam fölött, mellette kis zászlók.

A diákotthon Budapest egyik forgalmas utcájában van. Ablakom előtt állandóan autók, teherautók, villamosok, autóbuszok, kerékpárok és motorkerék-

párok járnak. Az utcákon éjjel-nappal rengeteg a gyalogos. Az utca lármája felhallatszik a szobámba, én azonban már nem is hallom a lármát, a munkámban nem zavar.

A diákotthon közelében nagy üzletek és áruházak vannak, bennük rengeteg áru.

Az egyetemre villamoson vagy autóbuszon járok. Sok utas ismer már. Rám mosolyognak, amikor felszállok. Tudják, hogy külföldi vagyok, és itt tanulok. Jól értik már a beszédemet.

Az egyetem menzáján étkezem. A magyar ételek nekem nagyon ízlenek. Igen szeretem a zamatos magyar gyümölcsöket, de finomak és híresek a magyar borok és pálinkák is. A tokaji kitűnő.

Budapest hatalmas és gyönyörű város. Terei nagyok és forgalmasak, utcái szélesek és egyenesek, parkjaiban sok fa, bokor és tarka virág nő.

Budapestnek a környéke is nagyon szép. Gyakran kirándulunk a budai hegyekbe. A hegyekről pompás kilátás tárul elénk. Alattunk a hatalmas város. Az emberek hangyáknak, a Dunán a hajók kis játékszereknek látszanak.

Mi külföldiek sokszor együtt megyünk szórakozni színházba, moziba és hangversenyekre. A magyar népdalok nagyon tetszenek nekem, már sokat

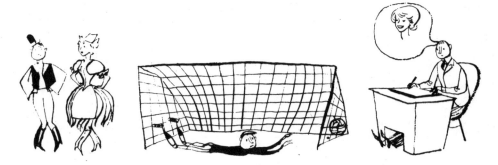

tudok is közülük. Levelem végén találsz egy víg magyar dalt. [214] A múzeumok és a kiállítások is híresek és érdekesek.

Majdnem minden vasárnap sportmérkőzésekre járok. A magyarok a sport minden ágát szeretik, ügyesek a sportban. Mindig óriási tömeg nézi az izgalmas és szép versenyeket.

Azt hiszem, most már eleget tudsz rólam és a budapesti ösztöndíjasok életéről. Jól élünk, és jól érezzük magunkat Magyarországon. A magyarok szeretnek bennünket, és mi is szeretjük őket.

Hát te mit csinálsz? Sokat dolgozol? Egészséges vagy? Hogy van Kati? Ezekre a kérdésekre választ várok tőled. Sokat gondolok rád, rátok!

Üdvözlöm kedves szüleidet és testvéreidet.

Téged is szívélyesen üdvözöllek és ölellek:

Budapest, 1980. május 14-én.

John

Távolból

Kis lak áll a nagy Duna mentében;
Oh mi drága e lakocska nékem!
Könnyben úszik két szemem pillája,
Valahányszor emlékszem reája.

(Petőfi Sándor verséből)

213

Utca, utca, ég az utca,
Messze látszik a lángja.
Piroslik a, piroslik a
Kedves rózsám orcája.
Nem titok, kimondom:
Összeölel, összecsókol
Az én kedves galambom.

Szentirmay Elemér

Szentirmay Elemér

Ut - ca,   ut - ca,   ég   az   ut - ca,

mesz - sze   lát - szik   a   láng - ja,

Pi - ros - lik   a,   pi - ros - lik   a

ked - ves   ró - zsám   or - cá - ja.

Nem   ti - tok,   ki - mon - dom:

Ösz - sze - ö - lel,   ösz - sze - csó - kol

az   én   ked - ves   ga - lam - bom.

ösztöndíjas, -t	holder of a scholar-ship	kerek	round
		világít	light
agráregyetem, -et	University of Agriculture	díszít	decorate
		haza, '-t	fatherland
elsőéves, -t	first-year student, freshman	függ	hang
		forgalmas	busy
vizsgázik	pass an exami-nation, sit for examination	kerékpár, -t, -ja	bicycle
		motor, -t, -ja	motor
		éjjel-nappal	day and night
tárgy, -at	(here:) subject (of instruction)	rengeteg	enormous, huge
		gyalogos, -t	pedestrian
szigorú	strict, serious	lárma, '-t	noise
különösen	especially	felhallatszik	
hang, -ot, -ja	sound, voice	(hallatszik)	hear
sokat	much, a lot	azonban	but
gyakorol	practise	zavar	disturb
sokszor	often, many times	közel (noun and	
kifejezés, -t	expression	adv.)	vicinity; near
feltétel, -t	condition	üzlet, -et	shop
kedv, -et	liking	mosolyog	smile
szorgalom,		beszéd, -et	speech
szorgalmat	diligence	menza, '-t	canteen
állandó	steady	étkezik	have meals
gyakorlás, -t	exercise, practice	ízlik (étel, ital)	like
elvégez (végez)	do, finish	zamatos	aromatic, tasty
mondat, -ot	sentence	pálinka, '-t	brandy
hibátlan	faultless	egyenes	straight
nemsokára	soon, before long	környék, -et	surrounding, environ-ment
szaktárgy, -at	special subject		
segít	help	tárul	open, unfold itself
tanít	teach	hangya, '-t	ant
gyakran	frequently	hajó, -t	ship
mellékelten	enclosed	játékszer, -t	toy
diákotthon, -t	student's hostel	szórakozik	amuse oneself, enjoy oneself
mondás, -t	saying		
nép, -et	people	színház, -at	theatre
harc, -ot	struggle	hangverseny, -t	concert
legyőzhetetlen	invincible	vég, -et	end
kályha, '-t	stove	víg (back vowel)	gay

15	múzeum, -ot	*museum*	nékem = nekem	*for me*
	kiállítás, -t	*exhibition*	könny, -et	*tear*
	érdekes	*interesting*	úszik	*swim*
	majdnem	*almost, nearly*	pilla, '-t	*eyelash*
	sportmérkőzés, -t	*match*	valahányszor	*whenever*
	ág, -at	*branch*	emlékszik vmire	*remember*
	óriási	*huge*		
	tömeg, -et	*crowd, mass*	láng, -ot, -ja	*flame*
	izgalmas	*exciting*	piroslik	*glow*
	verseny, -t	*competition*	rózsa, '-t	*rose*
	hát *(conj.)*	*well*	rózsám	*my darling, my*
	szívélyes	*hearty*		*sweetheart*
	üdvözöl	*greet*	orca = arc, -ot	*cheek*
	távol *(noun and*		titok, titkot	*secret*
	adv.)	*distant; far away*	kimond (mond)	*speak out*
	lak, -ot *(arch.)*	*cottage, villa*	összeölel (ölel)	*embrace (repeatedly)*
	mentében	*along, by*		
	oh! [oː]	*o! oh!*	összecsókol	
	mi = milyen	*how!*	(csókol)	*kiss (repeatedly)*
	e = ez a	*this*	galamb, -ot, -ja	*pigeon*
	lakocska, '-t	*small cottage*	galambom	*my darling*
	(arch.)			

Szómagyarázatok

1. **Vasárnap** sportmérkőzésre megyek. *On Sunday I go to a match.*

In this sentence the word **vasárnap** is an adverb of time. The word **nap** is used as an adverb of time in some expressions and compounds without a suffix:—

vasárnap	*Sunday — on Sunday*
mindennap	*every day*

2. **Hallatszik, látszik.** — These verbs formed from **hall** *hear* and **lát** *see* have intransitive, reflexive meaning:—

hallatszik	*one can hear, it sounds*
látszik	*seem, appear*

3. **Azonban.** — The conjunction **azonban** *but, however* has the same meaning as **de.** While **de** always comes at the beginning of a sentence **azonban** usually comes second:—

Én azonban már nem hallom a lármát.	*But I don't even hear the noise any more.*

216

120. Parts of Speech

In Hungarian there are the following parts of speech:—

(1) *Verb* **ige**

(2) *Noun and Noun-*		*Noun (Substantive)*	**főnév**
Equivalents	**névszók**	*Adjective*	**melléknév**
		Numeral	**számnév**
		Pronoun	**névmás**

(3) *Adverbs*	**határozószók**	*Adverb (Proper)*	**határozószó**
(4) *Article*	**névelő**	*Postposition*	**névutó**
(5) *Conjunction*	**kötőszó**	*Verbal Prefix*	**igekötő**
(6) *Interjection*	**indulatszó**		

121. The Endings

Verbs, nouns and noun-equivalents and, to a lesser extent, adverbs can take several kinds of endings.

In Hungarian there are three kinds of endings:—

(1) Formative Suffixes: **képzők**

(2) Modifying Suffixes: **jelek**

(3) Flexional Suffixes: **ragok**

1. The F o r m a t i v e S u f f i x e s are endings which form new words.

2. The M o d i f y i n g S u f f i x e s are endings which modify the word's meaning without forming a new word. The noun or noun-equivalents plus suffixes still represent the Nominal form and thus do not define the function of the word in the sentence.

3. The F l e x i o n a l S u f i x e s are endings which define the function of the word in the sentence. These suffixes express many of the grammatical functions for which English uses prepositions.

122. Formative Suffixes

Hungarian contains a large number of Formative Suffixes. By adding Formatives to words we are able to increase our vocabulary without learning new words.

123. Formation of Nouns

| -ság, -ség | 1. The suffix **-(a)ság, -(e)ség** usually forms nouns (from nouns) of a collective type:— |

hegy	— hegység	*mountain — range of*
társ	— társaság	*mate, fellow, companion — society, company*
munkás	— munkásság	*worker — working class, workers*

In some cases it produces abstract nouns:—

| anya | — anyaság | *mother — motherhood* |
| barát | — barátság | *friend — friendship* |

Nouns with an abstract meaning can be formed from nearly all adjectives:—

szabad	— szabadság	*free — freedom*
új	— újság	*new — novelly; newspaper*
egy	— egység	*one — unity, unit*

Words ending in a short **-a** or **-e** do not lengthen before **-ság, -ség:**—

| katona | — katonaság | *soldier — soldiery (group of soldiers)* |
| fekete | — feketeség | *black — blackness* |

| -ás, -és | 2. The suffix **-ás, -és** added to a verb base forms abstract nouns (that denote activity, action or the result of these). In English it is usually translated by a gerund:— |

| olvas | — olvasás | *read* | *— reading* |
| dohányzik | — dohányzás | *smoke* | *— smoking* |

| -at, -et | 3. **-at, -et** forms, from a number of verbs, nouns that usually express the result of action:— |

felel	— felelet	*answer*	*— answer* (noun)
felad	— feladat	*give up*	*— task, exercise*
mond	— mondat	*say, tell*	*— sentence*

| -mány, -mény | 4. **-(o)mány, -(e)mény** also turns verbs into nouns expressing the result of activity:— |

tud	— tudomány	*know*	*— knowledge*
fest	— festmény	*paint*	*— painting*
süt	— sütemény	*bake, roast*	*— cake, pastry*

For comparison other verbs are given below which can take all three kinds of formative syllables:—

tud:	tudás	— tudat	— tudomány	*know :*	*knowledge*	— *consciousness*	— *science*
ad:	adás	— adat	— adomány	*give :*	*giving*	— *datum, fact*	— *gift*
kezd:	kezdés	— kezdet	— kezdemény	*begin :*	*beginning*	— *start*	— *initiative*

124. Formation of Adjectives

-i

1. **-i** forms adjectives from nouns and adverbs. Such adjectives usually have the sense of the preposition *of*, pertaining to place or time, e.g.:—

Budapest	— budapesti	*Budapest*	— *"of Budapest"*
ma	— mai	*today*	— *"of today" (today's)*
közel	— közeli	*near*	— *near, close*
föld alatt	— földalatti	*under the earth (ground)* — *underground*	
Budapest mellett	— Budapest melletti	*near Budapest* — *being near Budapest*	

-s

2. **-s (-os, -as, -es, -ös)** forms adjectives from nouns expressing adherent, lasting quality:—

hiba	— hibás	*fault*	— *faulty*
haszon	— hasznos	*use*	— *useful*
rend	— rendes	*order*	— *orderly, regular*

Hányas? *What number?*

-s forms adjectives from numerals:—

egyes	négyes	hetes	tízes	tízezres
kettes	ötös	nyolcas	százas	százezres
hármas	hatos	kilences	ezres	milliós

Jön egy hatos villamos.	*A No. 6 tram is coming.*
A tizenötös szobában lakom.	*I live in room No. 15.*

Numerals to which the formative **-s** is added are often used as nouns denoting the names of the numbers or a thing indicated by a number:—

Írj egy kettest és egy nyolcast!	*Write the numbers two and eight.*
Felszáll a hatosra.	*He boards a No. 6 tram.*

Tízes, húszas, ötvenes, százas, etc. also denote banknotes or coins.

-tlan, -tlen -talan, -telen

3. The addition of **-(a)tlan, -(e)tlen** — **-talan, -telen** forms adjectives expressing something missing, not being present, that is lacking. Thus they usually mean the opposite of the adjectives formed with the suffix **-s**:—

hiba	: hibás	— hibátlan	*fault*	— *faulty*	— *faultless*
rend	: rendes	— rendetlen	*order*	— *orderly*	— *disorderly*
haszon	: hasznos	— haszontalan	*use*	— *useful*	— *useless*

This formative suffix often forms adjectives from verbs:—

ismer	— ismeretlen	*know*	— *unknown*
érik	— éretlen	*ripe*	— *unripe*
vár	— váratlan	*expect*	— *unexpected*

    -tlan, -tlen follows a final vowel: **hibá-tlan**
    -atlan, -etlen follows two consonants: **rend-etlen** and is used with all derivatives from verbs: **ismer-etlen, ér-etlen**
    -talan, -telen is used with nouns ending in a consonant: **haszon-talan, érték-telen**

Adverbs of manner are formed by adding **-ul, -ül** — just as with names of nations — to adjectives ending in **-tlan, -tlen**, etc.:—
Hibátlanul beszél magyarul.   *He speaks Hungarian fluently (= fault- less).*

Some adjectives ending in **-tlan,** etc., can be used as adverbs of manner without the suffix **-ul, -ül**:—

Hirtelen elutazott.   *He left suddenly.*

4. **-ú, -ű** forms adjectives from nouns used as an attribute. If in frequent use the derivatives ending **-ú, -ű** (after vowels usually **-jú, -jű**) are written as one word with the noun they modify:—

kékszemű	*blue-eyed*	magyar nyelvű	*of Hungarian language*
négylábú	*four-legged*	nagy erejű	*of great strength*

5. **-ó, -ő** form adjectives from verbs. These forms represent the Present Participle:—

lát	— látó	*see*	— *seeing*
él	— élő	*live*	— *living*

    The corresponding forms of the irregular verbs are:—

menő (fiú)	— *going (boy)*	szövő	— *weaving*	vevő	— *buying*
jövő	— *coming*	rovó	— *carving*	levő	— *being*
lövő	— *shooting*	evő	— *eating*	hivő	— *believing*
fövő (víz)	— *boiling (water)*	ivó	— *drinking*	vivő	— *bearing*
növő	— *growing*	tevő	— *doing*		

In Hungarian the present participle can frequently be used as a noun: —

dolgozó	working	— working man, employee
tanuló	learning, studying	— pupil, student, apprentice
hallgató	listening to	— listener, student
író	writing	— writer

125. Formation of Verbs

-l, -z   **-l** and **-z** form verbs mainly from nouns:—

(a)	szám	— számol	number, numeral	— count
	telefon	— telefonál	telephone	— to telephone
	séta	— sétál	walk	— to walk
(b)	ajándék	— ajándékoz	present	— to present
	vég	— végez	end	— to end
	dohány	— dohányzik	tobacco	— smoke

126. Modifying Suffixes

So far we have studied the following modifying suffixes:—

Plural Suffix	**-k**	
Possessive Suffixes	**-m** **-d** **-(j)a, -(j)e**	**-unk, -ünk** **-tok, -tek, -tök** **-(j)uk, -(j)ük**
Plural Possessive Suffix	**-i**	
Possession Suffix	**-é**	

These signs, especially the **-i** suffix, can be connected and combined.

By combining the four kinds of signs the word can have the following nominative-case forms:—

Singular :	ház	Plural :	házak
	Single possession :—		Plural possession :—
Possessive	házam		házaim
forms :	házad		házaid
	háza		házai
	házunk		házaink
	házatok		házaitok
	házuk		házaik

Each of the given 14 forms can take the possession suffix **-é** (+ 14 forms) or the plural possession suffix **-éi** (further 14 forms). Theoretically a noun can have 3×14 = 42 nominal forms. In colloquial Hungarian, however, the forms ending in **-é**, especially those in **-éi** are very rare.

127. Flexional (Case) Suffixes

We have already studied the following flexional suffixes:—

Accusative Suffix	**-t**
Dative Suffix	**-nak, -nek**
Suffixes of Adverbs of Place	**-ba, -be** **-ban, -ben** **-ból, -ből** **-ra, -re** **-n, -on, -en, -ön** **-ról, -ről** **-hoz, -hez, -höz** **-nál, -nél** **-tól, -től**
Suffixes of Adverbs of Manner	**-ul, -ül** **-an, -en**

128. The Order of Attaching the Endings to the Base

1. The formative suffixes are added to the root. Two or more formative suffixes can follow each other, e.g.:—

tud — tud-omány — tudomány-os   *know — knowledge — scientific*
barát — barát-ság — barátság-talan   *friend — friendship — unfriendly*
  — barátságtalan-ság   *— unfriendliness*

The formative suffix can be followed by modifying and flexional suffixes, e.g.:—

társ-aság-om-ban   *in my company*

2. The modifying suffixes are attached to the root or to the word base + any formative suffixes.
These suffixes can be followed by flexional suffixes but not by formative suffixes.

3. The flexional suffixes are attached to the root, to the derived base and to word-forms with modifying suffixes.
The flexional suffix ends the word. It cannot be followed either by a formative or a modifying suffix.

129. Adverbs (Proper)

Summary of adverbs used so far:—

of Place		Adverbs of Time		of Manner	
itt	here	ma	today	így	thus
ott	there	holnap	tomorrow	úgy	so.
itthon	(here) at home	most	now	úgyis	anyway
		mindig	always	alig	hardly
otthon	(there) at home	soha(sem)	never	együtt	together
		már, máris	already	összesen	altogether
mindenütt	everywhere	még	still	ismét	again
fenn (fent)	above	sokszor	often	nagyon	very
lenn (lent)	below	gyakran	frequently	igen	very
kinn (kint)	outside	mindjárt	immediately	inkább	rather
benn (bent)	inside	azonnal	at once	sajnos	unfortunately
elöl	before	hamar	soon	persze	of course
hátul	behind	azután	afterwards	egyedül	alone
közel	near	este	in the evening	talán	perhaps
messze	far	reggel	in the morning	éppen	just
innen	from here	éjjel	at night	igazán	really
onnan	from there	nappal	by day	különösen	especially
ide	hither	nemsokára	soon		
oda	thither				
haza	home				
jobbra	on or to the right				
balra	on or to the left				

GYAKORLATOK
Revision Exercises

1. *Which are the back vowels?*

2. *Which are the front vowels?*

3. *Which front vowels can be used in back vowel words? Give some words containing both front and back vowels!*

4. *How is the length of vowels and consonants indicated?*

5. *Which consonants are written with double letters? How is the length of the compound-consonants indicated? Can you give some examples?*

6. *What is the correct pronunciation of the following consonant-groups:* dj, ds, dt, lj, nj, tj, tsz, vt? *Read aloud:—*

mondja, szabadság, adsz, sápadt, adta, figyeljük, köszönjük, kutya, kútja, nevetsz, nyelvtan, nagyszerű

7. (a) *Give the names of any fruits you know. E.g.:* Ismerem az almát, körtét, *etc.*

(b) *Make up sentences using names of animals.*

(c) *Make up sentences using the parts of the body.*

(d) *Make up sentences using the names of family relationship.*

(e) *Form short sentences with verbs of motion :—*

jön, megy, jár, ugrik, *etc.*

(f) *Form sentences using the following adjectives :—*

nagy, kicsi, széles, magas

(g) *Make up sentences orally or written, using adverbs of place : Where are the different pieces of furniture in the classroom, in your room, in your flat?*

8. (a) *Give the plural of the following words :—*

fésű, óra, torony, kéz, láb, madár, tanuló

(b) *Give the accusative singular and plural of the words above.*

(c) *Give their forms with the possessive suffixes attached.*

(d) *Give examples of possessive relation using two of the words above in a logical sense.*

9. *What kind of flexional suffixes have you learnt? Write a sentence using each of them.*

10. *Give the adverbs of place relating to persons containing the personal suffixes :* bennem, hozzám, *etc. Make up 10 sentences using these adverbial forms.*

11. *Give the forms of the demonstrative pronoun with the flexional suffixes. Write sentences using them.*

12. *Give the antonyms of these words :—*

hoz	jön	olcsó	letesz
vékony	felső	jól	hegy
kérdez	fent	jobbra	könnyű
éjjel	kezdet	szomorú	messze
bent	valaki	külső	itt
magas	kövér	este	elöl
savanyú	mindig	széles	tűz

13. *Give the synonyms of these words :—*

óriási	szíves	diák	kitűnő
mond	eszik	felel	vásárol

14. Kérdés — Felelet

Mit csinálsz

(a) a magyar órán?

(b) ha levelet akarsz írni?

(c) ha telefonálni akarsz?

(d) ha beteg vagy?

(e) ha moziba vagy színházba akarsz menni?

(f) a postán?

(g) az étteremben?

(h) ha tanulni akarsz?

(i) vasárnap?

15. *From the last four lessons write down the words :—*

(a) *with the formative suffix* -ság, -ség
(b) *with the formative suffix* -ás, -és
(c) *with the formative suffix* -at, -et
(d) *with the formative suffix* -s
(e) *with the formative suffix* -i
(f) *with the formative suffix* -ó, -ő

16. *Use the following verbs in affirmative sentences ; then change these sentences into negative and interrogative :—*

felmegyek, lemész, kimegy, bemegyünk, elmentek, visszamennek, belép, elindulsz, elővesztek, felszállok, kikeresnek, megnézem, megmutatja, megérkeznek, megtörülöd, megcímezi

17. *Give the 1st and 2nd Person Singular of the indefinite conjugation of the following verbs :—*
érkezik, játszik, gondolkozik, iszik

18. *Use the following words to form sentences :—*

(a) anya, konyha, főz
(b) gyár, dolgozik, munkás
(c) húg, varr, a szoknya
(d) Péter, néz, maga, tükör
(e) én, vár, te
(f) ő, vesz, maga, új, cipő
(g) én, ad, ez a gyerek, 5 forint
(h) mi, ez a szoba, kettő, lakik

19. *Insert the missing article :—*

Sietünk ... iskolába. Van ... szép könyvem. A lányok ... magyar dalt énekelnek. A fiúk ... Kossuth-nótát énekelik. Pál viszi ... magyar füzetét. Pál visz ... füzetet. Vezetem ... autót. Mit lát ... ember ... Gellérthegyről?

20. *Form sentences in which the words below are used with the given postpositions :—*

ez a híd .... alatt
a pályaudvar .... felé
az a könyv .... mellett
az asztalunk .... köré
a gyár kapuja .... elől
a Duna .... felől

21. *Select two sentences from the reading exercises :—*

(a) *where the verbal prefix precedes the verb*
(b) *where the verbal prefix follows the verb*

22. *Use the following words in sentences containing possessive relation :—*

(a) Budapest, környék, szép
(b) a város, park, szépek
(c) az a szoba, ablak, nagy
(d) ez a leány, szoknya, rövid

(e) ez a ház, tető, piros
(f) ő, könyv, újak
(g) ők, ruha, mindig, tiszták
(h) a magyar szavak, kiejtés, nehéz

23. *With the following words form sentences containing the construction*
nekem van (vannak) — nekem nincs (nincsenek) :—

Budapest —	szép környék	te	— két húg
ez a ház —	zöld csatorna	ő	— gazdag rokonok
az a fiú —	új könyvek	szüleim	— nagy kert
én nem —	száz forint	ők nem	— idő
ti nem	— értékes bélyegek?	ezek a gyerekek	— szép játék

24. *Change the word order of the following sentence so that another part of the sentence is stressed :—*

A villamos reggel elindul a Moszkva térről a Nyugati pályaudvar felé.

25. *Make up sentences containing one of the following forms of the reflexive pronoun :—*
magamat   magadról   magának

26. *Pay close attention to the spelling and pronunciation of these words that are similar in sound but completely different in meaning. Use them in sentences.*

hal	: hall	fogas	: fogás	szál	: száll
öt	: őt	fiuk	: fiúk	hús	: húsz
alatt	: állat	víz	: visz	fel	: fél
haza	: háza	hazám	: házam	kerek	: kérek
dal	: tál	sor	: sör	vár	: varr

27. *Change the direct object in the following sentences so that the indefinite conjugation of the verb is replaced by the definite :—*

Szeretek egy barna lányt.   Új szavakat tanulunk.
Rádiót hallgatsz?   A könyvszekrényből angol könyveket
                                   veszünk ki.

28. *Without modifying and flexional suffixes Hungarian would not make sense. Insert the missing endings :—*

Péter és Pál jegy ... vesz ... a villamos ...
Ők az egyetem ... men ... én a mozi ...
Mi ez ... a megálló ... száll ... fel a villamos ...
Én megnéz ... egy új magyar film ..., azután a „Béke" étterem ... ebédel ...
A pincér behoz ... az első fogás ...
Péter hal ... rendel, Pál sült ..., ő nem szeret ... a hal ...
A vendég ... helye ... foglal ... az asztal ...
Mi befejez ... az ebéd ...
Ti levesz ... a kabát ..., és a kalap ... a fogas ...
Az orvos megvizsgál ... a beteg ...

29. *Make up questions about Lesson 15 and then answer them.*

30. *Write a letter to your friend or your professor.*

TIZENHATODIK LECKE

Séta közben

Egy őszi vasárnap ismét sétálni mennek a külföldi diákok. Az idén elég hűvös ősz van Magyarországon, de ezen a vasárnapon melegen süt a nap. Mindenki élvezi a nap melegét, és vidáman szívja a friss levegőt. A külföldiek

ki akarják próbálni magyar nyelvtudásukat, figyelnek minden feliratot és hirdetést, mert ezekből is sokat lehet tanulni.

Egy iskola előtt mennek el. Az iskola első emeletének ablakai fölött látják ezt a feliratot:

TANULJ ÉS MŰVELŐDJ!

Végigsétálnak az iskola földszinti folyosóján. Ott is találnak olyan feliratokat, amelyeket érdemes feljegyezni:

AZ ISKOLA TIÉRTETEK VAN!
TANULJATOK MAGATOKÉRT, JÖVŐTÖKÉRT, AZ ORSZÁGÉRT!
ÉRTÜNK DOLGOZNAK A SZÜLŐK ÉS A NEVELŐK!

A folyosón, az igazgató szobájának ajtaja mellett függ egy tábla. A következő jó tanácsokat olvassák róla:

> 1. Reggel kelj fel korán!
> 2. Mosakodj meg jól hideg vízben, azután fésülködj meg és öltözködj fel gyorsan!
> 3. Fiúk, sose késsetek el az iskolából!
> 4. Az órákon figyeljetek!
> 5. A szünetekben ne maradjatok a tanteremben, menjetek ki a friss levegőre!
> 6. Sétáljatok, sportoljatok, játsszatok, hogy az órákon jól tudjatok figyelni!
> 7. Tanítás után igyekezzetek haza, és már délután kezdjétek el a tanulást!
> 8. Tanulás után pihenjetek, szórakozzatok és olvassatok!
> 9. Már este csomagold össze könyveidet, nehogy otthon maradjanak!
> 10 Korán feküdj le!

— Jegyezzük meg magunknak mi is ezeket a jó tanácsokat, sőt írjuk le azokat a füzetünkbe!

— Helyes, de ne álljunk soká itt egy helyben, menjünk, és figyeljük tovább a feliratokat!

Indulnak, és engedélyt kérnek egy közeli üzem megtekintésére. Az üzem helyiségeinek a falain sok feliratot látnak:

Termelj és takarékoskodj!

Baleset ellen védekezz!

Ügyelj a tisztaságra: a tisztaság fél egészség!

Óvjátok és védjétek egészségeteket!

Ne beszélj munka közben!

Törd a fejed: a jó újítás fokozza a munka termelékenységét!

— Ezeket te jegyezd fel! Ne várj arra, hogy én írjak le mindent.

Folytatják sétájukat. Az egyik áruház kirakatában ezt a hirdetést olvassák:

VÁSÁROLJON MINDENT EGY HELYEN

Egy park mellett haladnak el, és a figyelmeztető táblákon ezeket látják:

NE LÉPJ A GYEPRE!
A FŰRE LÉPNI TILOS!
NE SZEMETELJ! DOBD A SZEMETET A SZEMÉTKOSÁRBA!

A hosszú séta után a diákok felszállnak a villamosra.

— Nézd csak, itt is sok felirat van!

Engedd előre az öregeket és a nőket!
Ne utazzál a villamos lépcsőjén mert veszélyes!
Add át a helyedet a terhes és a gyermekes anyáknak!
Ne ugorj fel mozgó villamosra!
Ne álljon meg a peronon, más is fel akar szállni!
Csak megállás után szálljon le!
Menjünk be a kocsi belsejébe!
Menet közben az ajtót csukjuk be!
Ha nincs ülőhelyünk, kapaszkodjunk és fogóddzunk!

— Ezeket is feljegyezzem?

— Persze, hogy jegyezd, de vigyázz, hogy helyesen írd!

Útközben a feliratokról összegyűjtik és megtanulják az utcai közlekedés szabályait is, hiszen a szabálytalan közlekedésért büntetést kell fizetni.

Figyeld a közlekedési rendőrt és a jelzőlámpát!
Csak zöld jelzés esetén haladj át az úttesten!
Piros jelzés esetén nem szabad átmenni az úttesten!
Nézz körül, mielőtt lelépsz a járdáról!
Amíg az úttesten mész, ne bámészkodj, ne játssz, igyekezz gyorsan felérni a járdára!

Közmondás:

Ki korán kel, aranyat lel.

Tréfa   A JÁTSZÓTÉREN

— Türelem, szomszéd! Holnap már kezdődik a tanítás.

séta, '-t	walk
közben	during, while
ősz, -t	autumn
az idén	this year
elég	enough, tolerably
hűvös	cool, fresh
süt (a nap)	shine
élvez	enjoy
szív (back vowel)	(here:) breathe
levegő, -t	air
kipróbál (próbál)	try, test
felirat, -ot	slogan, inscription, poster
hirdetés, -t	advertisement, placard
elmegy vmi előtt or mellett	pass by
művelődik	educate oneself, improve oneself
végigsétál (sétál)	walk along
folyosó, -t	corridor
érdemes	worth (the) while
feljegyez (jegyez)	note, make a note
értem, érted, etc. (adv.)	see grammar
jövő, -t	future
ország, -ot	country, land
nevelő, -t	teacher, educator
igazgató, -t	headmaster, di - rector
tanács, -ot	advice; council
felkel (kel)	get up
korán	early
megmosakodik or megmosdik (mosdik)	wash (oneself)
hideg	cold
megfésülködik (fésülködik)	comb (oneself)

öltözködik or öltözik	dress (oneself)
sose(m) = soha- se(m)	never
elkésik (késik)	to be late, to come late
szünet, -et, -je	break, intermission, pause
sportol	go in for sport
igyekszik or igyekezik	endeavour, strive; work hard
délután (noun and adv.)	afternoon; in the afternoon
pihen	rest, relax
összecsomagol (csomagol)	pack up
nehogy	lest
lefekszik (fekszik)	go to bed
megjegyez (magának) vmit	note, record
helyes	right, good, correct
engedély, -t	permission
közeli	near-by
üzem, -et	plant, mill
megtekintés, -t	visit, sight, viewing
helyiség, -et	premises, room
termel	produce
takarékoskodik	save, be economical
ellen	against
védekezik vmi ellen	beware of, be on one's guard
ügyel	take care of
tisztaság, -ot	cleanliness
ügyelj a tiszta- ságra	keep the place clean
egészség [ɛgeːʃʃeːg], -et	health

230

óv	*protect*	fogódzik	
véd	*defend, protect*	[fogoːddzik] *or*	
újítás, -t	*innovation*	fogódzkodik	*hold on*
fokoz	*boost, speed up*	vigyáz	*take care, heed to*
termelékenység,		útközben	*underway*
-et	*productivity*	összegyűjt	*collect*
elhalad vmi		közlekedés, -t	*traffic*
mellett	*pass by*	hiszen	*why, because*
figyelmeztet	*warn*	szabálytalan	*irregular*
figyelmeztető		büntetés, -t	*fine, punishment*
tábla, '-t	*(warning) notice*	jelzőlámpa, '-t	*signal lamp*
gyep, -et	*lawn*	jelzés, -t	*signal*
szemetel	*litter*	eset, -et	*case*
szemét, szemetet	*litter*	áthalad (halad)	*cross, pass through*
szemétkosár,	*litter-bin, waste-*	úttest, -et	*road(way), carriage*
-kosarat	*paper basket*		*way*
nézd csak!	*just look!*	körülnéz (néz)	*look round*
enged	*permit*	lelép (lép)	*step down*
előre	*forward*	mielőtt	*before*
utazik	*travel*	járda, '-t	*pavement, sidewalk*
veszélyes	*dangerous*	bámészkodik	*gaze*
terhes	*pregnant*	felér (ér)	*reach*
gyermekes		ki = aki	*who*
anya, '-t	*mother with child*	kel = felkel	*get up*
mozog	*move*	lel	*find*
belső, -t,		játszótér, -teret	*playground*
belseje	*interior*	türelem, türel-	
menet közben	*en route, underway*	met	*patience*
becsuk (csuk)	*close*	kezdődik	*begin*
kapaszkodik	*cling on*	valahova *(adv.)*	*somewhere*

Szómagyarázatok

1. **Ér.** — The verb **ér** has several meanings:—

  (a) **ér valamit** *be worth;* **sokat ér** *it is worth a lot, it has great value;* **nem ér semmit** *it is not worth a pin, it is worthless*

  (b) **ér** (= **érkezik**) **vhova** *get to, reach, arrive*

  (c) **ér vmihez** *touch*

2. Vigyáz, ügyel, figyel are synonyms with hardly any difference in meaning:—

vigyáz *heed, mind, look out, guard, protect, keep watch*
ügyel *take care, look after, watch over, give an eye to*
figyel *pay attention to, listen to, keep an eye on, observe*

3. Véd, óv are also synonyms:—

véd *defend, protect, guard, shelter*
óv *caution, warn*

4. Kezd, kezdődik *begin.* — The English verb "begin" has two forms in Hungarian: *(a)* the transitive **kezd** and *(b)* the intransitive **kezdődik**. **Kezdődik** is used only in the third person.

Compare these sentences:—

Az idő kezd hűvös lenni.	*The weather begins to get cold.*
Kezdődik a hűvös idő.	*The cold weather is beginning.*
Siessünk, már kezdik az előadást.	*Let us hurry, they are beginning the performance.*
Siessünk, már kezdődik az előadás.	*Let us hurry, the performance is beginning.*

NYELVTAN

130. The Imperative (Subjunctive Present Tense) of Verbs

> The characteristic sign (suffix) of the Imperative/Subjunctive is **-j.** It is added to the verb base.

Verb Base:—   Verb Base with the Imperative Suffix:—

kér-	kérj-
lép-	lépj-
dob-	dobj-
rak-	rakj-
óv-	óvj-

Note that the **-j** suffix assimilates with a sibilant in verb bases ending **-s, -sz, -z** and **-dz,** e.g.:—

-s+j = -ss	-sz+j = -ssz	-z+j = -zz	-dz+j = -ddz

Verb Base:—   Verb Base with the Imperative Suffix:—   16

olvas-	olva**ss**-
játsz-(ik)	já**tssz**-
vigyáz-	vigyá**zz**-
fogódz-(ik)	fogó**ddz**-

Note

We have already met this assimilation in the definite conjugation of the present tense (comp. 111):—

olvas+ja = olvassa   játsz+játok = játsszátok
hoz+juk = hozzuk   vesz+jük   = vesszük

etc.

-l, -n, -d	
-ly, -ny, -gy	+j

In pronunciation final **-l** and **-ly, -n** and **-ny, -d** and **-gy** assimilate with the **-j** suffix to produce [jj], [nnj], [ddj] or [dj].

This assimilation, however, is not shown in the written language (comp. 111):—

Verb Base	Verb Base plus Imperative -j	
	Written From	Pronunciation
indul-	indulj-	[indujj]
áll-	állj-	[aːjj]
foly-(ik)	folyj-	[fojj]
pihen-	pihenj-	[pihɛnnj]
véd-	védj-	[veːddj]
kezd-	kezdj-	[kɛzdj]
hagy-	hagyj-	[haddj]

Verbs ending in -t see 253—5.

The verb base with the imperative suffix **-j** attached takes the personal suffixes of the indefinite and definite conjugation of the verb.

131. The Indefinite Conjugation of the Imperative

In the tables below the present tense of the indicative is given to make comparison easier.

Back Vowel Verbs:

	Per-sonal suffixes	Imperative		Indicative Present Tense	
Singular					
1st Person	**-ak**	írjak	olvassak	írok	olvasok
2nd Person	**-ø, -ál**	írj, írjál	olvass, olvassál	írsz	olvasol
3rd Person	**-on**	írjon	olvasson	ír	olvas
Plural					
1st Person	**-unk**	írjunk	olvassunk	írunk	olvasunk
2nd Person	**-atok**	írjatok	olvassatok	írtok	olvastok
3rd Person	**-anak**	írjanak	olvassanak	írnak	olvasnak

Front Vowel Verbs:

	Per-sonal Suffixes	Imperative		Indicative Present Tense	
Singular					
1st Person	**-ek**	kérjek	küldjek	kérek	küldök
2nd Person	**-ø, -él**	kérj, kérjél	küldj, küldjél	kérsz	küldesz
3rd Person	**-en,-ön**	kérjen	küldjön	kér	küld
Plural					
1st Person	**-ünk**	kérjünk	küldjünk	kérünk	küldünk
2nd Person	**-etek**	kérjetek	küldjetek	kértek	küldötök
3rd Person	**-enek**	kérjenek	küldjenek	kérnek	küldenek

Note that:—

The linking vowel of the first person singular in the imperative is always **-a** or **-e** (= open [æ]), in indicative, however, it is **-o-, -e-** [ɛ] or **-ö-** (comp. 88)

Examples:—

Tanuljak vagy pihenjek?   *Shall I study or rest?*
Menjünk tovább!   *Let us go on!*
Maradjanak otthon!   *Let them stay at home.*

The 2nd Person Singular has two imperative forms:—

(a) the short form without a personal suffix

(b) the long form with the personal suffix **-ál, -él**

The short forms are more frequent.

Tanulj és művelődj! = Tanuljál   *Study and improve yourself.*
és művelődjél!

132. The Conjugation of *ik*-Verbs in the Imperative

As in the indicative the **ik**-verbs do not follow the regular indefinite conjugation pattern in the 1st and 3rd Person Singular:—

1st Person	**-am, -em**
3rd Person	**-ék**

In colloquial language these endings are not always used and the regular endings are frequently heard.

1st Person	dolgozzam *or* dolgozzak	fésülködjem *or* fésülködjek
2nd Person	dolgozz, dolgozzál	fésülködj, fésülködjél
3rd Person	dolgozzék *or* dolgozzon	fésülködjék *or* fésülködjön

133. The Imperative of the Verb *megy* "go"

The imperative of the verb **megy** is formed from the base **men-**:—

men-j-ek	men-j-ünk
men-j, men-j-él	men-j-etek
men-j-en	men-j-enek

134. The Definite Conjugation of the Imperative

In the tables below the present tense of the indicative is given to make comparison easier.

Back Vowel Verbs:

	Per-sonal Suffixes	Imperative		*Indicative Present Tense*	
Singular					
1st Person	**-am**	várjam	olvassam	várom	olvasom
2nd Person	**-d, -ad**	várd,	olvasd,	várod	olvasod
		várjad	olvassad		
3rd Person	**-a**	*várja*	*olvassa*	*várja*	*olvassa*
Plural					
1st Person	**-uk**	*várjuk*	*olvassuk*	*várjuk*	*olvassuk*
2nd Person	**-átok**	*várjátok*	*olvassátok*	*várjátok*	*olvassátok*
3rd Person	**-ák**	*várják*	*olvassák*	*várják*	*olvassák*

Front Vowel Verbs:

	Per-sonal Suffixes	Imperative		*Indicative Present Tense*	
Singular					
1st Person	**-em**	kérjem	nézzem	kérem	nézem
2nd Person	**-d, -ed**	kérd,	nézd,	kéred	nézed
		kérjed	nézzed		
3rd Person	**-e**	kérje	nézze	kéri	nézi
Plural					
1st Person	**-ük**	*kérjük*	*nézzük*	*kérjük*	*nézzük*
2nd Person	**-étek**	kérjétek	nézzétek	kéritek	nézitek
3rd Person	**-ék**	kérjék	nézzék	kérik	nézik

Note that:—

The forms printed in italics, i.e.

with back vowel verbs the 3rd Person Singular and all plural forms and
with front vowel verbs the 1st Person Plural

236

are in the Imperative and in the Present Tense of the Indicative Definite
Conjugation i d e n t i c a l. The forms will be clear from their context.

Examples:—

Leírjuk a szavakat is?	*Shall we copy the words too?*
Ő is tanulja meg a feladatot!	*He should also learn the lesson.*

The 2nd Person Singular has two forms:—

  (a) the short form: the personal suffix **-d** is attached to the verb base
    without the **-j** suffix and without a linking vowel,
  (b) the long form: with regular ending.

The short form is more frequent.

Example:—

Csukd *(or* csukjad) be az ajtót!	*Shut the door.*

135. Special Verb Form Ending in *-alak, -elek*

> **-alak, -elek**

When the subject is 1st Person Singular (**én**) and the direct object is 2nd Person Singular or Plural (**téged, tégedet** or **titeket, benneteket**) in the imperative, the special verb form **-alak, -elek** must be used (comp. 194):—

Megvárj**alak?**	*Shall I wait for you?*
Azért jövök, hogy megkérj**elek**	*I come to ask you a favour.*
egy szívességre.	

136. Verbal Prefix and the Imperative

When the imperative is used to express an appeal or a command then the verbal prefix or any other adverbial modifier is placed after the verb:—

Állj **fel!**	*Stand up.*
Üljetek **le!**	*Sit down.*
Engedd **előre** az öregeket!	*Let the old people go first.*
Adjátok **ide!**	*Give it to me.*

If the imperative is used to express a threatening command or order the verbal prefix or any other adverbial modifier is placed before the verb:—

Megvárj!	*Wait for me!*
Előre nézz!	*Look ahead!*

137. The Auxiliary Verbs and the Verbal Prefix

Some verbs as auxiliaries modify the meaning of other verbs. We have met the following auxiliaries so far:—

akar	*will, want*	lehet	*can be, may be*
kell	*must*	tud	*know, can*
tetszik	*(if you) please*		
	(in polite expressions)		

These auxiliary verbs are placed between the separated verbal prefix and the dependent infinitive of the operative verb:—

Ki akarják próbálni nyelvtudásukat.	*They want to test their knowledge of languages.*
A szavakat meg kell tanulni.	*One must learn the words.*
Meg lehet tekinteni az üzemet.	*The factory can be visited.*
El tudod olvasni a levelet?	*Can you read the letter?*
El tetszik olvasni ezt a levelet?	*Would you like to read this letter?*

When one particular part of the sentence is emphasized, the verbal **prefix** is placed after the auxiliary (the predicate) and combines with its infinitive:—

A *nyelvtudásukat* **akarják kipróbálni.**	*Their knowledge of languages will be tested.*
A *szavakat* **kell megtanulni.**	*The words must be learned.*
Nem **tudod elolvasni** a levelet.	*You can't read the letter.*
Nem **tetszik elolvasni** a levelet?	*Don't you want to read the letter?*

138. Negative Imperative

ne
se

The negative particles of imperative forms are: **ne, se.**

Ne beszéljetek, hanem dolgozzatok!	*Do not talk, but work.*
Senki se ugorjon fel mozgó villamosra!	*Nobody should jump on to a moving tram.*

In the same way:—

Sohase (*or* **sose**) késsetek el!	*Never be late.*

When expressing strict negation the verbal prefix is placed before the negative particle:—

El ne késs!	*You should not (mustn't) be late.*

238

Where English uses *shall, should* + the Infinitive in a simple sentence or main clause. Hungarian uses the present imperative/subjunctive:—

Mosakodjál hideg vízben!	*Wash* (or: *you should wash) yourself in cold water.*
Mit csináljak? Tanuljak vagy olvassak?	*What shall I do? Shall I study or read?*
Vásároljon mindent egy helyen!	*Buy everything at one place (i.e. in one store).*

140. Use of the Imperative in Subordinate Clauses

 When the main clause expresses the will or wish of the subject, the predicate of the subordinate clause takes the imperative/subjunctive. The subordinating conjunction is usually **hogy** *that.*

1. The predicate of a subordinate clause expressing Purpose always takes the imperative/subjunctive because it expresses the will or wish of the subject.

Elküldöm, hogy hozzon cigarettát.   *I send him to get some cigarettes.*

2. The imperative/subjunctive is frequently used in other kinds of subordinate clauses when the will or wish of the subject is expressed:—

Kérlek, hogy nézd meg.	*Please, look at it.*
Az anya vigyáz a gyerekére, hogy el ne essen.	*Mother takes care of her child lest he should fall.*

Instead of **hogy . . . ne,** one can often use **nehogy.** After **nehogy** the verbal prefix always precedes the verb. E.g.:—

Az anya vigyáz a gyerekére, nehogy elessen.

141. The Suffix *-ért*

-ért	**Miért?** (in colloquial Hungarian also **mért?**) *why? for what reason?*
for	**Kiért?** *for whom?*

The suffix **-ért** expresses Adverb of Reason (Cause) or Purpose. In English **-ért** is mostly rendered by *for.*

Tanuljatok magatokért, jövőtökért, az országért!   *Study for yourselves, for your future and for the country.*

Final short vowel **-a** or **-e** lengthens to **-á-** or **-é-: hazáért, békéért.**

1. The Personal Forms are:—

értem	*for me*	értünk	*for us*
érted	*for you*	értetek	*for you*
érte	*for him, her, it*	értük	*for them*

With special emphasis:—

énértem, **te**érted, **ő**érte   **mi**értünk, **ti**értetek, **ő**értük

Az iskola tiértetek van.   *The school is for you.*

2. The demonstrative pronouns + the suffix **-ért:**—

Singular: **ezért**   *for this reason,*   *therefore*
                     azért   *for that reason,*   *therefore*

Plural: **ezekért, azokért**

If the main clause contains the demonstrative **azért,** then the subordinate clause of reason begins with the conjunction **mert** *because* and the clause of purpose with the conjunction **hogy** *that*. The predicate of the subordinate clause of purpose (see below) takes the imperative.

Azért gyűjtünk feliratokat, hogy tanuljunk belőlük.   *We collect slogans (inscriptions) to learn from them.*

Azért gyűjtünk feliratokat, mert tanulni akarunk belőlük.   *We collect slogans (inscriptions) because we want to learn from them.*

142. Changes in the Base of Some Verbs

1. **Jegyez** *take notes*. — In this verb (and in some others) the final base vowel is usually dropped before personal suffixes beginning with a vowel (comp. the verb **érez** *feel*, p. 207).
Present Tense from the bases **jegyz-** and **jegyez-:**—

jegyzek	jegyzünk
jegyzel	jegyeztek
jegyez	jegyeznek

The Imperative only: **jegyezzek,** etc.

2. **Igyekezik, igyekszik** *strive, endeavour*. — This verb has a double form in the present tense. The two basic forms are: **igyekez-** and **igyeksz-.**

Imperative base: **igyekezz-.**

3. **Fekszik** (**lefekszik**) *lie, lay down.* — This verbs has an irregular conju-
gation:—

Infinitive: **feküdni.**

Present Tense from the bases **feksz-** and **feküsz-:**—

fekszem	fekszünk
fekszel	feküsztök, fekszetek
fekszik	feküsznek *or* fekszenek

Imperative base: **feküdj-.**

4. **Ugrik** *jump, spring.* — In forming the imperative/subjective the linking
vowel **-o-** is inserted between the **g** and **r** to avoid the concentration of conso-
nants: **ugorj-.**

143. Double Possessive Relation

a közlekedés szabályainak a gyűjteménye   *collection of traffic rules*

The example above illustrates the double possessive relation. The second
element is at the same time the possession of the first element and the possessor
of the third. In such constructions it is the second element which takes the
suffix **-nak, -nek** (comp. 192—3).

GYAKORLATOK

1. *Complete this passage :*—

Fáj a lábam, nem tudok elmenni a boltba gyümölcs...
Megkérlek, hogy menj el dió..., körte..., barack...
Béla, téged elküldelek cigaretta... és néhány doboz gyufa...
Amikor a fiúk visszajönnek, köszönetet mondok nekik szívességük...

2. *Add the imperative suffix* **-j** *to the following verbs :*—

kér, hoz, dolgozik, áll, megy, késik

3. *Give all persons, singular and plural, of the following commands. (In the 1st Person only
an interrogative is possible.)*

Kelj fel korán!   Fejezzük be a munkát!
Írj és olvass sokat magyarul!   Sose késsetek el az iskolából!
Védd a békét!   Mondd ezt magyarul!
Csukd be az ablakot!   Menjetek gyorsan!

4. *Give the Imperative Indefinite Conjugation of the verbs* küld *and* marad. *What is the
difference in spelling and pronunciation? Form sentences using the 1st and 2nd Person.*

5. *Complete these commands. The subjects are given in brackets :—*

(ő) Ad... nekem a ceruzát!
(te) Vásárol... gyümölcsöt!
(ők) Marad... otthon!
(ön) Feküd... le korán!

(mi) Dob... a szemetet a kosárba!
(én) Felszáll... a villamosra?
(maguk) Jegyez... fel mindent!
(ti) Mond... el a közlekedési szabályokat!

6. *Select from the reading-exercise the verbs in the 2nd Person Singular of the imperative. Change the short forms into long forms.*

7. *Give the short forms of these long forms :—*

játsszad ....
nézzed ....
olvassad ....

küldjed ....
figyeljed ....
mondjad ....

8. *Change these sentences into commands. (Take special care with the verbal prefix.)*

Korán felkeltek minden reggel.
Elolvassuk a leckét.
Magyar dalokat énekelsz.

Nem késnek el az iskolából.
Mindenki tanul számolni.
Leírják ezeket a mondatokat.

9. *Change the predicate of the following sentences to the forms given in brackets :—*

Beszéljetek magyarul!   *(2nd P. S. and 1st P. Pl.)*
Kezdjétek el a tanulást!   *(3rd P. S. and 3rd P. Pl.)*
Pihenj egy kicsit!   *(3rd P. S. and 2nd P. Pl.)*
Küldd el ezt a levelet!   *(3rd P. S. and 2nd P. Pl.)*

10. *Repeat the traffic rules (,,az utcai közlekedés szabályai", see p. 229) in the 1st Person Plural.*

11. *Rewrite the following sentences using the auxiliaries in brackets :—*

(akar)   Kipróbálom az új rádiómat.
(kell)   A közlekedési szabályokat megtanulja.
(tud)   Elmondjátok ezt a nyelvtani szabályt?
(lehet)   Elolvassa ezt a feliratot?

12. *Form double possessive relations using the following words :—*

Péter — ruha — szín
bátyád — feleség — húg
szomszédom — ház — kapu

Magyarország — főváros — név
Budapest — utcák — fák
Európa — országok — térkép

13. *Repeat some of the traffic rules, instructions and advertisements (posters) you have noticed.*

Kérdés — Felelet

Hova indulnak egy őszi vasárnap a külföldiek?
Milyen ősz van most Magyarországon?
Mit akarnak csinálni séta közben?
Hol látják az első feliratokat?
Milyen jó tanácsokat olvasnak egy tábláról az iskola folyosóján?

Mire kérnek engedélyt?
Milyen feliratokat lehet találni az üzemekben?
A parkban is találsz feliratokat?
Mit kell csinálni, és mit nem szabad csinálni, ha villamoson utazunk?
Ismered már az utcai közlekedés szabályait?

Fordítás

"Where are you going?"
"I'm going to the stationer's *(papírüzlet)* for a new exercise book."
"It isn't worth going (just) for an exercise book. I can give you one."
"Thank (you), but I'm not only going for an exercise book, I want to get a little exercise *(mozogni)* too."
"Let's go together. A short walk will do me good *(jólesik)* too."

During (their) walk they see many posters and placards. I notice them every-where, in the street, on the tram, in shops, factories and schools. I learn many new words and expressions from them *(ezekből)*. You should also make a note of such slogans and learn a few of them:—

Save and produce. Do not cross [the carriage way] against the red light *(jelzés esetén)*. No (= is forbidden) smoking. Wipe your feet before entering. Wash your hands regularly *(gyakran)*. Protect your health. Work for peace.

Beszédgyakorlat

Describe these pictures!

Hol sétál Jucika?	Jucika, '-t	*Judy*
Ki figyeli őt?	okoz	*cause*
Hova fut fel az autó?	autóvezető, -t	*driver*
Mibe üti be a fejét az autóvezető?	felfut (fut)	*run up*
Akar Jucika balesetet okozni?	beüt (üt)	*bang*
Ki siet a baleset helyére?	bűnös	*guilty*
Mit tart a kezében?	ki a bűnös?	*who is to blame?*
Ki volt a bűnös?		
Csinál Jucika szabálytalanságot?		
Mit gondol ön: Ki fizet büntetést?		

TIZENHETEDIK LECKE

Utazás

Az egyetem hallgatói a téli szünetben kirándulást terveznek. Egyik napon összejönnek, hogy a kirándulás helyét és idejét pontosan megállapítsák. John is megjelenik egyik barátjával a gyűlésen.

— Nézzük meg a Balatont télen! Hívjuk meg külföldi barátainkat is! Hadd jöjjenek velünk, mutassuk meg nekik országunk egyik nevezetességét — javasolják többen.

— Mivel menjünk, vonattal vagy autóbusszal?

— A reggeli gyorsvonattal utazzunk!

Az elhatározást tett követi. Máris izgatottan készülődnek az útra.

— Semmi fontosat ne felejtsetek otthon! Vigyünk magunkkal meleg ruhákat!

— Tegyük be a pulóvert is a bőröndbe! Csak ne legyen nagyon hideg!

— Ne hidd, hogy nagyon hideg lesz! A vonaton is, és a szállóban is jól fűtenek — hangzik innen-onnan.

— Holnap reggel hatkor a Déli pályaudvaron találkozunk!

— Mikor indul a vonat?

— 6 óra 30 perckor.

— Rendben van! Korán jöjjetek ki a pályaudvarra, mert sok az utas!

— Hány órakor találkozzunk?

— Reggel hatkor.

— Még ma vegyétek meg a jegyeket!

— Jó ötlet! Váltsuk meg a jegyünket most mindjárt! Ne halasszuk az utolsó pillanatra!

— Légy szíves, váltsd meg az enyémet is! Nekem most nincs időm.

— Gyertek lányok, menjünk el az utazási irodába, és vegyük meg a jegyeket! Gyere te is, Mária!

— Menjek, vagy ne menjek? Én sem nagyon érek rá, még sok mindent akarok vásárolni az útra.

17 — Persze, hogy gyere! Legalább a sarokig kísérj el bennünket!

— Kérek egy jegyet Balatonfüredre, a reggeli gyorsvonatra.

— Az első vagy a második osztályra? — kérdezi a pénztáros.

— A másodikra kérek. Mibe kerül a jegy?

— 59 forint 60 fillérbe.

— Tessék, itt van egy száz forintos.

— Sajnos, nincs aprópénzem. Nem tudok visszaadni. Tessék aprópénzt adni! Adjon 9 forint 60 fillért, akkor vissza tudok adni egy ötvenest.

— Így! — köszönöm.

— Tedd el jól a jegyet, és holnap ne hagyd otthon!

— Siessünk! El ne késsünk! A többiek már régen itt vannak. Mindjárt 6 óra 30 perc.

— Ne félj, nem késünk el! Van még 10 percünk. Takarékoskodj az idővel és az erővel!

— Melyik vágányról indul a balatonfüredi vonat?

— A harmadikról. Nézd, mennyi ember áll a pénztár előtt! Jó, hogy már megvan a jegyünk.

— Ez a mi vonatunk! Hova szálljunk be? Hol vannak a barátaink?

— Ez nemdohányzó, ebben tilos a dohányzás!

— Éppen azt akarjuk, hogy ne dohányozz!

— Jaj, azt nem bírom ki ilyen hosszú úton!

— Ne ijedj meg, nem ebbe a kocsiba szállunk! Csak tréfálok. Az a mi kocsink!

— Beszállás! Indulás! — kiáltja a kalauz.

Gyorsan szálljunk fel, mert indul a vonat. Fogóddz meg, le ne essél!

— Segítsek? Nehéz?

— Nem, köszönöm.

— Vidd a csomagodat az ablak mellé, ott még van egy üres hely.

— Van még hely itt maga mellett?

— Van. Jöjjön ide mellém az ablakhoz! — mondja Anna.

— Vigyázz, rá ne ülj a vajas kenyeremre!

— Máris enni akarsz?

— Persze, éhes vagyok.

— Akkor együnk mi is! Bontsuk ki a csomagokat!

— Itt a zsebkésem, vágd el vele a madzagot!

— Igyatok egy kis teát! Ott van a termoszban. Tej is van.

— Én hadd igyam tejet!

246

— Hát igyál, itt az üveg! Tessék! Önts belőle a poharadba! Vigyázz, mellé
ne folyjon!

— Én is kérek egy kis pohárral!

— Lássuk csak, mi van még a táskákban és a hátizsákokban!

— Ne egyetek meg mindent! Hadd maradjon valami délre is!

— Délben már régen Füreden leszünk. Egyébként étkezőkocsi is van a vonaton.

A kalauznő felszólítja az utasokat, készítsék elő a jegyeket, és adják át kezelésre.

— Kérem, mikor érkezik a vonat Balatonfüredre?

— 9 óra 10 perckor — ha nincs késés.

— Bocsásson meg, nincs menetrendje?

— De igen. Tessék!

— Köszönjük szépen.

A kalauznő csodálkozik, hogy a külföldiek már ilyen jól beszélnek magyarul. Mary mosolyogva mondja:

— Ne csodálkozzék! Már régen itt vagyunk Magyarországon. Mindennap szorgalmasan tanuljuk a magyar nyelvet.

Balatoni táj

17   A kalauznő megdícsérve szorgalmukat, folytatja munkáját.

— Fiúk, lányok, figyeljetek ide! Legyetek csendben egy kicsit! Hadd szóljak pár szót a Balatonról és a kirándulásunkról — szól a kiránduló csoport vezetője.

— Hallgassatok, ne kiabáljatok! Halljuk! Halljuk!

— Kedves külföldi barátaim! Nemsokára a Balaton partjára érünk, a „Magyar tenger"-hez. A mi Balatonunk területe majdnem 600 négyzetkilométer. Hossza körülbelül 70 kilométer, átlagos szélessége 5—6 kilométer, mélysége 3—4 méter. Északi partját vulkanikus eredetű, szeszélyes alakú hegyek szegélyezik, amelyeken kiváló, zamatos borok teremnek. A déli part sík, homokos, strandolásra igen alkalmas. A tó vize halban rendkívül gazdag, állat- és növényvilágát tudósaink rendszeresen tanulmányozzák. A Balaton partján körös-körül üzemi nyaralók, üdülők, villák, kertek, parkok sorakoznak. Sok százezer dolgozó és gyerek strandol, pihen és szórakozik itt minden nyáron. A balatoni táj változó formáival, a tó tükrének páratlan szépségű színjátékával felejthetetlen élményt nyújt.

— Kedves Barátaim! Azért jövünk ide, hogy lássuk a Balatont, Balatonfüredet, hogy ellátogassunk Tihanyba, megtekintsük a biológiai kutatóintézetet, és megnézzük a tihanyi hegyről a remek kilátást. Töltsétek vidáman az időt, és készítsetek sok fényképet a Balatonról és környékéről! Ne mulasszátok el meghallgatni a híres tihanyi visszhangot! Érezzétek jól magatokat, mulassatok jól!

— Balatonfüred következik — szól be a kalauznő.

— Meddig áll itt a vonat?

— Csak két percig.

— Kérlek, segítsd fel a hátizsákomat!

— Siess, ne légy mindig az utolsó! Megvárjalak?

— Persze! Várj egy kicsit! Ne fussatok mindig!

Sietve összeszedik csomagjaikat, és leszállnak.

Közmondások:

Többet ésszel, mint erővel!
Ne csak tudd a jót, hanem tedd is!
Aki nem dolgozik, ne is egyék!

---

utazás, -t	*travelling, journey*	hagy	*let, leave*
összejön	*meet, come together*	régen	*(for a) long time*
megállapít	*settle, fix*	erő, -t, ereje	*strength*
megjelenik	*appear*	vágány, -t	*platform*
gyűlés, -t	*meeting*	jaj!	*oh! ah!*
meghív (hív)	*invite*	kibír (bír)	*endure*
hadd!	*let* (see grammar)	száll (kocsiba)	*get in, get on*
velem, veled,		tréfál	*joke*
vele...	*see grammar*	indulás, -t	*departure, start*
javasol	*suggest, propose*	üres	*empty, free*
nevezetesség, -et	*sight*	ráül (ül)	*sit*
mivel?	*by what?*	vajas kenyér	*bread and butter*
gyorsvonat, -ot	*fast train*	zsebkés, -t	*pen-knife*
elhatározás, -t	*decision*	elvág (vág)	*cut*
tett, -et	*deed*	madzag, -ja, -ot	*string*
követ vkit, vmit	*follow*	termosz, -t	*thermos flask*
izgatott	*excited*	hátizsák, -ot, -ja	*knapsack*
készülődik ·	*prepare*	egyébként	*otherwise*
bőrönd, -öt, -je	*trunk*	étkezőkocsi, -t	*dining-car*
fűt	*heat*	kalauznő, -t	*conductress*
hangzik	*sound*	felszólít	*ask*
innen-onnan	*from here and there*	előkészít	*prepare*
perc, -et	*minute*	kezelés, -t	*punch (ticket)*
ötlet, -et	*idea*	késés, -t	*delay*
megvált (jegyet)	*buy, take, book*	késése van	*to be late*
halaszt	*postpone*	megbocsát	*forgive*
utolsó	*last*	menetrend, -et, -je	*time-table*
pillanat, -ot	*moment*	csodálkozik	*wonder, be surprised*
gyertek!	*come!*	megdicsér (di-	
iroda, '-t	*office*	csér)	*praise*
utazási iroda	*travel agency*	csend, -et, -je	*silence*
ráér	*have time*	csoport, -ot, -ja	*group*
legalább	*at least*	vezető, -t	*leader*
elkísér (kísér)	*accompany*	hallgat	*listen to, be silent*
reggeli *(adj.)*	*morning-*	kiabál	*shout*
pénztáros, -t	*booking clerk*	tenger, -t	*sea*
aprópénz, -t	*small change*	terület, -et	*area, territory*
akkor	*then*	négyzetkilo-	
eltesz (tesz)	*lay, put by*	méter, -t	*square kilometre*

17	hossz, -at	*length*	
	körülbelül	*about*	
	átlagos	*average*	
	szélesség, -et	*breadth, width*	
	mélység, -et	*depth*	
	északi *(adj.)*	*north*	
	vulkanikus	*volcanic*	
	eredet, -et	*origin*	
	szeszélyes	*freakish, moody*	
	alak, -ot, -ja	*form, shape*	
	terem	*grow*	
	sík	*plain*	
	homokos	*sandy*	
	strandol	*be on the beach*	
	alkalmas	*suitable*	
	gazdag vmiben	*(be) rich in*	
	rendkívül	*extremely, extra-ordinary*	
	állat- és növényvilág	*animal and plant kingdom*	
	tudós, -t	*learned man, scholar, scientist*	
	rendszeres	*systematic*	
	tanulmányoz	*study*	
	nyaraló, -t (épület)	*villa, cottage*	
	sorakozik	*be side by side, line up*	
	nyár, nyarat	*summer*	
	változó	*diversified, varied*	

forma	*form*
páratlan	*unparalleled, unrivalled; odd*
szépség, -et	*beauty*
színjáték, -ot	*pageantry of colours; drama, play*
felejthetetlen	*unforgettable*
élmény, -t	*experience, event*
nyújt	*give, afford*
ellátogat (látogat)	*go to see*
Tihany, -t	*resort on Lake Balaton*
kutatóintézet, -et	*research institute*
elmulaszt (mulaszt)	*omit to do sg*
meghallgat (hallgat)	*listen to*
visszhang [vishɑng], -ot, -ja	*echo, resounding sound*
mulat	*amuse oneself*
beszól (szól)	*call on someone*
meddig?	*how long?*
fut	*run*
összeszed (szed)	*pick up, gather, collect*
ész, -t *(but:* eszem, eszed, etc.)	*mind, brain; wit*

Szómagyarázatok

1. **Pohárral.** — The quantity requested, especially at meals, is often expressed by the suffix **-val, -vel.** It is usually attached to the word denoting the vessel:—

Kérek én is egy pohárral.   *A glass (of milk) for me too, please.*

2. **Délben.** — **Délben** *at noon,* **délen** *in the south;* **délre** *for lunch, till noon,* also: *south of...*

250

3. **Megvan** *is available, not lost.* — Instead of **(nekem)** **van** we often use the construction **(nekem)** **megvan** if the possession is known and therefore preceded by the definite article. Compare the following sentences:—

Van pénzem.

I have money.

Megvan a pénzem.

I have got my money (it is available, not lost).

Jó, hogy már van jegyünk.

It is a good thing that we have tickets already.

Jó, hogy már megvan a jegyünk.

It is a good thing that we have already got our tickets.

4. **Vulkanikus eredetű** *of volcanic origin,* **szeszélyes alakú** *of freakish shape,* **páratlan szépségű** *of unparalleled beauty* and similar phrases with the formative syllable **-ú, -ű** are usually translated by the English Genitive (of-phrase).

NYELVTAN

144. The Suffix *-val, -vel*

-val, -vel

Mivel? *with, by what? what... with?*
Kivel? *with who(m)?*

The suffix **-val, -vel** expresses the Adverb of Instrument and of Attendant Circumstances and it corresponds in English to the prepositions *with* or *by*.

Final short vowel **-a** or **-e** lengthens to **-á** or **-é-** before this suffix:—
alm**á**val, kört**é**vel, barátj**á**val, öccs**é**vel

János megjelenik barátjával.

John appears with his friend.

Takarékoskodj az idővel és az erővel!

Save (your) time and energy.

The **v** sound of **-val, -vel** assimilates with a preceding consonant:—

kanál+val	= kaná**ll**al	barátunk+val	= barátun**kk**al
kés+vel	= ké**ss**el	asszony+val	= asszo**nny**al
kenyér+vel	= kenyé**rr**el	ész+vel	= é**ssz**el
barátom+val	= baráto**mm**al	csont+val	= cson**tt**al

Examples:—

Vonattal vagy autóbusszal utazunk?

Do we go by train or by bus?

Szemünkkel látunk, fülünkkel hallunk.

We see with our eyes and hear with our ears.

 The use of three identical consonants is not permissible in Hungarian spelling:—
toll+val= tollal (not *tolllal!*) *with pen*

The Personal Forms are:—

| velem, veled, vele | velünk, veletek, velük *with me*, etc. |

With special emphasis:—

| énvelem, teveled, ővele | mivelünk, tiveletek, ővelük |

The demonstrative pronouns **ez, az** assimilate with **-val, -vel:**—

ez+vel becomes: **ezzel** (occasionally: **evvel**) *with this*
az+val becomes: **azzal** (occasionally: **avval**) *with that*

The plural forms are regular: **ezekkel, azokkal.**

145. The Suffix -kor

| **-kor** | **Mikor?** *when? at what time?* |

The suffix **-kor** expresses point of time and it is usually translated in English by the preposition "at".

Final short vowel **-a** or **-e** undergoes no change before this suffix:—

két órakor *or*	*at two o'clock,*	máskor	*at some other time*
kettőkor	*at two*		
6 óra 30 perckor	*at 6^{30}*	ilyenkor	*at such time*

The suffix **-kor** has no front vowel form and is added without change to words containing front vowels: **perckor, kettőkor,** etc.

The demonstrative pronouns with **-kor** are used only as independent adverbs of time:—

ez+kor becomes: **ekkor** *then, at this time*
az+kor becomes: **akkor** *then, at that time*

146. The Suffix -ig

| **-ig** | **Meddig?** *till where? till when? how long?* |

The suffix **-ig** expresses (1) Adverb of Place and (2) Time.

Final short vowel **-a** or **-e** lengthens to **-á-** or **-é-** before the suffix **-ig:**—

az utca végéig   *to the end of the street*   7 óráig   *till seven o'clock*

1. As Adverb of Place the suffix **-ig** denotes termination of something. In

English it corresponds to *as far as, for, to.*

Bécstől Budapestig	*from Vienna to Budapest*
Kísérj el a sarokig!	*Accompany me to the corner.*

2. As Adverb of Time it expresses *(a)* point or *(b)* duration of time:—

(a) Point of time (in English *till, until, to*)

reggeltől estig	*from morning till night*
Vasárnapig várok.	*I am waiting till Sunday.*

(b) Duration of time (in English *for*)

Egy évig várok.	*I am waiting for a year.*
A vonat itt két percig áll.	*The train stops here for two minutes.*

Some adverbs formed by the suffix **-ig**:—

eddig	*as far as here, up to this point, till now*
addig	*as far as that, till then, up to that time*
addig . . . ameddig	*so long . . . as, as long as, while*
míg, amíg	*while, as long as*
mindig	*always*
Addig üsd a vasat, amíg meleg!	*Strike while the iron is hot.*

147. The Imperative of the Verbs Ending in a Short Vowel + *t*

> **Short** Vowel and **t** + **j** = *ss*

When the final **-t** of the verb base is preceded by a short vowel the **-t** assimilates with the **-j** of the imperative/subjunctive and becomes **-ss-**:—

Verb Base:—	Verb Base + Imperative:—
szeret-	szeress-
köt-	köss-
mutat-	mutass-

Examples:—

szeressek	szeressem	lássak	lássam
szeress, szeressél	szeresd, szeressed	láss, lássál	lásd, lássad
szeressen	szeresse	lásson	lássa
szeressünk	szeressük	lássunk	lássuk
szeressetek	szeressétek	lássatok	lássátok
szeressenek	szeressék	lássanak	lássák
szeresselek		lássalak	

17

There are a few exceptions belonging to this group:—

(a) **lát**	: **láss-**	*see*	
bocsát	: **bocsáss-**	*let*	(**megbocsát** *forgive, excuse ;* **elbocsát** *dismiss*)
(b) **tetszik**	: **tess-**	*like*	
látszik	: **láss-**	*seem*	
(c) **fest**	: **fess-**	*paint*	

For the form **tessék** see 97—8.

148. The Imperative of the Verbs Ending in a Long Vowel +*t* or in a Consonant +*t*

> Long Vowel
> or $\Big\}$ and $t+j = ts$
> Consonant

If a base ending in **t** is preceded by a long vowel (usually **-i**) or by a consonant, except **sz,** then the **t** with the **-j** of the imperative becomes **ts,** pronounced as a long (double) **ccs** [ttʃ], after a consonant as a short **cs** [tʃ] :—

készít	:	készíts-	tölt	:	tölts-
tanít	:	taníts-	tart	:	tarts
fűt	:	fűts-	gyűjt	:	gyűjts-
			bont	:	bonts-

Examples:—

tanítsak	tanítsam	öntsek	öntsem
taníts, tanítsál	tanítsd, tanítsad	önts, öntsél	öntsd, öntsed
tanítson	tanítsa	öntsön	öntse
tanítsunk	tanítsuk	öntsünk	öntsük
tanítsatok	tanítsátok	öntsetek	öntsétek
tanítsanak	tanítsák	öntsenėk	öntsék
tanítsalak		öntselek	

For the imperative of the verbs **lát** and **bocsát** *(***láss-, bocsáss-***)* see 254 (147).

149. The Imperative of Verbs Ending in -*szt*

> $szt+j = ssz$

The imperative of verbs ending in **-szt** are formed in the same way as verbs ending in **-sz** (i.e. as if there were no **t** in the base) :—

halaszt	: **halassz-**	*postpone, cancel, defer*
mulaszt	: **mulassz-**	*miss, neglect, to be absent (from school)*
ragaszt	: **ragassz-**	*stick, paste*

254

17

ragasszak	ragasszam
ragassz, ragasszál	ragaszd, ragasszad
ragasszon	ragassza
ragasszunk	ragasszuk
ragasszatok	ragasszátok
ragasszanak	ragasszák

ragasszalak

150. Imperative of Irregular Verbs
1. jön

jöjjek	jöjjünk
jöjj, jöjjél *(or:* gyere)	jöjjetek *(or:* gyertek)
jöjjön	jöjjenek

The alternative forms **gyere, gyertek** are more frequently used in colloquial language than the forms **jöjj** *(jöjjél),* **jöjjetek.** — In addition to **gyere, gyertek** there is one more form of this defective verb in use: **gyerünk.** This is synonymous with **menjünk** *let's go.* Comp. 235.

2. lő, fő, nő, sző, ró (comp. 195)

Example:—

Indefinite Conjugation		Definite Conjugation	
lőjek	lőjünk	lőjem	lőjük
lőj, lőjél	lőjetek	lődd, lőjed	lőjétek
lőjön	lőjenek	lője	lőjék

3. eszik, iszik
lesz, tesz, vesz, visz
hisz

The imperative of these verbs is formed from a base ending in **gy,** the verb **hisz** from a form in **ggy:**—

(a) egy-, igy-

(b) legy-, tegy-, vegy-, vigy-

(c) higgy-

(a) Conjugation of the **ik**-verbs **eszik, iszik:**—

Indefinite:	egyem	egyél	egyék	együnk	egyetek	egyenek
Definite:	egyem	edd, egyed	egye	együk	egyétek	egyék
Indefinite:	igyam	igyál	igyék	igyunk	igyatok	igyanak
Definite:	igyam	idd, igyad	igya	igyuk	igyátok	igyák

(b) Conjugation of the verbs **lesz, tesz, vesz, visz:**—

Indefinite:	legyek	légy, legyél	legyen	legyünk	legyetek	legyenek
Indefinite:	tegyek	tégy, tegyél	tegyen	tegyünk	tegyetek	tegyenek
Definite	tegyem	tedd, tegyed	tegye	tegyük	tegyétek	tegyék
Indefinite:	vegyek	végy, vegyél	vegyen	vegyünk	vegyetek	vegyenek
Definite:	vegyem	vedd, vegyed	vegye	vegyük	vegyétek	vegyék
Indefinite:	vigyek	(vígy), vigyél	vigyen	vigyünk	vigyetek	vigyenek
Definite:	vigyem	vidd, vigyed	vigye	vigyük	vigyétek	vigyék

I \ you :	tegyelek	vegyelek	vigyelek

Legyek, légy, etc. replace the missing imperative forms of the verb **van.**

(c) Conjugation of the verb **hisz:**—

Indefinite:	higgyek	higgy, higgyél	higgyen	higgyünk	higgyetek	higgyenek
Definite:	higgyem	hidd, higgyed	higgye	higgyük	higgyétek	higgyék

151. The Word *hadd*

The word **hadd** is an isolated form of the verb **hagy** *let*. The dependent verb is in the imperative and not in the infinitive. It is used in emphatic sentences:—

Én hadd igyam tejet.	*Let me drink milk!*
Hadd maradjon valami délre.	*Leave something for lunch too.*

Occasionally **hadd** is also used with the indicative:—

Hadd látom! (= Hadd lássam!)	*Let me see!*

| -va, -ve | The formative suffix **-va, -ve** forms Adverbs of Manner or State from verbs:— |

| ül | : ülve | ír | : írva | tart | : tartva |
| áll | : állva | olvas | : olvasva | kér | : kérve |

This form can be expressed by both the Present and Past Participle in English:—

| Mária mosolyogva mondja... | *Mary says smiling...* |
| A vonatok fűtve vannak. | *The trains are heated.* |

You should remember that the English present participle used as an attribute qualifying a noun *(smiling, hurrying)* corresponds to the formative suffix **-ó, -ő** (comp. 220):—

| *smiling child* | mosolygó gyermek |
| *hurrying people* | siető emberek |

The adverbial participles of the irregular verbs studied so far are as follows:—

megy	: menve	jön	: jőve						
lő	: lőve	fő	: főve	nő	: nőve	sző	: szőve	ró	: róva
tesz	: téve	vesz	: véve	visz	: víve				

GYAKORLATOK

1. *Give the 2nd Person Singular and Plural in the imperative of the following verbs (both conjugations):*—

lát, szeret, előkészít, megbocsát, fordít, elhalaszt, kibont

Make up sentences containing these forms.

2. *Form Subordinate Clauses of Purpose from the words in brackets:*—

Azt akarja, hogy ...	*(én, vesz, új cipő)*
Azért utazunk, hogy ...	*(megtekint, téli Balaton)*
Jegyezzük fel, nehogy ...	*(elfelejt)*
A kalauznő kéri az utasokat, hogy ...	*(előkészít, jegyek)*
Siess, nehogy ...	*(elkésik)*
Azért mondom, hogy ...	*(mindenki megért)*
Kérlek, hogy ...	*(felsegít, hátizsák)*

3. *Change the following affirmative sentences into sentences expressing a negative command:*—

Rossz gyerek vagy.	Elviszi az én bőröndömet.
Leteszed a csomagodat.	Későn jön haza.
Hisztek neki.	Nem isznak sok bort.

4. *Using each of the following verbs make up sentences containing the affirmative and negative forms of the imperative/subjunctive:*—

vesz, eszik, nő, fogódzik, elmulaszt, tart, felgyújt

5. *Write imperative sentences used by the teacher, physician, conductor, etc.*

6. *Give the adverbial participle forms of these verbs :—*

áll, fut, énekel, nevet, kiabál, vigyáz

Form sentences using these participles.

7. *Fill in the blank spaces with the suffix -val, -vel:—*

Pista ceruza... ír, én toll... írok. — Szemünk... látunk, fülünk... hallunk. — Ez... a tű... varrj! — A barátom... megyek sétálni. — Az apám csak szemüveg... lát. — Kirándulok a testvéred... — Ki... akarsz moziba menni?

Kérdés — Felelet

Mit terveznek az egyetemi hallgatók?
Mit akarnak megmutatni külföldi barátaiknak?
Hova utaznak?
Mit javasolnak többen?
Milyen vonattal utaznak?
Mikor indul a vonat?
Hova mennek jegyet váltani?
Hol találkoznak, és mikor találkoznak?
Mivel töltik az időt a vonaton?
Miért csodálkozik a kalauznő?
Mit válaszol a kalauznő kérdésére Mária?
Milyen nagy a Balaton?
Milyen az északi, és milyen a déli partja?
Miért utaznak a Balatonra a diákok?
Meddig áll a vonat Balatonfüreden?
Hogyan szállnak le a vonatról a kirándulók?

Fogalmazás

Describe in Hungarian a short journey you have made.

TIZENNYOLCADIK LECKE

Magyarország kis földrajza

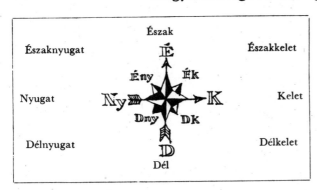

Magyarország Délkelet-Európában, a Kárpátok medencéjében terül el. Szomszédai: északon Csehszlovákia, északkeleten a Szovjetunió, keleten Románia, délen Jugoszlávia, nyugaton pedig Ausztria. Területének nagysága 93 032 km^2 (négyzetkilométer).

A szomszédos államok közül csak Ausztria területe kisebb Magyarországénál, a többi szomszéd államé nagyobb.

A Magyar Népköztársaság lakosainak száma 1970-ben több, mint 10 000 000 (= tízmillió) volt. A határokon kívül, a szomszédos államokban mintegy 4 millió magyar él. Sok magyar él még az Amerikai Egyesült Államokban. Az egész világon csaknem 15 millió magyarról tudunk.

A lakosság túlnyomó része — kereken kilenc és fél millió — magyar. Kis számban élnek az országban németek, szlovákok, románok és szerbek. A népesség 58,8%-a (= százaléka) városban, 46,2%-a falun lakik.

Magyarország fővárosa Budapest. Lakosainak száma 2 000 000, vagyis az ország területének kb. (= körülbelül) hatezred részén az egész lakosságnak majdnem 1/5 (= egyötöd) része él. Az ország második legnagyobb városa Miskolc (212 000 lakossal), a magyar nehézipar fontos központja. Sorrendben ezután Debrecen (200 000 lakossal), Szeged (178 000 lakossal) és Pécs (171 000 lakossal) egyetemi városok következnek. Kecskemét, Győr, Szolnok az előbbieknél kisebbek, de iparuk, kereskedelmük jelentős. Sok régi város is van az országban. Közülük nem egy, például Sopron, Veszprém, Székesfehérvár, Szombathely több, mint ezer éves. Eger, Visegrád, Esztergom, Kőszeg, Szigetvár történelmi emlékeikről híresek. Új, modern szocialista iparváros is van a Duna mellett: Dunaújváros.

Az ország területének legnagyobb része síkság: az Alföld. A Dunántúl nagy része dombos vidék. Hegyvidékek: az északi hegyvidék (a Börzsöny, a Cserhát, a Mátra, a Bükk), a Dunántúli-Középhegység (a Bakony, a Vértes),

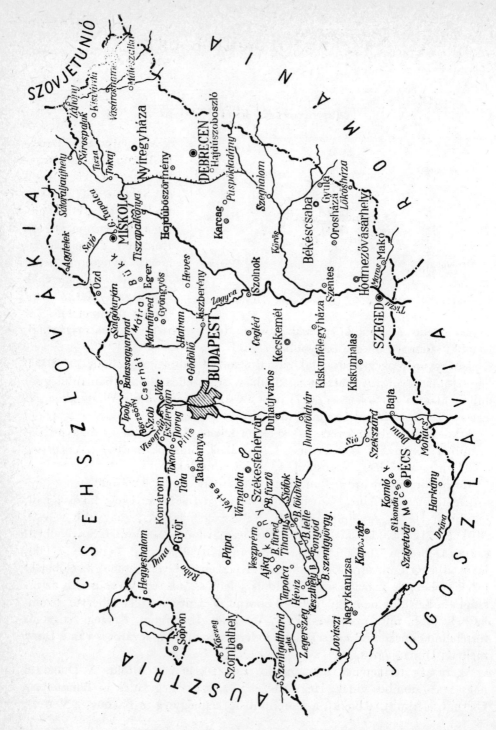

a Pilis, az Alpok nyúlványai és a Mecsek. A leghosszabb folyók a Duna és a **18**
Tisza. E két folyón kívül jelentősebb még a Sajó, a Körös, a Maros és a **Dráva**.
A Dunához képest ezek kis folyók. A Dunántúlon van Közép-Európa legna-
gyobb tava, a Balaton.

Dunaújváros

Az Alföldön legtöbb a szántóföld, kevesebb a rét és a legelő, legkevesebb
az erdő. Az erdő az Alföld területének még egytized részét sem foglalja el,
csak 7%-át. Az Alföld leggyakoribb fája az akác. A Dunántúlon gyakrabban
esik az eső, mint az Alföldön, ezért itt több a rét, a szőlő és a gyümölcsös.
Erdő itt háromszor annyi van, mint az Alföldön: a terület ötöd része, pon-
tosabban 21%-a. Az Alföldtől északra emelkedik az ország legmagasabb hegy-
sége, a Mátra. Minél magasabbra megyünk a csúcsok felé, annál hűvösebb
a levegő: a Kékesen (1015 méter) és a Galyatetőn (965 m) még a legforróbb
nyárban is kellemes az idő. A hegyoldalakat leginkább lomberdők (tölgy, bükk)
borítják, a fenyőerdő sokkal ritkább.

Az egész földterület 97,6%-án ma már közös, nagyüzemi gazdálkodás folyik.

Az ország területéből szántóföld
52,3%, legelő és rét 14,1%, erdő
17%, szőlő 3,7%-nál valamivel több,
kert több, mint 1,9%. A terület leg-
nagyobb része alkalmas a földműve-

18 lésre, ezért Magyarországon sok gabonát (búzát, rozsot, árpát, zabot) termelnek. Fontos gazdasági növény még a kukorica, a krumpli (burgonya) és a cukorrépa. Rizstermesztés csak néhány év óta folyik; ebből alig terem annyi, amennyi az ország lakosságának elegendő. A kertgazdálkodás is fejlett, gyümölcsből, paprikából, paradicsomból, hagymából, uborkából stb. sokat lehet külföldre szállítani (az egész termés 38,54%-át). A legkiválóbb borok Tokaj, Eger és a Balaton vidékén teremnek.

A földművelés mellett az állattenyésztés is virágzó. Legfejlettebb a marha-, a ló- és a sertéstenyésztés, kevésbé fejlett a juhtenyésztés. A kisebb állatok közül különösen sok tyúkot, kacsát, libát, pulykát tenyésztenek, és egyre több tojást, tollat, baromfit szállítanak külföldre is.

Ma az ország lakosságának 42,9%-a az iparban dolgozik. Sok új gyár, nagyüzem, erőmű létesül évről évre az ország különböző részein. Ipari nyersanyagok kisebb-nagyobb mennyiségben Magyarországon is előfordulnak: van szén (szénbányák: Tatabánya, Dorog, Salgótarján, Komló stb.), kőolaj, földgáz. Vasérc azonban kevés van: a bányák termelésének kb. ötszörösét külföldről kell behozni. Az ország gazdag bauxitban. Magyarország a legelső bauxittermelő államok között van.

Gazdag még Magyarország a legkülönfélébb gyógyvizekben és gyógyfürdőkben. Leggazdagabb ezekben maga a főváros. Budapesten kívül gyógyfürdőiről híresek még Balatonfüred és Hévíz a Balaton mellett, Parád a Mátra hegységben, Tapolca a Bükkben, Hajdúszoboszló az Alföldön, Harkány és Sikonda Pécs közelében.

Közmondások:

Legrövidebb út az egyenes út.
Több szem többet lát.
Jobb kétszer kérdezni, mint egyszer
hibázni.

Gerencséri utca,
Végig piros rózsa.
Szállj le kocsis az ülésről,
Szakajts egyet róla!

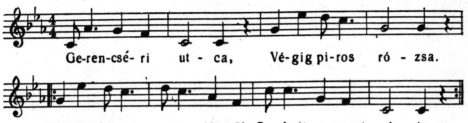

Ge-ren-csé- ri   ut - ca,   Vé- gig pi-ros   ró - zsa.

Szálljle ko-csis   az ü - lés-ről, Sza-kajts e - gyet   ró - la.

SZÓKINCS

Kárpátok	Carpathians	kereskedelem,	
medence, '-t	basin	kereskedelmet	commerce, trade
elterül	is situated	jelentős	considerable, im-
szomszédos	neighbouring		portant
állam, -ot	state	például	for example
népköztársaság,		emlék, -et	monument; souvenir
-ot	people's republic	szocialista	socialist
lakos, -t	inhabitant	síkság, -ot	plain
több	more, other	Alföld, -et, -je	the great Hungarian
határ, -t	frontier		Plain
kívül (postp.)	out of; apart from	Dunántúl, -t	Transdanubia
mintegy	about	domb, -ot, -ja	hill
egyesült	united	dombos	hilly
világ, -ot	world	vidék, -et	landscape, scenery;
csaknem	nearly		surrounding,
tud vmiről	have knowledge of		region
lakosság, -ot	population	hegyvidék, -et	highlands
túlnyomó	overwhelming, most of	középhegység,	mountain of medium
kereken	round	-et	height
népesség, -et	population	Alpok	Alps
százalék, -ot	per cent	nyúlvány, -t	range
vagyis	namely, that is	képest (postp.) :	in comparison
ipar, -t	industry	vmihez ~	to
központ, -ot, -ja	centre	Közép-Európa,	
sorrend, -et, -je	order, succession	-t	Central Europe
előbbi	former		

fejlett	*developed*	gazdasági	*economic*
mezőgazdaság, -ot	*agriculture*	növény, -t	*plant*
		kukorica, '-t	*maize*
vmivel bíró	*having*	cukorrépa, '-t	*sugar-beet*
megművel	*cultivate*	rizs, -t (-et)	*rice*
szántóföld, -et	*arable land*	rizstermesztés, -t	*growing of rice*
rét, -et, -je	*meadow*	óta *(postp.)*	*since, for*
legelő, -t	*pasture*	annyi...	
elfoglal (foglal)	*occupy*	amennyi...	*so much... as...*
gyakori	*frequent*	elegendő = elég	*enough*
akác, -ot	*acacia*	kertgazdálkodás, -t	*horticulture*
esik az eső	*it is raining*	paradicsom, -ot	*tomato*
szőlő, -t	*vineyard; grape, vine*	hagyma, '-t	*onion*
		uborka, '-t	*cucumber*
gyümölcsös, -t	*orchard*	szállít	*deliver*
annyi	*so much*	termés, -t	*crop*
emelkedik	*rise*	állattenyésztés, -t	*animal husbandry, livestock-farming*
minél... annál	*the+comparative ...the*	virágzik	*flourish, bloom*
csúcs, -ot	*peak*	marha, '-t	*cattle*
forró	*hot*	sertés, -t	*pig*
hegyoldal, -t	*mountain-side, slope*	kevésbé [kɛveːʒbeː]	*less*
leginkább	*mostly*	juh [ju], -ot [juhot]	*sheep*
lomb, -ot, -ja	*leaves, foliage*	kacsa, '-t	*duck*
lomberdő, -t, -erdeje	*broad-leaved forest, leafy forest*	liba, '-t	*goose*
tölgy, -et	*oak*	pulyka, '-t	*turkey*
bükk, -öt, -je	*beech*	tenyészt	*breed*
fenyő, -t	*pine-tree, fir-tree*	egyre	*countinually, on and on*
ritka	*rare*		
földterület, -et	*land, territory*	toll, -at	*feather*
nagyüzemi gaz-dálkodás, -t	*large scale farming*	baromfi, -t	*poultry*
		erőmű	*power plant*
földművelés, -t	*agriculture*	létesül	*be established*
gabona, '-t	*grain*	évről évre	*year by year*
búza, '-t	*wheat*	különböző [kylømbøzøː]	*different, diverse, various*
rozs, -ot	*rye*	nyersanyag, -ot	*raw material*
árpa, '-t	*barley*	mennyiség, -et	*quantity*
zab, -ot, -ja	*oat*	előfordul	*occur, be found*
fontos	*important*		

szén, szenet	*coal*	gyógyvíz,	*mineral water, me-*	**18**
bánya, '-t	*mine*	-vizet	*dicinal water*	
kőolaj, -at	*crude oil*	gyógyfürdő, -t	*medicinal bath*	
földgáz, -at *or* -t	*natural gas*	hibázik	*commit a mistake*	
vasérc, -et	*iron ore*	Gerencsér, -t	name of a village	
behoz (hoz)	*import*	végig	*to the end, along*	
bauxit	*bauxite*	kocsis, -t	*coach-man, driver*	
[bauksit], -ot		ülés, -t	*seat*	
különféle	*diverse; different*	szakajt = szakít	*pluck*	

NYELVTAN

153. Comparison of Adjectives: Use of the Positive

Comparison in the positive is expressed by the conjunction **mint** *as :*—

mint	Édes, mint a cukor.	*As sweet as sugar.*
as	Mély, mint a tenger.	*As deep as the ocean.*

In the main clause different demonstrative adjectives are used according to whether quality, quantity, size, or height are the factors of comparison:—

Milyen?	**olyan (ilyen) . . . , mint**	*as . . . as*
Mennyi?	**annyi (ennyi) . . . , mint**	*so* (or *as*) *many, much . . . as*
Mekkora?	**akkora (ekkora) . . . , mint**	*so* (or *as*) *big . . . as*

Examples:—

Olyan édes ez a szőlő, mint a cukor.	*These grapes are as sweet as sugar.*
Szombathelynek annyi lakosa van, mint Székesfehérvárnak.	*Szombathely has as many inhabitants as Székesfehérvár.*
Ő már akkora, mint az apja.	*He is already as big as his father.*

The front vowel forms: **ilyen, ennyi, ekkora** are used both in direct speech (often associated with a gesture) and with reference to a quality, quantity or height previously mentioned:—

Ilyen édes, mint ez, nincs több.	*There is none so sweet as this.*
Ennyit nem tudok megenni.	*I cannot eat so much.*
A fiam éppen akkora, mint én.	*My son is (just) as tall as me.*

The conjunction **mint** is frequently replaced by or used with the demonstrative adjectives (corresponding to the relative pronouns) in comparative sentences:—

olyan . . . , (mint) amilyen	*as . . . as*
annyi . . . , (mint) amennyi	*so* (or *as*) *many, much . . . as*
akkora . . . , (mint) amekkora	*so* (or *as*) *large . . . as*

Examples:—

Olyan fehér az arca, (mint) amilyen ez a fal.	*His face is as white as this wall.*
Annyi vasérc nincs Magyarországon, (mint) amennyit iparunk felhasznál.	*There is not as much iron-ore in Hungary as is used by our industry.*
Akkora ez a terem, (mint) amekkora a mi udvarunk.	*This hall is as large as our courtyard.*

154. Comparison of Adjectives: Formation and Use of the Comparative

-bb   *A)* The Comparative is formed by adding the suffix **-bb** to bases ending with a vowel. Final short **-a** or **-e** lengthens to **-á-** or **-é-**:—

régi	: régibb	olcsó	: olcsóbb	drága	: drágább
keserű	: keserűbb	kitűnő	: kitűnőbb	fekete	: feketébb

If the positive form ends with a consonant then **-abb, -ebb** is added to the base:—

rossz : rosszabb   híres : híresebb

The only exception is **nagy: nagyobb.**

The comparative suffix is added to a modified base. The following modifications occur:—

(a) Vowel shortening

kevés	: kevesebb	*little, few*
nehéz	: nehezebb	*hard, difficult*
derék	: derekabb	*upright, honest*

(b) Vowel elision

bátor	: bátrabb	*brave*

(c) **V**-Bases

bő	: bővebb	*wide, loose, rich*
hű	: hívebb, *or,* hűbb	*faithful*

Irregular Comparisons

jó	: jobb	ifjú	: ifjabb	könnyű	: könnyebb
szép	: szebb	hosszú	: hosszabb	szörnyű	: szörnyebb
sok	: több	lassú	: lassabb, lassúbb		
kicsi } kis }	: kisebb				

Comp. 180.

☞ In the adjective **kisebb** the s is pronounced long: [kiʃʃɛbb].

B) Comparison in the comparative is made either by the conjunction **mint** 18
than or by a special Hungarian construction: the conjunction is omitted and
the suffix **-nál, -nél** is added to the word of comparison:—

A Duna nagyobb folyó, **mint** a Tisza. } *The Danube is a bigger river than the*
A Duna nagyobb folyó a **Tiszánál.** } *Tisza.*

Öregebb vagyok, **mint** te. }
Öregebb vagyok **nálad.** } *I am older than you. (I am your elder.)*

When the compared words are adverbs the suffix **-nál, -nél** cannot be used,
Thus the following example can have only a single form:—

A Dunán több hajó jár, **mint** a Tiszán. *More ships ply the Danube than the Tisza.*

In certain expressions the adjective is repeated:—

jobbnál jobb   *better and better, one better than the other*
szebbnél szebb   *one more beautiful than the other*
Szebbnél szebb áruk vannak a kirakatban. *There are only splendid goods in the shopwindow.*

minél ..., annál	*the* + adjective in comparative

Minél magasabbra megyünk, annál   *The higher we climb the cooler the air is.*
hűvösebb a levegő.

155. Expression of Degree in Comparative

-val⎫ ... -bb -vel⎭	Degree i.e. how much bigger, smaller, longer, shorter, older, younger, lower, etc., something is, is expressed by the suffix **-val, -vel:**—

Mennyivel fiatalabb nálam?   *How much younger is he than I?*
Ő öt évvel fiatalabb, mint én.   *He is five years younger than I.*
Lomberdő sokkal több van, mint   *There are much more leafy forests than
fenyőerdő.   coniferous ones.*

156. Comparison of Adjectives: the Superlative

leg- ... -bb	The superlative is formed by the prefix **leg-** added to the comparative:—

legolcsóbb   legnagyobb   legjobb   legbővebb
legdrágább   legrosszabb   legtöbb   legbátrabb

Adjectives ending in **-só, -ső** form their superlative from the positive:—

alsó	: legalsó	*low(er)*	elsó	: legelsó	*first*
felső	: legfelső	*upper*	utolsó	: legutolsó	*last (latest)*
külső	: legkülső	*outer*	hátsó	: leghátsó	*back, posterior*
belső	: legbelső	*inner*			

267

The superlative used as an attribute is preceded, usually by the definite article: *a* **legszebb város,** *a* **legédesebb gyümölcs,** etc.

The English phrase "one of the most beautiful" can be translated into Hungarian as: **(az) egyik legszebb, a legszebbek egyike,** or, **egyike a legszebbeknek,** e.g.:—

Budapest Európa egyik legszebb városa.	
Budapest a legszebb városok egyike Európában.	*Budapest is one of the most beautiful towns in Europe.*
Budapest egyike a legszebb városoknak Európában.	

157. Adverb of Manner of Compared Adjectives

Adverbs are formed from the comparative and superlative, just as from the positive, by adding the suffixes of adverb of manner **-an, -en** and **-ul, -ül** (comp. 180—1):—

olcsón	— olcsóbban	— legolcsóbban	*(cheap)*
szépen	— szebben	— legszebben	*(beautiful)*
rosszul	— rosszabbul	— legrosszabbul	*(bad)*
rendetlenül	— rendetlenebbül	— legrendetlenebbül	*(untidy, disorderly)*

Note the following irregular formations:—

jól	— jobban	— legjobban	*good — better — best*
nagyon	— inkább	— leginkább	*much — more (rather) — most(ly)*
egy kicsit egy kissé }	— kevésbé	— legkevésbé	*little — less — least*

többé-kevésbé	*more or less*
soha többé	*never more*

158. Comparison of Adverbs

közel	— közelebb	— legközelebb	*(near)*
messze	— messzebb	— legmesszebb	*(far)*
hamar	— hamarabb	— leghamarabb	*(soon)*
gyakran	— gyakrabban	— leggyakrabban [lɛgɟakrabban]	*(often)*

legalább	*at (the) least*
legfeljebb	*at (the very) most*

We have already dealt with the cardinal numbers (see 70, 95), their base (see 102—3) and some of their forms (see 100, 181). We shall complete our knowledge of numerals in this lesson.

160. Fractions

| -d | **Hányad? hányadrésze?** *what (which) part?* |

Fractions are formed by the formative suffix **-d.** The **-d** is preceded by the same linking vowel as the number's accusative suffix **-t** (comp. 103): **-ad, -ed (-od, -öd).**

—	hatod	tizenegyed	harmincad	ezred
ketted	heted	tizenketted	negyvened	tízezred
harmad	nyolcad		ötvened	százezred
negyed	kilenced			
ötöd	tized	huszad	század	milliomod

Note the changes in the base of the following numerals:—

| kettő | : ketted | négy | : negyed | tíz | : tized | ezer | : ezred |
| három | : harmad | hét | : heted | húsz | : huszad | millió | : milliomod |

The word **rész** *part* is often used to form fractions:—

a lakosság egyhatod része = a lakos-ság egy hatoda	*one sixth of the population*
Budapesten az ország lakosságának egyhatod része él.	*One sixth of the population of the country lives in Budapest.*
A Dunántúl területének egy ötöde erdő.	*One fifth of the area of Transdanubia is covered by forests.*

Fractions:—

1/3: egy harmad   5/8: öt nyolcad   7/9: hét kilenced

Decimal fractions:—

0,2: nulla egész, két tized   3,14: három egész, tizennégy század

25,155: huszonöt egész, százötvenöt ezred

Note

If cardinals + fractions (**három negyed**) are used as a t t r i b u t e s they must be written as one word:—

| Háromnegyed órát vártam. | *I have waited three quarters of an hour.* |

In the same way:—

| Háromnegyed hat. | *It is a quarter to six.* |

Compounds:—

| évtized | *decade* | évszázad, század | *century* |
| évezred, ezredév | *a thousand years* | | |

161. Ordinal Numbers

-dik	**Hányadik?** *which (by number)?*

Ordinals are formed by adding **-ik** to the fractions. The only exceptions are: **első** *first,* **második** *second.*

első	hatodik	tizenegyedik	harmincadik	ezredik
második	hetedik	tizenkettedik	negyvenedik	tízezredik
harmadik	nyolcadik	tizenharmadik	ötvenedik	százezredik
negyedik	kilencedik			
ötödik	tizedik	huszadik	századik	milliomodik

In compounds fractions are frequently used in the sense of ordinals:—

másodperc	second
másodsorban	in the second place, secondly
Péter harmadéves.	Peter is a third-year student.

162. Numerals of Multiplication

-szor -szer -ször	**Hányszor? mennyiszer?** *how many times? how often?* Numerals of multiplication are formed by the formative suffix **-szor, -szer, -ször.** The formative suffix is attached to the cardinals (without a linking vowel):—

egyszer	hatszor	tizenegyszer	harmincszor	ezerszer
kétszer	hétszer	tizenkétszer	negyvenszer	tízezerszer
háromszor	nyolcszor			százezerszer
négyszer	kilencszer			
ötször	tízszer	hússzor	százszor	milliószor

The formative suffix **-szor, -szer, -ször** can also be added to indefinite numbers and pronouns:—

sokszor	*otfen, many times*	néhányszor	*sometimes*
többször	*more than once, several times*	párszor	*few times*
legtöbbször	*mostly, most often*	annyiszor	*so many times, so often*

Hányadszor? *how many times? how often?*

The formative suffix **-szor, -szer, -ször** added to fractions (i.e. ordinals without **-ik**) gives the Adverbial Ordinals of Time:—

először	*(at) first, the first time*
másodszor	*(at) second, the second time*
harmadszor	*(at) third, the third time,* etc.

1. The formative suffix -s (see 219) can also be added to numerals of multiplication, e.g.:—

egyszeres	*one-times ; single*	sokszoros	*manifold, multiple*
kétszeres	*twofold, two-times ; double*	többszörös	*multiplex, manford*
ötszörös bajnok	*five times champion*		
sokszoros milliomos	*multimillionaire*		

Used as noun (in possessive construction):—

a termés ötszöröse	*the fivefold quantity of crop*
az összeg többszöröse	*the multiple of the amount*

2. The **English** "each" is frequently translated into Hungarian by repeating the numeral (cardinal):—

A fiúk kapnak **egy-egy** almát.	*The boys each get an apple.*
Egy padban **két-két** tanuló ül.	*Two boys are sitting at each desk.*

163. Use of the Definite Article before Geographical Names

The Definite Article is used before Geographical Names in very much the same way as in English.

(a) The definite article is not used before names of countries and place, if they are not preceded by an attribute.

Exceptions are the names of countries which denote the form of government:—

a Magyar Népköztársaság	*the Hungarian People's Republik*
a Szovjetunió	*the Soviet Union*
az Egyesült Államok	*the United States*

(b) The definite article is used before all other geographical names (mountains, plains, rivers, seas, etc.), and before names of countries and places if the name is preceded by an attribute:—

a Gellérthegy	a régi Budapest
az Alföld	az új Bulgária
a Balaton	a forró Afrika
a Fekete-tenger	*etc.*

164. Postpositions Adding Suffixes to Preceding Nouns or Noun-Equivalent

In Hungarian there are a number of postpositions that require a suffix to be added to the noun they follow:—

18 (a) The suffix **-n (-on, -en, -ön)** is added to nouns before certain postpositions expressing an adverb of place:—

	kívül	outside, without, besides
	belül	inside
	felül	above, over
valakin,	alul	below, beneath
or	innen	on this side of
valamin	túl	beyond, over
	át	across, through, over
	keresztül	across, through, over
	végig	along, to the end

Of these postpositions only **kívül** *outside, besides* can take the possessive suffixes:—
kívülem, *or*, rajtam kívül   *besides me*
kívüled, *or*, rajtad kívül   *besides you*
    etc.

(b) The suffix **-hoz, -hez, -höz** is added to the noun before the postposition **képest** expressing adverb of manner:—

valakihez, *or*, valamihez képest   *compared with, in proportion to*
Hozzád képest én öreg vagyok.   *Compared with you I am old.*

GYAKORLATOK

1. *Form sentences in which the adjectives* régi, hűvös, forró, szép *are used in the comparative and superlative.*

2. *Describe the tallest, the shortest, the youngest, the eldest (also the most diligent and the gayest) in your family; compare the persons you mention.*

(*Example:* My elder brother is the tallest in the family. He is 10 centimeters taller than my younger brother. I am also a little smaller than him.)

3. *Express the following comparisons with the suffix* -nál, -nél:—
Péter öregebb, mint te. Debrecen nagyobb város, mint Szeged. — A körtét jobban szeretem, mint az almát. — Magyarországon a lomberdő gyakoribb, mint a fenyő-erdő.

4. *Here are some examples for translating the construction* **the + comparative** *into Hungarian:*—
The quicker we work the sooner we finish. — The sooner we start the sooner we arrive. — The more we study the more we know. — The better the goods the more expensive they are.

5. *Replace the positive adjectives with superlatives:*—
Elmennek kirándulni. Az éjszakát *jó* szállóban töltik. Megtekintik Magyarország *magas* hegyeit, az ország *szép* tájait. A *magas* csúcsra *sokan* nem mennek fel, csak a *fiatalok.* Az *öregek* leülnek pihenni az erdőben.

6. *Form adverbs from the comparative of the following adjectives and use them in sentences :—*

lassú, kedves, könnyű, jó, világos, éretlen, szép, gyors
   (Example : Dolgozz gyorsabban!)

7. *Fill in the adverbs of degree :—*

Károly ... fiatalabb Péternél. Az ő kertje ... nagyobb a mienknél. Az én bő-röndöm ... nehezebb, mint az övé. Ez a hegy ... magasabb, mint az a másik.

8. *Form sentences using fractions, decimals, ordinals and numerals of multiplication.*

9. *Express in words the figures in brackets :—*

Te vagy az (1.) tanuló az osztályban. — A teremben (153) vannak. — Az enyém (0,7) százalékkal kevesebb, mint az övé. — Itt (6) annyi gyerek van, mint nálunk. — A lakosság (3/8) része városokban él.

10. *Fill in the missing endings :—*

A ti házatok területe három... nagy..., mint a mienk. Az a folyó öt... akkora, mint ez. A ti hegyeitek magas... a mieink... Ebben a városban húsz... annyi lakos él, mint abban.

Minél *(sok)* az erdő, annál tiszta... a levegő. A régi ruhád sok... *(szép)*, mint ez az új. Pál alacsony... *(én)*.

Kérdés — Felelet

Hol fekszik Magyarország?

Mely *(which)* államok a szomszédai?

Mekkora az ország területe?

Mennyi a lakossága?

Hány magyar él az egész világon?

Hol élnek még magyarok Magyarországon kívül?

Melyik szomszéd állam területe kisebb Magyarországénál?

Mennyi lakosa van Budapestnek, Szegednek, Debrecennek?

Mennyivel több Debrecen lakossága, mint Szegedé?

Melyek a legrégibb városok?

Melyek az ország legnagyobb folyói?

Milyen régiek a legrégibb magyarországi városok?

Mekkora területen folyik nagyüzemi gazdálkodás?

Magyarország területének hány százaléka szántóföld, erdő, rét és legelő?

Melyik az Alföld leggyakoribb fája?

Milyen erdő van legtöbb Magyarországon?

Melyik a legmagasabb hegycsúcs az országban? Milyen magas?

Mik a legfontosabb gazdasági növények?

18 Miből szállít Magyarország sokat külföldre?
    A lakosságnak hány százaléka dolgozik az iparban?
    Hányszor annyi vasércre van szükség, mint amennyit a bányák termelnek?
    Milyen ipari nyersanyagból van sok Magyarországon?
    Miben gazdag még Magyarország?

Fogalmazás

Write a short composition. "The Geography of My Country" or "Our Life and that of Our Parents".

TIZENKILENCEDIK LECKE

Budapest történetéből

Azon a tájon, ahol Budapest fekszik, már nagyon régen laknak emberek. Ennek a területnek legrégibb ismert lakosai a kelták voltak. Időszámításunk kezdetén a rómaiak alapítottak itt várost a mai Óbuda helyén. E virágzó római város neve Aquincum volt. Az ásatások rengeteg művészi emléket, egész városrészek alapfalait, színházakat tártak fel. A IV. század végén és az V. század elején a rómaiak a barbár népek nyomására elhagyták megerősített

dunai táboraikat. A rómaiak után hunok, germán törzsek, avarok és különféle szláv törzsek telepedtek itt le.

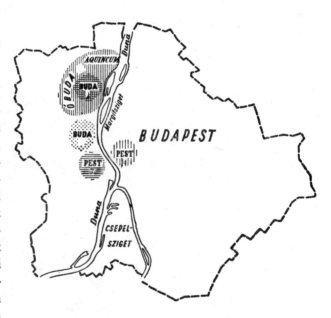

A magyarok 896-ban foglalták el a Kárpátmedencét. A honfoglalás után a magyarok vezére, Árpád Óbuda vidékén telepedett le a vezető törzszsel együtt. A régi római várost újjáépítették, s ezt egy vezérről Budának nevezték el. Ez a Buda tehát a mai Óbudának, a régi Aquincumnak a területén feküdt. Ugyanabban az időben délebbre, a mai Gellérthegy lábánál, sőt szemben a bal parton is építkeztek. Az építkezéshez sok meszet égettek, ezért kapta a város a „Pest" nevet. A „pest" szó ugyanis a régi nyelvben mészégető kemencét jelentett.

A két város 1242-ben, a tatárjárás idején teljesen elpusztult: a tatárok mindent felgyújtottak és elpusztítottak. Kivonulásuk után a magyarok a mai Várhegyen építettek várat és várost, s most már ezt nevezték Budának, a régi

19 Budából pedig Óbuda lett. Mivel a jobbparti Pest megszűnt, ezt a nevet a vele szemben, a Duna bal partján épült város tartotta fenn. Ebből a három városból (Óbuda, Buda, Pest) született meg később Budapest.

A három város második pusztulása is bekövetkezett. 1541-ben Buda a török hódítók kezére került. Az 1541-től 1686-ig tartó török megszállás, majd  az 1686. évi ostrom ismét elpusztította e városokat. A török után a Habsburg királyok elnyomó uralma következett, és a romok felett csak lassan kezdődött meg az újjáépítés. A XVIII. század végén (1780-ban) Pest lakosainak száma csak 13 550 volt, Budáé pedig — Óbudáéval együtt — 21 665.

A XIX. század első évtizedeiben sok magyar jött vidékről Pestre, itt vett magának telket, és épített házat. Ekkor lett Pest a magyar irodalom, színészet és tudomány központja. A század második felében rendkívül gyorsan fejlődött Pest és Buda, és rohamosan nőtt a lakosok száma. Különösen Széchenyi István, a múlt század nagy magyar államférfia vette ki részét a városok fejlesztésének munkájából. Ő volt az, aki először használta

A Lánchíd

276

a Budapest nevet, és az első állandó híd, a Lánchíd megépítésével megtette az első gyakorlati lépést a két város egyesítésére.

1848. március 15-én Buda és Pest lakossága fontos szerepet játszott a magyar forradalomban. Az országgyűlés és a kormány az akkori fővárosból, Pozsonyból (ma a csehszlovák Bratislava) Pestre költözött. A városok hivatalos egyesítése csak 1872-ben történt meg.

1944—1945 tele ismét szomorú időszak volt a város történetében. A fasiszta csapatok a hidakat mind elpusztították, a házak, gyárak nagy része megsérült vagy elpusztult. Az újjáépítés azonban a Kommunista Párt vezetésével és Budapest lakosságának szorgalmas munkájával rövid idő alatt sikeresen befejeződött.

A két Clark, a Lánchíd építői

Budapesten az első állandó Duna-híd 1840-től 1849-ig épült. Széchenyi István gróf, a magyar társadalmi és gazdasági élet nagy fejlesztője 1838-ban Clark Tierney William neves angol hídépítő mérnököt bízta meg a híd terveinek elkészítésével. A tervezőt sok munkája hazájához kötötte, ezért az építési munkák vezetésére mérnöktársát, Clark Ádámot kérte fel. Clark Ádám hozzáértésével, lelkesedésével csakhamar elnyerte Széchenyi bizalmát, szeretetét. Clark nagy munkájának befejezése után nem hagyta el Magyarországot. Magyar nőt vett feleségül, s itt halt meg 1866-ban. Nevét a budapestiek ma is tisztelettel említik, és a budai hídfő előtti teret róla nevezték el.

Clark Ádám

Tréfa

A „JÓ" TANULÓ

— Mondd, mit csináltatok ma az iskolában?
— Vártuk a csengetést!

Népdal

A csitári hegyek alatt régen leesett a hó.
Azt hallottam kisangyalom, véled esett el a ló.
Kitörted a kezedet, mivel ölelsz engemet?
Így hát kedves kisangyalom, nem lehetek a tied.

Moderato

A csi-tá-ri he-gyek a-latt ré-gen le-e-set ta hó,

Azt hal-lot-tam kis-an-gya-lom, vé-led e-sett el a ló,

Ki-tör-ted a ke-ze-det, mi-vel ö-lelsz en-ge-met?

Igy hát ked-ves kis-an-gya-lom nem le-he-tek a ti-ed.

SZÓKINCS

történet, -et	[here:] *history*	hun, -t	*Hun*
ahol	*where*	germán, -t	*Germanic*
kelta, '-t	*Celt*	törzs, -et	*tribe*
időszámítás, -t	*era*	avar, -t	*Avar*
római, -t	*Roman*	szláv, -ot	*Slav*
alapít	*found*	letelepedik *or*	
mai	*present-day, modern*	letelepszik	*settle down*
Óbuda, '-t	*Old Buda*	Kárpát-	
ásatás, -t	*excavation*	medence, '-t	*Carpathian basin*
művész, -t	*artist*	honfoglalás, -t	*conquest, occupa-*
városrész, -t	*quarter, district*		*tion of the country*
alap, -ot, -ja	*foundation; base, basis*	vezér, -t	*leader*
alapfal, -at	*foundation wall*	Árpád, -ot, -ja	*Hungarian (Chris-tian) name for men*
feltár	*discover, dig up*		
század, -ot	*century*	együtt *(postp.)* :	
vminek eleje	*beginning*	vkivel ~	*together with sy*
barbár, -t	*barbaric*	újjáépít	*rebuild*
nyomás, -t	*pressure*	elnevez vmiről	
elhagy	*leave*	vminek	*name*
megerősít (erősít)	*fortify*	tehát	*so, accordingly*
tábor, -t	*camp*	ugyanaz	*the same*

szemben *(postp.)* :

vmivel ~	*opposite*
bal	*left*
építkezik	*build*
mész, meszet	*lime*
éget	*burn*
ugyanis	*namely*
mészégető	
kemence, '-t	*lime-kiln*
tatárjárás, -t	*Tartar Invasion*
	(in 1242)
teljes	*complete*
elpusztul	*be destroyed, fall*
(pusztul)	*into ruin*
felgyújt (gyújt)	*set fire to*
elpusztít (pusz-	*destroy*
tít)	
kivonul (vonul)	*withdraw*
Várhegy, -et	*Castle Hill*
épít	*build*
s = és	*and*
mivel	*because*
jobb	*right*
megszűnik	*cease, stop*
fenntart	*maintain, preserve*
megszületik	*be born*
(születik)	
bekövetkezik	*take place*
török, -öt	*Turkish*
hódít	*conquer*
kezére kerül	
vkinek vmi	*get hold of, capture*
tart (egy évig)	*last (a year)*
megszáll	*occupy*
ostrom, -ot	*siege*
király, -t	*king*
elnyom	*oppress*
uralom, uralmat	*reign, rule*
rom, -ot, -ja	*ruin*
évtized, -et	*decade*
telek, telket	*site*

irodalom,	
irodalmat	*literature*
színészet, -et	*dramatic art*
fejlődik	*develop*
rohamosan	*rapidly*
múlt	*past*
államférfi, -t,	
plur. -ak	*statesman*
kiveszi részét	
vmiből	*take one's share of*
fejleszt	*develop sg*
használ	*use*
lánc, -ot	*chain*
megtesz = tesz	*make*
gyakorlati	*practical*
lépés, -t	*step*
egyesít	*unite*
március, -t	*March*
szerep, -et	*role*
forradalom,	
forradalmat	*revolution*
országgyűlés	
[orsaːgdjyːleːʃ],	
-t	*parliament*
kormány, -t	*government*
költözik	*move*
hivatalos	*official*
megtörténik	*happen, take place*
(történik)	
szomorú	*sad*
időszak, -ot	*period*
fasiszta, '-t	*fascist*
csapat, -ot	*troop*
megsérül (sérül)	*become damaged*
kommunista, '-t	*communist*
párt, -ot, -ja	*party*
vezetés, -t	*leadership*
sikeres	*successful*
befejeződik	*come to an end, be*
	finished
épül	*be built*

19

19	gróf, -ot, -ja	count	feleségül vesz	marry (= to take a
	társadalom,			wife)
	társadalmat	society	meghal (hal)	die
	neves	well-known	tisztelet, -et	respect
	megbíz	entrust	említ	mention
	felkér (kér)	request	hídfő, -t	bridge-head
	hozzáértés, -t	expertness, com-	Csitár	name of a village
		petence	angyal, -t	angel
	lelkesedés, -t	enthusiasm	kisangyalom	my darling
	csakhamar	soon	véled = veled	with you
	elnyer (nyer)	win, gain	elesik	fall down
	bizalom,		kitör (tör)	break
	bizalmat	confidence	így hát	so
	szeretet, -et	love		

Kiejtés

The name of the great Hungarian statesman **Széchenyi** (1791—1860) is pronounced: [seːtʃeːnji].

Szómagyarázat

Délebbre *more to the south, more southwards.* — Some nouns used in the sense of an adverb can take the degree of comparison:—

délre — délebbre — legdélebbre
északon — északabbra — legészakabbra

Comp. 250, 268.

NYELVTAN

165. Past Tense of the Indicative

Modern Hungarian has only one past tense. All the English past tenses (imperfect, pluperfect, both continuous and non-continuous) are translated by this single tense.

The sign of the past tense is the suffix **-t** or **-tt**. The short suffix is added direct to the verb base, the long suffix requires a linking vowel **-o-, -e-, -ö-**. According to the formation of their past tense verbs are classified into three groups:—

280

A) Verbs taking the long form in all persons		**-ott, -ett, -ött**
B) Verbs taking the short form in all persons		**-t**
C) Verbs taking the short form . . . . but which in the 3rd Person Singular of the indefinite conjugation takes the long form		**-t** **-ott, -ett, -ött**

As in the present tense the 3rd Person Singular of the indefinite conjugation takes no personal suffix and therefore the verb base plus the sign of the past represents the 3rd Person Singular of the indefinite conjugation.

Group A)

-ott, -ett, -ött | The long form **-ott, -ett, -ött** is taken:—

(a) by verbs ending in two consonants
(b) by verb bases ending in **-ít**
(c) by all monosyllabic verb bases ending in **t**

Examples:—

(a) játsz(ik)	: játsz-ott	tekint	: tekint-ett
(b) pusztít	: pusztít-ott	épít	: épít-ett
(c) jut	: jut-ott	fűt	: fűt-ött

Exception: **lát** *see* belonging to Group C)

Group B)

-t | The short form **-t** is taken:—

(a) by verbs ending in **-l, -r, -n (-ny), -j (-ly)**
(b) by most dissyllabic verb bases ending in **-ad, -ed**

Examples:—

(a) beszél	: beszél-t	kíván	: kíván-t
indul	: indul-t	történ(ik)	: történ-t
vár	: vár-t	foly(ik)	: foly-t
kér	: kér-t	fáj	: fáj-t
(b) marad	: marad-t	ébred	: ébred-t *wake (up)*

Group C)

> **-t and**
> **-ott, -ett, -ött**

The past tense of verbs not belonging to Group *A)* or Group *B)* is formed by adding the short suffix **-t** to the verb base. The exception to this rule is the 3rd Person Singular of the indefinite conjugation which takes the long suffix **-ott, -ett, -ött.**

Examples:—

ad	: adt-,	adott	lép	: lépt-,	lépett
szeret	: szerett-,	szeretett	köhög	: köhögt-,	köhögött
dob	: dobt-,	dobott	olvas	: olvast-,	olvasott
nevez	: nevezt-,	nevezett	hív	: hívt-,	hívott

This group contains the following exceptions — comp. Groups A*(c)* and B*(b)* :—

lát: látt-, látott *see*
fogad: fogadt-, fogadott *receive*   **tagad: tagadt-, tagadott** *deny*
enged: engedt-, engedett *yield, let*

The past tense of verbs ending in a consonant + **d** (and in **-ng**) is formed according to Group C) and to Group A):—

mond: mondt-, mondott   **küld: küldt-, küldött**   **kezd: kezdt-, kezdett,** *etc.*

166. The Personal Suffixes of the Past Tense

1. Indefinite Conjugation:

	Personal Suffixes		Group A)	Group B)	Group C)
Singular					
1st Person	**-am,**	**-em**	tartottam építettem	vártam kértem	adtam győztem
2nd Person	**-ál,**	**-él**	tartottál építettél	vártál kértél	adtál győztél
3rd Person	**-ø,**	**-ø**	tartott épített	várt kért	adott győzött
Plural					
1st Person	**-unk,**	**-ünk**	tartottunk építettünk	vártunk kértünk	adtunk győztünk
2nd Person	**-atok,**	**-etek**	tartottatok építettetek	vártatok kértetek	adtatok győztetek
3rd Person	**-ak,**	**-ek**	tartottak építettek	vártak kértek	adtak győztek

1st Person Singular. — The linking vowel is **-a-, -e-** (never *-o-, -e-, -ö-*) and the personal suffix is — as in the definite conjugation — **-m** (not *-k*).

2nd Person   Singular. — The linking vowel is long: **-á-, -é-**. The personal suffix is always **-l**.

3rd Person Plural. — The personal suffix is **-ak, -ek** (not: *-nak, -nek*).

2. Definite Conjugation:

	Personal Suffixes	Group A)	Group B) and C)	
Singular				
1st Person	**-am, -em**	tartottam építettem	vártam kértem	adtam győztem
2nd Person	**-ad, -ed**	tartottad építetted	vártad kérted	adtad győzted
3rd Person	**-a, -e**	tartotta építette	várta kérte	adta győzte
Plural				
1st Person	**-uk, -ük**	tartottuk építettük	vártuk kértük	adtuk győztük
2nd Person	**-átok, -étek**	tartottátok építettétek	vártátok kértétek	adtátok győztétek
3rd Person	**-ák, -ék**	tartották építették	várták kérték	adták győzték
I ↘you	**-alak, -elek**	tartottalak építettelek	vártalak kértelek	adtalak győztelek

The personal suffixes given here are identical with those of the imperative (definite conjugation).

Pronunciation

The voiced consonants become unvoiced before the **-t** suffix (just as before any other **-t**):—

Written	maradtam	dobtam	köhögtem	neveztem	hívtam	hagytam
Pronounced	[marattam]	[doptam]	[køhøktɛm]	[nɛvɛstɛm]	[hiːftam]	[hatʲtam]

167. Past Tense of Irregular Verbs

1. **megy;** base: **ment-**

mentem, mentél, ment   mentünk, mentetek, mentek

2. **jön;** base **jött-**

jöttem, jöttél, jött   jöttünk, jöttetek, jöttek

3. **lő, fő, nő, sző, ró;** base: **lőtt-, főtt-, nőtt-, szőtt-, rótt-**

lőttem, lőttél, lőtt   lőttünk, lőttetek, lőttek
lőttem, lőtted, lőtte   lőttük, lőttétek, lőtték

4. **eszik;** base: **ett-, evett**

ettem, ettél, evett   ettünk, ettetek, ettek
ettem, etted, ette   ettük, ettétek, ették

5. **iszik;** base: **itt-, ivott**

ittam, ittál, ivott   ittunk, ittatok, ittak
ittam, ittad, itta   ittuk, ittátok, itták

6. **tesz, vesz, visz, hisz;** base: **tett-, vett-, vitt-, hitt-**

tettem, tettél, tett   tettünk, tettetek, tettek
tettem, tetted, tette   tettük, tettétek, tették

7. **van — lesz;** base: **volt-, lett-**

voltam, voltál, volt   voltunk, voltatok, voltak   *(I) was*, etc.
lettem, lettél, lett   lettünk, lettetek, lettek   *(I) became*, etc.

Examples:—

A XIX. század első felében Budapest   *In the first half of the 19th century Buda-*
lett a magyar szellemi élet központja.   *pest had become (became) the centre of*
       Hungarian cultural life.

A XIX. század második felében már   *In the second half of the 19th century Buda-*
Budapest volt a magyar szellemi élet   *pest was already the centre of Hungarian*
központja.   *cultural life.*

☞   *I had, you had*, etc.: **nekem volt, neked volt,** etc. (comp.
176—8)

Pestnek a XVIII. században még ke-   *In the 18th century Pest had only a few*
vés lakosa volt.   *inhabitants.*

8. **fekszik** *lie*, **alszik** *sleep;* **nyugszik** *rest;* base: **feküdt-, aludt-; nyu-
godt-, nyugodott** (Group C); e.g.:—

feküdtem, feküdtél, feküdt   feküdtünk, feküdtetek, feküdtek
aludtam, aludtál, aludt   aludtunk, aludtatok, aludtak
nyugodtam, nyugodtál, nyugodott   nyugodtunk, nyugodtatok, nyugodtak

168. The Participle of Completed Action (Past Participle)

For the participle of incompleted action (Present Participle) comp. 220—1.

The past participle is identical with the 3rd Person Singular of the past tense, indefinite conjugation:—

ismer: ismert	*known* (also: *has known*)
megerősít: megerősített	*fortified* (also: *has fortified*)
a legrégibb ismert lakosok	*the oldest known inhabitants*
megerősített tábor	*a fortified camp*
főtt tojás	*boiled egg*
a volt miniszter	*the ex-minister (the former minister)*

The past participle can also be used as nouns:—

a német küldöttek	*the German delegates*
a felnőttek	*the grown-ups, adults*
disznósült	*roasted pork*
tett	*deed, act*

Remember that the present participle formed with **-va, -ve** can also express an adverb of completed action (comp. 257):—

A kocsi fűtve van.	*The carriage is heated.*

Compare:—

Fűtött kocsiban kellemes utazni.	*It is pleasant to travel in a heated carriage.*

Past Participles which by general usage have become adjectives can take the adverbial suffix of manner **-an, -en:**—

nyugodtan	*quietly, calmly*	határozottan	*decidedly, definitely*
nyíltan	*frankly, openly*		

169. Postpositions Requiring the Suffix *-val, -vel*

valakivel *együtt*	*together with somebody*
valamivel *szemben*	*opposite to, facing, over, against*

Árpád a vezető törzzsel együtt itt telepedett le.	*Árpád settled down here together with the leading tribe.*
A „Pest" nevet a vele szemben épülő város tartotta fenn.	*The name Pest was retained by the town built opposite to it.*

170. The Demonstrative Pronouns Expressing Identity

All demonstrative pronouns preceded by the particle **ugyan-** express identity:—

ugyanaz	ugyanez	*the same*
ugyanolyan	ugyanilyen	*the same kind* or *sort, similar; of the same kind, identical*
ugyanakkora	ugyanekkora	*of the same size, just as large*
ugyanannyi	ugyanennyi	*of the same quantity, just as much*
ugyanúgy	ugyanígy	*in the same way* or *manner (as); like-wise*

Ugyanaz, ugyanez take suffixes in the same way as the pronoun **az, ez:**—

ugyanebben az időben	*at the same time*
ugyanattól az embertől	*from the same man*

171. Some Formative Suffixes

-ász, -ész
-ászat, -észet

1. **-ász, -ész** (after a vowel **-sz**) forms names of occupations and professions from nouns and more rarely from verbs.

The derivatives ending in **-ász, -ész** can also take the formative suffix **-at, -et:** thus **-ászat, -észet** expresses the branch of profession or science concerned or sometimes the place where this profession or occupation is carried out:—

fog	— fogász	— fogászat	*tooth*	— *dentist*	— *dentistry*
mű	— művész	— művészet	*work*	— *artist*	— *art*
bánya	— bányász	— bányászat	*mine, pit*	— *miner*	— *mining*
szül	— szülész	— szülészet	*bear*	— *obstet-* *rician*	— *obstetrics*

-vány, -vény

2. **-vány, -vény** forms nouns from verbs, usually expressing the result of action (comp. formative suffix **-mány, -mény**, p. 218—9):—

nő	— növény	*grow*	— *plant*
lát	— látvány	*see*	— *sight*

-alom, -elem
-(a)dalom,
-(e)delem

3. **-alom, -elem** and **-(a)dalom, -(e)delem** collective or abstract nouns from verbs or nouns:—

történik	— történelem	*happen, occur*	— *history*
hat	— hatalom	*impress, effect*	— *power, might*
forr	— forradalom	*boil*	— *revolution*
ír	— irodalom	*write*	— *literature*

-ít	4. The formative suffix **-ít** forms transitive verbs from various
-ul, -ül	parts of speech (usually from adjectives).

Added to the same verb base **-ul, -ül** forms the corresponding intransitive verb. These verbs are usually translated into English by the reflexive or intransitive.

gyógyít	— gyógyul	*cure*	— *be cured*
pusztít	— pusztul	*ruin*	— *be ruined*
készít	— készül	*get ready*	— *get (oneself) ready*
épít	— épül	*build*	— *be built*

There are some, though very few transitive verbs ending in **-ul, -ül: tanul vmit** *learn sg,* **árul vmit** *sell,* **kerül vkit** *avoid sy,* etc.

GYAKORLATOK

1. *Group the following verbs according to the formation of their past tense : Group A) — Group B) — Group C)*

elpusztít, lát, szeret, elpusztul, fut, pihen, címez, megijed, keres, talál, tölt, vár, tanít, kap, köszön, úszik, hall, dolgozik, tud, látszik, üt

Form sentences using the past tense (definite and indefinite conjugation) of these verbs.

2. *Put the following sentences into the past tense :—*

Az iskolába megyek. — Te gyárban dolgozol. — Péter az egyetemen tanul. — Jól játszunk. — Gyümölcsöt vesztek. — Hideg vizet isznak. — Bort tölt a pohárba. — Délelőtt dolgozik, délután pihen, este szórakozik. — Lefekszem, és már alszom. — Reggel indul, este érkezik.

3. *Give the past tense of the "I — You" conjugation of the following verbs :* szeret, figyel, lát, hív, kér.

Use each of these forms in a sentence.

4. *Rewrite these sentences using the past tense of the verb in brackets :—*

Én tihozzátok *(jön)*, és nem *(megy)* moziba. Te *(vesz)* új ruhát? Nem *(hisz)* el neki, amit *(mond)*. Néhány kiló gyümölcsöt *(visz)* a nagybátyámnak. Ő nem *(kíván)* más ajándékot. Csak az *(ízlik)* neki, amit én *(hoz)*. Abból sokat meg *(tud)* enni. Nála a vendégek mindig kitűnő borokat *(iszik)*. Az az öreg ember, aki itt *(van)*, sok jót *(tesz)* a szomszédainak. Mindenki *(ismer)* őt, aki ebben az utcában *(lakik)* és *(nő)* fel.

5. *Use the past tense of the verbs* néz, lát *in all persons (Singular and Plural), taking the following pronouns as objects :—*

engem	— téged	— őt (önt, magát), valakit
minket (bennünket)	— titeket (benneteket)	— őket (önöket, magukat)

287

19

Thus the following alternatives are possible :—

(a) (én) ... engem(?)*
    (én) ... téged
    (én) ... őt (önt, magát)
    (én) ... valakit
    (én) ... titeket (benneteket)
    (én) ... őket (önöket, magukat)

(b) (te) ... engem
    (te) ... téged(?)*
    (te) ... őt (önt, magát)
    (te) ... valakit
    (te) ... minket (bennünket)
    (te) ... őket, (önöket, magukat)

(c) (ő) ... engem   (d) (mi) ...   (e) (ti) ...   (f) (ők) ...
    etc.   etc.   etc.   etc.

6. *Rewrite the following sentences using all forms of the personal pronoun :—*

Elhoztam a könyvemet a barátomtól. — Sokat nőttem az utolsó évben. — Megnéztem egy új magyar filmet. — Beteg voltam, de már meggyógyultam.

7. *Translate the following phrases :—*

the rebuilt town — the occupied country — work begun — the medicine taken — the shoes bought — the well-known writer

8. *Rewrite Lesson 16, "Good Advice for Students", in the Past Tense (Purpose Clauses cannot be changed).*

Kérdés — Felelet

(a) Kik voltak a mai Budapest területének legrégibb lakosai?
Mikor éltek itt, és kik jöttek utánuk?
Hol alapítottak várost a rómaiak, és mi volt a római város neve?
Kik telepedtek itt le a rómaiak után?
Mikor foglalták el a magyarok a Kárpát-medencét?
Ki volt a magyarok vezére?
Hogy nevezték el a magyarok az újjáépített római várost?
Hol építkeztek még ugyanebben az időben?
Hogy nevezték a Gellérthegy lábánál épült várost?
Miért kapta ez a város a „Pest" nevet?
Mikor pusztult el ez a két város először?
A tatárok kivonulása után hol épült először város?
Hogyan lett Budából Óbuda?
Kik pusztították el másodszor a három várost?
A XVII. században kik lettek Magyarország urai?
Mikor nőtt meg Buda és Pest lakossága?
Ki vette ki a részét leginkább a városok fejlesztéséből és egyesítéséből?
Milyen gyakorlati lépést tett az egyesítésre Széchenyi?
Mikor történt meg a hivatalos egyesítés?
Hogyan fejlődött az új magyar főváros?
Miért volt szomorú időszak Budapest történetében 1944—1945?

(b) *Form questions from the text „A két Clark."*

* Where the subject and the object are the same person, the reflexive pronoun must be used as the object.

In Lesson 19 you were introduced *(megismer vmit)* to the history of Budapest. You learnt *(megtud)* that the Celts were the oldest known inhabitants of the district where Budapest is now situated. One can still see today the ruins of Aquincum, the town built here by the Romans. After the occupation of the country the Hungarians began to build a new town which they named Buda. On the right bank of the Danube, in another place, they built another town: this they called Pest. The Tartars destroyed both towns. After the Tartar Invasion the Hungarians built a new, fortified town on what is today Castle Hill. This new town took the name of Buda and the rebuilt town became Óbuda. Pest was not rebuilt at the foot of the Gellért Hill. A new town on the left bank opposite the former *(régi)* town took the name of Pest. In the 16th Century the Turks destroyed these towns and under the Habsburgs rebuilding began very slowly. In the 18th Century Buda and Pest were still fairly small towns. It was only in the 19th Century that Buda and Pest developed rapidly and by the end of the century Budapest had nearly a million inhabitants *(milliós város)*. The union of the two towns took place in 1872 and the united town became officially the capital of Hungary.

Fogalmazás

Write a short composition on ,,Mit csináltam tegnap?" *or* ,,Hol jártam iskolába, és mit tanultam?"

HUSZADIK LECKE

Szórakozás és pihenés

Szabóéknál délben szól a telefon. Szabóné megy a telefonhoz, felveszi a kagylót.

— Halló, itt Szabóné.

— Szervusz! Itt Molnárné beszél. Meghívlak benneteket egy előadásra. A Zeneművészeti Főiskola nagytermében ma művészest lesz. Véleményem szerint nagyszerű a műsor, a legjobb színészek és énekesnők szerepelnek. Az Operaház balett-kara is fel fog lépni. A Fővárosi Zenekar szintén több számot fog előadni. Nélkületek nem akarunk elmenni. Ha van időtök, gyertek el. Jól fogunk szórakozni.

— Köszönöm szépen a meghívást, de nem tudom, hogy el tudunk-e menni, ti. (= tudniillik) vendégünk van vidékről. A sógornőm van nálunk.

— Általad meghívom őt is.

— Kérdés, hogy van-e kedve megnézni az előadást.

— Azt hiszem, lesz kedve. Ha az ember a fővárosba jön, szórakozni akar. A vidékiek legtöbbször szórakozni vagy bevásárolni jönnek fel Pestre. Nem igaz?

— Ebben igazad van. A legjobban valóban Pesten lehet szórakozni. De vajon tudtok-e mindnyájunknak jegyet szerezni?

— Emiatt ne aggódj! Mindnyájatok számára lesz jegy, a sógornőd részére is. Nekünk kettőnknek már félre van téve a jegy a pénztárban, majd rendelek nektek hármótoknak is.

— Még azt sem tudom azonban, hogy vajon Géza ráér-e, nem lesz-e éppen valami sürgős dolga. Helyette nem tudok ígéretet tenni, előbb beszélnem kell vele.

— Mondd meg neki, hacsak lehet, ma este ne dolgozzék. Tudom, neki ezt nem könnyű megtennie, mert nagyon el van foglalva, de most próbáljon eljönni! Az embernek pihennie is kell és szórakoznia is! A végleges válasz végett még egyszer fel foglak hívni.

— Most mindjárt beszélek a sógornőmmel, Gézának meg telefonálok. Majd én hívlak vissza, hogy megmondjam, mit határoztunk.

— Jó. Akkor hívj vissza te!... De ugye eljöttök? A nyaralást is meg akarom beszélni veletek. Szóval Károly megveszi a jegyeket az előadásra. Előtte be fogunk szólni hozzátok, és majd együtt megyünk.

MEGHÍVÓ

Folyó hó 29-én este 8 órakor műsoros előadást tartunk a Zeneművészeti Főiskola nagytermében. Az előadásra Önt és családját meghívja, és szeretettel várja

Budapest, 1978. március 17.

a *Rendezőség*

Büfé — Hideg ételek — Italok

MŰSOR

1. *Erkel :* Hunyadi-nyitány.
   Előadja a Fővárosi Zenekar.
   Vezényel: *Medveczky Ádám.*

2. *Mascagni :* Parasztbecsület. Santuzza és Turiddu kettőse.
   Éneklik: *Házy Erzsébet* és *Korondy György,* az Operaház tagjai.

3. *Bartók—Kodály :* Magyar népdalok.
   Éneklik az Operaház művészei.

Szünet

4. *Kodály :* Háry János. Közzene.
   Előadja a Fővárosi Zenekar.
   Vezényel: *Medveczky Ádám.*

5. *Csajkovszkij :* Diótörő. Balettrészletek.
   Előadja az Operaház balettkara.

6. *Bartók :* A kékszakállú herceg vára.
   Operarészletek.
   Előadják az Operaház művészei.

— Nem lesz könnyű Gézát rábeszélnem. Csak sikerüljön elmennünk! Legalább majd egy kicsit elbeszélgetünk. Szervusz, a viszontlátásra!

Szabóék otthon elhatározták, hogy elmennek az esti előadásra. Megtelefonálják Molnáréknak, hogy vegyék meg mindnyájuknak a jegyeket. Előadás után majd együtt vacsoráznak, és meg fogják beszélni nyári terveiket.

A nyári szabadságukat ugyanis együtt akarják tölteni valamelyik üdülőhelyen, a Mátrában vagy a Balaton mellett. Sokat fognak pihenni, sétálni, fürdeni és kirándulni, de hangversenyekre, előadásokra is el fognak járni. A sok munka után kétségkívül jót tesz majd a pihenés és a szórakozás.

„KÖRÜLBELÜL"

A múlt században történt egy kávéházban. Az egyik képviselő, Deák Ferenc haza akart menni. Kereste a kalapját, nem találta. Keresés közben rápillantott egy mellette álló kép- viselőtársa fejére.

— Te János, ez az én kalapom! — mondta.

Az levette a kalapot a fejéről, s látta, hogy nem az övé.

— Igazán, bátyám. Körülbelül egyforma a fejünk.

— Körül lehet, de belül nem!

Deák Ferenc (1803—1876) liberal politician, statesman.

ANDRÁSSY ÉS MUNKÁCSY

Andrássy Gyula minisztert meleg barátság fűzte Munkácsy Mihályhoz, a nagy festőművészhez. Egy- szer egy főúri társaságban valaki csodálkozott ezen a barátságon.

Andrássy a csodálkozó főúrhoz fordulva megkér- dezte:

— Meg tudod mondani nekem, kedves barátom, hogy ki volt Raffael korában a külügyminiszter?

— Honnan tudjam én azt? — kérdezte a főúr.

— No látod! De azt még te is tudod, hogy ki volt Raffael!

Count Gyula Andrássy [ɑndraʃi] (1823—1890) member of an old aristocratic family, was at one time the Minister of Foreign Affairs of the Austro-Hungarian Monarchy.

Mihály Munkácsy (1844—1900) started his career as a joiner's apprentice and became a well- known painter.

Közmondások:

Munka után édes a pihenés.

Nincsen rózsa tövis nélkül.

293

VENDÉGLŐBEN

— Meg van elégedve a hallal, uram?
— Na, ettem már jobbat is!
— De nem nálunk!

SZÓKINCS

halló!	hello !	valóban	indeed, really
Zeneművészeti		vajon?	whether ?
Főiskola, '-t	Academy of Music	szerez	get
művészest, -et,		miatt (postp.)	because of
-je	concert	aggódik	worry
vélemény, -t	opinion	számára (postp.)	for
szerint (postp.)	according to	részére (postp.)	for
műsor, -t	programme	félretesz	reserve
színész, -t	actor, performer	sürgős	urgent
énekes, -t	singer	helyett (postp.)	instead of
szerepel	play, act	ígéret, -et	promise
operaház, -at	opera house	előbb (adv.)	first
balettkar, -t	corps de ballet	hacsak lehet	if possible
fellép (lép)	play	el van foglalva	be busy
szintén	also, as well	végleges	final
szám (műsor-	item (of program-	végett (postp.)	for
ban)	me), piece	visszahív	call back (by
nélkül (postp.)	without	(telefonon)	phone)
tudniillik	namely	határoz	make up one's mind
sógornő, -t	sister-in-law		
által	through, by	ugye?	(here:) won't you
kedve van	feel like, mind		(see grammar)
bevásárol	buy, purchase	nyaralás, -t	summer holiday
igaz	true	szóval	so, in short
igaza van	he is right	rábeszél vkit	persuade sy to do sg,
	doing sg	vmire	talk sy into

elbeszélget		opera, '-t	opera
(beszélget)	chat, talk	adoma, '-t	anecdote
vacsorázik	have supper	történik	happen
valamelyik	one (of them)	kávéház, -at	café
fürdik	bathe, have or take	képviselő, -t	member of parliament
	a bath	rápillant	cast a glance
kétségkívül	without doubt	(pillant)	
meghívó, -t	invitation (card)	belül (adv.)	inside
folyó hó	instant, inst.	Gyula, '-t	Julius
rendezőség, -et	organizing com-	egyforma	equal
	mittee	miniszter, -t	minister
büfé, -t	buffet, refreshment-	barátság, -ot	friendship
	room	fűz	connect
nyitány, -t	overture	Mihály, -t	Michael
vezényel	conduct	festőművész, -t	painter
Parasztbecsület,	Cavalleria Rusti-	főúr, -at	aristocrat
-et	cana	társaság, -ot	company
kettős, -t	duet	fordul vkihez	turn to sy
tag, -ot, -ja	member	kor, -t	age, time
közzene, '-t	intermezzo	külügyminiszter,	minister of foreign
diótörő, -t	nut-cracker	-t	affairs
részlet, -et	part	vendéglő, -t	restaurant
szakáll, -at	beard	tövis-, -t	thorn
herceg, -et	prince, duke	meg van elégedve	be satisfied

Szómagyarázat

Feljön (felmegy) Pestre. *He comes (goes) up to Pest.* — This expression is used if somebody travels to the capital from the countryside.

NYELVTAN

172. Forms of Expression of Future Action

(1) Future action is frequently expressed in Hungarian, as in English, by the present tense:—

Nektek is veszünk jegyeket.	*We buy tickets for you too.*
Tudom, hogy a legjobb művészek lépnek fel.	*I know that the best actors will perform.*

295

20 (2) Future tense is frequently expressed by the adverb **majd** combined with the present tense of the verb:—

Az előadás után majd együtt vacso-rázunk.	*After the performance we are going to have supper together.*

Infinitive +**fog**

(3) Where future action is stressed an auxiliary is used and a composite tense is formed with the present tense of the verb **fog** (= *catch*) and the infinitive of the operative verb.

English: *shall, will* + Infinitive.

Jól fogunk szórakozni!	*We shall have a nice time (enjoy ourselves).*
Sokat fogunk pihenni.	*We shall rest a lot.*

Thus the Future Tense is formed:—

		Indefinite Conjugation		Definite Conjugation
Singular				
1st Person		fogok	*I shall wait for sy,*	fogom	*I shall wait for him,*
2nd Person		fogsz	*I shall ask for sg,*	fogod	*I shall ask for it,*
3rd Person	várni, kérni	fog	etc.	várni, kérni	fogja	etc.
Plural				
1st Person		fogunk		fogjuk
2nd Person		fogtok		fogjátok
3rd Person		fognak		fogják
I → you	várni, kérni } foglak		*I shall wait for you, I shall ask for you*

The adverb **majd** can also be used with the composite future tense:—

Majd pótolni fogja a hiányt.   *He will make up for what he has missed.*

173. The Future Tense of the Verb "to be"

The future tense of the verb "to be" is expressed by the present tense of the verb **lenni,** which also means *become* (comp. 137—8): —

leszek, leszel, lesz   leszünk, lesztek, lesznek   **20**

I shall be, etc., I become, etc.

Operarészletek is lesznek.   *There will also be selections from operas.*

A fiam színész lesz.   *My son will be an actor.*

Rarely one meets the form **fog+lenni:** —

Én nem fogok ott lenni.
Én nem leszek ott. }   *I shall not be there.*

    I shall have, etc.: **nekem lesz, neked lesz, neki lesz,** etc. (comp. 176—8, 284):—

A férjemnek ma sok dolga lesz.   *My husband will be very busy today.*

Lesz időd?   *Will you have time?*

174. Position of the Verbal Prefix in Future Tense Formed with the Auxiliary *fog*

(1) The verbal prefix is placed before the auxiliary (comp. 238):—

El* fogunk *menni az előadásra.   *We shall go to the performance.*

Meg* fogjuk *beszélni a nyaralást is.   *We shall talk over our summer holidays, too.*

(2) But after negation, an interrogative or after a stressed part of the sentence the verbal prefix follows the auxiliary (as with **akar, kell,** etc., comp. 238) and the verb and the prefix are written as one word:—

Nem* fogok *elmenni az előadásra.   *I shall not go to the performance.*

Ki* fog *elmenni az előadásra?   *Who will go to the performance?*

Holnap* fogok *elmenni az előadásra.   *I shall go to the performance tomorrow.*

175. The Infinitive with the Possessive Suffixes

A) The infinitive, being half way between verb and noun, can take possessive suffixes. The **-i** of the infinitive suffix disappears before the suffixes of the 1st and 2nd Persons Singular and Plural.

	várni	**kérni**
Singular		
1st Person	várn-om	kérn-em
2nd Person	várn-od	kérn-ed
3rd Person	várni-a	kérni-e
Plural		
1st Person	várn-unk	kérn-ünk
2nd Person	várn-otok	kérn-etek
3rd Person	várni-uk	kérni-ük

20   The possessive suffixes of the infinitive express the person that *must, suits (is fitting), is allowed (permitted)* or *forbidden to* or *succeeds in doing* something; or if something *hurts (aches)*, or *is good, useful*, etc., for the person.

B) The infinitive with the possessive suffixes attached is used:—

(a) in impersonal constructions with verbs:—

kell	*must*	sikerül	*succeeds*
lehet	*can, may*	fáj	*aches, hurts*
illik	*suits, is fitting*		

Examples:—

Pihenned kell.	*You must rest.*
Csak sikerüljön elmennünk!	*If only we succeed in going away.*

(b) with adjectives:—

szabad	*permitted*	jó	*good*
rossz	*bad*	nehéz	*difficult (hard)*
könnyű	*easy*	szükséges	*necessary*
tilos	*forbidden*	szükségtelen	*unnecessary, needless*
hasznos	*useful*		

Examples:—

Szabad kérnem?	*May I ask?*
Jó tudnunk...	*It is good to know... = It is good (for us) to know...*
Erre a kérdésre nehéz felelned.	*This question is difficult (for you) to answer.*
Ezt neki könnyű megtennie.	*It is easy for him to do it. (He can easily do this.)*

The person can also be shown by the dative form of the personal pronoun **(nekem, neked,** etc.). This, is, however, used only for special emphasis:—

Neked szabad pihenned, nekem azonban dolgoznom kell.	*You may (are permitted to) rest but I must work.*

The infinitive does not take the possessive suffix if used in impersonal constructions (the subject is translated into English as *one* or *you*):—

Innen mindent jól lehet látni.	*From here one can see everything well.*
El kell menni.	*One must go away.*

176. The Impersonal Subject

(1) We have already seen (comp. 90) that the general subject ("one", "you") or the indefinite subject of a passive verb (the agent) can be translated into Hungarian by using the 3rd Person Plural.

298

(2) If the speaker is implied in the general subject, the 1st Person Plural is used:—

Ezt így mondjuk.   *We say this.*

(3) If the sentence expresses an idea of general validity the word **ember** *man* is usually used as a general subject; in English this subject is translated by *one* or *you* :—

Ha az ember a fővárosba jön, szó-   *If you come (one comes) to the capital you*
rakozni akar.   *want (one wants) to enjoy yourself (one-*
                                         self).

In this sense the word **ember** is used not only as the subject but also as the direct or indirect object:—

A pihenés felüdíti az embert.   *Rest refreshes you.*
A friss levegő jót tesz az embernek.   *Fresh air does you good.*
Az embernek pihennie is kell.   *One needs relaxation as well.*

177. The Interrogative Particle -*e*?

. . . -e?   The English conjunction "whether" or "if" in the indirect question is translated in Hungarian by the interrogative particle **-e** attached to the verbal or nominal predicate (in writing it is always separated by a hyphen):—

Nem tudom, hogy el **tudunk-e** menni. *I don't know **whether** we can go.*
Kíváncsi volt, **Péter-e** az a gyerek.   *He was wondering **if** Peter was that*
                                          child.

The interrogative particle **-e** is often used in direct questions without interrogatives, especially in questions expressing doubt and curiosity:—

Tudtok-e szerezni egy harmadik jegyet *Can you really get a third ticket too ?*
is?

178. The Interrogative *vajon*? and *ugye*?

vajon?   (1) If the speaker wants to give a special stress to his curiosity or doubt then he begins the interrogative sentence with the word **vajon** *whether, if* :—

Nem tudom, vajon el tudunk-e menni. *I don't know whether we can go.*
Vajon tudtok-e szerezni egy harma-   *I wonder if you can get a third ticket too.*
dik jegyet is?

ugye?   (2) In questions to which we expect an affirmative answer the word **ugye?** *isn't it?* is often used. This word **ugye** is used like the French "n'est-ce pas?" and German "nicht wahr?" (Comp. 123)

Ugye eljöttök?	*You are coming round (to us), aren't you?*
Ugye nem félsz?	*You are not afraid, are you?*

Ugye = **úgy** *thus so* + **-e** (interrogative particle).

179. Postpositions of Adverbs of Manner and Purpose

A) Postpositions of Adverb of Manner:—

nélkül *without*
Cukor nélkül issza a teát.   *He drinks his tea without sugar.*
 helyett *instead of*
Só helyett cukrot tett a levesbe.   *Instead of salt he put sugar into the soup.*
 szerint *according to*
Véleményem szerint ez így helyes.   *According to my opinion this is right.*
 által *by*
Az öcséd által küldött levelet megkaptam.   *I have received the letter sent by your younger brother.*
 ellen *against, from*

Baleset ellen védekezz!   { *Prevent accidents.* / *Protect yourself against accidents.* }

B) Postpositions of Reason and Purpose:—

miatt *because of* (Adverb of Reason)
A pénz miatt jöttem.   *I came because of the money (something is not in order with it).*

végett *on account of, for the purpose of* (Adverb of Purpose)
A pénz végett jöttem.   *I came on account of (for) the money (to pay it in).*

These postpositions can take possessive suffixes and can thus be used as independent units:—

Nélkületek nem megyünk.   *Without you we aren't going.*
Helyette dolgozom.   *I am working instead of him.*
Szerintem így nagyon jó.   *According to my opinion it is very good like this.*
Miattunk ne fáradj.   *Don't trouble yourself on account of us (on our account).*

The stressed forms are expressed by adding the personal pronouns:—

énnélkülem,	tenélküled,	őnélküle
minélkülünk,	tinélkületek,	önélkülük
énhelyettem —	teszerinted —	őmiatta — miellenünk, *etc.*

The postpositions above combined with the demonstrative pronoun **ez, az** are used as adverbs:—

enélkül,	anélkül	*without that, without so much as; without* + Gerund
ehelyett,	ahelyett	*instead (of this), in the place of; instead of* + Gerund
eszerint,	aszerint	*in this way, according to this (that)*
ezáltal,	azáltal	*hereby, by this way, thereby, in that way; by* + Gerund
emiatt,	amiatt	*for this reason, for that reason, therefore*
evégett,	avégett	*(to that end), for that purpose, in order to*

180. Postpositions Expressing Adverbial Adjunct of Benefit

Valaki számára or **részére** *for somebody, for somebody's benefit, at somebody's disposal :—*

Mindenki számára lesz jegy, a sógor- nőd részére is.	*There will be tickets for everybody even for your sister-in-law.*

Both postpositions have **nearly** the same meaning and are used identically. These postpositions are formed from the nouns **szám** *number* and **rész** *part* plus the 3rd Person Singular possessive suffix and the adverbial suffix **-ra, -re.**

These forms with the possessive suffix and the suffix **-ra, -re** attached can be used independently in all persons:—

számomra, számodra, számára *for me,* etc.	számunkra, számotokra, számukra
részemre, részedre, részére *for me,* etc.	részünkre, részetekre, részükre

Examples:—

Itt nincs hely számodra.	*There is no place for you here.*
Az ő részükre is foglaltam asztalt.	*I have reserved a table for them too.*

181. Numerals with Possessive Suffixes

In Hungarian some definite and indefinite numerals and also some indefinite pronouns can take plural possessive suffixes.

kettőnk, mindkettőnk	*we two, both of us*
kettőtök, mindkettőtök	*you two, both of you*
kettőjük *or* kettejük mindkettőjük *or* mindkettejük	*they two, both of them*

Rarely: —
hármónk   *(we three) three of us*, etc.
négyőnk   *(we four) four of us*, etc.

Forms in frequent use:—

mindnyájunk	*we all, all of us*
mindnyájatok	*you all, all of you*
mindnyájuk	*they all, all of them*

Forms in less frequent use:—

sokunk *many of us*	sokuk *many of them*
többünk *more (several) of us*	többük *more (several) of them*

These numeral-phrases with the possessive suffixes cannot be used as subjects of a sentence.

Examples:—

Kettőnknek már van jegye.	*We both have tickets already.*
Ő mindnyájunk számára példa.	*He is an example for us all.*
Mindnyájukat üdvözlöm.	*I greet them all.*
Többünk felfogása szerint...	*According to the opinion of several of us.*

182. Use of the Adverbial Participle

The adverbial participle ending in **-va, -ve** can be used with all forms of the verb "be" (**van, volt, lesz, legyen**) to denote state or condition.

Examples:—

A jegyek félre vannak téve.	*The tickets are reserved.*
Meg voltam elégedve.	*I was satisfied.*
Az ajtó nyitva lesz.	*The door will be open.*

183. The Formative Suffix -ék

-ék   The suffix **-ék** attached to names of persons and professions denotes somebody's family and corresponds to the English *-s* or *people (= family)* :—

Szabó — Szabóék	*Szabó — the Szabós (Szabó's), the Szabó family*
Péter — Péterék	*Peter — Peter and his people*
tanító — tanítóék	*teacher — the teacher's family*

The formative suffix **-ék** can be added to other words (not only persons) denoting a group of people:—

barátomék	*my friend's family*
szomszédék	*the people in the neighbourhood*

1. *Conjugate in all persons and the given tense the verbs in the following sentences :*

(a) Az egyik feladatot már megcsináltam, de a másikat csak holnap fogom megcsinálni.

(b) Már sok szót megtanultam, de sokat még ezután fogok megtanulni.

2. *Change the following sentences to express future action. Use both the composite future tense and the adverb* majd.

Ma elmegyünk hozzátok. Elvisszük magunkkal a tankönyveinket is. Felveszem az új ruhámat, s te is megmutatod a tiedet. Nálatok elénekeljük a tegnap tanult dalokat. A fiúk megnézik a fényképeket is. Szórakozás után megtanuljuk a holnapi leckénket. Ha még marad időnk, meglátogatjuk Pétert a kórházban *(hospital)*.

3. *Write out the 2nd Person Singular (definite and indefinite conjugations of the present, past and future tenses and the imperative/subjunctive) of the following verbs :* ad, vesz, meghív.

4. *Rewrite the text of Lesson 17* (Utazás) *in the future tense.*

5. *Rewrite the following sentences using the infinitive of the verb in brackets plus the appropriate possessive suffix. (Take care with word order.)*

(a) Ezt nektek is jó *(tud)*. A diákoknak nem szabad az órákról *(hiányzik)*. Nem szükséges neki *(eljön)*. Reméled, hogy sikerül *(megold)* a feladatot? Erre a kérdésre nekem tilos *(felel)*. A közlekedési szabályokat mindenkinek *(megtanul)* kell. Most nem tudok veled menni, mert *(leírni)* kell a szavakat.

(b) Tegnap nagyon fájt a fejem, *(elmegy)* kellett az orvoshoz. Az előszobában sokan voltak, ott nekünk tilos volt *(dohányzik)*. Nekem *(leül)* kellett egy székre, mert rosszul éreztem magam. A betegeknek soká kellett *(vár)*, mert egy beteget az orvos sokáig kezelt. Az orvos azt mondta nekem, hogy *(lefekszik)* kell, és nem szabad két napig *(felkel)*. Csak könnyű ételeket szabad *(eszik)*, és csak teát szabad *(iszik)*.

6. *With the following verbs form sentences using* kell *or* kellett *and the infinitive plus the possessive suffix :—*

gyakorol, véd, megért, bemegy, elénekel

7. *Translate the following passage :—*

One cannot live without work. How is this right according to you *(Sing.)*? Because of the bad weather we must postpone the excursion. Without me you must not go away. Instead of going to the cinema we went for a walk. According to the programme the ballet is on now. We had to make room for his books. Do not trouble yourself for my sake (on my behalf). There is no place for you here. Buy tickets for us too.

8. *Translate these sentences using the interrogative particle* -e *and where possible* vajon *or* ugye :—

Do you *(Sing.)* know when the performance begins?
They were wondering if we were going there or not.
Will you *(Polite Address, Sing.)* go to the opera in Budapest? You are coming with us, aren't you?
I don't know whether it is good or not.

Kérdés — Felelet

Kiknél szól a telefon?
Ki megy a telefonhoz?
Kivel beszél Szabóné?
Hova hívja Molnárné Szabóékat?
Hol lesz az előadás?
Kik fognak fellépni?
El fognak menni Szabóék az előadásra?
A vendégük elmegy-e velük?
Mikor fogja Szabóné megmondani a
   végleges választ?

Ki veszi majd meg a jegyeket?
Az előadás előtt Molnárék beszólnak-e
   Szabóékhoz?
Együtt mennek majd az előadásra?
Mit fognak csinálni az előadás után?
Mikor beszélik meg a nyaralást?
Hova mennek majd nyaralni?
Hol fogják eltölteni a szabadságukat?

Fordítás

"What time shall we meet this evening?"

"I think we ought to meet (hogy ... találkozzunk) in front of the Music Academy (Zeneakadémia) at six o'clock. The performance begins at half past six. Our foreign friends are coming (odajön) too and then we shall (all) go to the performance together. We shall introduce (megmutat) them to the best Hungarian performers."

"Yes. It is (lesz) an excellent programme. The first piece will be played by the Budapest Municipal Orchestra. The second item is a ballet (performance). The foreigners are bound to like (tetszenek majd) the Bartók—Kodály songs."

"After the performance we're going dancing. You're coming [with us], aren't you?"

"I don't know whether (hogy) I can come. I've got to (kell) get up early tomorrow morning because I have a lot to do (dolgom)."

"The work won't run away (elfut) and you have to relax a little sometimes."

"That's true, but nobody will do the work for me (= on my behalf). Well, I'll see. Good-bye, I'll see you in front of the Music Academy at six o'clock."

Fogalmazás

(a) *Write a summary of the reading passage „Szórakozás és pihenés".*
(b) *Describe what you are going to do tomorrow or in the summer.*

HUSZONEGYEDIK LECKE

Idő és időjárás
— Beszélgetés —

— Már igazán unom ezt a sok esőt! Két hét óta várunk egy kis napsütésre, melegre. Régóta készülünk egy vasárnapi kirándulásra, de a rossz idő eddig minden alkalommal itthon tartott bennünket. Mit gondolsz Paavo, holnap is fog esni?

— Nem vagyok időjós, Lucia. Nem szoktam jósolni. Honnan tudjam? Tavaly ilyenkor, márciusban és áprilisban, már gyönyörű, enyhe tavaszi időnk volt. Május elsején — emlékszem — ingujjban mentünk a felvonulásra.

— Az ősszel, szeptemberben és októberben, sőt novemberben is kellemes, meleg napok voltak, de a telünk kellemetlenül kemény volt. Emlékszel, újévkor hullni kezdett a hó, másnap jött a hófúvás, a fagy, s ettől kezdve tartós lett a hideg. Hogy fáztam még hat héttel ezelőtt is! Mi olaszok nem szoktunk hozzá az ilyen szigorú télhez. Persze a téli sportok kedvelői örültek a hónak meg a jégnek, de én nem tudok se síelni, se korcsolyázni. Hamar fázni kezdek, a lábam jéghideg lesz, az orrom meg vörös. Könnyen meg is fázom. Még csak fél éve vagyok Budapesten, de máris kétszer voltam beteg: náthás voltam, köhögtem.

— Igen, én csak mosolyogtam rajtatok, amikor mínusz 20 fokra süllyedt a hőmérő. Szeretem a telet, szeretem, ha fagy, ha havazik. Nálunk Finn-

országban még keményebb telek szoktak lenni. Igaz, hogy a mi telünk sokkal szárazabb. A késő őszi nedves hideget azonban még nekünk is nehéz megszoknunk. De ne búsulj, lesz még neked itt meleged is! A legmelegebb hónapok a június, a július és az augusztus. Ilyenkor az ember még éjjel is izzad.

21 Csak a nyári viharok, zivatarok hoznak néha lehűlést, és az ember szinte örül, ha dörög és villámlik.

— Mondd, meddig szokott tartani az esős idő?

— A legtöbb eső tavasz végén és nyár elején esik. Legkevesebb a csapadék januárban és februárban. Azt olvastam valahol, hogy Budapesten az évi csapadékmennyiség 640 milliméter. Ez egyáltalán nem sok. Ősszel, novembertől kezdve januárig általában ködös, borús idő szokott lenni. Tudok egy tréfás gyermekverset is az időjárásról. Tanuld meg:

> *Télen nagyon hideg van,*
> *Nyáron nagyon meleg van,*
> *Ősszel esik az eső,*
> *Soha sincsen jó idő!*

— Hallod, ez nem valami biztató időjárásjelentés!

— Jó, hogy mondod, Lucia: időjárásjelentés! Nézzük meg, milyen időt jósol holnapra a Meteorológiai Intézet! Naponta közlik az újságok, meg a rádió és a televízió is. Itt vannak az újságok. Milyen nap is van ma? Hányadika van?

— Sajnos, ezt magyarul nem tudom megmondani — mondja nevetve Lucia.

— A magyarban először az évet kell mondani, azután a hónapot és csak utoljára a napot. Ez nekünk, külföldieknek szokatlan. A mai dátumot tehát így kell mondani: Ma 1980. április huszonhatodika van. Szombat. De ha ma csakugyan 22-e van, akkor ez nem a mai újság, hanem a tegnapi. Ez meg a tegnapelőtti. Na végre, itt a mai! „Mérsékelt éjszakai lehűlés, reggel néhány helyen köd. Derűs, napos idő, kevés felhő. A nappali felmelegedés erősödik." Jó időt jósolnak! Mától fogva javul az idő. Lehet kirándulni! Ha nem lesz sok dolgom, veletek megyek. Mikor indultok, meddig maradtok, mikorra akartok hazaérni?

— Fél nyolc körül indulunk, és körülbelül 6-ig maradunk. Délelőtt 1/2 8-tól délután 6-ig, azt hiszem, lesz elég időnk. Szép sétát tervezünk. Délelőtt bejárjuk a János-hegyet, a kilátóban megebédelünk, délután átmegyünk a Szabadság-hegyre. Úgy 7 óra tájban hazaérünk. Gyere velünk!

— Mondtam, hogy megyek, ha lesz időm. Tudod, hogy már közelednek a vizsgák!

— Mondd, Paavo, mennyi ideje tanulsz te magyarul?

— Már több mint két és/fél éve. A tanév végén — két hónap múlva — **21**
vizsgáznom kell magyar nyelvből is. Két és fél évvel ezelőtt, amikor idejöttem,
egy szót sem tudtam magyarul. Ne félj, egy év múlva már te is folyékonyan
fogsz beszélni! No, de sietnem kell! Hány óra van?

— Sajnos ezt sem tudom megmondani magyarul!

— Hát ide nézz! Most egy óra lesz három perc múlva. Sokáig beszélgettünk,
majdnem egy óra hosszat. Hogy múlik az idő! Mielőtt elmegyek, gyorsan még
megtanítalak arra, hogyan kell magyarul mondani a pontos időt. Figyelj
ide!

 7^{10} = *tíz perccel múlt hét óra*, vagy *öt perc múlva negyed nyolc*. A hivatalos használatban (vasút, posta, rádió): *hét óra tíz perc.*

 8^{22} = *hét perccel múlt negyed kilenc,* vagy *nyolc perc múlva fél kilenc.* Hivatalosan *nyolc óra huszonkét perc.*

 9^{40} = *tíz perccel múlt fél tíz,* vagy *öt perc múlva háromnegyed tíz,* vagy *kilenc óra negyven perc.*

 10^{57} = *három perc múlva tizenegy,* vagy *tíz óra ötvenhét perc.*

Közmondás:

Jobb későn, mint soha.

Népdal

Ősszel érik, babám, a fekete szőlő,
Te voltál az igazi szerető.
Bocsáss meg, ha valaha vétettem,
Ellenedre, babám, rosszat cselekedtem.

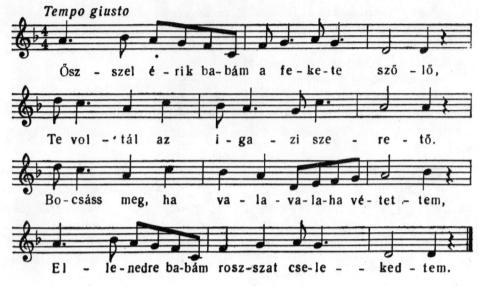

Tempo giusto

Ősz - szel é - rik ba-bám a fe-ke-te sző - lő,

Te vol - 'tál az i - ga - zi sze - re - tő.

Bo - csáss meg, ha va - la - va-la-ha vé - tet - tem,

El - le - nedre ba-bám rosz-szat cse-le - - ked - tem.

SZÓKINCS

január, -t, -ja	*January*	tavaly	*last year*
február, -t, -ja	*February*	ilyenkor	*at this time*
március, -t	*March*	enyhe	*mild*
április, -t	*April*	tavasz, -t	*spring*
május, -t	*May*	ingujjban	*in shirt-sleeves*
június, -t	*June*	felvonulás, -t	*march, procession,*
július, -t	*July*		*parade*
augusztus, -t	*August*	kellemetlen	*unpleasant*
szeptember, -t	*September*	újév, -et	*New Year*
október, -t	*October*	másnap -ot, -ja	*next day*
november, -t	*November*	hófúvás, -t	*blizzard*
december, -t	*December*	fagy *(n. and v.)*	*frost ; freeze*
időjárás, -t	*weather*	kezdve *(postp.)* :	
un vmit	*be tired of*	-tól, -től ~	*from... on*
hiába	*in vain*	tartós	*lasting*
napsütés, -t	*sunshine*	fázik	*be cold, feel cold*
régóta	*for a long time*	ezelőtt *(postp.)* :	
alkalom,		-val, -vel ~	*ago*
alkalmat	*opportunity, occa-*	hozzászokik	
	sion	(szokik) vmihez	*get used to*
időjós, -t	*weather forecaster*	szigorú	*severe*
szokik (szokott)	*get used to, used to*	kedvel	*be fond of*
jósol	*foretell*	korcsolyázik	*skate*

vörös	*red, ruddy*
megfázik	*catch cold*
mínusz	*minus*
süllyed	*decrease*
havazik	*it is snowing*
száraz	*dry*
nedves	*wet, damp*
megszokik	*get used to, become*
(szokik)	*accustomed to*
búsul	*grieve, be sorrowful*
ne búsulj!	
[buːʃujj]	*don't worry*
melege v̆an	*he (she) is warm*
hónap, -ot, -ja	*month*
izzad	*sweat; perspire*
vihar, -t	*storm*
zivatar, -t	*thunder-shower,*
	tempest
néha	*sometimes*
lehűl (hűl)	*cool down*
szinte	*almost, nearly*
dörög	*it is thundering*
villámlik	*it is lightning*
esős	*rainy*
elején	*at the beginning*
csapadék, -ot	*rainfall*
milliméter, -t	*millimetre*
egyáltalán (nem)	*not at all*
általában	*generally*
köd, -öt	*fog*
borús	*cloudy, gloomy*
biztat	*encourage*
időjárásjelentés,	
-t	*weather forecast*
meteorológiai	*meteorological in-*
intézet, -et	*stitute*
naponta	*daily*
közöl	*publish, quote*
televízió, -t	*television*
hányadika?	*what is the date*
	(today)?

utoljára	
[utojjaːrɑ]	*at last*
szokatlan	*unusual*
dátum, -ot	*date*
tegnap	*yesterday*
tegnapelőtt	*the day before yes-*
	terday
na végre!	*at last!*
mérsékel	*moderate, reduce*
derűs	*bright, sunny*
napos	*sunny*
felhő, -t	*cloud*
nappal (n. and	*by day*
adv.)	
felmelegedés, -t	*warming up, rise in*
	temperature
erősödik	*get stronger*
fogva (postp.):	
-tól, -től ~	*from... on*
javul	*improve, get better*
mikorra?	*when? by when?*
	by what time?
bejár vmit	*wander all over*
kilátó (torony)	*look-out tower*
tájban (postp.)	*at about*
közeledik	*draw near, come*
	nearer
tanév, -et	*school-year*
múlva (postp.)	*in, hence; after*
folyékony	*fluent*
hosszat (postp.)	*-long, for, during*
használat	*use*
érik	*get ripe*
szerető, -t	*lover, sweetheart*
valaha	*ever*
vét	*do wrong, do harm*
ellenedre	
=ellened	*against you*
cselekedik or	
cselekszik	*do*

1. **Szoktam (szokik).** — This auxiliary without a verbal prefix is used only in the past tense, it expresses, however, an action that refers to the present: *he usually does it.*

Examples:—

Szabad időmben olvasni szoktam.	*In my free time I usually read.*
Szabad idejében **el** szokta **olvasni** az újságot.	*In his free time he usually reads the papers.*
Nem szoktunk **elkésni.**	*We do not usually come late.*

For the position of the auxiliary verb **szokik** in the sentence comp. 238. The verb **szokik** with verbal prefixes has the following meanings:—

(a) **megszokik vmit** or **hozzászokik vmihez** *get used :*—

Az ember mindent megszokik.	*One gets used to everything.*
Az ember mindenhez hozzászokik.	

(b) **rászokik vmire** *to become (get) used (accustomed to), to acquire the habit of :*—

Rászoktam a dohányzásra.	*I acquired the habit of smoking.*

(c) **leszokik vmiről** *give up, get out of the habit of :*—

Leszoktam a dohányzásról.	*I gave up smoking. (I got out of the habit of smoking.)*

2. **Meg *is* fázom.** — We have already learned that the word **is** is placed after the word it modifies. If the word **is** modifies a verb with a verbal prefix the word **is** is placed after the verbal prefix:—

— Megírod a levelet?	*"Will you write the letter?"*
— Megírom, és még ma **el is küldöm.**	*"Yes. I'll write it, (what is more) I will post, it, too, today."*

With auxiliary:—

Megírom, és ma **el is fogom küldeni.**	*I'll write it and I am going to post it today too.*

Negative:—

Nem írom meg, és **nem is küldöm el.**	*I won't write it and I am not sending it either.*

3. **Dörög, villámlik, fagy, havazik.** — The impersonal verbs denoting weather are used without a grammatical subject (such as English 'it'), for this is implied within the verb.

184. Adverbs of Time

Adverbs of Time are formed by (1) suffixes, (2) postpositions, (3) the 3rd Person Singular of the possessive suffix.

185. Adverbs of Time: (1) Suffixes

In addition to the suffixes **-kor** and **-ig** already mentioned (comp. 252—3) the adverbial suffixes of manner, place, instrument and even the accusative **-t** are used to form Adverbs of Time. In most cases these suffixes are added to words already implying time, e.g. **év, tél, hónap.**

-ban, -ben *in*	Interrogative: **mikor?** *when?*	júliusban *in July* a múlt évben *last year* ebben a percben *(in) this moment* délben *at noon*
-n, -on, -en, -ön *in*	Interrogative: **mikor?** *when?*	télen *in winter* nyáron *in summer* a jövő (a múlt) héten *next (last) week* ezen a napon *this day*
-ra, -re *for, by, to*	*(a)* Interrogative: **mennyi időre?** *for how much time? for how long?* It expresses duration of time stated in advance. *(b)* Interrogative: **mikorra?** *by when? by what time?* It expresses the conclusion of an action.	Elutazott két hétre. *He has gone away for 14 days.* Holnapra jó időt jósolnak. *For tomorrow good weather is forecast.* Öt órára hazajövünk. *We shall be home by 5 o'clock.* Compare:— Öt óráig hazajövünk. *We shall be home by 5 o'clock.* Öt órakor hazajövünk. *At 5 o'clock we shall come home.* mához egy hétre *a week from today* napról napra *day by day*
-tól, -től *from*	Interrogative: **mikortól?** *since when?* It denotes the starting point of time. This suffix is mostly combined with	Hat órától otthon leszek. *I'll be at home from six o'clock on.*
-tól } **kezdve,** **-től** } **fogva** *from, onwards*	*(a)* the postpositions **kezdve** or **fogva;** interrogative: **mitől (mettől) kezdve? mitől (mettől) fogva? mikortól fogva?** *since when? from what time?*	Ettől kezdve jó volt a gyerek. *From this time (onwards) the child was (has been) good.* Hétfőtől fogva nem dohányzom. *From Monday on I shall not smoke.* kettőtől négyig *from two to four*
-tól } **...-ig** **-től** } *from ... to*	*(b)* the suffix **-ig** to denote the closing point of time.	szerdától szombatig *from Wednesday to Saturday*

-val, -vel at, by, in	*Interrogative :* **mikor?** *when?* This suffix is frequently used in adverbial phrases of time.	éjjel *at night* nappal *by day* ősszel *in autumn* tavasszal *in spring*
-nként **-nta, -nte** (After consonants with a linking vowel.)	Interrogative: **mikor?** *when?* Both suffixes express regularly recurrent time. The suffix **-nta, -nte** can be added to only a few words.	óránként *hourly, per hour* naponként *daily* hetenként *weekly* Similarly:— percenként *every minute* havonként *monthly* évenként *yearly* esténként *every evening* időnként *from time to time* naponta *daily, every day* havonta *monthly, every month*
-t in English the accusative is also used.	Interrogative: **meddig?** **mennyi ideig?** *how long?* **mennyi időt?** *how much time?*	Egy órát vártunk. *We have (had) waited an hour.* Két hetet töltöttünk a Balatonon. *We (have) spent 14 days at Lake Balaton.*

186. Adverbs of Time: (2) Postpositions

Apart from postpositions specifically forming Adverbs of Time a number of adverbial postpositions of Place are also used. Some of these postpositions are preceded by a suffix (comp. 272).

óta since, for	Interrogative: **mióta?** *since when? how long?* This postposition expresses an action beginning in the past and continuing into the present or one that has just been completed. The noun is always a time concept or an event.	egy hét óta *for a week* a háború óta *since the war* **amióta** *since:* Amióta (mióta) itt vagyok, már kétszer voltam beteg. *Since I have been here I have been ill twice already.** **azóta** *since then, since that time:* Azóta sok idő telt el. *A long time has passed since then.*
múlva in, after, to	Interrogative: **mikor? mennyi idő múlva?** *when? in (after) how much time?* It expresses an action — in relation to the present — which takes place later. The noun is a time concept.	egy hét múlva *in a week* egy óra múlva *in an hour* Öt perc múlva 2 óra. *It is 5 minutes to two.*

közben *during, while,* *meanwhile* **során, folyamán** *in the course of,* *during*	Interrogative: **mikor?** **miközben?** *when?* These postpositions express a period of time during which something occurs or happens. The noun denotes action, process or event.	előadás közben *during the performance* Evés közben jön meg az étvágy. (Proverb) *While eating the appetite grows.* a tárgyalások során *or* folyamán *in the course of negotiations* **eközben, aközben** *in the meantime, while*
körül, tájban, táján, **(-tájt)** *at about, around*	Interrogative: **mikor?** *when?* These postpositions denote an indefinite ‚approximate time.	éjfél körül = éjfél tájban, éjféltájt *at about midnight* 8 óra tájban = 8 óra körül *at about 8 o'clock* húsvét táján *about (around) Easter(-time)*
felé *towards, about*	Interrogative: **mikor?** *when?* It denotes the approaching time.	este felé *towards evening* éjfél felé *about midnight*
előtt *before* **után** *after*	Interrogative: **mikor?** *when?* These postpositions denote a time independent from the present i.e. before or after the process, action, event or point of time.	előadás előtt *before the performance* két óra után *after two o'clock* **ezelőtt** *formerly, in former times* **azelőtt** *previously, in former times* **ezután** *after this* **azután** *afterwards, then, next* **mielőtt** *before:* Mielőtt elmész, csinálj rendet! *Before leaving tidy up.* **miután** *after:* Miután rendet csinált, elment. *After having (he had) tidied up he left.*
-val ⎫ **-vel** ⎬ **ezelőtt** *ago*	Interrogative: **mikor? mennyi idővel ezelőtt?** *when? how much time ago?* It denotes time in the past calculated from the present.	egy órával ezelőtt *an hour ago* Két héttel ezelőtt még hideg volt. *A fortnight ago it was still cold.*

* Note that the English present perfect tense of the subordinate clause is translated into Hungarian by the present tense.

alatt	Interrogative: **mikor? mennyi**	egy év alatt *during a year, in the*
during, in, in the course of	**idő alatt?** *when? during how long time?*	*course of a year*
	It denotes the duration of a whole period of time.	Compare:—
		ebben az évben *this year*
		a háború alatt *during the war*
	The noun is nearly always a word denoting limited time.	**ezalatt** *during this time*
		azalatt *in the meantime, meanwhile*
		mialatt *while, whilst*
között	Interrogative: **mikor?** *when?*	hét és nyolc óra között *between seven and eight*
between		
hosszat	Interrogative: **mennyi ideig?**	Két óra hosszat beszélgettünk.
for, long	*how long (time)?*	*We were talking (for) two hours.*
		naphosszat *all day long*
-számra	It is combined with the noun and written as one word.	óraszámra *for hours on end*
for ... on end		hétszámra *for weeks on end*
-n **-on** **-en** **-ön** } **belül** *within, in*	Interrogative: **mikor? mennyi időn belül?** *when? within how much time?*	Egy héten belül elkészül. *Within a week it will be ready.*
-n **-on** **-en** **-ön** } **át, keresztül** *for, during, throughout, long*	Interrogative: **mikor? meddig? mennyi időn keresztül?** *when? for how long? for how much time?*	egy életen át (keresztül) *lifelong, for a lifetime* egész nyáron át *throughout the whole summer, during summer* éveken át (keresztül) *for many years*

187. Adverbs of Time: (3) 3rd Person Singular Possessive Suffix

Nouns denoting time (**perc, óra, nap, hét,** etc.) are used as adverbs of time when they take the 3rd Person Singular possessive suffix preceded by a numeral used attributively.

They denote:—

(a) an action that began in the past and continues into the present or has just been completed (the meaning is the same as noun +**óta**):—

Két hónapja (= két hónap óta) várok tőle levelet.   *I have been waiting for a letter from him for two months.*

Két éve nem láttam.   *I have not seen him for two years.*

(b) a time in the past calculated from the present (it has the same meaning as **-val, -vel + ezelőtt**):—

Három hete vettem ezt a könyvet.	*I bought this book three weeks ago.*
Tíz éve is van már annak, hogy elhagyta az országot.	*It is ten years (or ten years have already passed) since he left the country.*

188. Some Adverbs of Time (Comp. 223)

az idén	*this year*	soha	*never*
tavaly	*last year*	néha	*sometimes*
jövőre	*next year*	valaha	*once*

Others are:—

soká	*long*	az előbb	*just now*	nyomban	*at once*
örökké	*for ever*	az imént	*a short while ago*	rögtön	*immediately*
többé nem	*no more, no longer*	későn	*late*	tüstént	*at once*
		korán	*early*	azonnal	*immediately*
többé soha	*never more*				

Note that:—

(a) The adverbs of time **az idén, az előbb, az imént** are used with the definite article.

(b) With some other adverbs of time the definite article expresses *last, past* (occasionally: *next*) *time* :—

Hol voltál **az este**?	*Where were you last night ?*
Az éjjel rosszul aludtam.	*Last night I did not sleep well.*
Majd **a nyáron**.	*Next summer.*

189. The Date

In Hungarian the order of the date is the reverse of English: first the year, then the month and finally the day.

> **Hányadika van?**

The day of the month is expressed by the ordinal numeral + the 3rd Person Singular possessive suffix:—

Hányadika van ma?	*What is the date today? What date is it today?*
Május elseje.	*The first of May.*
Február harmadika.	*February the third.*

When writing the date a full stop is written after the year. The month is written in full (always with a small initial letter) or abbreviated. The month is frequently indicated by Roman numerals followed by a full stop. E.g.:—

ezernyolcszáznegyvennyolc március tizenötödike =
1848. március 15. = 1848. márc. 15. = 1848. III. 15.

To the numerals denoting years and the day of the month the endings are added with a hyphen and the full stop is omitted. With dates the word **év** *year* is not used generally:—

az 1848-i szabadságharc (= ezernyolcszáznegyvennyolcadiki) *the War of Independence of 1848*

1972. jan. 1-től jan. 15-ig = 1972. jan. 1—15-ig = ...január elsejétől január tizenötödikéig

| **Hányadikán?** | Hányadikán? *on which day of the month?* |

január elsején (jan. 1-én)   *on the first of January*
december ötödikén (dec. 5-én)   *on the fifth of December*

In reply to the question **mikor?** *when?* **milyen napon? melyik napon?** *on which day?* the names of days take the suffix **-n (-on, -en, -ön)** which translates the English "on":—

hétfőn, kedden, szerdán, etc.   *on Monday, on Tuesday, on Wednesday*, etc.

Vasárnap *Sunday* is used without a suffix:—

Vasárnap színházba megyek.   *On Sunday I am going to the theatre.*

But:—

Ezen a vasárnapon kirándulni voltunk.   *On this Sunday we made an excursion.*

GYAKORLATOK

1. *Use each of the following adverbs in sentences :—*

az idén, tavaly, jövőre
ma, tegnap, tegnapelőtt, holnap, holnapután
néha, soha, mindig, többé nem
nemsokára, időnként

2. *Write a short composition about what you do each day of the week.*

3. *Write today's and tomorrow's date in every possible way.*

4. *Use each of the following postpositions in two sentences:* óta, múlva, kezdve, felé, tájban.

5. *Translate the following questions and answer them in Hungarian :—*

How much time does it take to learn a language? — What did you *(Polite Address, Sing.)* do before the Hungarian lesson? — Where do you go after the lesson? — How many hours do you *(Polite Address, Sing.)* work a week (= weekly, see p. 312)? — How often do you *(Polite Address, Sing.)* go to the pictures each month (= monthly)? — What are you *(Sing.)* doing on Saturday? — By what time must you *(Polite Address, Sing.)* be home? — How many days (weeks) are there before a holiday *(hány nap múlva...)?* — How many days (weeks) ago was the last holiday?

6. *Make up questions and answers using the following interrogatives :—*

mikor? mióta? mennyi ideje? mennyi idő alatt? mikorra? meddig? mettől meddig? mennyi ideig?

7. *Give the dates of birth of yourself and the members of your family.*

Fordítás

21

Today is Saturday, April 15th 1978. After a long time my friend has visited me again. We have not seen each other for several months. He has not lived in this town for more than half a year. At the beginning of September *(szeptember elején)* 1977 he moved to the country and since then I have not seen him. He arrived here today at nine o'clock and went to visit *(felkeres)* his former factory. He spent two and a half hours there (and) then came to see me. He could only stay two hours with me *(nálam)* because his train left at ten minutes past two. During this time I was unfortunately not free to talk to him. I asked him to stay a day and suggested that at eight o'clock that evening we could go together to a concert. In the meantime *(közben)* he could rest, read or go for a walk. We could meet outside *(előtt)* the university at twenty to eight, twenty minutes before the performance. Today I am only free after half past seven. Before the performance begins we can drink a cup of black coffee and have time to talk a little.

Fogalmazás

(a) *Write a short composition about the climate of your country.*
(b) *Write a short composition entitled:* "What I did last week" *or* "An Excursion".

Beszédgyakorlat

Describe these pictures!

Miért szalad tető alá Jucika?	zivatar, -t	*shower, strom*
Fut még oda valaki?	szalad	*run*
Miért öleli át Jucika a turistát?	helyzet, -et	*situation, state,*
Miért tetszik a helyzet a turistának?		*position, site*
Mi történik, amikor már ismét süt a nap?		

317

HUSZONKETTEDIK LECKE

Családi tervek

— Te, Géza! Tudod-e, hogy a lányunknak holnap van a születésnapja és a névnapja is? Györgyi már 16 éves.

— Igen. Milyen gyorsan nagy lány lett! Milyen ajándékot szeretnél venni neki?

— Ha találnék egy olyan divatos cipőt, amilyen a barátnőjének van, megvenném. Az nagyon tetszik neki, és jó lenne a nyaralásra is. Bárcsak lehetne kapni!

— Én annak örülnék, ha kapnék valami szép nyári ruhaanyagot. Itthon megvarrhatnád. Jobban állna rajta, mintha készruhát vennénk.

— A névnapra és a születésnapra a gyerekek szeretnék meghívni barátnőiket. Öten jönnének. Nagy tortát szeretnék sütni, meg többféle süteményt. Gyümölcsöt is adnék nekik. Szeretném telefonon felhívni Éva barátnőmet, hogy jöjjön el hozzánk segíteni, ha ráér. Együtt készítenénk el a süteményeket. Ő ebben nagyon ügyes.

— Nagyon jó lenne, ha jöhetne. A nyaralás előkészületeit is meg kellene már beszélni vele. A múltkor ezt nem beszélhettük meg, mert még nem tudtam pontosan, mikor kezdődik a szabadságom. Pedig most már hamarosan itt lesz a nyár! Ahelyett, hogy én külön nyaralnék, mint tavaly, az idén együtt szeretnék nyaralni veletek. Legjobb lenne, ha az idén mi is a Balaton mellé mennénk, ahol Éva barátnődék üdültek tavaly.

— Éváék tavaly Tihanyban voltak, és nagyon dicsérték a helyet. Azt mondták, nem is volt drága.

— Meg kell tőlük kérdezni pontosan, hol voltak. Mennyibe kerülne a szoba, és hol étkezhetnénk.

— Valóban, ezt minél hamarabb meg kellene beszélnünk! Még ma felhívhatnánk Évát! De anélkül, hogy tudnánk nyaralásunk pontos idejét, nem állapodhatunk meg senkivel. Mikor indulnánk? A gyerekeknek június 20-tól van szünetjük.

319

— Ti lemehetnétek július 1-én, én csak 15-én utaznék utánatok, mert az én szabadságom csak júl. 15-én kezdődik, és aug. 15-ig tart.

— Jobban szeretném, ha együtt menne az egész család! Jobb lenne, ha mi is a te szabadságod ideje alatt nyaralnánk. Így kevesebbe is kerülne.

— Igen. De akkor kevesebb időt tölthetnétek a Balaton mellett. Ha júl. 1-től ott lennétek, az hat hét. Menjetek csak minél előbb, hogy a gyerekek minél többet pihenhessenek, fürödhessenek! A nap, a víz, a levegő és a fürdés nagyon jót tenne nekik. Hadd erősödjenek, nőjenek!

— Nem bánom. Akkor az volna a legjobb, ha most megkérdezném Évától a címet, és írnék egy levelet Tihanyba. Előre lefoglalnám a szobát, nehogy másnak adják ki.

— Rád bízhatnám a levélírást? Nekem, tudod, rengeteg a hivatalos munkám, s te jobban értesz az ilyesmihez.

— Jól van, elvállalom. A nyáron tehát Tihanyban nyaralunk, és együtt lesz az egész család.

Adoma

KINIZSI, AZ ÓVATOS

Egyszer Mátyás király kiváló emberét, Kinizsi Pált olyan követségbe akarta küldeni a törökhöz, amelyben inkább halálát, mint követségének sikerét remélhette. Hogy Kinizsi nagyobb kedvvel menjen, megfogadta a király, hogyha a török leütné a fejét, megtámadja a törököt, és meg sem áll addig, amíg követe fejéért harmincezer török fejét nem veszi.

— Igen ám — mondta Kinizsi —, de attól tartok, hogy a harmincezer fej közül egyik sem illenék úgy a nyakamra, mint ez a mostani.

Tréfák

RÉGI VÁRKASTÉLY

— Láthatnám, kérem, a kastély régiségeit?
— Sajnálom, kérem, a vár úrnője és leánya elmentek hazulról...

Holdfény, ragyognak a csillagok. Távolról kutyaugatás. Csend. A férfi erőt vesz magán, és megkérdezi:

— Ha elveszlek, drágám, apád bevenne az üzletébe?

— Azt hiszem, Egon.

— Anyád venne nekünk házat?

— Úgy gondolom, Egon.

— És nagyapád venne nekünk autót?

— Bizonyára. Egon.

— És te, kedvesem, hozzám jössz-e feleségül?

— Semmi esetre sem, Egon!

Népdal

Erdő, erdő, erdő, marosszéki kerek erdő,
Madár lakik abban, madár lakik tizenkettő.
Cukrot adnék annak a madárnak.
Dalolja ki nevét a babámnak.
Csárdás kisangyalom, érted fáj a szívem nagyon.

Györgyi, -t	*Georgina*
születésnap, -ot, -ja	*birthday*
divatos	*fashionable*
bárcsak!	*I wish...*
ruhaanyag, -ot	*cloth*
mintha	*as if*
készruha, '-t	*ready-made suit*
torta, '-t	*cake, tart*
süt	*bake*
-féle	*kind, sort*
Éva, '-t	*Eve*
ügyes vmiben	*good at, skilful*
előkészület, -et	*preparation*
a múltkor	*last time, the other day*
szabadság, -ot	*holiday, leave, liberty*
hamarosan	*soon*
ahelyett, hogy (+cond.)	*instead of*
nyaral	*spend one's summer holidays*
minél hamarabb or minél előbb	*as soon as possible*
anélkül, hogy tudnánk	*without knowing*
megállapodik vkivel vmiben	*agree*
hét, hetet	*week*
jót tesz vkinek vmi	*do good*
nem bánom!	*I don't mind*
előre	*in advance*
lefoglal (foglal)	*reserve*
(rá)bíz vkire vmit	*entrust*
kiad (szobát)	*let (room)*
ilyesmi	*such a thing*

elvállal (vállal)	*undertake*
óvatos	*cautious*
Mátyás, -t	*Matthias*
követség, -et	*mission, legation*
siker, -t	*success*
megfogad	*pledge oneself*
hogyha	*if*
leüt (üt)	*strike (sy's head off)*
megtámad (támad)	*attack*
követ, -et	*envoy, legate*
fejét veszi	*strike sy's head off*
igen ám	*it's all very well but*
tart vmitől	*be afraid*
illik	*fit*
nyak, -at	*neck*
mostani (adj.)	*the present*
várkastély, -t	*castle*
régiség, -et	*antiquity*
sajnál vmit	*be sorry for, regret*
úrnő, -t	*lady*
hazulról	*(here:) left home*
regény, -t	*novel*
holdfény, -t	*moonlight*
ragyog	*glitter*
csillag, -ot	*star*
távolról	*from afar, from a distance*
kutyaugatás, -t	*bark(ing)*
erőt vesz magán	*pluck up courage restrain oneself*
elvesz vkit (feleségül)	*marry*
bizonyára	*certainly*
feleségül jön (or megy) vkihez	*become sy's wife*
semmi esetre (sem)	*by no means*

Marosszék [maroʃseːk]	a district in old Transylvania	babám	my darling, my sweetheart	**22**
kidalol (dalol)	name in a song	csárdás (adj.)	(here:) coquettish,
baba, '-t	doll, baby		gay

Szómagyarázatok

1. **Szeret.** — The Hungarian verb **szeret** can be translated into English either by *to love, to like* or *to be fond of...*

Examples:—

A szülők szeretik gyerekeiket.	*Parents love their children.*
Nem szeretem a hideget.	*I don't like cold.*
Péter szeret teniszezni.	*Peter is fond of playing tennis.*

Note that *to like* is very often translated into Hungarian by **tetszik,** e.g.:—

How do you like our capital?	Hogy tetszik Önnek a fővárosunk?
"As You Like It."	„Ahogy tetszik."

The English expressions *I wish, I want* meaning *I should like* are often translated in Hungarian by the conditional mood of the verb **szeret:**—

I want you to meet my brother.	Szeretném, ha találkoznál a bátyámmal.
I wish it were spring.	Szeretném, ha tavasz lenne!
He would like to travel to Lake Balaton.	A Balatonra szeretne utazni.

2. **Minél.** — The word **minél** before the comparative means *as... as possible:*—

minél gyorsabban	*as fast as possible*
minél előbb	*as soon as possible*

Comp. 267.

190. The Present Tense of the Conditional Mood

-ná, -né
-na, -ne

The suffix of the conditional mood is **-ná, -né;** after Two Consonants and after a Long Vowel **+ t** it is **-aná-, -ené-;** the 3rd Person Singular of the indefinite conjugation is **-na, -ne** (**-ana, -ene**).

191. The Personal Suffixes with the Conditional Mood

To the verb base + suffix of the conditional mood the personal suffixes of the indefinite or definite conjugation are attached:—

kér : kér-né- : kérné-k, etc.

(a) Examples of Indefinite Conjugation:—

	Personal Suffixes	Present Tense of the Conditional Mood				Meaning
Singular 1st Person	**-k**	adnék	tartanék	kérnék	értenék	*I should (you, he would) give,*
2nd Person	**-l**	adnál	tartanál	kérnél	értenél	*keep, ask, understand,*
3rd Person	**-ø**	adna	tartana	kérne	értene	etc.
Plural 1st Person	**-nk**	adnánk	tartanánk	kérnénk	értenénk	
2nd Person	**-tok, -tek**	adnátok	tartanátok	kérnétek	értenétek	
3rd Person	**-nak, -nek**	adnának	tartanának	kérnének	értenének	

Note

In the 1st Person Singular of the indefinite conjugation also the back vowel verbs take the suffix **-né- (-ané-): adnék, tartanék.**

In the 1st and 3rd Persons Singular the **ik**-verbs take special personal suffixes (comp. the indicative and imperative/subjunctive p. 136, 235).

Singular 1st Person	**-m**	dolgoznám	fésülködném	*I should work, comb*
3rd Person	**-ék**	dolgoznék	fésülködnék	*he would work, comb*

In colloquial language the regular personal suffixes are more frequently used:—

1st Person Singular:	**dolgoznék**	**fésülködnék**
3rd Person Singular:	**dolgozna**	**fésülködne**

(b) Examples of Definite Conjugation:—

	Personal Suffixes	Present Tense of the Conditional Mood				Meaning
Singular						*I should (you, he would) give it, keep, ask, understand, etc.*
1st Person	-m	adnám	tartanám	kérném	érteném	
2nd Person	-d	adnád	tartanád	kérnéd	értenéd	
3rd Person	-ø	adná	tartaná	kérné	értené	
Plural						
1st Person	-nk	adnánk	tartanánk	kérnénk	értenénk	
2nd Person	-tok, -tek	adnátok	tartanátok	kérnétek	értenétek	
3rd Person	-k	adnák	tartanák	kérnék	értenék	
I ↘ you	-lak, -lek	adnálak	tartanálak	kérnélek	értenélek	*I should give you, keep you, etc.*

The forms of the 1st and 2nd Person Plural of the indefinite and definite conjugation are the same in modern Hungarian.

The present tense of the conditional usually corresponds to the English present conditional or to the past subjunctive in subordinate clauses introduced by "if" or where "if" is implied. In Hungarian the conjunction **ha** *if* cannot be omitted:—

Ha kapnék egy szép ruhaanyagot, megvenném a lányomnak.

If I could get some nice material, I should buy it for my daughter.

192. Conditional Forms of the Irregular Verbs

1. megy, jön

mennék mennél menne mennénk mennétek mennének *I should go*, etc.

jönnék jönnél jönne jönnénk jönnétek jönnének *I should come*, etc.

2. lő, fő, nő, sző, ró

Indefinite:	lőnék	lőnél	lőne	lőnénk	lőnétek	lőnének
Definite:	lőném	lőnéd	lőné	lőnénk	lőnétek	lőnék
Indefinite:	rónék	rónál	róna	rónánk	rónátok	rónának
Definite:	rónám	rónád	róná	rónánk	rónátok	rónák

Indefinite:	enném, ennél	ennék,	ennénk	ennétek	ennének
	(ennék)	(enne)			
Definite:	enném ennéd	enné	ennénk	ennétek	ennék
Indefinite:	innám, innál	innék,	innánk	innátok	innának
	(innék)	(inna)			
Definite:	innám innád	inná	innánk	innátok	innák

4. lesz (van); tesz, vesz, hisz, visz

Indefinite:	lennék	lennél	lenne	lennénk	lennétek	lennének	or:
	volnék	volnál	volna	volnánk	volnátok	volnának	
Indefinite:	vinnék	vinnél	vinne	vinnénk	vinnétek	vinnének	
Definite:	vinném	vinnéd	vinné	vinnénk	vinnétek	vinnék	

The conditional of **van** *to be* is formed from the base **vol-,** comp. 284.

Volna refers more to the present, **lenne** rather to the future. In colloquial language there is no real difference between the two forms although in written Hungarian **vol-** is more antique.

　I should have; if I had, etc.: **nekem volna** or **nekem lenne, neked volna** or **neked lenne,** etc. (comp. 284).

Ha annyi pénzem volna, mint neked,　*If I had as much money as you*
　már régen lenne autóm.　　　　　*I should already have a car long ago.*

5. alszik, fekszik, nyugszik, törekszik; igyekszik

Infinitive:	aludni, feküdni, nyugodni, törekedni; igyekezni		
Conditional:	aludnám,	aludnál	aludnék, *etc.*
	(aludnék),		(aludna)
	etc.		
	igyekezném,	igyekeznél	igyekeznék, *etc.*
	(igyekeznék)		(igyekezne)

193. Verbs Expressing Possibility

193. Verbs Expressing Possibility

| -hat, -het |

A new verb can be formed by adding the formative suffix **-hat, -het** to any verb. Such verbs are called Verbs of Possibility. This corresponds, in most cases to the English auxiliary (defective verb) *can, may, be able* + Infinitive:—

Mindenki lát**hat**ja, hogy nekem van igazam.   *Everybody can see that I am right.*

Megnéz**het**jük a kastélyt?   *May we see (visit) the castle?*

If the formative suffix is added to an **ik**-verb it can be used both with and without the **-ik** suffix:—

dolgozik   : dolgoz**hat**   *or*   dolgoz**hatik**
érkezik   : érkez**het**   *or*   érkez**hetik**

The forms without **-ik** are more frequently used.

Verbs formed with the suffix **-hat, -het** take all moods and tenses. Their conjugation is the same as that of the two or more syllable verbs ending in a Short Vowel + **t**:—

Present Tense:

láthatok	láthatsz	láthat	láthatunk	láthattok	láthatnak
láthatom	láthatod	láthatja	láthatjuk	láthatjátok	láthatják
kérhetek	kérhetsz	kérhet	kérhetünk	kérhettek	kérhetnek
kérhetem	kérheted	kérheti	kérhetjük	kérhetitek	kérhetik

Past Tense:

láthattam	láthattál	láthatott	láthattunk	láthattatok	láthattak
láthattam	láthattad	láthatta	láthattuk	láthattátok	láthatták
kérhettem	kérhettél	kérhetett	kérhettünk	kérhettetek	kérhettek
kérhettem	kérhetted	kérhette	kérhettük	kérhettétek	kérhették

Conditional:

láthatnék	láthatnál	láthatna	láthatnánk	láthatnátok	láthatnának
láthatnám	láthatnád	láthatná	láthatnánk	láthatnátok	láthatnák
kérhetnék	kérhetnél	kérhetne	kérhetnénk	kérhetnétek	kérhetnének
kérhetném	kérhetnéd	kérhetné	kérhetnénk	kérhetnétek	kérhetnék

láthassak	láthass, láthassál	láthasson	láthassunk	láthassatok	láthassanak
láthassam	láthasd, láthassad	láthassa	láthassuk	láthassátok	láthassák
kérhessek	kérhess, kérhessél	kérhessen	kérhessünk	kérhessetek	kérhessenek
kérhessem	kérhesd, kérhessed	kérhesse	kérhessük	kérhessétek	kérhessék

194. Forms of Verbs with the Formative Suffix *-hat, -het* from Irregular Verbs

1. megy, jön : mehet, jöhet
2. lő, fő, nő, sző, ró : lőhet, főhet, nőhet, sződhet, róhat
3. eszik, iszik : ehet, ihat *or* ehetik, ihatik
4. lesz, tesz, vesz, hisz, visz : lehet, tehet, vehet, hihet, vihet
5. alszik, fekszik, nyugszik; törekszik, igyekszik : alhat(ik), fekhet(ik), nyughat(ik); törekedhet(ik), igyekezhet

195. Use of the Verbs of Possibility

(a) One can, you can is nearly always: **lehet.** The infinitive of the English expression becomes the subject in Hungarian (comp. 298).

Sohasem lehet tudni. *You (one) can never know.*

Itt mindent lehet kapni. *Here one can get everything.*

Can denoting a certain mental or physical capability is expressed by the verb **tud** *know :—*

Tud öt nyelvet. *He can speak five languages.*

Vissza tudsz adni egy százasból? *Can you give change for a hundred forint banknote?*

The verb of possibility (formed with the suffix **-hat, -het**) expresses an objective possibility depending on certain circumstances; **tud** + Infinitive, however, expresses a subjective ability:—

Megcsinálhatom. *I can do it.* (Nothing prevents me from doing it.)

Meg tudom csinálni. *I can do it.* (I am able to do it.)

(b) The verb formed with the formative suffix **-hat, -het** sometimes corresponds to the English "may" when it expresses concession, permission or assumption:—

Mondhat, amit akar.	*He may say what he will.*
Igazad lehet.	*You may be right.*
Beléphetek?	*May I come in?*
Orvos lehet.	*He may be a doctor.*

It can be used also in sentences expressing doubt or hesitation:—

Ki lehet ez az ember?	*Who may this man be?*
Mennyibe kerülhet?	*How much may (can) it cost?*

196. The Participle of Incompleted Action (Present Participle) with Verbs of Possibility

The present participle of verbs formed with **-ható, -hető** is often used. It can be translated into English as *-able, -ible:*—

látható	*visible*	fizethető	*payable*	ehető	*eatable*
iható	*drinkable*	hihető	*credible*	kapható	*obtainable*
		jól olvasható írás		*legible writing*	

If this form is used as nominal predicate it is translated by the following English construction: *is (can)* + Passive Present Infinitive:—

Sok minden látható ott.	*There is a lot to be seen there.*
A torony innen nem látható.	*The tower cannot be seen from here.*

Very often adjectives formed from the verbs of possibility by **-atlan, -etlen** are used:—
olvashatatlan *illegible*   láthatatlan *invisible*   lehetetlen *impossible*

GYAKORLATOK

1. *Rewrite the following sentences in all persons:*—

Ha ráérnék, kirándulnék. — Örülnék, ha látnám. — Meglátogatnám őt, ha tudnám, hogy hol lakik. — Ha jobban vigyáznék, szebben írnám a leckét.

2. *Give the conditional present of the verbs in brackets:*—

Ha én jól *(tud)* magyarul, többet *(ír)*. — Ha nem *(fáj)* a fejem, *(elmegy)* a barátomhoz. — Ha te *(megvár)* engem, együtt *(mehet)* haza. — Ha ti *(segít)*, gyorsabban *(megcsinál)* a feladatunkat.

3. *Give the conditional present indefinite conjugation of the following verbs:* fest, lő, mond, épít, tesz, alszik.

Use each of these verbs in sentences with the following subjects: én, te, ő, mi, ti, ők.

4. *Give the conditional definite conjugation of these verbs :* iszik, ír, tart, kér, szeret, kezd. *Use each of these verbs in sentences with the following subjects :* én, te, ő, mi, ti, ők.

5. *Form verbs of possibility (with the formative suffix -hat, -het) from the verbs printed in italics :—*

Most sok pénz van nálam, *megveszem* neki ezt a szép kabátot. — *Elmész* nyaralni is? — Mennyibe *került* ez a pár finom kesztyű? Esett az eső, *futottam* hazáig. — *Tudjátok,* hogy nem dohányzom. Még egyszer megmagyarázom, hogy *megértsd.* — Legyünk csendben, hogy nyugodtan *aludjék.* — Gyertek el, hogy *megbeszéljük* a nyaralást.

6. *Translate these questions and answer them in Hungarian :—*

When is *(lesz)* Georgina's birthday? What presents would her parents like to buy her? — Would you *(Sing.)* buy a pair of modern shoes if you could get some cheap ones? — Would Georgina be glad if she received a nice dress? — Would Georgina's summer dress be nicer if her mother made it for her? — How many guests could come to us? — Would it be nice *(jó)* if Eve visited us? What could you *(Plur.)* talk over with her if she were here? — Where could we live and take our meals? — How long does your *(Plur.)* holiday last? — Would he like to travel to (Lake) Balaton alone or with his family? — How could the summer holidays cost less?

Fogalmazás

Write a composition : ,,Mit csinálnék, ha lenne 10 000 forintom?''

Beszédgyakorlatok

Jucika izgalmas könyve

Hol dolgozik Jucika?
Hivatalos munkát végez?
Mi van az íróasztala fiókjában?
Miért ijed meg Jucika?
Miért nem olvashat tovább?
Mire kíváncsi Jucika?
Mit lát a kulcslyukon keresztül?

| kulcslyuk [kultʃjuk *or* kultʃluk], -at | keyhole |
| vmin keresztül *(postp.)* | through |

Lillafüred

Fordítás

Györgyi is doing *(készíti)* her homework, she writes quickly and carelessly. Her mother notices it and warns her daughter:—

"Write neater. You certainly ought to know how to write neater. Were you to pay more attention your writing would be tidier."

"My pen is no good. If it were better I could write neater."

"You're going to get an excellent fountain pen from me for your birthday. I hope you'll be able to write neater with that."

Györgyi's mother rings up one of her friends:—

"Could you help me? My daughter needs a good fountain pen."

"We have several kinds here in the shop (many kinds of fountain pens). Come (round), and you can buy her the best fountain pen."

"I should so much like to find a good one for her. I would buy it on the spot. If I had time I would come and see *(meglátogat)* you today."

HUSZONHARMADIK LECKE

Hétköznapok

Reggel van, új nap kezdődik. Cseng az ébresztőóra. Korán szoktam felkelni. Hat órakor már fenn vagyok, és megkezdem a napi munkámat.

Felkelés után tornászom. A reggeli tornát már úgy megszoktam, hogy enélkül nem érezném jól magam. Következik a borotválkozás. Mindig magam borotválkozom. Nem szeretem, ha a borbély az orrom alatt piszkál. Azután meg — úgy képzelem — érzékeny arcbőrömre magam jobban tudok vigyázni. Szappannal langyos vízben megmosdom. A törülközővel jól ledörzsölöm a hátamat, mellemet, karomat. Egy percig tart az egész. Törülközés után veszem a fogkefét meg a fogkrémet, megmosom a fogamat, kiöblítem a számat (= szájamat). Megfésülöm ritkuló hajamat, a hajkefével ügyesen úgy simítom le, hogy ne lássák, hogy már kopaszodom.

Fésülködés után kezdődik az öltözködés: felveszem az ingemet és az alsónadrágomat, felhúzom a harisnyámat. Szép idő ígérkezik, világos ruhát veszek fel, és élénk színű nyakkendőt kötök. Ha az ember már öregszik, legalább öltözködjék csinosan! Télen szeretek sötét ruhát hordani, tavasszal azonban már nem. Készen vagyok, mehetek reggelizni egy cukrászdába vagy eszpreszszóba. Reggelire teát vagy tejet iszom, és vajas, lekváros vagy mézes kenyeret eszem hozzá.

A Csepeli Vasműben dolgozom, az öntöde laboratóriumának vezető mérnöke vagyok. Délután fél ötig, nyolc órán keresztül vizsgálom az öntvények minőségét, szilárdságát, összetételét. Az üzemi étkezdében ebédelek, több étel között választhatok. A délutánom fél öttől kezdve szabad. Olvashatok az üzemi könyvtárban, vagy akár a Duna-part padjain; sétálhatok, pihenhetek, sőt udvarolhatok is, ahogy tetszik.

De elmondom, hogyan is használtam fel például tegnap a reggeli és a munka utáni szabad időmet.

Reggel korábban indultam, és elmentem a szabómhoz. Itt a tavasz, új ruhát kell varratnom! A szabó régi ismerősöm: huszonöt éve nála dolgoztatok.

Az Erzsébet-híd

Kiválasztottam egy szép világosszürke anyagot, és méretet vetettem a mesterrel.

— Mikor jöhetek próbára? — kérdeztem.

— Egy hét múlva. Mához két hétre készen lesz a ruha.

Délután, amikor elhagytam a munkahelyemet, felkerestem az órást, hogy megnézessem és rendbe hozassam vele az órámat. Furcsa ez az én órám: néha siet, néha késik, sose pontos.

A tegnapi elfoglaltságaim közé tartozott még a hajvágatás (nyiratkozás) is. Színházba készültem. A szakszervezet üzemi közönségszervezője biztosított számomra egy földszinti páholyjegyet. Nem akartam ott rendetlenül, hosszú hajjal megjelenni. Szerencsém volt, a borbélynál (fodrásznál) éppen senki sem nyiratkozott. Nem kellett sokat várakoznom, hamar rám került a sor.

— Borotválás lesz kérem vagy hajvágás?

— Hajvágást kérek — mondtam.

Jó rövidre nyírattam a hajamat. A borbély igen ügyesen megnyírt. Még hozzá udvarias is volt: egy szóval sem mondta, hogy kopaszodom, sőt azt állította, hogy most sűrűbb a hajam, mint legutóbb volt.

Nyiratkozás után sétálgattam egy kicsit, nézegettem a kirakatokat. Vacsorára vettem magamnak sonkát, sajtot, szalámit és kolbászt.

Útban hazafelé, a tisztítóból elhoztam a ruhámat. Kitisztíttattam ugyanis a tavaszikabátomat, és kimosattam a fehérneműmet. Nagyon szépen kimosták és kivasalták.

Hazaérve gyorsan megvacsoráztam, átöltözködtem, telefonon taxit rendeltem, és indultam a színházba.

A színházban nagyon jól szórakoztam. Láthattam, hogyan alakítja az ember a környezetét, de közben alakul maga is. Az előadás kitűnő volt, a színészek nagyszerűen játszottak, jól alakították a darab hőseit.

A színház után még olvasgattam egy kicsit. Éjfélkor már úgy éreztem, hogy itt az ideje a pihenésnek, most már lefekhetem és alhatom.

Levetkőztem, lefeküdtem, eloltottam a lámpát, és elaludtam.

Közmondások:

A látszat csal.

Senki sem lehet bíró a maga ügyében.

Tréfák

A SZERZŐ PANASZA

— Igazgató úr, ön nekem ellenségem!

— ??

— Mindig olyankor adatja a darabomat, amikor alig van egy-két néző.

A leggyorsabb hírközlés a
XX. században is?!

MIKOR LEHET NÁLUNK TAXIT KAPNI?

Szaktárs! Tegnap emelkedtek
a taxiárak!

Népdal Tavaszi szél vizet áraszt, virágom, virágom,
Minden madár társat választ, virágom, virágom.
Hát én immár kit válasszak, virágom, virágom?
Te engemet s én tégedet, virágom, virágom!

Ta - va - szi szél vi - zet á - raszt,

vi - rá - gom, vi - rá - gom.

Min - den ma - dár tár - sat vá - laszt,

vi - rá - gom, vi - rá - gom.

hétköznap, -ot	
-ja	*weekday*
cseng	*ring*
ébreszt	*wake*
ébresztőóra, '-t	*alarm-clock*
fenn van	*be up*
tornászik	*do gymnastics*
reggeli, -t *(n.*	
and *adj.)*	*breakfast; morning*
megborotválko-	
zik (borotvál-	
kozik)	*shave (oneself)*
borbély, -t *or*	
fodrász, -t	*barber, hairdresser*
piszkál vmit	*poke about*
képzel	*imagine*
érzékeny	*sensitive*
arcbőr, -t	*skin of face*
szappan, -t	*soap*
langyos	*lukewarm*
törülköző, -t	*towel*
ledörzsöl (dör-	
zsöl)	*rub*
törülközik	*dry (oneself)*
fogkefe, '-t	*toothbrush*
krém, -et, -je	*cream, paste*
kiöblít (öblít)	*wash out, rinse*
	(out)
ritkul	*get thin*
lesimít (simít)	*sleek*
alsónadrág,	
-ot, -ja	*drawers*
felhúz, (húz)	*put on*
ígér	*promise*
ígérkezik	*is going to be*
élénk színű	*bright, bright coloured*
köt	*tie, bind*
öregedik *or*	
öregszik	*get old*

hord (ruhát)	*wear*
reggelizik	*have breakfast*
cukrászda, '-t	*confectionery*
eszpresszó, -t	*espresso, coffee-*
	room
lekvár, -t, -ja	*marmalade, jam*
Csepel, -t	*a district of Buda-*
	pest
vasmű, vasművet	*iron works*
öntöde, '-t	*foundry*
laboratórium, -ot	*laboratory*
öntvény, -t	*cost(ing), mould-*
	(ing)
minőség, -et	*quality*
szilárdság, -ot	*strength, solidity*
összetétel, -t	*composition*
étkezde, '-t	*canteen*
választ	*choose*
könyvtár, -t	*library*
akár	*even*
udvarol	*make court to, woo*
ahogy *or* ahogyan	*as*
felhasznál	
(használ)	*use, spend*
szabó, -t	*tailor*
dolgoztat vkinél	*(here:) he is his*
	tailor
kiválaszt	*choose*
(választ)	
anyag, -ot	*material*
méret, -et	*measurement*
mester, -t	*master, craftsman*
próba, '-t	*fitting*
felkeres (keres)	*visit*
órás, -t	*watchmaker*
rendbe hoz	*repair*
furcsa	*strange, funny*
késik	*be slow*
elfoglaltság, -ot	*occupation, job*
vág	*cut*

23	nyiratkozik	*have one's hair cut*	

nyiratkozik	*have one's hair cut*
szakszervezet, -et	*trade union*
közönségszer- vező, -t	*organizer of cultural entertainment*
közönség, -et	*audience*
szervez	*organize*
biztosít	*secure*
páholy, -t	*box*
várakozik	*wait*
borotvál vkit	*shave*
megnyír (nyír)	*cut (hair)*
még hozzá	*and what is more*
állít	*insist, assert*
legutóbb	*last time*
sonka, '-t	*ham*
sajt, -ot, -ja	*cheese*
szalámi, -t	*salami*
kolbász, -t	*sausage*
útban hazafelé	*on the way home*
tisztító, -t	*cleaner's*
kitisztít (tisztít)	*clean*
kivasal (vasal)	*iron*
megvacsorázik	*have or take supper*
átöltözködik	
taxi, -t	*taxi*
alakít	*form, shape*

környezet, -et	*surrounding*
alakul	*take shape*
darab, -ot, -ja	*play*
hős, -t	*hero*
éjfél, -t	*midnight*
itt az ideje	*it is time*
levetkőzik (vetkőzik)	*undress*
elolt (olt)	*switch off*
elalszik (alszik)	*fall asleep*
látszat	
[laɪttsɑt], -ot	*appearance*
csal	*cheat, deceive*
a látszat csal	*appearances are deceptive*
ügy, -et	*matter, affair*
szerző, -t	*author*
ellenség, -et	*enemy*
darabot ad	*perform*
néző, -t	*audience, spectator*
telefon,-t	*telephone*
taxis,-t	*taxi-driver*
zápor,-t	*(heavy) shower*
meteorológia,-t	*meteorology*
áraszt	*flood*
immár *(obsolete)*	*now, already*

Szómagyarázatok

1. **Ideje, hogy . . .** or **itt az ideje, hogy . . .** (+ Imperative/Subjunctive of the verb) *it is time* (to do something):—

Ideje, hogy induljunk.   *It is time we went.*

2. **Száj** *mouth*. — This word has another (older) base **szá-** and the possessive suffixes can also be added to this old base:—

	szájam	szájad	szája	szájunk	szájatok	szájuk
or :	szám	szád	szája	szánk	szátok	szájuk

338

197. The Causative Verb

| -tat, -tet |
| -at, -et |

By adding the causative suffix **-tat, -tet** or **-at, -et** to verbs the so-called Causative Verb is formed. It denotes that the action is not done directly by the subject, but that the subject causes something to be done. In English it is usually expressed by the following construction.: —

(1) *have (get)* + Object + Past Participle (or sometimes an Infinitive without "to"), e.g. —

Kitisztíttattam a ruhámat. *I had my suit cleaned.*

(2) *make* + Object (person or a thing) + Infinitive without "to", e.g.: —

A professzor keményen megdolgoz- *The professor makes the students work hard.*
tatja a tanulókat.

(3) By other factitive constructions, e.g.: —

Tudatom veled. *I let you know.*

198. Formation of Causative Verbs

1. Verb bases ending in **-t**:—

    (a) Vowel + **-t: -tat, -tet**

üt *beat*	: üttet	*have sy beaten*
tisztít *clean*	: tísztíttat	*have sg cleaned*

    (b) Consonant + **t: -at, -et**

tart *keep, hold*	: tartat	*have sy hold sg*
ébreszt *wake*	: ébresztet	*have sy wake sy*

2. The remaining verbs:—

    (a) all polysyllabic verbs: **-tat, -tet**

olvas	*read*	: olvastat	*make sy read sg*
érez	*feel*	: éreztet	*make sy feel sg*

    (b) most monosyllabic verbs: **-at, -et**

mos	*wash*	: mosat	*have sg washed*
kér	*ask*	: kéret	*have somebody sent for, ask (sy) to come*

Few monosyllabic verbs take the causative suffix **-tat, -tet**:—

ül *sit*	:	ültet *make sy sit, plant*
szokik *get used to sy*	:	szoktat *make accustomed*
szűnik *cease, stop*	:	szüntet *stop, cease, interrupt*

22*

The causative verb is always used without **-ik**:—

dolgozik *works*   :   dolgoztat *make sy work*

☞   The causative verb with **-ik** represents the Passive Voice of the verb: **adatik** *it is given*, **kéretik** *it is asked*. The passive voice of the verb is, however, very rarely used in modern Hungarian.

The potential formative suffix **-hat, -het** can also be added to causative verbs:—

vár — várat — várathat   *wait — keep waiting — can keep waiting*

ül — ültet — ültethet   *sit — make sy sit — can make sy sit*

Examples:—

Nem várathatom őt órákig.   *I cannot keep him waiting for hours.*

Adok neki pénzt, hogy csináltathasson magának új ruhát.   *I give him money so that he may have a new suit made.*

199. The Causative Forms of the Irregular Verbs

Of the irregular verbs the following have causative forms:—

1. lő	:	lövet	*have sg shelled*
sző	:	szövet	*have sg woven*
2. eszik	:	etet	*make sy eat sg, feed*
iszik	:	itat	*make sy drink sg*
tesz	:	tetet, *or* tétet	*make sy do sg*
vesz	:	vetet, *or* vétet	*make sy take, buy sg*
hisz	:	hitet	*make sy believe sg*
visz	:	vitet	*make sy carry sg*
3. alszik	:	altat	*make sy sleep sg*
fekszik	:	fektet	*put to bed, lay, place*
nyugszik	:	nyugtat	*quiet, calm*

200. Object Governed by the Causative Verb

If the person or thing denoted by the object performs the action, then the object is translated into Hungarian by the adverbial suffix **-val, -vel**:—

*I have the **tailor** make a new suit.*   A **szabóval** új ruhát csináltatok.

*He had the **hairdresser** cut his hair short.*   Rövidre nyíratta a haját a **borbélylyal**.

201. The Reflexive Verb

The English way of expressing the reflexive by a reflexive pronoun + a verb is seldom used in Hungarian. The reflexive idea is expressed in Hungarian by a formative suffix.

202. Formation of Reflexive Verbs by Formative Suffixes

The Reflexive Verb is generally formed from active verbs; less frequently from causative verbs. The reflexive verb is always intransitive and nearly always an **ik**-verb.

The most frequently used formative suffixes:—

-koz-ik / -kez-ik / -köz-ik

1. **-kozik, -kezik, -közik,** after monosyllabic verbs usually with a linking vowel: **-akozik, -ekezik:**—

mutat *show* : mutatkozik *show (oneself), appear, look*
véd *defend* : védekezik *defend oneself*
törül *wipe* : törülközik *dry oneself*

-kod-ik / -ked-ik / -köd-ik

2. **-kodik, -kedik, -ködik,** after monosyllabic verbs: **-akodik, -ekedik:**—

mos *wash* : mosakodik *wash oneself*
emel *lift, raise, increase* : emelkedik *rise, increase*
fésül *comb* : fésülködik *comb oneself*

Sometimes the formative suffixes **-kozik,** etc. and **-kodik,** etc. express only the longer duration of the action. In this case the derived verb becomes intransitive:—

gondol vmit *think, consider* : gondolkodik *or* gondolkozik vmin *think about, reflect*
épít vmit *build* : építkezik *have a house built, build*
öltözik *dress (oneself)* : öltözködik *dress oneself*

Not only reflexive verbs but frequentative forms can be derived with **-kozik,** etc. and **-kodik,** etc. Such verbs are also formed from nouns and adjectives:—

barát *friend* : barátkozik vkivel *make friends with sy*
színész *actor* : színészkedik *act, pretend*
ügyes *skilful* : ügyeskedik *show skill (dexterity)*

3. **-ódik, -ődik** and less frequently **-ózik, -őzik** can be used to form reflexive verbs:—

-ód-ik / -őd-ik / -óz-ik / -őz-ik

csuk *close, shut* : csukódik *close*
művel *cultivate, educate* : művelődik *educate oneself*
nyújt *stretch* : nyújtódik *stretch oneself*

The formative suffix **-ódzik** was formed from the combination of the two formative syllables **-ódik** and **-ózik:**—

fog *catch, hold* : fogódzik *hold on,*

203. Use of the Reflexive Pronouns Expressing Reflexive Action

To express reflexive action the accusative of the reflexive pronoun **magam-(at)**, **magad(at)**, **magát**, etc. (see 206—7) is used

(a) with verbs where the reflexive pronoun represents the concrete (real) object of the action:—

Nézem magam(at) a tükörben.	*I look at myself in the mirror.*
Ez a nő festi magát.	*This woman uses make up.*

(b) with certain idiomatic expressions:—

Jól érzi magát.	*He feels well.*
Megadja magát.	*He surrenders (himself).*
Szégyelld magad!	*Shame on you!*

204. Survey of Verbs

The verbs considered so far have differed in the relation of subject to action in the following ways:—

Verb	Relation of the Subject to the Action	Examples
Active Verb	The subject performs the action expressed by its verb.	**ad** *give*
Passive Verb	The subject receives the action expressed by its verb.	**adatik** *it is given* (seldom used)
Reflexive Verb	The subject is reflected . by the verb.	**adódik** *present itself*
Causative Verb	The subject causes something to be done.	**adat** *make sy give*
Verb of Possibility	The subject has the possibility of performing the action.	**adhat** *can (may) give*

205. Transitive — Intransitive Verbs

Transitive or intransitive verbs are identified by whether or not they take an object. In Hungarian many transitive and intransitive verbs are derived from a common base.

Transitive forms:— Intransitive forms:—

(1) **-ít** **-ul, -ül** (comp. 287)

gyógyít vkit	*cure sy*	gyógyul	*be cured*
épít vmit	*build sg*	épül	*be built*

(2) -t, -jt, -nt		-l(ik), -ml(ik)	
nyit vmit	*open sg*	nyílik	*open*
gyűjt vmit	*collect, gather sg*	gyűlik	*assemble, gather, meet*
ront vmit	*spoil, damage sg*	romlik	*spoil*
(3) -szt		-d(ik)	
ragaszt vmit	*stick sg*	ragad	*stick to, cling, adhere*
ébreszt vkit	*(a)waken, wake up sy*	ébred	*awaken, wake (up)*
füröszt vkit or vmit	*bathe sy or sg (give sy a bath)*	fürdik	*have a bath*

206. Frequentative Verbs

In Hungarian we find Frequentative Verbs which denote that the action is continued for an extended period of time, with or without interruption. There are several frequentative formatives which can be added to nearly all verb bases.

The most frequently used formative suffixes are:—

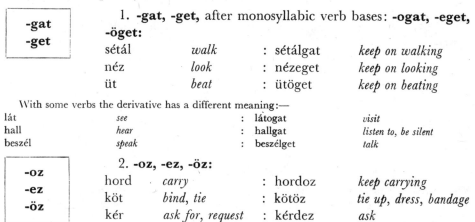

-gat **-get**	1. **-gat, -get**, after monosyllabic verb bases: **-ogat, -eget, -öget:**			
	sétál	*walk*	: sétálgat	*keep on walking*
	néz	*look*	: nézeget	*keep on looking*
	üt	*beat*	: ütöget	*keep on beating*

With some verbs the derivative has a different meaning:—

lát	*see*	: látogat	*visit*
hall	*hear*	: hallgat	*listen to, be silent*
beszél	*speak*	: beszélget	*talk*

-oz **-ez** **-öz**	2. **-oz, -ez, -öz:**			
	hord	*carry*	: hordoz	*keep carrying*
	köt	*bind, tie*	: kötöz	*tie up, dress, bandage*
	kér	*ask for, request*	: kérdez	*ask*

Of the more rarely used frequentative formatives the following should be known:—
-kod, -ked, -köd:
kapkod *keep catching, try to snatch ;* lépked *stride, trot ;* röpköd *keep flying*
-dogál, -degél, -dögél:
álldogál *stand about ;* éldegél *live on, lead an uneventful life ;* üldögél *sit about, lounge*

207. Momentaneous Verbs

The Momentaneous Verb denotes a single momentaneous action lasting a very short time.

The most frequently used formative suffix of the momentaneous verb is:—

-an **-en**	**-an, -en,** where the consonant of the verb base becomes long:—	
	(lobog *flame, blaze, wave :*)	lobban *flare up, blaze up*
	(dörög *thunder :*)	dörren *give a thundering crack*

23 GYAKORLATOK

1. *Give the causative forms of the verbs in brackets :—*

A tanár *(vizsgázik)* a diákokat. — A bátyám új ruhát *(csinál)* magának. — Ez a szülő *(tanít)* a gyerekeit. — Te hol *(mos)* és *(vasal)* a fehérneműdet? — Bort *(önt)* a pohárba.

2. *Give the reflexive forms of the verbs in brackets :—*

Mi minden reggel hideg vízben *(mos)* és jól *(megtörül)*. — Én naponként *(borotvál)*. — Ők a fürdőszobában *(fésül)* és *(öltöz)*. — A munka 8-kor *(kezd)*. — Este az ember gyorsan *(levet)*. — Holnapra szép idő *(ígér)*.

3. *Fill in the verbal endings :—*

Pista becsuk... az ajtót. Az ajtó becsuk... Én ezzel a fiúval becsuk... az ajtót. — A tanár befejez... a magyarázatot. A tanár befejez... az írást a diákokkal. A tanítás befejez...

4. *Make up sentences using the causative forms of the following verbs :* ad, visz, gyűjt, eszik.

5. (a) *Replace the intransitive verbs with their corresponding transitive form and change the sentences accordingly :—*

Új házak épülnek. — A házi feladat elkészült.— Én ma korán felébredtem. — Az ajtó kinyílt.

(b) *Add the causative formative to the transitive forms above and change the sentences accordingly.*

6. *Give the frequentative forms of the verbs in brackets :—*

Tegnap szép idő volt, a barátommal a Duna-parton *(sétáltunk)*, és *(néztük)* a dunai hajókat, közben az új filmekről *(beszéltünk)*. Azután bementünk egy eszpresszóba, és ott *(ültünk)* egy óráig. Otthon még a könyveimet *(rendeztem)*, és *(olvastam)* is egy kicsit.

Kérdés — Felelet

Mikor szokott ön felkelni?
Szokott tornászni reggelenként?
Egyedül szokott borotválkozni, vagy a borbélynál?
Milyen vízben szeret mosakodni?
Milyen nyakkendőt fog ma kötni?
Hány órára megy a hivatalba?
Kivel varratta az új ruháját?
Hol szokott ebédelni?
Milyen ruhát szeret hordani tavasszal?

Nyiratkozott, vagy csak borotválkozott?
Sokat kellett várnia?
Mikor volt utoljára színházban?
Milyen darabot látott?
Milyen volt az előadás?
Hogyan játszottak a színészek?
Mikor szokott lefeküdni?
Mit csinál ön lefekvés előtt?
Maga mossa, vagy mosatja az ingeit?
Mennyit szokott aludni?

Fordítás

Mrs. Molnár finds waking up *(ébred fel)* difficult, but when (her) alarm-clock rings she gets up at once. She takes a bath and combs (her hair) in the bathroom. After that she dresses. When she has dressed she wakes her young (= little) daughter, combs (her hair) and dresses her. She then prepares breakfast. Tea is soon ready *(elkészül)*

344

and the family has breakfast together. After breakfast Mr. Molnár looks through the newspapers, plays a little with his daughter and then goes *(elmegy)* to his office. The little girl plays with her doll *(baba)*. She changes its clothes, seats it at the table, gives it something to eat *(megetet)* and drink and puts it back to bed. Later Mrs. Molnár goes out [from home] to do (some) shopping. She does not leave her small daughter alone at home, but takes her along too. The little girl is glad to go *(hogy ... mehet)* with her mother. She can see and watch many interesting things in the street.

HUSZONNEGYEDIK LECKE

Sport

— Gyere Sanyi, induljunk! A Népstadionban négy órakor kezdődik az atlétikai verseny, utána a Ferencváros labdarúgó csapata mérkőzik a tatabányai csapattal.

— Mit tippelsz a Ferencváros —Tatabánya találkozóra?

— Szerintem a Ferencváros megnyeri ezt a mérkőzést. Úgy gondolom, 2 : 0 lesz az eredmény a Ferencváros javára.

— Én is azt hiszem, hogy legalább két gól különbséggel győz a Ferencváros.

— Hát az öcséd hol maradt? Nem jön velünk?

— Nem. Otthon pingpongozik a barátaival. Ő az asztaliteniszért lelkesedik. De már úgysem kapna jegyet! Én már hétfőn megvettem a magamét.

— Nem bánta volna meg, ha eljött volna! A mai atlétikai számok nagyon érdekesek és izgalmasak lesznek. Én nem maradtam volna otthon! A barátaival játszhatott volna máskor is! Ilyet viszont nem láthat az ember mindennap! Távolugrásban és rúdugrásban, diszkoszvetésben és súlylökésben új rekordot várok. Néhány futószámban is jó eredmény lehet.

— Több futószámban már a múltkor meg tudták volna javítani az országos rekordot, ha nem lett volna olyan nagy szél.

— Sajnálhatod, hogy a múlt vasárnap nem voltál a Margitszigeten, a Sportuszodában! Nagyszerű versenyeket láthattál volna! A százméteres gyorsúszásban két úszónk is megdöntötte az eddigi országos csúcsot. A vízilabdázóink is kitűnő formában voltak: válogatott csapatunk könnyen Európa-bajnokká lehet.

— A múlt vasárnap én a kardvívó versenyeket néztem meg. Új, fiatal tehetségek tűntek fel.

— Minden héten van valami érdekes látnivaló! A jövő héten a Sport-
csarnokban nemzetközi ökölvívó- és birkózóversenyek lesznek. Sportolóink
nagy szorgalommal járnak az edzésekre, és már most készülnek a következő

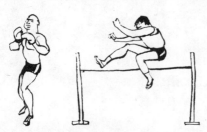

olimpiára. Jó versenyző nem születik egyik
napról a másikra, csak hosszú, céltudatos
munka, sportszerű élet jutalma lehet az
arany-, az ezüst-, vagy a bronzérem.

— Bizony, a sport nagy akaraterőt,
kitartást, fegyelmet és sok gyakorlást kö-
vetel. Ez teszi az embert erőssé, kitar-
tóvá és fegyelmezetté. Te is jobb ered-
ményt érhettél volna el az iskolai bajnokságokon, ha kitartóbb ember len-
nél.

— Ha többet gyakoroltam volna a futást és az ugrást, akkor még kevesebb
időm jutott volna a tanulásra. Rosszabb lett volna a bizonyítványom, pedig
jobb bizonyítványt akarok sze-
rezni a félévinél!

— Ez csak kifogás! Oszd be
jobban az idődet, és rendszere-
sebben végezd a munkádat! A
tanulás és a sport segítik egy-
mást.

— Lehet, hogy igazad van.
Megpróbálom majd együtt vé-
gezni a kettőt!... De már itt
is vagyunk! Nézd, mennyi néző
van! Tele van a stadion. Lega-
lább hetvenezer jegyet adtak el.

— Igen, a háború utáni években az érdeklődés általánossá vált a sport min-
den ága iránt. Már az atlétika is kezd tömegsporttá fejlődni.

— Ez igaz. De én azt hiszem, ma nem volna annyi néző, ha nem lenne

labdarúgó-mérkőzés az atlétikai verseny
után. Nálunk országszerte a labdarúgás a
legnépszerűbb sport. Ez vonzza a legtöbb
embert.

— Kétségtelenül így van. De más sport-
ágakban is nagy a fejlődés! Evezésben,
teniszben és kosárlabdában néhány éve
még feleannyi jó versenyzőnk sem volt,
mint ma. A válogatott csapatokat sokkal könnyebb összeállítani, mint régen.
És a fejlődés útján nem fogunk megállni! Én hiszem, hogy a jövőben egyre

nagyobb tömegek fognak sportolni, és a nagy nemzetközi versenyeken ezután sem leszünk az utolsók között!

— Odanézz! Kezdődik az atlétikai verseny, máris indul a százméteres síkfutás!

Közmondások:

Jóból is megárt a sok.

A vér nem válik vízzé.

Tréfák

MÉRKŐZÉS UTÁN

— Maga melyik csapatban játszott?

— Egyikben sem, kérem. Én voltam a bíró.

ÖRÖM A HÁZNÁL

—Anyu, 2 : 1-re győztünk!...

Népdal

Általmennék én a Tiszán ladikon, ladikon, de ladikon.

Ott lakik a galambom, ott lakik a galambom.

Ott lakik a városban, a harmadik utcában,

Piros rózsa, kék nefelejcs, ibolya virít az ablakában.

Által·men·nék én a Ti-szán la-di-kon, la-di-kon,de la-di - kon.

Ott la-kik a, ott la-kik a ga-lam-bom,ott la-kik a ga-lam-bom.

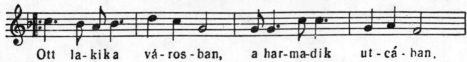

Ott la-kik a vá-ros-ban, a har-ma-dik ut-cá-ban.

Pi-ros ró-zsa, kék ne-fe-lejcs,i-bo-lya vi-rít az ab-la-ká-ban.

SZÓKINCS

Sanyi, -t	*Sandy, Alec*
népstadion, -t, -ja	*People's Stadium*
atlétika, '-t	*athletics*
Ferencváros, -t	district in Budapest; name of a sportsclub: FTC
Tatabánya, '-t	a mining town in Transdanubia; name of a sportsclub
labda, -t	*ball*
rúg	*kick*
labdarúgó	*football-player*
csapat, -ot	*team*
mérkőzés, -t	*match*
tippel	*give a tip*
találkozó, -t	*meeting*
megnyer (nyer)	*win*
mérkőzik	*play*
2 : 0 = kettő: null	*two : nil*
(null: *only in language of*	
sport, otherwise :* nulla)	
eredmény, -t	*result*
javára	*in favour*
gól, -t, -ja	*goal*
különbség [kylømpʃeːg], -et	*difference;* (here:) *by*
győz	*win*
pingpongozik	*play table-tennis* or *ping-pong*
lelkesedik	*be enthusiastic*
úgysem	*anyway*
megbán (bán)	*regret*
viszont	*on the other hand*
távolugrás, -t	*long jump*
rúd, rudat	*pole*
rúdugrás, -t	*pole-vault*
diszkosz, -t	*discus*
vet	*throw; sow*
súly, -t	*weight*
lök	*push, put*
súlylökés, -t	*putting the shot, shot -put*

rekord, -ot, -ja	*record*	
futószám, -ot	*running events, race*	
Margitsziget, -et	*Margaret Island*	
sportuszoda, '-t	*swimming pool*	
gyorsúszás, -t	*(free style) swimming*	
megdönt (dönt)	*break (record)*	
országos bajnok-ság	*national championship*	
csúcs, -ot (= rekord)	*record*	
vízilabdázik	*play water-polo*	
(jó) formában van	*be in good form*	
válogatott csapat	*selected team, national team*	
bajnok, -ot	*champion*	
kardvívó, -t	*fencer*	
vív *(back vowel)*	*fence*	
tehetség, -et	*talent*	
feltűnik	*appear*	
látnivaló, -t	*sight*	
sportcsarnok, -ot	*sports-hall*	
nemzetközi	*international*	
ökölvívó *(n. and adj.)*	*boxer*	
birkózik	*wrestle*	
edz [ɛddz]	*train, coach*	
olimpia, '-t	*Olympic Games*	
versenyez	*compete*	
születik	*be born, set (record)*	
egyik napról a másikra	*from one day to the other*	
céltudatos	*resolute, conscious*	
sportszerű	*sportsmanlike*	
jutalom, jutalmat	*reward*	
ezüst, -öt, -je	*silver*	
bronz, -ot	*bronze*	

24

érem, érmet	*medal*	
bizony	*certainly, surely*	
kitartás, -t	*endurance, persistency*	
akaraterő, -t, -ereje	*willpower, strength of mind*	
fegyelem, fegyelmet	*discipline*	
követel	*demand, claim*	
kitart (tart)	*endure, persevere*	
fegyelmez	*discipline*	
elér	*achieve, obtain*	
bajnokság, -ot	*championship*	
ugrik	*jump, spring*	
idő jut vmire	*have time, time is left*	
bizonyítvány, -t	*certificate*	
kifogás, -t	*excuse, objection*	
beoszt (időt)	*dispose of one's time*	
munkát végez	*do work*	
tele	*full, filled*	
érdeklődés, -t	*interest*	
válik vmivé	*become*	
iránt *(postp.)*	*towards, to ; (here:) in*	
országszerte	*throughout the country*	
népszerű	*popular*	
vonz	*attract*	
kétségtelen [keːttʃeːktɛlɛn]	*undoubtedly*	
sportág, -at	*branch of sport*	
evez	*row*	
tenisz, -t	*(lawn-) tennis*	
kosárlabda, '-t	*basket-ball*	
feleannyi	*half*	
összeállít (állít)	*select (team)*	
síkfutás, -t	*track-race*	
megárt (árt)	*do harm, do evil*	
bíró, -t	*referee*	

öröm, örömöt *joy*
általmegy *(obsolete)*
  = átmegy *go across, cross*
ladik, -ot, -ja *punt*

nefelejcs, -et *forget-me-not*
ibolya, '-t *violet*
virít *bloom*

NYELVTAN

208. Past Conditional

The Past Conditional is expressed by the Past Tense Indicative + auxiliary **volna:**—

Indefinite Conjugation		Definite Conjugation	
adtam volna	*I should have*	adtam volna	*I should have*
adtál volna	*given,*	adtad volna	*given (it),*
adott volna	*etc.*	adta volna	*etc.*
adtunk volna		adtuk volna	
adtatok volna		adtátok volna	
adtak volna		adták volna	

Past Conditional of the verb "to be":—

lettem volna	lettünk volna	*I should have been,*
lettél volna	lettetek volna	*etc.*
lett volna	lettek volna	

Examples:—

Ha kitartóbb lettél volna, győztél volna.
: *If you had been more persistent, you would have won.*

Ha lett volna pénzem, megvettem volna.
: *If I had had some money, I would have bought it.*

The past tense of the conditional mood corresponds most frequently to the English past conditional or to the past tense of the subjunctive mood in conditional clauses ("If Clauses").

209. Uses of Conditional Mood

The forms of the conditional are used in Hungarian to reflect the subjective attitude of the speaker to the statement or happening expressed in the sentence.

Thus, the forms of the conditional can be used, both in simple sentences
and in main and subordinate clauses, when the attitude of the speaker expresses:—

(a) a condition (assumption, not real condition)
(b) a wish (the sentence frequently begins with **bár, bárcsak, csak**
    — they correspond to the English *I wish* ...; – further **de**)
(c) doubt, uncertainty
(d) restraint, discretion, modesty

Examples:—

(a) Jó lenne, ha Éva eljöhetne!   *It would be nice if Eve could come.*
(b) Bár láthattam volna én is!   *I wish I could have seen it!*
     Bárcsak meg tudnám venni!   *I wish I could buy it!*
     De szeretnék boldog lenni!   *I should like to be happy!*
(c) Rád bízhatnám a levelezést?   *Might I entrust the correspondence to you?*
     Ki hitte volna?!   *Who would have thought it?*
(d) Láthatnám a régi kastélyt?   *Might I see the old castle?*
     Volna egy kérésem.   *I have a request.*

Attention should be paid to the following peculiarities in the use of the conditional forms:—

1. In sentences introduced with **ahelyett, hogy** *instead of* + Gerund, **anélkül, hogy** *without* + Gerund, **mintha** *as if*, the conditional is always used in Hungarian, e.g.:—

Ahelyett, hogy tanulna, moziba jár.   *Instead of studying he goes to the pictures.*
Anélkül, hogy megnézte volna, megvette.   *Without examining it he has bought it.*
Mintha már láttam volna valahol.   *As if I had already seen it somewhere.*

2. *Might*
(a) The conditional of the verb of possibility expressing a wish or a polite request:—

Melegebb lehetne a leves.   *The soup might be warmer.*
Melegebb is lehetett volna.   *It might have been warmer.*
Kinyithatnám az ablakot?   *Might I open the window?*

(b) **valószínűleg** or **bizonyára** *(likely, probably)* + indicative of the verb:
Valószínűleg (=bizonyára) otthon van. *He might be at home.*

3. *Could*

The conditional of the verb of possibility:—

Még ma felhívhatnánk Évát.   *We could ring up Eve today.*
Már tegnap is felhívhattuk volna.   *We could have rung her up yesterday.*

4. *Ought to, should :* **kellene**

Néki is jönnie kellene.　　　　　*He ought to come as well.*
Nem kellett volna elmennünk.　　*We shouldn't (oughtn't to) have gone there.*

210. The Suffix *-vá, -vé*

| -vá, -vé |

The flexional suffix **-vá, -vé** expresses transition, a change into another state: somebody or something becomes what is denoted by the primary word.

Interrogative: **mivé?** *what (become)?*

The **v** sound of this suffix, just as the **v** of the suffix **-val, -vel** (comp. 251), assimilates with the final consonant of the word it qualifies:—

víz+vé = **vízzé**　　　　　barátom+vá = **barátommá**
katonák+vá = **katonákká**　　erős+vé = **erőssé**

etc.

Final vowel **-a** or **-e** becomes **-á-** or **-é-**:—

katona : katonává　　　　testvére : testvérévé

The suffix **-vá, -vé** is used with verbs that denote change, transition. The verbs most frequently governing the suffix **-vá, -vé** are:—
lesz *become*
Az atlétika is tömegsporttá lett nálunk.　*Athletics has also become a mass-sport in our country.*

válik *become, turn, change*
A vér nem válik vízzé.　　*Blood does not become water.*
Semmivé vált.　　*It has become nothing.*
tesz *make*
A sport erőssé, fegyelmezetté, kitartóvá teszi az embert.　*Sport makes you (man) strong, disciplined and persevering.*

211. Postpositions (comp. 201—2)

| iránt javára |

1. iránt *towards, to, in* (to be interested *in*, have inclination *for sg*, feel symphathy *for sy* and in some similar expressions):—

Érdeklődik a sport iránt.　　*He is interested in sport.*
Nincs érzéke az üzlet iránt.　　*He has no sense of business.*

Also with the possessive suffix:—

irántam, irántad, iránta　irántunk, irántatok, irántuk

Nem érzek iránta sem gyűlöletet, sem szeretetet.　*I feel neither hate nor love towards him (her).*

2. **javára** *in favour of, to the advantage, for.* — It is used only with the possessive suffix and with the suffix **-ra, -re** (comp. 301):—

3 : 1 Magyarország javára.   *3 : 1 in favour of Hungary.*

Javamra írtak 10 forintot.   *They put 10 forints to my credit.*

A tanulás mindenkinek javára szolgál. *Learning is to everybody's advantage.*

212. The Compound Sentence and Its Conjunctions

In Hungarian grammar there are five kinds of compound sentences: (1) coordinating, (2) adversative, (3) disjunctive (alternative), (4) resultative and (5) explanatory sentences.

The compound sentences are linked either by conjunctions or they can stand without a conjunction.

The conjunctions are:—

1. Coordinating Sentences

és (s) *and*	Tihanyban nyaralt, és dicsérte ezt a helyet. *He spent the summer in Tihany and praised this resort.*
meg *and*	Lázam volt, meg a fejem is fájt. *I had a temperature and my head ached too.*
is *also, too, as well* (for its position comp. 52,310)	Jól fogunk szórakozni, a nyaralást is **megbeszéljük**. *We shall amuse ourselves and we can also discuss our summer holidays.*
sem *neither, nor*	Ő nem jön, én sem megyek. *He will not come nor will I go.*
sőt *even, moreover*	Gyalog megyek a színházba, sőt útközben egy feketét is **megiszom**. *I walk to the theatre and on the way I even drink a coffee.*
is . . ., is *both . . . and*	Az atléták is, a labdarúgók is szerepelnek ma. *We can see today both the athletes and the football-players.*
sem . . ., sem or **se . . ., se** *neither . . . nor*	Sem a távolugrásban, sem a diszkoszvetésben nem születtek jó eredmények. *There have been good results neither in the long-jump nor in the discus-throwing.* Se igent ne mondj, se nemet! *You should say neither yes nor no.*

egyrészt . . ., más- **részt** *on the one hand . . .,* *on the other hand* **részint . . ., részint** *partly . . ., partly*	A jó eredményeket versenyzőink egyrészt (részint) kitartó szorgalmuk-nak, másrészt (részint) lelkesedésüknek köszönhetik. *The good results are partly due to the continued effort of our sportsmen, and partly to their en-thusiasm.*
mind . . ., mind *both . . ., and*	Mind kardvívóink, mind úszóink több bajnokságot szereztek. *Both our fencers and swimmers have won several championships.*
nemcsak . . ., **hanem . . . is** *not only . . . but also* *or too*	Nemcsak az úszók, hanem a kardvívók is elsők lettek. *Not only the swimmers but also the fencers have come first.*
	Coordinating sentences often stand without a conjunction:— Esik az eső, fúj a szél. *It is raining (and) the wind is blowing.*

2. Adversative Sentences

pedig *however, and* (it takes the second place in a sentence)	Délelőtt bejárjuk a János-hegyet, délután pedig átmegyünk a Szabadság-hegyre. *In the morning we wander over János Hill and in the afternoon we go to Szabadság Hill.*
ellenben *on the other hand,* *on the contrary*	Ő az ugrást gyakorolja, én ellenben (= ellenben én) az úszást. *He trains himself in jumping, I, on the other hand, in swimming.*
viszont *on the other hand,* *on the contrary*	Ő moziba megy, én viszont (= viszont én) színházba. *He goes to the pictures, I, on the contrary, go to the theatre.*
de *but*	Kicsi a bors, de erős. *Pepper is small, but it is strong.* (Proverb)
azonban *but, however* (the contrast, less em- phasis is given if it comes second, and less frequently first, in the sentence)	Vasérc kevés van Magyarországon, bauxitban azonban (= azonban bauxitban) gazdagok vagyunk. *In Hungary there is not much iron ore but we are rich in bauxite.*
csakhogy *but, yet*	Mennék én szívesen, csakhogy nincs időm. *I should go with pleasure but I have no time.*

mégis *still, yet, nevertheless,* *after all* **mégse(m)** *not . . . after all,* *still not*	Tilos volt, mégis bement. *It was forbidden (to enter), still he went in.* Már régen Magyarországon vagyunk, mégsem ismerjük eléggé Budapestet (= Budapestet mégsem ismerjük eléggé). *We have been in Hungary for a long time still we don't know Budapest well enough.*
hanem *but* **ne csak . . .,** **hanem . . . is** *not only . . . but also* *or too*	Ez nem a mai újság, hanem a tegnapi. *This is not today's paper but yesterday's* Ne csak tudd a jót, hanem tedd is! *You shouldn't only know what is good, but you should do it as well.*
	Without a conjunction:— Ő moziba megy, mi színházba. *He goes to the pictures, we go to the theatre.* Sokat ígér, keveset tesz. *He promises much but does little.*

3. Disjunctive (Alternative) Sentences

vagy *or*	Elmégy, vagy itthon maradsz? *Are you going away or will you stay at home?*
vagy . . ., vagy or **vagy pedig** *either . . . or*	Vagy színházba megyek, vagy (= vagy pedig) moziba. *I go either to the theatre or to the pictures.*
akár . . ., akár *whether . . . or*	Akár dolgozom, akár pihenek, fáj a fejem. *Whether I work or rest my head aches.*

4. Resultative Sentences

tehát (also: **hát**) *so, therefore, consequently* (is given first or second position in the sentence)	A labdarúgás a legnépszerűbb sport, tehát ez vonzza a legtöbb nézőt. *Football is the most popular sport, consequently it attracts (the) most spectators.*
azért, ezért *therefore, so*	Ez jobb, azért drágább. *It is better, therefore it is more expensive.* Termékeny a föld, ezért jó búza terem benne. *The soil is fertile so good wheat grows in it.*
Conjunctions less frequently used:— **következésképp(en), ennek következtében** } **ennélfogva, ennek folytán, eszerint**	*consequently, owing to this, therefore, hence*
	Without a conjunction:— Kerek a pénz, gyorsan gurul. (Proverb) *The coin is round (and) so it rolls swiftly.*

hiszen, hisz *as, for*	Elégedett vagyok az eredménnyel, hiszen sportolóink felkészülése nem volt tökéletes. *I am satisfied with the result for the preparation of our sportsmen was not so good.*
azaz, illetve, illetőleg (abbreviated: **ill.**) *namely, that is (i.e.), respectively*	Kilenc első helyet szereztünk, azaz (*or:* illetőleg) kilenc aranyérmet. *We have won nine first places, i.e. nine gold medals.*
vagyis *that is* (more exact statement)	Magyarország bauxitban, vagyis alumíniumércben gazdag. *Hungary is rich in bauxite, i.e. in bauxite-ore.*
mégpedig *namely* (detailed enumeration)	A vízisportokban, mégpedig a vízilabdában és az evezésben jó eredményeket értünk el. *In water-sports, namely in water-polo and rowing, we have achieved good results.*
ugyanis *as, namely*	A verseny érdekes lesz, ugyanis új rekordokat várunk. *The competition will be interesting as we are expecting new records.*
úgyis *anyway*	Nem kell sietnünk, **úgyis** odaérünk. *We need not hurry, we shall arrive in time anyway.*
úgysem *by no means,* *not by any means,*	Hiába sietsz, úgysem éred el a vonatot. *There is no use hurrying, you won't by any means catch the train.*
tudniillik (abbreviated: **ti.**) *namely, for*	Nem biztos, hogy elmegyünk az előadásra, tudniillik vendégünk van. *It is not certain that we shall go to the performance, for we shall have guests.*

GYAKORLATOK

1. *Give the past conditional of the verbs in brackets :—*

Ha sok pénzem *(van)*, házat *(vesz)*. — Ha én nem *(meghív)*, te nem *(eljön)*. — Ha János *(tud)*, hogy itt vagy, *(örül)*. — Ha te *(megkóstol)* ezt a bort, *(iszik)* belőle.

2. *Conjugate the past conditional, definite and indefinite, of the following verbs:* fest, alszik, mond, eszik, szeret.

3. *Rewrite the following sentences in the past conditional :—*

Ha még egy kicsit várnál, találkozhatnál vele. — Ha megértenék a levelét, válaszolnának rá. — Ha betegek lennénk, orvost hivatnánk.

4. *Use* láttam volna *in sentences to show the distinction between condition and wish.*

5. *Complete the following sentences with* -vá, -vé:—

Péter kiváló sportoló... fejlődött. — Hazánkat boldog..., erős..., gazdag... akarjuk tenni. — Az idő esős... vált.

6. *Change the verbs in the following sentences into* (a) *present and past conditional;* (b) *imperative/subjunctive. Do not forget to change the sentence structure accordingly.*

Pál rendszeresen tanul, jó eredményt ér el. — Ez a tanuló az iskolába megy. — Szorgalmasak vagyunk, sokat dolgozunk.

7. *Parse the following verbs:*—

tudnánk, járunk, látnék, menjen, aludnék, beszéltünk, feküdjék, kértek volna, hinni fogok, szerettek, figyelmeztettétek, adjuk

(Some of these vers represent two grammatical forms.)
Make up sentences containing these forms.

8. *Make the affirmative sentences negative and the negative sentences affirmative:*—

Az eső is esett, a szél is fújt. — A barátom nem ment kirándulni, én sem indultam el. — Szombaton csúnya idő volt, és vasárnap is esett az eső. — Mondtam nekik, hogy ne menjenek, mégis elmentek.

9. *Join the following sentences with coordinating conjunctions:*—

Szép téli nap van. Esik a hó.
Szívesen mennék síelni. Még nem vagyok készen a leckémmel.
Az év végén jobb bizonyítványt szeretnék kapni. Itthon maradok tanulni.
Ma mehetek síelni. Holnapra nincs sok leckém.

10. *Join the following sentences with disjunctive conjunctions:*—

Szorgalmasan tanulsz. Rossz bizonyítványod lesz.
Visszajövünk értetek. Küldünk valakit.

11. *Complete the following sentences with a copulative, adversative and a resultative sentence:*—

Nemsokára egy óra lesz, ...　　　　Anna igen szorgalmas leány, ...
Sietek az egyetemre, ...　　　　　Mindig megtanulja a leckéjét, ...

12. *Write four adversative sentences contrasting the work of a clever and a dull pupil.*

Kérdés — Felelet

Hová indul Sanyi a barátjával?
Hány órakor lesz az atlétikai verseny?
Mikor kezdődik a labdarúgómérkőzés?
Mit tippelsz erre a mérkőzésre?
Mit csinál Sanyi barátjának az öccse?
Máskor is játszhatott volna asztali-
　tenisz-mérkőzést?
Tudott volna szerezni jegyet a Nép-
　stadionba, ha akart volna?

Milyen versenyek voltak a múlt vasárnap
　a Sportuszodában?
Hol tűntek fel új tehetségek?
Mi lesz a jövő héten a Sportcsarnokban?
Minek a jutalma az aranyérem?
Mivé vált Magyarországon az atlétika is?
Melyik a legnépszerűbb sportág?

Fordítás

"You'll be glad *(örülhetsz, hogy)* you've come to this performance today. I don't think you could have enjoyed yourself as well anywhere else *(máshol)*."

"I'm very glad that I've come, otherwise *(különben)* I could not have seen these excellent performers, nor have heard this wonderful music, for you know, of course, how much I like music."

"Your friend would have done better to have come (= if he had come) here instead of going to the boxing-match. I think he could have spent his time much better here than there."

"That's true, but who would have thought that the performance would be so outstanding?"

"But I thought it would be good, that's why *(ezért)* I came and that's why I invited you too. Although I was very tired *(fáradt)* today and would have preferred to stay at home, I came *(eljön)* nevertheless."

"This is better relaxation than staying at home. Without spending a lot of money we have rested our weary limbs *(kipiheni magát)* and moreover had a thoroughly good time *(kitűnően szórakozik)*."

Fogalmazás

"What you would have done on Sunday if the weather had been fine and you had not had to stay at home."

Beszédgyakorlatok

1. *Describe these pictures.*

TEST ÉS LÉLEK

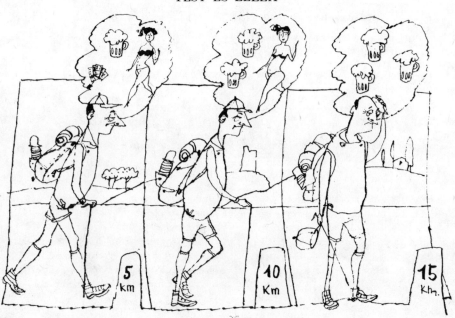

Kit látunk az első képen?
Mi van a turista hátán, és mi van benne?
Mekkora utat tett már meg?
Mikre gondol?
Mennyit haladt előre a kiránduló?
Milyen idő lehet?
Mire gondol, mit kíván?
Mi a történet vége?

lélek, lelket	*mind, soul, spirit*
kártya, '-t	*card*
kártyázik	*is playing card*

is not used; see below.

24

2. *Make up questions about these pictures and then answer them.*

SPORTKÖZVETÍTÉS

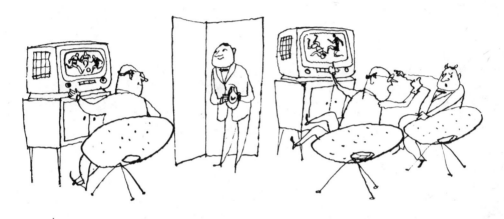

sportközvetítés, -t   *sport-broadcast*

HUSZONÖTÖDIK LECKE

Képek a mai Budapestről

Budapest rövid történetét a 19. leckéből már ismerjük. Most a 22 kerületből álló mai Budapestről akarunk néhány képet bemutatni.

A város közepén, a Duna jobb partján emelkedik a Gellérthegy. A hegy tetején áll a múlt század közepén épült citadella, és a felszabadulás emlékére

A Felszabadulási emlékmű

25 felállított hatalmas Szabadság-szobor. Vele szemben, észak felé, a Várhegyen a második világháborúban elpusztult, de már épülő egykori királyi palota, távolabb az újjáépített Halászbástya és a Mátyás-templom gótikus tornya ragadják meg a szemlélőt. Odább a Rózsadomb villái és a Hármashatár-hegy szép körvonalai látszanak.

A Gellérthegy tetejéről nagyszerű kilátás nyílik a nyüzsgő városra. Alattunk folyik a Duna, amelyen keresztül karcsú hidak vezetnek át egyik partról a másikra. Észak felé a Margitszigetet látjuk, dél felé a Csepel-szigetet, amelyen a Csepeli Vasmű gyárkéményei füstölögnek.

Látszólag csak egy ugrás a hegyről a túlsó part. A pesti Belváros szűk utcáival, különféle stílusú épületeivel a balpart legrégibb városrésze. Távolabb láthatók a legutóbbi években épült lakótelepek, modern épületekkel, széles utcákkal, parkokkal. A város legszebb parkjai a Margitsziget és a Városliget.

A Margitsziget gyönyörű sétaútjai, virágos kertjei, öreg fái pihenést nyújtanak mindenkinek, számos lehetőség kínálkozik azonban itt a szórakozásra

és a sportolásra is. A „Sziget"-en van a Nemzeti Sportuszoda, a Palatinus strand-
fürdő, a Szabadtéri Színpad, a Szigeti Nagyszálló, a Tenisz Stadion, az Úttörő
Stadion. Csónakházak és játszóterek várják családostul, gyerekestül az embereket.

A Városliget megtekintésére legalább egy egész napot kellene szentelnünk.
A Népköztársaság útján juthatunk el a Hősök terére. Ezt tartják Budapest
legszebb terének. A tér közepén áll az Ezredéves (Millenniumi) emlékmű,
amely a honfoglalás ezredik évében,1896-ban épült.A tér északi oldalát a Szép-
művészeti Múzeum klasszikus épülete zárja le. A Hősök tere mögött terül el a
budapestiek kedvelt szórakozóhelye: a Városliget. A liget fái között mesterséges
tavat létesítettek. Ez az úgynevezett Városligeti-tó, amelyen nyáron csóna-
kázni, télen korcsolyázni lehet. Itt van télen a Műjégpálya. A tóban van egy
kis sziget, ezen áll a „Vajdahunyad Vára", amelynek képét mindenki meg-
jegyzi magának, aki egyszer Budapesten járt. Az épület múzeumul szolgál.
A Városliget 116 hektárnyi területén játszóterek váltogatják egymást árnyas
sétautakkal, virágos kertekkel, kellemes pihenőhelyekkel, ahova munkájuk után
ezrével sétálnak ki a dolgozók. Bármerre indulunk, mindenütt találunk lehető-
séget a szórakozásra. A Városligetben van a Széchenyi Gyógy- és Strandfürdő,
az Állatkert, a vidám szórakozások kedvelői számára pedig a Fővárosi Nagy-
cirkusz és a Vidám Park.

A fővárosban sok szép, különféle stílusú középület látható. A legszebbek:
az Országház (Parlament), a Nemzeti Múzeum, az Opera, a Vár középkori
épületei. A minisztériumok és más fontos középületek a város központjában
találhatók, a legszebb üzletek a Rákóczi úton, a Belvárosban és a körutakon
vannak.

Budapest a magyar tudományos és kulturális élet központja. A budapesti
múzeumok gyűjteményei híresek és óriási értékűek. A Nemzeti Múzeum

25 könyvtárában több mint kétmillió könyv van. A Magyar Tudományos Akadémia kutatóintézeteiben szorgos tudományos munka folyik. A város hangversenytermeit, színházait sok neves külföldi művész kereste már fel, akik elismeréssel nyilatkoztak a magyar művészetről és a műértő közönségről.

Budapest a magyar sportélet központja is. A több száz sportpálya és uszoda közül a Népstadion és a margitszigeti Nemzeti Sportuszoda szokott a legizgalmasabb sportesemények színhelye lenni.

Ha Budapestről beszélünk, szólnunk kell azokról a gyógyforrásokról is, amelyek a várost világhírű fürdővárossá teszik. A száznál több hőforrás napi 70 millió liter gyógyvizet ad, és gyógyulást nyújt a betegeknek. A gyógyforrások vizének hőmérséklete 30° és 80° (fok) között váltakozik. Némelyik gyógyfürdő már több száz éves múltra tekinthet vissza.

A város környéke alkalmas kirándulásra, üdülésre. A budai hegyek legismertebbjei: a Sas-hegy, a Széchenyi-hegy, a Szabadság-hegy, a János-hegy. A Hármashatár-hegy oldalában alkalmunk van megtekinteni egy geológiai nevezetességet is: a Pálvölgyi-cseppkőbarlangot. A hegyek üdülőiben és szanatóriumaiban évente sok ezer magyar és külföldi dolgozó nyeri vissza az egészségét.

Közmondások:

Mindenütt jó, de legjobb otthon.

Aki mer, az nyer.

Amit ma megtehetsz, ne halaszd holnapra.

Tréfa

ELISMERÉS

— Drágám, ebből a levesből tízszer ennyit kellett volna főznöd!

— Annyira ízlik?

— Nem éppen! De annyi só van benne, hogy tízszer ennyi levesbe is elég volna.

366

Népdal

Már minálunk, babám, az jött a szokásba,
Nem szedik a meggyet fedeles kosárba.
Felmegy a legény a fára, a meggyfa tetejére,
Lerázza a meggyet, te meg, babám, szedjed rózsás kötényedbe!

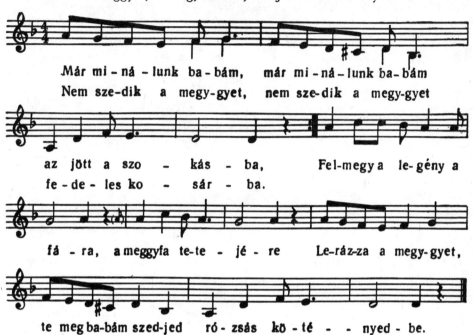

.Már mi – ná – lunk ba – bám,   már mi – ná – lunk ba-bám
Nem sze-dik   a megy-gyet,   nem sze-dik   a megy-gyet

az jött a szo   –   kás – ba,   Fel-megy a le- gény a
fe – de – les ko   –   sár – ba.

fá   –   ra,   a meggyfa te-te – jé – re   Le–ráz-za a megy-gyet,

te megba-bám szed-jed   ró – zsás kö – té – – nyed – be.

SZÓKINCS

kerület, -et	district	Rózsadomb, -ot,	
citadella, '-t	citadel	-ja	Rose Hill
felszabadulás, -t	liberation	Hármashatár-	Three-Border Hill
emlék, -et	(here:) memory	hegy, -et	
épül	is being built or reconstructed	körvonal, -at	contour, outline
		nyüzsög	pulsate, swarm
egykori	former	karcsú	slender
Halászbástya, '-t	Fishermen's Bastion	Csepel-sziget, -et	Csepel Island
		gyárkémény, -t	chimney-stack
templom, -ot	church	füstölög (= füs-	
gótikus	Gothic	töl)	fume, smoke
megragad (ragad)	seize, strike	látszólag	apparently
szemlél	view, look on	[laɪttsoɪlɑg]	
odább	further on	tulsó	opposite

belváros, -t	*city*
szűk	*narrow*
stílus, -t	*style*
lakótelep, -et	*housing estate*
Városliget, -et	*City Park*
pihenést nyújt	*provide rest* or *re-laxation*
számos	*several*
lehetőség, -et	*possibility*
kínálkozik	*offer oneself*
sziget, -et	*island*
nemzeti	*national*
strandfürdő, -t	*open air bath*
szabadtéri szín-pad [si:mpɑd], -ot	*open-air theatre*
úttörő, -t	*pioneer*
csónak, -ot, -ja	*boat*
szentel vmire vmit	*devote to*
eljut (jut) vhova	*get somewhere*
tart vminek	*consider*
ezredéves *(adj.)*	*millennium*
emlékmű, -művet	*monument*
műcsarnok, -ot	*art gallery*
Szépművészeti Múzeum, -ot	*Museum of Fine Arts*
klasszikus	*classical*
lezár (zár)	*close off*
liget, -et	*grove (City Park, Town Park)*
mesterséges	*artificial*
létesít	*establish*
úgynevezett (abbrev. : ún.)	*so-called*
csónakázik	*row, boat*
műjégpálya, '-t	*skating rink*
Vajdahunyad Vára	*Castle of Vajda-hunyad*
megjegyez magának	*keep in mind, note*
szolgál	*serve*
hektár, -t, -ja	*hectare*
váltogat vmit	*alternate, vary*
árnyas	*shady*
pihenőhely, -et	*resting-place*
ezrével	*by thousands*
bármerre	*wherever*
állatkert, -et, -je	*zoo*
középület, -et	*public building*
országház, -at	*parliament*
középkor, -t	*Middle Ages*
minisztérium, -ot	*ministry*
körút, -utat, -ja	*boulevard*
kulturális	*cultural*
tudományos	*scientific*
érték, -et	*value*
Akadémia, '-t	*Academy*
kutat	*research*
szorgos	*thorough, hard-working*
elismerés, -t	*acknowledgement*
nyilatkozik	*declare*
műértő	*art expert*
közönség, -et	*audience, specta-tors*
sportpálya, '-t	*sport-ground, sta-dium*
sportesemény, -t	*sporting event*
színhely, -et	*scene, spot*
gyógyforrás, -t	*thermal spring, medicinal spring*
világhírű	*world-famous*
fürdőváros, -t	*spa, watering-place, health-resort*
hőforrás, -t	*thermal spring*
váltakozik	*alternate*
geológia, '-t	*geology*
cseppkő, -követ	*stalactite, dripstone*
barlang, -ot, -ja	*cave*
szanatórium, -ot	*sanatorium*
visszanyer (nyer)	*regain, win back*

annyira	*so much*	legény, -t	*lad*
nem éppen	*not that*	leráz (ráz)	*shake down*
szokás, -t	*use, custom, habit*	rózsás	*rosy, adorned with*
meggy, -et	*sour cherry, mo-*		*roses*
	rello	kötény, -t	*apron*
fedél, fedelet	*cover*		

NYELVTAN

213. Two Formative Suffixes for Forming Adjectives

| **-nyi** | 1. The formative suffix **-nyi** forms adjectives from nouns denoting size, measure:— |

méter	—	méternyi	*one meter long*
ujj	—	ujjnyi	*finger's breadth, an inch long*
hektár	—	hektárnyi	*of a hectare*
pillanat	—	pillanatnyi	*momentary*

egy hektárnyi terület — *space of one hectare*

pillanatnyi zavar — *momentary disturbance*

Similar derivatives from pronouns are:—

mennyi? *how much? how many?*   ennyi, annyi *so much, so many*
Comp. 76, 123, 265.

Note

-ra, -re added to this suffix denotes adverbs:—

mennyire? *how far?*   ennyire, annyira *so far, so much*
— Mennyire van ide a falu?   *"How far is the village from here?"*
— Három kilométernyire.   *"Three kilometers."*

In exclamations the form **mennyire**! *how (much)!* means *to be anxious to do sg:—*
Mennyire szeretem!   *How fond I am ...*

| **-ékony, -ékeny** | 2. The formative suffix **-ékony, -ékeny** forms adjectives from verbs. The derivatives denote that |

somebody or something is inclined (willing) or ready to perform an action:—

érez	— érzékeny	*feel*	— *feeling, sensitive, susceptible*
mozog	— mozgékony	*move*	— *mobile, agile, lively*
folyik	— folyékony	*flow*	— *flowing, liquid, fluent*

214. Adverbs of Manner: (1) Suffixes

Adverbs of Manner can be expressed, just as adverbs of place and time by (1) flexional suffixes and (2) postpositions.

25   Apart from suffixes specifically forming adverbs of manner the adverbial suffixes of time and place, the dative suffix **-nak, -nek** and occasionally the accusative **-t** are also used to form Adverbs of Manner.

Suffixes of Adverbs of Manner:—

-an, -en (in English: -ly, sometimes suffixless form of the adjective)	Interrogative: **hogyan? hogy?** how? It is added to adjectives, numerals and to some pronouns.	szépen nicely hárman three of us néhányan some (people) Further examples see p. 180, 268.
-lag, -leg -ly	Interrogative: **hogyan? hogy?** how? It is added to adjectives with the formative suffix **-i, -ú, -ű, -ó, -ő** and denotes the manner (mode) of the action. The suffix **-lag, -leg** can also **be** added to nouns.	lelkileg mentally, spiritually eredetileg originally valószínűleg probably lehetőleg possibly állítólag allegedly **utólag** subsequently aránylag relatively esetleg eventually, possibly **végleg** finally
-ul, -ül -ly, as, for	Interrogative: **hogyan? hogy?** how? It is added to adjectives and denotes the manner (mode) of the action. The suffix **-ul, -ül** added to nouns denotes a new position (situation).	rosszul badly vitézül heroically Comp. 91, 180, 268. Az épület múzeumul szolgál. *The building is used as a museum.* feleségül vesz vkit marry segítségül hív ask sy's help például for example **végül** at last
-vá, -vé	See p. 354.	
-ként, -képp(en) -ly, as	Interrogative: **hogyan? hogy?** how? Generally denotes an unusual temporary state (position) in which somebody or something is found.	Segédmunkásként dolgozik. *He works as an unskilled worker.* **önként** voluntarily **tulajdonképpen** really, actually, properly
-nként (after consonants with a linking vowel) per, by	Interrogative: **hogyan? hogy?** how? It denotes a regular division of something. It can be added only to the singular (comp. 312).	fejenként per head, each, per capita kilónként a kilo, per kilo páronként by (in) pairs egyenként one by one

-stul, -stül (after consonants with a linking vowel) *with*	Interrogative: **hogyan? hogy?** *how?* It denotes closely belonging to somebody or something.	Ruhástul ugrott a vízbe. *He sprang into the water without taking off his clothes.* családostul *together with the family*
-ban, -ben (frequently with possessive suffix) *for, with*	Interrogative: **hogyan? hogy?** *how?* It usually denotes state of mind.	Örömében ugrál. *He leaps with joy.* Fájdalmamban sírtam. *I was crying with pain.* Jó színben van. *He looks fit.*
-val, -vel *by, with*	Interrogative: **hogyan? hogy?** *how?* It is added to numerals and nouns and modifies the action.	nagy zajjal *with a great noise (crash)* ezrével *by thousands*
-nak, -nek *as*	Interrogative: **kinek? minek?** Some frequently used verbs and a few adjectives add **-nak, -nek** to the word they govern.	Szomorúnak látszik. *He seems to be sad.* Péternek hívják (nevezik). *They call him Peter.* Jónak tartom (látom). *I think (consider) it proper.* Ez a szoba alkalmas tanteremnek. *This room seems to be suitable for a classroom.*
	A special use of the suffix:	Szépnek szép, de nem jó. *It is nice, but it is not good.*
-t	It denotes adverb of degree when added to adjectives, indefinite numerals.	Nagyot aludtam. *I had a sound sleep.* Egy kicsit féltünk. *We were a little afraid.* Jót nevettünk. *We had a good (big) laugh (at it).*

215. Adverbs of Manner: (2) Postpositions

In addition to the postpositions dealt with so far
   nélkül, helyett, szerint, által, ellen (comp. 300)
   javára (comp. 355)
   -hoz (-hez, -höz) képest (comp. 272)
the following are still to be considered:—

ellenére *despite, against, in spite of*	akarata ellenére *against his wish*
ellenében *against*	nyugta ellenében *against a receipt* készpénzfizetés ellenében *on payment of cash*

fejében *in return for*	Váltságdíj fejében szabadon engedték. *He was released in return for ransom.*
alapján *on the basis of*	a tárgyalások alapján *on the basis of negotiations*
nyomán *after*	Schubert dallamai nyomán *after Schubert's melodies*
kapcsán *in connection with*	az előadás kapcsán *in connection with the performance (lecture)*
révén *by means of, through, by*	összeköttetés révén *through (by) his connections*
-ra } -re } nézve *for, as to, with regard (respect) to, by*	Foglalkozására nézve tanár. *By profession he is a professor.* Ez nagy veszteség ránk nézve. *This is a great loss for us.*
-nál } -nél } fogva *by, in consequence of*	hajánál fogva *by the hair* tehetségénél fogva *in consequence of his talent*
-számra *by (comp. 314)*	The word **számra** occurs after measure-concept as the second component of a compound:— kilószámra *by the kilo* mázsaszámra *by the hundredweight* literszámra *by the liter* vagonszámra *by the waggon*

216. The Interrogative and the Relative Pronouns

The relative pronouns are formed by prefixing **a-** to the interrogative pronouns.

In poetry, proverbs and old Hungarian the interrogative pronoun, without the **a**-prefix, is used as the relative pronoun.

	Interrogative Pronouns		Relative Pronouns	
Substantival	ki?	*who?*	aki	*who, that*
	mi?	*what?*	ami	*what*
	mely?	*which*	amely	*which, that*
	melyik?	*which?*	amelyik	*which, that*
Adjectival	milyen ?	*what?* *what kind? what sort?* *what... like?*	amilyen	*as*
	mekkora?	*how large? how big?*	amekkora	*as large, as great as*

	Interrogative Pronouns		Relative Pronouns	
Numerical	mennyi?	*how much?*	amennyi	*as much as*
	hány?	*how many?*	ahány	*as many*
Adverbial	hova?	*whither?*	ahova	*(to) where*
	hol?	*where?*	ahol	*where*
	honnan?	*whence?*	ahonnan	*from where*
	merre?	*in which direction?*	amerre	*in which direction*
	meddig?	*how far? how long?*	ameddig	*as far as, to, as or so long as, till*
	mióta?	*since when?*	amióta	*since*
	mikor?	*when?*	amikor	*when*
	hogyan?	*how?*	ahogyan	*as*

217. Meaning and Use of the Relative Pronouns: *aki, ami, amely, amelyik*

1. **Aki** is always used in reference to a person (persons):—

Jelentkezzék, aki tudja a szavakat! — *Who remembers the words, stand up.*

Jöttek a fiúk, akik között Péter volt a legnagyobb. — *The boys were coming among whom Peter was the biggest (tallest).*

2. **Ami** is used in reference to a thing or animal (antecedent) that is not expressed but only implied in the principal clause:—

Amit ma megtehetsz, ne halaszd holnapra. — *Don't put off till tomorrow what you can do today.*

3. **Amely** refers to a thing or animal that is expressed in the principal clause:—

Az a kapu, amely előtt az emberek állnak, a gyár főbejárata. — *The gate in front of which people are standing is the main entrance to the factory.*

4. **Amelyik** is used to emphasize one of several similar things:—

Azt választhatod, amelyik neked a legjobban tetszik. — *You can choose which you like best.*

In colloquial Hungarian **ami** or **amelyik** are often used instead of **amely**.

Note that:—

(a) The relative pronoun **ami** *which, that* can also take the possessive suffix.

Mindent odaadtam, **amim** volt. — *I gave him everything that I had.*

Mindenét eladta, **amije** volt. — *He sold all the belongings he had.*

(b) **Amelyikünk, amelyikőtök, amelyikük** *who of us, of you, of them* :—

Az menjen, amelyikünk gyorsabban tud futni. — *He who (of us) can run faster should go.*

218. The Indefinite Pronouns

The indefinite pronouns are usually compounds, the second component of which is most frequently an interrogative pronoun.

Substantival	senki semmi semelyik (egy sem, egyik sem	*nobody* *nothing* *none, not* *a single* *one)*	valaki valami valamelyik	*somebody* *something* *one of the* *other*	akárki, bárki akármi, bármi akármelyik, bár- melyik	
Adjectival	semmilyen semmiféle semekkora	*not of any sort* *or kind* *no kind or* *sort of, not* *any* *of no size at all*	valamilyen valamiféle valamely vala- mekkora	*some sort of* *some sort of* *some* *of some size*	akármilyen, bár- milyen akármiféle, bár- miféle akármely, bármely akármekkora, bár- mekkora	
Numerical	semennyi	*nothing at all*	valamennyi valahány	*all, every* *all, every*	akármennyi, bár- mennyi akárhány	
Adverbial	sehova sehol sehonnan semerre semeddig semmikor soha sohase(m) sose(m) sehogy(an)	*nowhere, not* *anywhere* *nowhere, not* *anywhere* *from nowhere* *nowhere at* *all, in no* *direction* *no distance* *at all, not for* *a moment* *at no time* ⎱ ⎰ *never* *in no way*	valahova valahol valahonnan valamerre vala- meddig valamikor valaha vala- hogy(an)	*somewhere* *somewhere,* *anywhere* *from some-* *where* *somewhere,* *in some* *direction* *for a certain* *distance, for* *some time* *at some time* *ever* *somehow,* *in some way*	akárhova, bárhova akárhol, bárhol akárhonnan, bár- honnan akármerre, bár- merre akármeddig, bár- meddig akármikor, bár- mikor akárhogy(an), bár- hogy(an)	

whoever, anybody whatever, anything whichever, any	mindenki mind, minden mindegyik mindnyájan	everybody all, every every, each we, you, they all	némelyek (Plur.) némelyik	some (people) some
any sort of whatever sort of	mindenféle	of every sort, all sorts of	némi	some
any, whichever of any size, of what- ever size			némely	some
however much however many			néhány	some, a few
whithersoever	mindenhova mindenüvé }	to everywhere		
wherever	mindenhol mindenütt }	everywhere	néhol {	here and there, somewhere, in some places
whencesoever in whatever direction	minden- honnan mindenünnen }	from every- where		
however far or long				
at any time	mindenkor mindig	at all times always	némelykor néha }	sometimes
anyway, anyhow, however	minden- hogy(an) minden- képp(en) }	in any case, anyhow	némileg némiképp(en) }	somehow, in a way to some extent

219. The Demonstrative Pronouns

Substantival	ez (e) *this (here)*	az (a) *that (there)*	ugyanez *the same (as this)*	ugyanaz *the same (as that)*
Adjectival	e, ezen *this (here)*	azon *that (there)*	ugyanezen *the same (as this)*	
	ilyen (ily) *such (as this)*	olyan (oly) *such (as that)*	ugyanilyen *the same kind* or *sort (as this)*	ugyanolyan *the same kind* or *sort (as that)*
	efféle *such like, of this kind*	afféle *such like, of that kind*	ugyanefféle *of (this) same kind*	ugyanafféle *of (that) same kind*
	ekkora *(of) this size, as large as*	akkora *of that (such a) size, so large as*	ugyanekkora *of the same size (as this)*	ugyanakkora *of the same size (as that)*
Numerical	ennyi *so (as) much, so (as) many*	annyi *so (as) much, so (as) many*	ugyanennyi *of the same quantity (as this)*	ugyanannyi *of the same quantity (as that)*
Adverbial	ide *here, hither*	oda *there, thither*	ugyanide *to the same place*	ugyanoda *to the same place*
	itt *here*	ott *there*	ugyanitt *just here, in the same place (here)*	ugyanott *just there, at the same place (there)*
	innen *from here*	onnan *from there*	ugyaninnen *from the same place (direction)*	ugyanonnan *from the same place (direction)*
	erre *on (to) this, this way, in this direction*	arra *on (to) that, that way, in that direction*	ugyanerre *in the same (this) direction*	ugyanarra *in the same (that) direction*
	erről *from, off this, thereof, from this direction*	arról *from, off that, thereof, from that direction*	ugyanerről *from the same (this) direction*	ugyanarról *from the same (that) direction*
	eddig *up to this point, as far as here, till now*	addig *up to that point, as far as that, up to that time*	ugyaneddig *to the same place (time)*	ugyanaddig *to the same place (time)*
	ekkor *then, at this time*	akkor *then, at that time*	ugyanekkor *just then, at the same time*	ugyanakkor *just then, at the same time*

Adverbial	így
	so, thus,
	  in this way
		úgy
		so, like that,
		  in that way
			ugyanígy
			in the same way,
			  likewise
				ugyanúgy
				in the same way,
				  likewise

	ennyire
	thus far,
	  so very much,
	  so far as that
		annyira
		so,
		  so much (that),
		  to such an extent
			ugyanennyire
			just (quite)
			  as much
				ugyanannyira
				just (quite)
				  as much

	ennyiszer
	so often,
	  so many times
		annyiszor
		so often,
		  so many times
			ugyanennyiszer
			just as many
			  times
				ugyanannyiszor
				just as many
				  times

	ezért
	therefore,
	  for this reason,
	  on this account
		azért
		therefore, thence,
		  for that reason,
		  on that account
			ugyanezért
			for the same
			  reason
				ugyanazért
				for the same
				  reason

The demonstrative pronouns **ez, az** and their various forms can take the prefix **em-** or **am-**:—

emez *this one here*
emitt *(over) here*, etc.

amaz *that one there*
amott *(over) there, yonder*, etc.

220. The Demonstrative Pronouns with Suffixes

Here is a brief summary of the nominal forms plus flexional suffixes which we have so far learnt:—

Pronoun **ez:**—

Singular	ezt ebbe, ebben, ebből erre, ezen, erről ehhez, ennél, ettől ennek ezzel *or* evvel ezért ekképp(en), ekként	*this* *into this, in this, from this* *into this, on this, from this* *to this, at* or *by this, from this* *to* or *of this* *with this* *for this* *in this way*
Plural	ezeket, ezekbe, ezekben, ezekből, ezekre, ezeken, ezekről, *etc.*	

Likewise:—

    emez (em+ez), ugyanez (ugyan+ez): emebbe, ugyanerre, *etc.*
    az: azt, abba, arra, ahhoz, annak, azzal, azért, *etc.*
    amaz (am+az), ugyanaz (ugyan+az): amabból, ugyanannál, *etc.*
    Comp. 125—6, 163, 252, 286, etc.

The form **a** is used only before postpositions beginning with a consonant:—
a körül   az asztal körül   *round that table*

    Comp. 204.

25   Suffixes can also be added to the adjectival and numerical demonstrative pronouns. Exceptions are: **ezen, azon, ugyanezen, ugyanazon.** These can only be used attributively, i.e. without suffixes.

For the forms, **e, ez, ezen, azon** comp. 204, 376.

The adverbial forms **ide, oda** and **erre, arra** can also have a comparative form:—

idébb	*nearer here*	odább	*farther, further away*
errébb	*farther this way, nearer*	arrább	*farther on, farther that way*

GYAKORLATOK

1. *Fill in the missing adverbial suffixes of manner :—*

A Városligeti tavat mesterséges... létesítették. A Hármashatár-hegy a főváros népének kirándulóhely... *(place of excursion)* szolgál. Budapest legnagyobb üzemét Csepeli Vasmű... hívják (nevezik). Az egyik sírt, a másik nevetett öröm... Ösztöndíjas... utazott külföldre. A Hősök terét Budapest legszebb ter... tartják.

2. *Translate the expressions in brackets :—*

Péter *(married)* Ilonát.
A barátom beteg volt, de már *(feels fit)*.
(I should think it proper), ha az orvossal megvizsgáltatnád magadat.
(In spite of rain and cold) eljött hozzám.
(On the basis of the plans) meg lehet kezdeni a munkát.

3. *Translate the following sentences. In each sentence you will find an indefinite pronoun :—*

You *(Sing.)* can visit me at any time, I am always at home. Whatever the weather will be like tomorrow, I shall leave. However much money I give him, it is never enough. Whoever of my relations is coming, I receive with pleasure. Whichever of these hats you choose, I shall buy for you.

Kérdés — Felelet

Hány kerületből áll a mai Budapest? — Mennyi a lakossága? Melyek a legismertebb budai hegyek? — Melyik hegy tetejéről nyílik jó kilátás az egész városra? — Melyik szigetet látjuk a Gellérthegytől északra? — Dél felé is látunk szigetet? — Miről nevezetes a Csepel-sziget? — Budapesten hol vannak a legszebb üzletek? Milyen szórakozási lehetőségek vannak a Margitszigeten? — Hol van a Hősök tere? — Mi áll a tér északi oldalán, és mi zárja le a déli oldalt? — Milyen emlékmű áll a tér közepén, és minek az emlékére épült? — Mit lehet csinálni télen a Városligeti-tavon? — Mi van a Vajdahunyad Várában? — Melyek a legkedveltebb szórakozóhelyek a Városligetben? — Budapest könyvtárai közül melyik a leggazdagabb? — Milyen szép középületeket ismer Budapesten? — Hol szoktak lenni a legizgalmasabb sportesemények? — Melyik a legismertebb gyógyfürdő? — Milyen geológiai érdekességet van alkalmunk megtekinteni Budapesten? — Hol van ez az érdekesség? — Hol vannak Budapest üdülői és szanatóriumai?

A GYÓGYFORRÁSNÁL

— Valóság és álom —

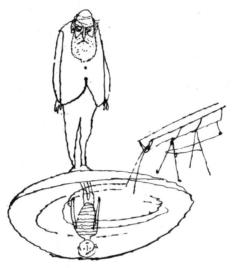

Hol áll az öreg bácsi?	valóság, -ot	*reality*
Mit néz a forrás vizében?	álom, álmot	*dream*
Magát látja a víz tükrében?		
Mit lát benne?		
Valóság ez, vagy álom?		
Hol van ilyen gyógyforrás?		

Fordítás

(a) We know that on the place where Budapest is situated the Romans once had a town: Aquincum. The traces of the old Roman town can be seen *(látható)* even today in the district of Old-Buda *(óbudai)*. The foundation-walls of the Roman theatres and of the Roman baths, tomb-stones and many old objects have survived as relics of the life of the Romans.

(b) The Castle of Buda preserves many relics of ancient Hungarian history. Budapest is not only a large city, but also a famous spa of which the various medicinal baths have cured many sick people. The nearby hills offer opportunities for pleasant walks or short excursions. On Margaret Island and in the City Park everyone can find his own kind of amusement. The Danube Embankment with its bridges and the Fishermen's Bastion are especially beautiful in the evening when the many thousands of lights in the town sparkle like stars.

(c) Scientists, art historians and book-lovers can find varied and valuable material in the libraries and museums. Sportsmen can take part in many exciting competitions and the fans can attend many sporting events (held) in stadiums and swimming pools.

Words

tomb-stone	sírkő, -követ	*his own kind of*	a neki legmegfelelőbb
have survived	ránk maradt	*art historian*	művészettörténész, -t
preserve	őriz	*book-lover*	könyvbarát, -ot, -ja

Fogalmazás

Write a short composition entitled : ,,Szülőhelyem" *or* ,,Lakóhelyem".

HUSZONHATODIK LECKE

Haza és szabadság

Haza és szabadság, ez a két szó, melyet
Először tanuljon dajkától a gyermek,
És ha a csatában a halál eléri,
Utószor e két szót mondja ki a férfi!

(Petőfinek „A magyar nép" című verséből)

Petőfi Sándor (1823—1849), a magyar nép nagy költője, verseivel és tetteivel egyaránt a népért, a nemzetért harcolt, életét a hazáért és a szabadságért áldozta.

Az Alföld egyik városában, Kiskőrösön született 1823. január 1-én. Apja, Petrovics István, mészárosmester, anyja parasztlány volt. Az ország több helyén járt iskolába, rövid ideig együtt tanult a kor nagy regényírójával, Jókai Mórral. Már diákkorában elhatározta, hogy idegen hangzású nevét *Petőfi*-re változtatja. 16 éves korában abba kellett hagynia iskolai tanulmányait, mert szülei teljesen elszegényedtek, nem tudták taníttatni. Korán megismerkedett a nyomorral, éhezéssel. Volt statiszta, vándorszínész, katona. Állandóan úton volt, vándorolt, 21 éves korában már bejárta az egész országot, megismerte a nép életét, ezer gondját, baját.

Közben tanult, verseket írt, regényeket fordított németből, franciából és angolból. Több évi keserű nélkülözés után 1844-ben végre idősebb költőtársa, Vörösmarty Mihály révén szerény, de állandó keresethez jutott: egy pesti újság segédszerkesztője lett.

Költeményeiben a nép hangja, gondolkodása, érzésvilága szólal meg. Egyszerűen ír, a nép nyelvén, a népnek. Hirdeti, hogy az igazi költőnek a népért kell harcolnia:

> Előre hát mind, aki költő,
> A néppel tűzön-vízen át!
> Átok reá, ki elhajítja
> Kezéből a nép zászlaját,

26

Átok reá, ki gyávaságból
Vagy lomhaságból elmarad,
Hogy, míg a nép küzd, fárad, izzad,
Pihenjen ő árnyék alatt!

(„A XIX. század költői" című versből)

Egyre nagyobb szerepet játszik a politikai életben is. Politikai törekvéseit így foglalja össze:

Ha majd a bőség kosarából
Mindenki egyaránt vehet,
Ha majd a jognak asztalánál
Mind egyaránt foglal helyet,
Ha majd a szellem napvilága
Ragyog minden ház ablakán:
Akkor mondhatjuk, hogy megálljunk...
....
És addig? addig nincs megnyugvás,
Addig folyvást küszködni kell.

(„A XIX. század költői" című versből)

1848 tavaszán forradalmi hullám vonul végig Európán. A február 29-i párizsi és a március 13-i bécsi forradalom hírére március 15-én Petőfi és társai vezetésével kitört a pesti ifjúság, a pesti nép forradalma.

Petőfiék már korán reggel gyülekeztek az ifjak kávéházában, a „Pilvax"-ban. Innen elindulva végigjárták az egyetemeket. A diákság lelkesen csatlakozott hozzájuk. Az egyre növekvő forradalmi tömeg előtt Petőfi többször elszavalta híres forradalmi versét:

Talpra, magyar, hí a haza!
Itt az idő, most vagy soha!
Rabok legyünk, vagy szabadok?
Ez a kérdés, válasszatok! —
A magyarok istenére
Esküszünk,
Esküszünk, hogy rabok tovább
Nem leszünk!

(„A Nemzeti dal" című versből)

Jókai Mór ugyanakkor a magyar nép 12 pontban összefoglalt követeléseit olvasta fel. A főbb pontok ezek voltak:

Kívánjuk a sajtószabadságot, a cenzúra eltörlését
Felelős minisztériumot Buda-Pesten
Törvény előtti egyenlőséget

A jobbágyi viszony megszüntetését
A magyar katonákat ne vigyék külföldre, a külföldieket vigyék el tőlünk
Nemzeti Bankot
A politikai foglyokat bocsássák szabadon

A nép nevében lefoglaltak egy nyomdagépet. A lefoglalt gépen a cenzor engedélye nélkül kinyomtatták a „Nemzeti dal"-t és a tizenkét pontot. Ezek voltak a szabad sajtó első termékei, s csakhamar több ezer példányban kerültek a nép kezébe.

A délutáni népgyűlésen, a Nemzeti Múzeum előtt, tízezer főnyi tömeg gyűlt össze. Petőfi itt ismét szavalt, és a nép egy emberként kiáltotta vele a versszakok végén ismétlődő esküt:

„Esküszünk, esküszünk, hogy rabok tovább nem leszünk!"

A Múzeumtól a nép a városházához ment, ahol a polgárság nevében a polgármester aláírta a tizenkét pontot. A Királyi Helytartótanács elé már mintegy húszezer ember vonult. A megrémült tanácsosok minden követelést azonnal teljesítették, sőt elrendelték azt is, hogy a katonaság ne avatkozzék bele az eseményekbe. A nép ezután kiszabadította Táncsics Mihályt, a politikai okok miatt börtönbe zárt parasztírót, és nagy diadallal hozta át Budáról Pestre.

A pesti forradalom hatására Kossuth Lajos ellenállás nélkül tudta elfogadtatni a nép követeléseit a pozsonyi országgyűléssel és a Habsburg királlyal.

Pest ifjúsága kivívta a szabadságot.

> Békét, békét a világnak,
> De ne zsarnokkénytől,
> Békét csupán a szabadság
> Fölszentelt kezéből.
>
> (A „Háború volt . . ." c. versből)

A király azonban rövidesen visszavonta az engedményeket, és fegyveres támadást indíttatott a magyar nép ellen. Idegen csapatok törtek be az országba.

Kossuth Lajos vezetésével megszervezik a magyar honvédsereget, megkezdődött a szabadságharc. A honvédek rövid idő alatt megtisztítják az ország területét az ellenségtől. Ekkor a Habsburg király segítségül hívja az orosz cár csapatait. Csak az óriási túlerő tudta leverni a magyar szabadságharcot.

Petőfi önként jelentkezett katonának, és részt vett az elnyomók elleni harcban.

Az 1848—1849-i magyar szabadságharc egyik utolsó csatájában, a segesvári csatában esett el a költő 1849. július 31-én, a cári csapatok ellen a szabadságért, a hazáért, az igazságért vívott harcban. 26 éves volt.

vándorol	*wander*
gond, -ot, -ja	*care*
nélkülözés, -t	*want, privation*
idős	*old, aged, elderly*
révén *(postp.)*	*by means of, through*
szerény	*modest*
kereset, -et	*earnings*
segédszer- kesztő, -t	*assistant editor, sub-editor*
költemény, -t	*poem*
gondolkodás, -t	*thinking, thought; (frame of) mind*
érzésvilág, -ot	*emotion*
megszólal	*begin to speak, sound*
hirdet	*announce, proclaim*
igazi	*true, real, genuine*
átok, átkot	*curse*
elhajít (hajít)	*throw away*
gyáva	*coward*
lomha	*sluggish, lazy*
elmarad	*remain behind*
küzd	*fight, struggle*
fárad	*take pains, tire*
árnyék, -ot	*shadow*
politika, '-t	*policy*
törekvés, -t	*ambition, endeavour*
összefoglal	*summarize, sum up*
bőség, -et	*plenty, abundance*
jog, -ot	*right*
szellem, -et	*spirit, mind*
napvilág, -ot	*sunlight, daylight*
megnyugvás, -t	*acquiescence*
folyvást	*continually, incessantly*
küszködik	*struggle, strive, drudge*
hullám, -ot	*wave*
végigvonul vmin	*pass through*
Párizs, -t	*Paris*
hír, -t	*news*
gyülekezik	*gather*
végigjár (jár)	*go through*
lelkes	*enthusiastic*
csatlakozik	*join*
növekszik, növekedik	*increase, grow*
elszaval (szaval)	*recite*
talpra magyar!	*rise (up) Hungarians!*
hí = hív	*call*
rab, -ot, -ja	*slave, prisoner*
Isten *or* isten, -t	*God*
esküszik	*swear*
pont, -ot, -ja	*point, item*
összefoglal	*summarize*
követelés, -t	*claim, demand*
sajtó, -t	*press*
cenzúra, '-t	*censorship*
eltöröl (töröl)	*abolish*
felelős	*responsible*
törvény, -t	*law*
egyenlőség, -et	*equality*
jobbágy, -ot	*serf*
viszony, -t	*relation*
megszüntet	*cease, end*
bank, -ot, -ja	*bank*
fogoly, foglyot	*prisoner*
szabadon bocsát	*release*
lefoglal (foglal)	*seize, confiscate*
nyomdagép, -et	*printing machine*
termék, -et	*product*
példány, -t	*copy*
népgyűlés, -t	*public meeting*
kerül	*come, get*
összegyűlik (gyűlik)	*come together, collect, assemble*
ismétlődik	*repeat oneself*
eskü, -t	*oath*
városháza, '-t	*town-hall*
polgárság, -ot	*citizens*

polgármester, -t	*mayor*	felszentel	*consecrate*
helytartótanács,	*council of governor-*	háború	*war*
-ot	*general*	rövidesen	*shortly, before long*
vonul	*march*	visszavon (von)	*withdraw*
megrémül	*be frightened*	engedmény, -t	*concession*
(rémül)		fegyveres	*armed*
tanácsos, -t	*councillor*	támadás, -t	*agression, attack*
teljesít	*fulfil*	betör	*break in, invade*
elrendel (rendel)	*order*	szabadságharc, -ot	*war of independence*
katonaság, -ot	*the military, the*	honvédsereg, -et	*national army*
	army	túlerő, -t	*superior force*
beleavatkozik	*interfere*	lever (ver)	*defeat*
(avatkozik)		önként	*voluntarily*
kiszabadít	*release*	jelentkezik	
ok, -ot	*cause, reason*	katonának	*join the army*
börtön, -t	*prison*	elesik (csatában)	*be killed*
zár	*close, lock*	igazság	
börtönbe zár	*imprison*	[igaʃʃaːg], -ot	*justice*
diadal, -t	*triumph*	Segesvár, -t	town in Transyl-
hatás, -t	*effect, influence*		vania
ellenállás, -t	*resistance*	harcot vív vmiért	*fight for sg*
elfogadtat	*have sg accepted*	üzen = izen	*let sy know, send a*
kivív (vív)	*win, gain, attain*		*message*
zsarnok, -ot	*tyrant*	elfogy (fogy)	*lose*
kény, -t	*tyranny, despotism*	regiment, -et	*regiment*
csupán	*merely, purely*	éljen (eːjjen)	*hurrah!*

NYELVTAN

221. Complex Sentences — Subordinate Clauses

Subordinate Clauses may have the function of a subject, a predicative adjunct, an object, an attributive adjunct, or an adverbial adjunct. Accordingly, subordinate clauses are classified as in English — as Subject, Predicate, Objective Attributive and Adverbial Clauses.

According to their meaning the subordinate clauses may also express condition (Clauses of Condition), concession (Clauses of Concession), result (Clauses of Result) and comparison (Clauses of Comparison)

222. Joining Subordinate Clauses to Main Clause

The subordinate clauses are joined to the main clauses

I. by conjunctions (proper)
II. by pronominal conjunctions
III. occasionally without a conjunction

In a main clause a reference word can very often be found which is usually a demonstrative pronoun:—

Akkor szép az erdő, mikor zöld.   *The forest is nice when it is green.*

(Folk-song)

Reference words are more frequently used in Hungarian than in English.

223. Conjunctions (Proper) of Subordinate Clauses (I)

hogy *that*	The most generally used conjunction of subordinate clauses. It joins nearly all types of subordinate clauses.	Csak az volt a rossz, hogy fáztunk. *The only thing wrong was that we felt cold.* Azt hiszem, hogy igazad van. *I think that you are right.* Attól félek, hogy megfáztok. *I am afraid that you will catch cold.*
	anélkül, hogy *without* + Gerund **ahelyett, hogy** *instead of* + Gerund	See 353.
nehogy *lest*	**Hogy** (negative: **hogy ne** or **nehogy**) is the only conjunction of the Adverbial Clause of Purpose. Comp. 239.	Siessünk, hogy elérjük a vonatot. *Let us hurry so that we catch the train.* Siess, hogy el ne késs! Siess, nehogy elkéss! *Hurry up lest you be late.*
úgyhogy *so that*	**Hogy (úgyhogy)** is the only conjunction of the Adverbial Clause of Result.	Úgy dolgozott, hogy mindenki meg volt volt vele elégedve. *He worked well so that everybody was pleased with him.*
	The reference words are very different.	Jól dolgozott, úgyhogy mindenki meg volt vele elégedve. *He has worked well so that everybody was pleased with him.*
mielőtt *before* **miután** *after* **miközben** *while* **mialatt** *whilst* **mihelyt** *as soon as* **alighogy** *no sooner ... than*	These conjunctions join Adverbial Clauses of Time. Reference words:— **azelőtt, azután, aközben, azalatt**	Mielőtt elment, becsukta az ablakokat. *Before he left he closed the windows.* Miután megebédelt, elment. *After he had had lunch, he left.* Miközben (mialatt) ebédeltek, megbeszélték nyári terveiket. *While they were having lunch, they discussed their plans for the summer holidays.* Mihelyt megérkezett, megfürdött. *As soon as he arrived, he took a bath.* Alighogy belépett, meglátott. *No sooner had he entered than he caught sight of me.*

mert *because* **mivel,** **mivelhogy,** **minthogy** *as, since,* *because*	These are the conjunctions of Adverbial Clauses of Reason (Cause). Reference word: **azért.**	Azért ült le, mert elfáradt. *He sat down because he was tired.* Mivel hideg van, kabátot veszek fel. *As it is cold I put on a coat.* Minthogy (mivelhogy) sok kis testvére volt, nehéz körülmények között nevelkedett. *Since he had many younger brothers and sisters he grew up under difficult circumstances.*
ha, hogyha *if, when*	Conjunctions of Conditional Clauses. The conjunctions **ha, hogyha** often introduce Adverbial Clauses of Time. Reference word: **akkor.**	Ha (hogyha) befejeztétek a munkát, elmehettek. *If you have finished your work you may go home.* Akkor gyere, hogyha (ha) hívlak! *Come when I call you.*
ha . . . is *even if*	Conjunctions of Concessional Clauses. The conjunction **is** cannot follow the conjunction **ha** if used directly.	Ha nehezen is, de halad a munka. *Work is going on well even if with difficulty.*
pedig, bár, **ámbár, ha-** **bár, noha,** **jóllehet** *though,* *although*	**Pedig** is placed at the beginning of the clause. (Comp. the coordinate conjunction **pedig** p. 356.)	Fázott, pedig nem is volt hideg. *He felt cold although it was not cold.* Bár (ámbár, habár, noha, jóllehet) szomjasak voltunk, mégsem ittunk. *Although we were thirsty, we didn't drink.*
ugyan . . . de *(although) . . .* *but*	In the main clause the conjunctions **mégis, de** or **mégsem** are often used.	A verset ugyan ismerem, de fejből elmondani nem tudom. *Although I know the poem, I cannot say it by heart.*
mint *as, than* **mintha** *as if* **minél . . .** **annál** *the (more) . . .* **mintsem, sem-** **mint** *than*	Conjunctions of Comparative Clauses. Compare:— **mint** p. 265; **mintha** p. 353; **minél . . . annál** p. 267. Reference words:— **olyan, akkora, annyi,** **annyira, úgy**	Hamarabb végeztünk, mintsem (semmint) gondoltuk. *We finished sooner than we had expected.*

A) The substantival, adjectival and numerical relative pronouns (comp. 372—3) used as conjunctions in subordinate clauses

These pronouns, according to their functions in the subordinate clause, can take both suffixes and postpositions.

aki (ki) *who, that* **ami (mi)** *what* **amely, amelyik** *which,* *that*	In Hungarian these pronouns both with and without suffixes or postpositions, can be used as conjunctions in nearly all types of subordinate clauses. In English they correspond to both defining and non-defining adjective clauses.	Az jött, akit vártam. *He whom I was waiting for came.* Nem mind arany, ami fénylik. (Proverb) *All that glitters is not gold.* Azt tedd, amit mondtam. *Do what I have told you (to do).* Ezek azok a hibák, amelyek ellen küzdünk. *These are the mistakes that we are fighting against.*
amilyen *as, like* **amekkora** *as large* or *great as* **amennyi,** **ahány** *as much* or *many as*	Reference words: the back vowel forms of the substantival, adjectival and numerical demonstrative pronouns with or without suffixes or postpositions, e.g.:— **az, olyan, akkora, annyi** **azt** **abban, arra, attól** **azelőtt, amellett, azellen** etc.	Olyan kalapot vettem, amilyen a tied. *I have bought a hat like yours.* Akkora halat fogtam, amekkorát még soha. *I have caught a fish larger than ever before.* Annyi pénzem volt, amennyi éppen kellett. *I had as much money as I needed.* Ahány ház, annyi szokás. (Proverb) *Every home has its own customs.*

B) The adverbial relative pronouns used as conjunctions in subordinate clauses

These pronouns do not change in form.

ahova (hova) *where* **ahol (hol)** *where* **ahonnan** **(honnan)** *from where,* *whence* **amerre** **(merre)** *whither, in* *which direction* **amerről** **(merről)** *whence, from* *which direction*	These pronouns are used as conjunctions of Adverbial Clauses of Place. Reference words:— **oda, ott, onnan, arra, arról,** **addig**	Ő is oda megy, ahova te. *He is also going where you are going.* Ott fogunk megpihenni, ahol legszebb a vidék. *We shall rest where the country is most beautiful.* Menj vissza oda, ahonnan jöttél. *Go back where you came from.* Mindenki futott, amerre látott. *Everybody was running whither he could.* Arról jött, merről vártuk. *He came from where we had expected him.*
ameddig **(meddig)** *as far as, to,* *as long as, till*	**Ameddig** also used with Adverbial Clause of Time.	Addig maradunk, ameddig lehet. *We will stay as long as possible.*

amikor (mikor) *when* amíg (míg) *as long as, while* amióta (mióta) *since* amire (mire) *by the time* ahányszor, amennyiszer *as often as, whenever*	These pronouns are used as conjunctions in Adverbial Clauses of Time. Reference words:— **akkor, addig, azóta, annyiszor**	Éppen olvastam, amikor a postás csengetett. *I was just reading when the postman rang.* Addig üsd a vasat, amíg meleg. (Proverb) *Strike while the iron is hot.* Azóta vagyok egészséges, amióta nem dohányzom. *I have been healthy since I stopped smoking.* Mire (amire) te felkelsz, én már messze leszek. *By the time you get up I shall already be far away.* Ahányszor csak hívsz, mindig jövök. *Whenever you call me I shall always come.*
ahogyan *as* ahogy, amint (mint) *as, as soon as*	These pronouns are used as conjunctions of Adverbial Clauses of Manner. Reference word: **úgy.** **Ahogy, amint** also join Adverbial Clauses of Time.	Úgy próbáld megoldani a feladatot, ahogy (ahogyan, amint) elmagyaráztam neked. *Try to do the exercise as I have explained it to you.* Ki mint él, úgy ítél. (Proverb) *He draws conclusions from his own life.* Ahogy (amint) kinyitotta a szemét, kiugrott az ágyból. *As soon as he opened his eyes, he jumped out of bed.*

In addition to the relative pronouns, the indefinite pronouns, with the modifying prefixes **vala-,** or **akár-, bár-** added can also be used as subordinate conjunctions. E.g.:—

Mérges leszek, valahányszor látom.   *I get angry whenever I see him.*

Akármerre (bármerre) jársz, gondolatban mindig veled vagyok.   *Wherever (in whatever direction) you may roam my thoughts will always be with you.*

Bárhogyan (akárhogyan) töröm is a fejem, nem jut eszembe ez a név.   *However much I rack my brains, this name does not come to my mind.*

225. Use of the Conjunction *hogy*

1. The conjunction **hogy** is often omitted, as in English, in Object Clauses:—

Látom, hogy már fáradt vagy. = Látom, már fáradt vagy.   } *I see (that) you are already tired.*

2. The conjunction **hogy** can be used before the interrogative in indirect questions and before clauses containing the interrogative particle **-e** (comp. 299). The conjunction may also be omitted, as is the case in English.

Nem tudom, hogy ki volt itt. = Nem tudom, ki volt itt.   } *I don't know who was here.*

Nem tudom, hogy volt-e itt valaki. = Nem tudom, volt-e itt valaki.   } *I don't know whether anybody was here.*

GYAKORLATOK

1. *Form complex sentences by adding subordinate clauses to the following main clause. Join them by*

(a) *a conjunction :—*

Az újságban azt olvastam, ...   Azért nem voltam iskolában, ...
Azzal töltötte idejét, ...   Elmennénk kirándulni, ...
Elküldte a boltba, ...   Olyan fehér a ruhája, ...

(b) *a substantival, adjectival or a numerical relative pronoun :—*

Az fog győzni, ...   Olyan virágot kaptam, ...
Az történt, ...   Annyi ember volt ott, ...
Ez a Gellérthegy, ...   Annak a füzete ez, ...

(c) *an adverbial relative pronoun :—*

Ott szeretek nyaralni, ...   Akkor kell tanulni, ...
Ő ugyanoda jár iskolába, ...   Addig maradtam a strandon, *(beach)* ...
Úgy öltözködik, ...   Annyiszor gondolok rád, ...

2. *Answer each of the following questions with a subordinate clause :—*

Mi volt a baj?   Miért dolgoznak az emberek?
Mit írt a barátod?   Miért harcoltak a magyarok 1848-ban?
Miért fekszel még az ágyban?   Melyik film volt jobb?
Merre mész haza?   Meddig maradsz nálunk?
Mikor láttad utoljára az állatkertet?   Mióta nem voltál színházban?

3. *Fill in the appropriate reference word :—*

... szeretném tudni, mi lesz a mérkőzés eredménye.
Engem ... érdekel, ki játssza a főszerepet a darabban.
... hívtalak fel telefonon, hogy megkérdezzem Péter címét.
... gyere hozzánk, ha már érik a szőlő.
... fehér, mint a hó. — Éppen ... pénze volt, hogy haza tudott utazni.
... elfáradtam, hogy alig tudtam lábra állni.
... beszélj, hogy mit láttál a cirkuszban.
... kérdezzük meg az utca nevét, aki ismerős a városban.

4. *Replace the part of the sentence in italics with a subordinate clause :—*

Okos ember ilyet nem tesz. | *A gyorsan tanuló* rendesen hamar felejt.
A tervezett munkát elvégeztük. | A Meteorológiai Intézet *esőt* jósol.
Nagyszámú hallgatóság vett részt | Nagy figyelemmel hallgattuk *a modern
 a tegnap tartott előadáson. | fegyverekről mondott* szavakat.
Az előadást egy *fizikával foglalkozó* | *A tanulás* a legfontosabb feladatunk.
 tanár tartotta. | Fontos a *tanult* anyag alapos *megértése*.

5. *Form adverbial clauses of time with these verbs and the corresponding conjunctions :—*

ebédel   — pihen
esni kezd az eső   — hazajön

26

Ki volt Petőfi Sándor?

Miért áldozta életét?

Mikor és hol született?

Hol járt iskolába?

Kivel ismerkedett meg az egyik iskolában?

Mikor és miért hagyta abba Petőfi a tanulást?

Mit csinált Petőfi, miután abbahagyta a tanulást?

Ki segítette Petőfit?

Ki számára írta verseit Petőfi?

Mit hirdetett az igazi költőről?

Melyik versében fejezi ki röviden politikai törekvéseit?

Mi volt törekvéseinek a célja?

Hol és mikor volt már forradalom 1848-ban a márc. 15-i magyar forradalom előtt?

Hol gyülekezett márc. 15-én reggel a pesti ifjúság?

Mit csináltak az egyetemi hallgatók ezen a napon?

Mit kívánt a magyar nemzet?

Mit szavalt el Petőfi többször is?

Mik voltak a szabad sajtó első termékei?

Mennyien voltak a délutáni népgyűlésen?

Hogyan fogadta a nép követeléseit a Királyi Helytartótanács?

Kit szabadított ki a forradalmi tömeg a börtönből?

Mit csinált Pest népe márc. 15-én?

Mit csinált a Habsburg király a pesti forradalom után?

Részt vett Petőfi a fegyveres harcban?

Kinek a segítségével verte le a Habsburg király a magyar szabadságharcot?

Hol és mikor esett el Petőfi?

Hány éves volt, amikor elesett?

Milyen Petőfi verseket ismer?

Fordítás

Alexander Petőfi is one of the greatest Hungarian poets. He offered up his life for is country and for liberty. He fought not only with his poems, but also with deeds. At the age of twenty-six he fell in one of the last battles of the 1848—1849 Hungarian War of Independence.

While still a very young man *(kora ifjúságában)* he got to know the life of the Hungarian people for as a student and later as an actor and soldier he wandered to every corner of the country. He knew the people, their language, their emotions, their way of thinking and their aspirations. He wrote as the son of the people for the people. He proclaimed that the true poet must be the leader of his people, he must write so that everybody can understand him. The true poet bears the banner of his people, he lives and dies for it. In political life he fought for a just distribution *(elosztás)* of material benefits *(javak)* and for the rights of the people. In the revolution on 15th March 1848 he was one of the leaders of the youth. Petőfi did not only fight for the freedom of his own country but also for the freedom of all oppressed people in the (= of the) world.

He belongs not only to Hungary but to the whole world. His poems have been translated into nearly all the languages of the world.

Beszédgyakorlat

Describe in your own words "The Events of 15th March 1848 in Budapest".

Fogalmazás

Write a composition about the life of a great English poet.

HUSZONHETEDIK LECKE

Jókai Mór: A kőszívű ember fiai

Jókai Mór *(1825—1904) Komáromban született jómódú nemesi családból. Apja gondos nevelésben részesítette.*

Diákkorában ismerkedik meg Petőfivel, és pesti egyetemi éveiben is tartja vele a barátságot. Csatlakozik a Petőfi körül csoportosuló fiatal írókhoz, és a március 15-i események egyik főszereplője lesz. A forradalom eseményeivel később nem tud együtt haladni, és több fontos kérdésben szembe- fordul Petőfi és Kossuth forradalmi nézeteivel. A szabadságharc bukása után azonban neki is hónapokig bujdosnia kell. 1850-ben kegyelmet kap, és Pesten telepedik le. A politikai életben ezután is vállal szerepet, de a kormány megalkuvó politikájával többé nem fordul élesen szembe.

Jókai a legtermékenyebb magyar író. Több mint 350 könyve jelent meg. Regényeit sok nyelvre lefordították, és külföldön sokáig ő volt a legismertebb magyar író.

Rendületlenül hitt a magyar nép életerejében. Örök érdeme, hogy a szabadságharc bukása után regényeivel és elbeszéléseivel felrázta a csüggedőket, hogy visszaadta a magyar népnek önbizalmát, hitét önmagában. Lángoló szeretettel ír a szabadságharc hőseiről, ápolja és élesztgeti a magyar történelem haladó hagyományait. Képzelőereje és nyelve csodálatosan gazdag.

Olvasmányunk rövidített, egyszerűsített részlet Jókainak a szabadságharcról szóló egyik regényéből. A regény címe: ,,A kőszívű ember fiai''. A közölt részlet a regény befejező részéből való.

*

A három Baradlay fiú közül csak Jenő nem vett részt a szabadságharcban: a harctéren küzdő bátyjai helyett gondoskodik a családról, bátyja gyermekeiről. Jenő emberi nagysága, hősiessége csak a szabadságharc után bontakozik ki: egy véletlen névcsere alkalmat ad neki arra, hogy megmentse testvérét. Bátyja tudta nélkül az osztrák hadbíróság előtt magára vállalja Ödön tetteit és ezzel együtt a halálbüntetést.

A szabadságharc elbukott.

Minden fel volt fordulva fenekestül. Nem volt közélet, nem volt sajtó, nem volt nyilvánosság. A magánélet is fel volt dúlva. Minden család magának élt; alig volt olyan, amelyből ne hiányzott volna valaki, amelynek hiányzó tagja bujdosó, menekült, fogoly vagy csatában elesett ne lett volna.

Bizalmatlan volt mindenki egymáshoz, rettegett a hatalomtól, félt a jövendőtől. Idegen név alatt jártak-keltek, rejtőztek ezren és ezren az országban.

Egy egész nemzet volt a vádlott.

S a százezernyi vádlott perében bíró volt egy idegen testület, melynek tagjai senkit nem ismertek itt.

— Ön Baradlay Jenő? — kérdezi a hadbíró.

— Én vagyok az.

— Nős, gyermekes?

— Van nőm és két fiam.

— Ön kormánybiztos volt a felkelő seregnél?

— Az voltam végig!

— Ön ugyanazon Baradlay Jenő, ki megyéje adminisztrátorát erővel elűzte?

— Ugyanaz vagyok.

— Ön a márciusi mozgalmakban a magyar küldöttség élén megjelent Bécsben, s itt izgató beszédeket tartott a nép előtt?

— Nem tagadom.

— Visszaemlékezik ön, hogy az itt feljegyzett szavakat mondta akkor?

A hadbíró egy kiszakított lapot adott a kezébe, hogy olvassa, ami azon van írva ceruzával.

Nyugodtan nyújtotta vissza az elolvasott sorokat.

— Igaz. Mindezeket én mondtam.

A bírók bólogattak: „Ezt nem lett volna kénytelen bevallani, csak egy tanú van ellene."

Folytatták.

— Önnek egy testvére volt a huszároknál, azt egész csapatjával együtt ön bírta rá a hadsereg elhagyására?

Jenő sietett felelni rá:

— Igen, én tettem azt.

— S hova lett önnek a legkisebb testvére?

— Az egész hadjárat alatt otthon volt; nem vett részt semmi mozgalomban, festészettel, zenével foglalkozott, s tanította játszani kis fiamat. Most is otthon van.

— Ön ezalatt egy szabadcsapatot alakított saját költségén?

— Igen. Kétszáz lovasból, háromszáz gyalogosból állt; a kápolnai ütközetben magam vezettem a lovasságot.

— A csata után nagy buzgalommal segített a szétrobbant felkelő sereget összegyűjteni.

— Úgy volt.

Voltak olyan kérdések is, amik más személyeket is érintettek. Azokra megtagadott minden választ.

— Amit magam tettem, azt elmondom, másra nem fogok tanúskodni.

— Mit tud ön felhozni védelmére?

Az ifjú büszkén felelt:

— Tetteinkben a védelem. Az utókor ítélni fog azok felett.

Azután kivezették az előszobába.

Egy negyedóra múlva visszahívták. A hadbíró felolvasta előtte az ítéletet. El voltak számlálva tettei, bevallva, rábizonyítva.

És ezekért meg kell halnia.

És Baradlay Jenő meghalt — bátyja helyett. Mert tulajdonképpen a bátyja volt a szabadsághős, a „vádlott". De a bátyjának felesége volt és két gyermeke, neki pedig senkije. Ő a szabadságharc bukása után lett hőssé.

Népdal

> Elindultam szép hazámból,
> Híres kis Magyarországból.
> Visszanéztem félutambul,
> Szememből a könny kicsordult.

SZÓKINCS

kőszívű	*stone-hearted, callous*	gondos	*careful, thorough*
		nevelés, -t	*education*
Komárom, -ot	town on the Danube	részesít (nevelésben)	*give sy education*
jómódú	*well-to-do*	Pápa, '-t	town in Transdanubia
nemesi	*noble*		

csoportosul	rally round or about sy
főszereplő, -t	leading figure
halad	go forward
szembefordul vkivel	turn against
nézet, -et	view, opinion
bukás, -t	fall, failure, defeat
bújdosik	hide, flee abroad
kegyelem, kegyelmet	mercy, grace
vállal	undertake
megalkuvó	compromising
éles	sharp
termékeny	fruitful, prolific (writer)
megjelenik (könyv)	be published, be issued
rendületlen	firm, unshaken, steady
életerő, -t, -ereje	vitality
örök	eternal
érdem, -et	merit
elbeszélés, -t	short story
felráz	shake up, stir up
csügged	despair, lose heart
önbizalom, önbizalmat	self-confidence
hit, -et	belief, faith
lángol	flame
élesztget	try to revive
ápol	cultivate, foster
haladó	progressive
hagyomány, -t	tradition
képzelőerő, -t, -ereje	imagination
csodálatos	wonderful
olvasmány, -t	reading material
rövidít	abridge, shorten
egyszerűsít	simplify
való	see grammar

Jenő, -t	Eugene
részt vesz vmiben	take part
harctér, harcteret	battlefield
gondoskodik vkiről	look after
hősiesség, -et	heroism
kibontakozik (bontakozik)	develop
véletlen (adj.)	chance
csere, '-t	exchange
megment (ment)	save
tudta nélkül	without his (her) knowledge
hadbíróság, -ot	military tribunal
Ödön, -t	Edmund
halálbüntetés, -t	death-penalty
elbukik (bukik)	be defeated, fail, go under
felfordul (fordul)	overturn
fenék, feneket	bottom
fenekestül felfordul	turn upside down
közélet, -et	public life
nyilvánosság, -ot	publicity
magánélet, -et	private life
feldúl (dúl)	destroy, ruin
hiányzik	be missing, be absent
bujdosó, -t	refugee, exile
menekült, -et, -je	refugee
bizalmatlan	mistrustful
retteg vmitől	fear sg, be afraid of
jövendő, -t (= jövő)	future
jár-kel	come and go, wander
rejtőzik	hide, take shelter
vádlott, -at, -ja	defendant, accused
per, -t	lawsuit, process, legal action

testület, -et	corporation (corporate) body	lovasság, -ot	cavalry
hadbíró, -t	judge (-advocate) of military tribunal	buzgalom, buzgalmat	zeal, fervour
nős	married	szétrobban	blow up, explode, scatter, disperse
kormánybiztos, -t	commissioner, commissary	személy, -t	person
felkelő sereg, -et	rebel army	érint	touch, allude to, so far as sy is concerned
megye, -t	county		
adminisztrátor, -t	administrator	megtagad (tagad)	deny, refuse
elűz (űz)	drive away, expel	tanúskodik	testify, bear witness, give evidence
mozgalom, mozgalmat	movement		
vminek élén	at the head, in front of sg	védelem, védelmet	defence
izgat	excite, stir up	védelmére felhoz	plead sy in one's defence
tagad	deny, refuse		
kiszakít (szakít)	tear out	utókor, -t	posterity
nyugodt	quiet	ítél	judge
bólogat	nod	ítélet, -et	sentence, judgement
kénytelen	be obliged		
bevall (vall)	confess	elszámlál	(here:) enumerate
tanú, -t	witness	rábizonyít (bizonyít)	prove sy guilty of, convict sy of
huszár, -t, -ja	hussar, cavalryman		
rábír vkit vmire	induce, make sy do	tulajdonképpen	really, actually
hadsereg, -et	army	félút, -utat, -ja	half-way
hadjárat, -ot	campaign	félutambul (dialectal) = félutamból	from half-way
festészet, -et	painting		
költség, -et	cost, expense		
lovas, -t	cavalryman	kicsordul (csordul)	overflow, run over, spill
gyalogos, -t	infantryman		
Kápolna, '-t	village in Hungary	kicsordult a könnye	he (she) shed tears
ütközet, -et	battle		

Szómagyarázatok

1. **ön-** (in compounds) self-, auto- :—

önbizalom	self-confidence	önarckép	self-portrait
önálló	self-contained, independent	önéletrajz	autobiography

2. Kicsoda? Micsoda? — These are the stressed forms of the interrogatives **ki? mi?** expressing surprise, curiosity and admiration.

3. Nős or **házas** *married* can be used only for a man; a married woman is **férjes** or **férjes asszony.**

4. Gyermekes — **gyerekes: ötgyermekes család** a family with five children; **gyerekes** usually means *childish.* — **Gyermeki** *childlike, child's.*

NYELVTAN

226. The Use of the Infinitive

For the formation of the Infinitive comp. 86.

A) The infinitive can be used as a subject with impersonal verbs and adjectives. In this case the infinitive can also take possessive suffixes (comp. 297).

B) The infinitive is most frequently used as an object with the following verbs:—

akar	*want*	enged	*let*	szokik	*usually (used to) do*
kíván	*wish*	elfelejt	*forget*	tanít	*teach*
tud	*can*			tanul	*learn, study*
kezd	*begin*			segít	*help*
				bír	*be able*
				lát	*see*

The infinitive as an object is indefinite; therefore the main verb requires the indefinite conjugation:—

Nem **bírok** felkelni.   *I cannot (am not able to) get up.*
Szeretnék regényt olvasni.   *I should like to read a novel.*

 If the infinitive used as an object has its own definite object, the main verb then takes the definite conjugation (comp. 113):—

Ezt a regényt **akarom** olvasni.   *I want to read this novel.*

Note

(1) The infinitive of many English constructions (accusative with the infinitive, nominative with the infinitive) is replaced by a subordinate clause in Hungarian:—

We decided to travel to the country.   Elhatároztuk, hogy vidékre utazunk.
I ask him to come.   Kérem, hogy jöjjön.
The teacher wants the pupils to learn well.   A tanító azt akarja, hogy a tanulók jól tanuljanak.
You seem to have caught cold.   Úgy látszik, hogy megfáztál.

(2) The English Present Gerund may be translated into Hungarian by the infinitive:—

Peter is fond of boxing.   Péter szeret boxolni.

C) The infinitive frequently denotes an adverb of purpose with verbs expressing forward motion:—

jön	*come*	igyekszik	*hurry for a place*
megy, jár	*go*	hív	*call*
fut	*run*	marad	*stay, remain*
siet	*hurry*	küld	*send*

Segíteni jött.　　　　　　　　*He came to help.*
Itt maradt dolgozni.　　　　　*He remained here to work.*

The infinitive seldom denotes other kinds of adverbs, e.g., with verbs:—

fél (vmitől)　　*be afraid*　　　　vágyik (vmire *or* vmi után) *long for*

or with adjectives:—

képes	*(be) able*	kénytelen	*(be) obliged*
képtelen	*(be) unable*	lusta	*(be) lazy, (be) idle*

Félt egyedül maradni.　　　　　*He was afraid to remain alone.*
Vágyott egyedül maradni.　　　　*He was longing to stay alone.*
Kénytelen hazamenni.　　　　　*He is obliged to go home.*

D) The infinitive used as a predicate sometimes expresses the general subject omitting the verb **lehet:**—

Innen jól látni a toronyórát.　　　*From here the clock-tower can be clearly seen.*
Megismerni a hangjáról.　　　　　*One can recognize him by his voice.*

Note

Future action is expressed by the infinitive of the operative verb with the verb **fog** (comp. 295—6).
Polite request (demand) is formed with **tessék** and Infinitive (comp. 97—8).
The infinitive is used in the following Hungarian idioms:—

Hallani hallom, de nem értem.　　　*Although I can hear it still I cannot understand.*

227. Uses of the Participle of Incomplete Action (Present Participle)

For its formation comp. 220.

1. The Present Participle has an active meaning:—

siető ember	*hurrying man*	döntő győzelem	*decisive victory*
hulló csillag	*shooting star*	ébresztőóra	*alarm-clock*

It occasionally has a passive meaning, usually in compound words:—
töltőtoll *fountain-pen*　　　　ivóvíz *drinking-water*
szántóföld *arable land*　　　　kiadó lakás *flat to let*

2. The present participles of the verb of possibility have a passive meaning:—

látható	(what can be seen)	*visible*
ehető	(what can be eaten)	*edible* (comp. 329)

228. The Present Participle Used as a Noun

The Present Participle is often used as a noun (comp. 221):—

(a) The Participle used as a noun often corresponds to the English derivatives denoting profession formed from verbs with the formative suffix "-er". E.g.:—

tanít : tanító   *teach — teacher*   fest : festő   *paint — painter*

(b) If often denotes an instrument or thing:—

mutat : mutató   *point — pointer*   cseng : csengő   *ring — bell*

(c) It often denotes a space or room:—

fürdik : fürdő   *bathe — a bath*   tisztít : tisztító   *clean — cleaner*

Other meanings also occur:—

jön : jövő   *come — future*   képez : képző   *form (build).—*
folyik : folyó   *flow — river*   *formative suffix*

229. The Present Participle Following Nouns with Suffixes or Postpositions

Nouns with flexional suffixes or postpositions followed by a Participle can be used as attributives:—

a kapu előtt álló autó	*the car (standing) before the gate*
a szabadságért folyó harc	*fight for freedom*
Ez a Magyarországról szóló könyv nagyon érdekes.	*This book about Hungary is very interesting.*

230. The Present Participles *levő* and *való* "existing, being"

Like the Present Participle of other verbs these participles can stand after words with suffixes and postpositions forming a unit that can be used as an attribute.

1. The Present Participle of the verb **lesz: levő** is used after words with suffixes and postpositions, and after adverbs answering the question **hol?** *where?*

a színpadon **levő** bútorok	*the furniture on the stage*
az előttünk **levő** könyv	*the book before us*

2. The Present Participle of the verb van: való is used after

(a) adverbs of place answering the questions **hova?** *whither?* and **honnan?** *whence?*—

Te közénk **való** vagy!	*You belong to us.*
Honnan **való** ez a bélyeg?	*From where is this stamp?*

(b) adverbs of a figurative sense:—

a létért **való** küzdelem	*struggle for life*
a munkához **való** viszony	*relation to work*
Ez gyermekeknek **való** olvasmány.	*This is a reading material for a child.*

The participles **levő** and **való** often occur in compounds used as nouns:—

jelenlevő *(being) present*	borravaló *gratuity, tip*
távollevő *(being) absent*	fülbevaló *ear-ring*

The first part of the compound is often an infinitive:—

tanulnivaló *what is to be learned*	ennivaló *sg to eat*
olvasnivaló *sg to read*	látnivaló *sight, sg to be seen*

Note

The present participles **levő** and **való** are used less frequently after postpositions, since adjectives can be formed from these by adding the suffix **-i:**—

a nemzetek közötti béke	*peace among nations*
a háború utáni évek	*the post-war years*

Compounds:—

földalatti *underground*	délutáni *afternoon*

GYAKORLATOK

1. *Ask questions about the reading-passage „A kőszívű ember fiai" and answer them.*

2. *Translate the following passage. Take care when using the infinitive in Hungarian:—*

(a) When we wanted to travel to Budapest our Hungarian friend suggested we should visit the museums.
"Do not forget to visit the Museum of Fine Arts!" he said.
We have promised to visit all [if] we have time for.

(b) When we were in Budapest we got acquainted with the most interesting sights of the town. We were glad that we could admire *(megcsodál)* the wonderful view from Gellért Hill. An acquaintance of ours suggested we take an excursion to Visegrád by boat. We managed *(sikerült)* to get (the) boat-tickets. We have decided to come to Budapest again.

3. *Translate the phrases in italics by a Present Participle construction:—*

the plants *living in water*
the children *crying with fear*

27 the foriegners *living in Budapest*
    the poet *playing a role in political life*
    the young writers *who rallied round Petőfi*
    the thermal springs *that are (being) in Budapest*
    the wine *in the small glasses*
    the goods *in the shop-windows*
    the goods *fit for the shop-windows*
    preparations *for the competition*
    translation *from English*
    buildings *from the Middle Ages*
    this chair *belonging to the kitchen*

Beszédgyakorlat

Relate the contents of the extract from the novel ,,A kőszívű ember fiai''.

Fogalmazás

Write a short composition about an English novel you have read.

HUSZONNYOLCADIK LECKE

Mikszáth Kálmán: A jelek mesterei

A XIX. század utolsó harmada Magyarországon a kapitalizmus gyors fejlődésének korszaka volt. Az ellentétek a kapitalisták és a munkásság, továbbá a nagybirtokosok és a parasztság között mindinkább kiéleződtek.

Mikszáth Kálmán *(1847—1910), e korszak legkiválóbb írója, egyre tisztábban felismerte a társadalmi rendszerben rejlő súlyos hibákat. Első műveinek derűs humora későbbi regényeiben és elbeszéléseiben már szatírai élességig fokozódik, amikor bemutatja a hanyatló nemesi osztály léha életét vagy — egyházi érdekből — az erkölcstelenséget is leplező papságot.*

A valóság sokoldalú megfigyelése, az ötletes, fordulatos meseszövés, az érzelemmel telített humor, főként pedig előadásának páratlan közvetlensége teszik írásait vonzóvá. Stílusa annyira közel áll az élő beszédhez, hogy műveit olvasva szinte halljuk az író színes, kedélyes, lebilincselő előadását.

Mikszáth szerette a különös események, a különös emberek ábrázolását, de nem a nagy hősök érdekelték, hanem az egyszerű, a mindennapi életet élő kis emberek.

Regényei, novellái mintegy negyven kötetet tesznek ki. Műveiben a századforduló élete tükröződik.

Egy szobatudós (persze német) fejébe vette, hogy jelekkel kellene beszéltetni az emberiséget. A nyelvtanítás nehézségei mind elesnének, népek eggyé forrnának — egyszóval igen sok haszon származnék ebből a világra.

Mindenekelőtt tehát csinált egy rendszert (mert tudósnál, hiába, a rendszer a fő!), s elhatározta, hogy ennek tökéletesítése végett elutazik különböző népek mozdulatait és taglejtéseit tanulmányozni.

Jártában-keltében egy magyar faluba ért, ahol azt mondták neki, hogy van itt már egy olyan tudós, aki a jelekkel való beszédmódban jeleskedik.

— Kicsoda?

— Páva Mihály, a félszemű szabó. Nagy gégebajban szenvedett azelőtt, akkor ötlött eszébe, hogy kár a gégét koptatni, mikor abból csak egyet kap az ember az egész életére. Ujjakat azonban minden kezére ötöt. Kitalálta tehát a jelekkel való beszélgetést.

Nosza kedvet kapott a tudós arra, hogy hozzá menjen, s megpróbálja, milyen lesz a jelek tudományának gyakorlati értéke. Most válik el, most lesz az első próba. Megkérte a papot, hogy vezesse a szabó-tudóshoz.

Az éppen varrogatott akkor is, midőn a műhelybe értek.

A tudós odalépett hozzá, és a következő párbeszéd fejlődött ki közöttük:

A tudós fölemelte egy ujját.

A szabó két ujját emelte föl.

Erre a tudós ragyogó ábrázattal három ujjat emelt föl.

A szabó összeszorította mind az öt ujját, és az öklét emelte föl.

A tudós megelégedetten hunyorgott a szemével, és távozott.

— Nos, tehát megértették egymást? — kérdezte a tudós kísérője, mikor már kint voltak.

— Tökéletesen! — szólt az lelkesedéssel.

— Hogyan? Tehát miről volt szó önök között?

— Vallási dolgokról diskuráltunk.

— Ah!

— Én egy ujjamat mutattam, hogy „egy az isten", erre ő kettőt mutat, hogy „atya és fiú". Jól van, jól, de ha ön úgy akarja venni, mondtam, azaz mutattam, akkor három az isten, „atya, fiú és szentlélek", és fölemeltem a három ujjamat. Mire ő az ujjait összeszorítva kifejezte, hogy „de valamennyi egy". Óh kérem, nagyszerűen ment! Ez az igazi világnyelv. A „volapük" túl van szárnyalva.

A kísérő fejét csóválta, és visszatért a szabóhoz, egyedül.

— Nos, Mihály bácsi, miről beszélgettek a tudóssal?

— Az egy impertinens fráter, öcsém.

— Hogy-hogy?

— Hát bejön a nyomorult a saját hajlékomba, és az egy ujjával mutatja, hogy csak egy szemem van. Micsoda? A testi hibámat meri kigúnyolni? Vissza-mutatom neki a két ujjamat emelve, hogy nekem ez az egy szemem is többet ér, mint az ő két pápaszemes szeme. De a szemtelen tovább gúnyolódott, fölemelte a három ujját, hogy azt mondja: „Kettőnknek három szemünk van". Na már akkor én sem állhattam tovább, elfogott a düh, összeszorítottam az öklömet... szerencséje, hogy kereket oldott!

...Ilyen az, mikor két tudós egymást megérti.

Milyen lehet hát, mikor meg nem érti egymást?

Közmondás:

Néma gyereknek az anyja sem érti szavát.

JÓ HÍR

— Jó hírt hozok, papa! Nem kell megadnod
azt a pénzt, amit a jó bizonyítványért ígértél!

Népdalok

(a) Lement a nap a maga járásán,
Sárgarigó szól a Tisza partján,
Sárgarigó meg a fülemüle.
Szép a rózsám, hogy váljak meg tőle.

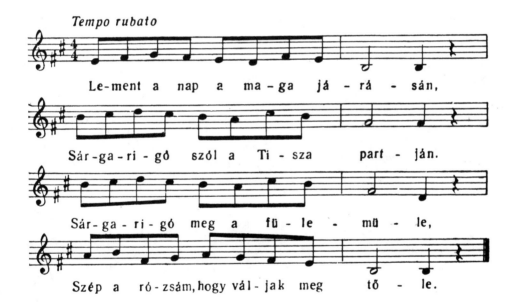

Tempo rubato

Le-ment a nap a ma-ga já - rá - sán,

Sár-ga-ri-gó szól a Ti - sza part - ján.

Sár-ga-ri-gó meg a fü-le - mü - le,

Szép a ró-zsám, hogy vál-jak meg tő - le.

(b) Magasan repül a daru, szépen szól.
Haragszik rám az én rózsám, mert nem szól.
Ne haragudj édes rózsám sokáig,
Tied leszek koporsóm bezártáig.

Andante

Ma - ga-san re - pül a da-ru, szé - pen szól,

Ha - rag-szikrám az én ró-zsám, mert nem szól.

Ne ha-ra-gudj é - des ró-zsám so - ká - ig,

Ti-ed le-szek, ti - ed le-szek ko-por-sóm be - zár - tá - ig.

SZÓKINCS

Kálmán, -t	*Coloman*	szatíra, '-t	*satire*
jel, -et	*sign*	élesség, -et	*sharpness*
kapitalizmus, -t	*capitalism*	fokozódik	*increase, intensify*
fejlődés, -t	*progress, advance*	hanyatlik	*decay*
korszak, -ot	*epoch, period, age*	léha	*frivolous, light-minded*
ellentét,-et	*contrast, opposite, difference*	egyház, -at	*church*
kapitalista, '-t	*capitalist*	érdek, -et	*interest*
munkásság, -ot	*working class, workers*	erkölcstelenség, -et	*immorality*
továbbá	*moreover, and*	leplez	*hide, conceal*
nagybirtokos, -t	*landowner*	papság, -ot	*clergy*
parasztság, -ot	*peasantry, the peasants*	valóság, -ot	*reality*
		sokoldalú	*many-sided*
mindinkább	*more and more*	megfigyel (figyel)	*observe, watch*
kiéleződik	*sharpen, deepen*	ötletes	*witty*
felismer (ismer)	*recognise, perceive*	fordulatos	*lively, full of surprise turns*
rendszer, -t	*system*		
rejlik	*be hidden, lie, rest*	meseszövés, -t	*plot*
súlyos	*serious, grave*	érzelem, érzelmet	*emotion*
humor, -t	*humour*	telít	*fill*
később	*subsequent, later*	főként	*mainly, chiefly*

előadás, -t	performance, (here:) *style*	koptat	*wear out, fray*	
közvetlenség, -et	*directness, intimacy, spontaneity*	nosza!	*well!*	
		kedvet kap vmire	*be attracted by sg*	
		elválik	(here:) *it will turn out*	
vonzó	*attractive*	próba, '-t	*test, trial*	
kedélyes	*cheerful, jovial*	pap, -ot, -ja	*priest, clergyman*	
lebilincsel	*fascinate, thrill*	midőn	*when*	
különös	*particular*	párbeszéd, -et	*conversation, dialogue*	
ábrázol	*depict, describe*	kifejlődik	(here:) *ensue*	
mindennapi		fölemel (emel)	*raise*	
élet, -et	*everyday life*	ábrázat, -ot	*face, visage*	
kötet, -et	*volume*	ököl, öklöt	*fist*	
kitesz (tesz)	*make out, amount*	megelégedik *or*		
századforduló, -t	*turn of the century*	megelégszik	*be contented*	
tükröződik	*reflect*	hunyorog	*blink*	
szobatudós, -t	*dryasdust, cloistered type of scholars*	távozik	*leave*	
		kísérő, -t	*attendant*	
		tökéletes	*perfect*	
fejébe vesz vmit	*enter into one's mind*	miről volt szó?	*what was it all about?*	
elesik	(here:) *avoid, eliminate*	vallás, -t	*religion*	
		diskurál	*chat about*	
eggyé forr	*unite*	(colloquial)		
egyszóval		atya = apa	*father*	
= szóval	*in a word, briefly*	azaz	*that is*	
haszon, hasznot	*use*	szentlélek,	*holy spirit, holy*	
mindenekelőtt	*first of all*	szentlelket	*ghost*	
fő	(here:) *main thing*	kifejez	*express*	
tökéletesít	*make perfect*	volapük, -öt, -je	*an international artificial language*	
mozdulat, -ot	*movement, gesture*			
taglejtés, -t	*gesture*			
beszédmód, -ot, -ja	*way of speaking*	túlszárnyal	*exceed*	
		fejet csóvál	*shake one's head*	
jeleskedik vmiben	*excel in sg*	visszatér	*return*	
félszemű	*one-eyed*	impertinens	*impertinent fellow,*	
gége, '-t	*throat*	fráter, -t	*scoundrel*	
gégebaj, -t	*throat trouble*	(colloquial)		
szenved vmiben	*suffer from sg*	hogy-hogy?	*how then?*	
eszébe ötlik	*come into one's mind*	nyomorult	*wretch*	
kár, -t (+inf.)	*it is no use*	hajlék, -ot	*home, shelter*	

kigúnyol (gúnyol)	*make fun of*	a maga járásán	*on its way*
pápaszem, -et	*spectacles, eyeglasses*	sárgarigó, -t	*(golden) riole*
(obsolete)		fülemüle, '-t	*nightingale*
szemtelen	*cheeky, impudent*	hogy (stressed) =	
gúnyolódik	*mock*	hogyan?	*how?*
nem állhat vmit	*can't stand sg*	megválik =	*separate, part*
düh [dy], -öt	*rage, fury*	elválik vkitől	*from sy*
elfogja a düh	*fly into rage, lose*	repül	*fly*
	one's temper	daru, -t *or*	*crane*
kereket old	*take to one's heels*	darvat	
(humorous)		koporsó, -t	*coffin*
néma	*dumb*	bezár (zár)	*close*

NYELVTAN

231. Uses of the Participle of Completed Action (Past Participle)

For formation of the Past Participle see p. 285.

1. The Past Participle is usually used attributively in a passive meaning:—

nyomtatott könyv	*printed book*
a végzett munka	*the finished work*

This participle is seldom used with an active meaning:—

tapasztalt ember	*experienced man*
érett gyümölcs	*ripe fruit*

As a noun this participle is less frequently used than the Present. A few examples:—

tett	*deed*	múlt	*past*
halott *or* holt	*a dead (person), dead*	sült	*roast*

2. The Past Participle can be used attributively when it follows words qualified by suffixes (and occasionally postpositions):—

az Akadémia elnökével folytatott beszélgetés	*a talk carried on with the President of the Academy*
Aquincum területén végzett ásatások	*excavations made in the area of Aquincum*

In compounds:—

világlátott	*much travelled*	katonaviselt	*ex-service man*

232. The Past Participle in Idiomatic Expressions

The Past Participle takes the possessive suffix in certain idiomatic expressions and in some compounds. The suffix is added to the short base of the

past tense (i.e. **adt-**, not *adott-*, **fedt-**, not *fedett-*, **vezett-**, not *vezetett-*, etc.; **28**
comp. 282).

1. Idiomatic expressions + an adverbial suffix are often used as adverbial modifiers:—

tudtával (tudtommal, tudtoddal, etc.)	to his (my, your) knowledge
ijedtében (ijedtemben, etc.)	in his alarm, overcome by fear
éltében (éltemben, etc.)	in his life
jártában-keltében (jártomban-keltemben, etc.)	on his way
láttára	at the sight of sg, on seeing sg
röptében	flying, on the wing
Mindez apám tudtával (tudta nélkül) történt.	All this has happened with (without) my father's knowledge.
Ijedtében nem tudta, mit szóljon.	Overcome by fear he did not know what to say.

Some of these expressions are used as postpositions:—

folytán: ennek folytán	in consequence of, owing to, consequently
következtében: ennek következtében	in consequence of, because of, therefore, whereupon
mentén, mentében: a Duna mentén (mentében)	along : along the Danube
múltán (múltával): hónapok múltán	after months

2. Compounds and constructions used attributively:—

napsütötte táj	sun-kissed landscape
porlepte bútor	dust-covered furniture
a Kárpátok övezte medence	the basin surrounded by the Carpathians
a Szovjetunió vezette béketábor	the peace camp led by the Soviet Union

233. The Participle of Future Action (Future Participle)

-andó
-endő

1. This participle is formed by adding the formative suffix **-andó, -endő** and denotes action that is to be completed. Its use is very limited.

This participle corresponds to the following English construction: *to be* + Passive Present Infinitive.

Examples:—

fizetendő összeg	sum to be paid
megoldandó feladat	task to be solved

2. The Future Participle is often used in technical language:—

kiszámítandó	*it is to be calculated*
meghatározandó	*it is to be defined*
megállapítandó	*it is to be determined*

3. In a few expressions the original meaning of the participle has been lost:—

állandó	*constant, lasting, standing*	jövendő	*future*
hajlandó	*willing, ready, inclined*	múlandó	*fleeting, ephemeral, transitory*
leendő (anya)	*(mother) to be*	teendő	*task, work (to do)*
Mi a teendő?			*What is to be done?*

234. The Adverbial Participle

The formative suffix of this participle is **-va, -ve** (comp. 257). It is used as an adverbial modifier of manner, condition and occasionally of time. It usually corresponds to the English Present Participle.

Examples:—

Sietve közeledett.	*He came hurrying.*
Kalapját levéve üdvözölt bennünket.	*Taking off his hat he greeted us.*
A hegyről letekintve láttam...	*Looking down from the mountain I saw...*

When used with the verb "to be" (**van, volt, lesz, lenne, legyen**) the Adverbial Participle expresses a condition or state.

Az ajtó nyitva van (volt, lesz, lenne, legyen).	*The door is (was, will be, would be; should be) open.*
Az eredménnyel meg vagyok elégedve.	*I am pleased with the result.*

Some of these participle are used as postpositions: **kezdve, fogva** (comp. 311), **múlva** (comp. 312) and **nézve** (comp. 372).

In compounds:—

vállvetve *shoulder to shoulder, in co-operation.*	szájtátva *open-mouthed, gaping*

In old Hungarian there was a second form of the adverbial participle formed with **-ván, -vén.** This participle is occasionally used in modern literary Hungarian, usually as an adverb of time:—

Ezeket mondván eltávozott.	*After having said this he went away.*

Also in a few isolated expressions:—

úgyszólván *so to say, practically, virtually*	nyilván *evidently, plainly, obviously*

Substantival Form	Infinitive	**adni, kérni**	*give, ask*
Adjectival Form	Present Participle	**adó, kérő**	*giving, asking*
	Past Participle	**adott, kért**	*given, asked*
	Future Participle	**adandó, kérendő**	*it is to be given, it is to be asked*
Adverbial Form	Adverbial Participle	**adva, kérve (adván, kérvén**	*giving, asking having given, having asked)*

GYAKORLATOK

1. *Insert the Past Participle of the verbs in brackets :—*

A tegnap *(lát)* film mindnyájunknak nagyon tetszett. A többször *(ismétel)* szavakat az ember **már** nem felejti el. Jöjjön ide kérem a *(nyit)* ablak mellé! Elhoztad az *(ígér)* könyveket?

2. *Translate the following sentences replacing the subordinate clauses in italics with Past Participle constructions :—*

Houses *that were destroyed during the war*, have now been reconstructed.
Money *that is earnt without work* is easily spent.
I write the words on a piece of paper *that is torn from an exercise book*.
My notes *that I took of yesterday's lecture* I will gladly lend you (take notes = *jegyzetet készít).*
The events *which happened in the course of the last months* I shall never forget.

3. *Translate the following sentences replacing the subordinate clauses in italics with Future Participle constructions :—*

The plan *that is to be fulfilled next year* has already been worked out *(kidolgoz).*
The patients *who are to be examined* are waiting in the waiting-room.
The tasks *that are to be solved* require diligence and endurance.

4. *Give all four participle forms of the following verbs :* készít, keres, ír.

5. *Make up questions about Lesson 28 and then answer them.*

28 Beszédgyakorlat

Relate in your own words the short story by Mikszáth.

Fogalmazás

Write a short composition: „Egy nagy emberről vagy tudósról szóló tréfás történet." (A humorous story about a great man or a scientist.)

HUSZONKILENCEDIK LECKE

Móra Ferenc: A csaló

Móra Ferenc *(1879—1934) szegény sokgyermekes családból származott, nyomorogva végezte iskoláit. Tanár lett, de a tanári pályát az újságírással cserélte fel. Szegeden élt, és az ottani Városi Múzeum igazgatója lett. Ásatásokat végeztetett a Tisza és a Maros mentén, s a népvándorlás korabeli sírok feltárásában nagy érdemeket szerzett.*

Móra a Szeged vidéki parasztság és a kispolgárság életét ábrázolta műveiben. Arra törekedett, hogy írásait a legegyszerűbb olvasó is megértse. A dolgozó nép iránti szeretete, előadásának népies jellege, az élőbeszéddel rokon közvetlensége és ízes humora teszik felejthetetlenné írásait. Életműve a feudális földbirtokrendszer éles bírálata.

Az itt közölt (egyszerűsített) novella egy a sok közül, amelyben az író a szegény sorsú gyermekek életét mutatja be.

A csaló neve: Péter.

Péter minden reggel késedelem nélkül megjelenik az iskolában. Nagyon szeret itt lenni, talán még jobban, mint otthon, és minden oka megvan rá, hogy telente így kedvelje az iskolát. Először is itt melegebb van, mint otthon. Másodszor itt borzasztó sok gyerek van, s Péter olyan, mint a bárány: nagyon szeret sokadmagával lenni. Harmadszor itt úgy bánnak az emberrel, hogy még az édesanyja se keresi annyira a kedvét, mostanában még tejjel is megitatják, akár az úri gyerekeket. Szép kis csészében adják a tejet, virág is van rajta, és nagyon jó azt kézbe fogni, mert olyan jó meleg, hogy a dermedt vörös kis ujjacskák egyszerre fölmelegednek rajta.

No, Pétert mégis a tej keverte gyanúba, és juttatta olyan díszítőjelzőhöz, ami szokatlan a világtörténelemben, noha nyilván sok alakja megszolgálta. Az egyszerű Péterből a tej miatt lett — „Péter, a csaló".

A gyanú a tanító úrban ébredt föl. A tanító úr, akinek mindenütt ott a szeme, azt vette észre, hogy Péter és a tej között zavaros a viszony. A többi gyerek, ahogy megkapja a részét az ingyentejből, elbánik vele mindjárt a helyszínen. Péter azonban egy idő óta sajátságos stratégiát vett alkalmazásba. Tudniillik amikor megkapja a teli csészét, akkor elvörösödik az örömtől, és orrcimpái reszketnek a gyönyörűségtől, ahogy szívja be a meleg párát. Szívja, szívja, de közben egyre visszavonulóban van az ajtó felé, s mire odaér, akkorra már fehérebb az arcocskája, mint a fal. Egyszerre aztán Péter elveszik, s néha öt perc is beletelik, mire újra felbukkan kócos kis feje a látóhatáron. Az arca egyre vörösebb lesz, ahogy közelebb kerül az asztalhoz, ami attól lehet, hogy roppant elszántsággal szopogatja ki a csészéből az utolsó cseppeket.

A tanító urat persze ilyen ravaszkodással nem lehet megcsalni. A tanító úr megsejtette, hogy Péter nem szereti a tejet, de mivel tudja, hogy az ilyesmit nem lehet nyilvánosságra hozni, hát titokban leöntögeti a tejecskét az udvaron a csatornába. Mert bizonyos, hogy Péter az emeletről az udvarra szökik, elárulja a hideg arcocskája.

Végre eljött a nap, mikor Péter csalásai teljesen napvilágra kerültek. A tanító úr figyelte minden mozdulatát. Lassan somfordált a gyerek az ajtóig, de a lépcsőn már nyargalva ment lefelé, tenyerét a csésze szájára tapasztva.

Mire a tanító úr utolérte, Péter már ott térdelt a kapusarokban, s öntögette befelé a tejet egy nagykendőbe. Beható vizsgálat kiderítette, hogy a nagykendő alul két kis lábacskában, fölül pedig egy gémberedett kis arcocskában végződött.

— Ki ez, Péter? — kérdezte a tanító úr.

Péter — szégyen, nem szégyen — nagyon megijedt. Reszketett a szájaszéle.

— Marika.

— Húgod?

— Az — mondta Péter, és sírásra fakadt. — Mindig el szokott kísérni, aztán itt várja meg, míg hozom a tejet.

Már akkor sírt Marika is, és a tanító addig tiltotta kettőjüknek a sírást, míg az ő könnye is ki nem csordult.

— Hány nap csaltál már meg, Péter? — kérdezte a fiút.

— Öt — mutatta Péter az ujjain, mert szólni még nem tudott a sírástól.

Öt nagy csatát nyert meg Péter az éhes kis gyomra ellen. Ha én isten volnék, nekem nagyobb örömöm volna ebben a teremtésben, mint a világháború összes nagy hadvezéreiben.

Ne haragudjatok meg emberek, hogy mikor úgy tele van a világ tökéletes nagy csalókkal, én erről a tökéletlen kis csalóról írtam.

De látjátok, arra gondoltam, ti is örülni fogtok neki, hogy vannak még olyan csalók is, akik nem magukért csalnak, csak magukat csalják meg a testvéreikért.

Közmondások:

Nem esik messzé az alma a fájától.

Az kiabál, akinek a háza ég.

Tréfa

SZEMORVOSNÁL

Orvos : Olvassa, kérem, a táblán levő betűket!

Beteg : De hol a tábla?

Népdal

Réten, réten, sej, a gyulai réten,
Elvesztettem a zsebbe való késem,
Késem után a karikagyűrűmet,
Azt sajnálom, nem a régi szeretőmet.

csaló, -t — *deceiver, cheat, im-postor*

szegény — *poor, needy*

nyomorog — *lead a miserable life*

pálya, '-t — *career*

felcserél (cserél) — *change*

ottani — *of that place, local*

mentén *(postp.)* — *along*

népvándorlás, -t — *great migration*

korabeli — *of the period*

sír, -t, -ja — *tomb, grave*

feltár — *open, dig up, dis-cover*

Szeged vidéki — *of the region or surrounding Szeged*

kispolgárság, -ot — *petty bourgeoisie*

törekedik *or* törekszik — *strive, endeavour*

népies — *popular*

jelleg, -et — *character*

élőbeszéd, -et — *the spoken language*

ízes — *savoury, palatable, tasty*

életmű, -művet — *life-work*

feudális — *feudal*

földbirtok, -ot — *(landed) estate*

bírálat — *criticism*

sors, -ot — *fate*

borzasztó — *awful, horrible*

bárány, -t — *lamb*

sokadmagával — *with a lot of other people*

bánik vkivel — *treat*

kedvét keresi vkinek — *to please sy*

megitat (itat, iszik) — *give sy a drink, make sy drink*

úri gyerek, -et — *child of upper-class parents*

dermed — *be benumbed*

egyszerre — *at once, suddenly*

felmelegedik *or* felmelegszik — *grow or get warm*

gyanú, -t — *suspicion*

gyanúba kever — *make sy suspected, throw suspicion on*

juttat vkit vmihez — *let sy get sg*

díszítőjelző, -t — *epithet*

noha — *though*

nyilván — *apparent*

alak, -ot, -ja — *figure, person*

megszolgál — *serve, deserve*

fölébred a gyanú vkiben — *arouse suspicion*

zavaros — *confused, obscure*

ingyen — *free of charge*

elbánik vmivel — *handle, deal with;* (here:) *drink up*

helyszín, -t — *the spot*

sajátságos [ʃɑjaːttsaːgoʃ] — *peculiar, strange*

stratégia, '-t — *strategy*

alkalmazás, -t — *application*

teli = tele — *full*

elvörösödik (vörösödik) — *blush*

orrcimpa, '-t — *nostril*

reszket — *tremble*

gyönyörűség, -et — *pleasure*

beszív (szív) — *inhale, draw in*

pára, '-t — *vapour*

visszavonul (vonul) — *withdraw*

visszavonulóban van — *be withdrawing*

elveszik (= el-vész) — *vanish*

beletelik (telik)	take (time)
újra	again
felbukkan (bukkan)	appear, come in sight
kócos	tousled, uncombed
látóhatár, -t or láthatár, -t	horizon
roppant	huge, enormous
elszántság, -ot	resolution, determination
kiszopogat (szop)	suck out, keep sucking
csepp, -et, -je	drop
ravaszkodik	finesse, resort to trickery
megcsal (csal)	deceive, cheat
megsejt (sejt)	guess, think
nyilvánosságra hoz	publish, let out
szökik	flee, escape, run away
elárul	betray
napvilágra kerül	come to light, reveal
somfordál	slink, sidle
nyargal	gallop, run

lefelé (= lefele)	downwards
tenyér, tenyeret	palm
tapaszt	stick, glue; (here:) press
utolér	overtake, catch up
térdel	be kneeling
befelé (= befele)	inwards
nagykendő, -t	shawl
beható	intensive, thorough
kiderít	clear up
gémberedik	grow stiff (with cold)
szégyen, -t	shame
reszket	tremble
szájaszéle, '-t	lip
sírásra fakad	burst into tears
tilt	forbid
teremtés, -t	creature
hadvezér, -t	commander, general
megharagszik	be angry
tökéletlen	imperfect
Gyula	town in the Great Hungarian Plain
elveszt (veszt)	lose
karikagyűrű, -t (colloquial)	wedding ring

NYELVTAN

236. Verbs with Vowel Elision (comp. 240)

Some two- or three-syllable verbs ending in **-g, -l, -r, -z** frequently drop the final base vowel (**-o, -e, -ö**) before endings with an initial vowel; double forms, with or without vowel elision, also occur:—

Infinitive	javasolni suggest, propose	jegyezni note, take note
Present Tense Indefinite	javaslok (javasolok) javasolsz javasol javaslunk (javasolunk) javasoltok javasolnak	jegyzek (jegyezek) jegyzel (jegyezel) jegyez jegyzünk (jegyezünk) jegyeztek jegyeznek

Present Tense Definite	javaslom (javasolom) javaslod (javasolod) javasolja javasoljuk javasoljátok javasolják	jegyzem (jegyezem) jegyzed (jegyezed) jegyzi (jegyezi) jegyezzük jegyzitek jegyzik (jegyezik)
Present Participle	javasló (javasoló)	jegyző (jegyező)
Past Participle	javasolt	jegyzett
Noun: **-ás, -és** **-at, -et**	javaslás (javasolás) javaslat	jegyzés jegyzet

The forms in brackets are less commonly used.

Here are some of the verbs already considered in which vowel elision occurs:—

énekel	sing	ugrik	jump, spring
töröl (törül)	wipe	végez	end, finish
gyakorol	practise	terem	grow
vásárol	buy	érez	feel
üdvözöl	greet	hiányzik	be absent, be missing

Note

Some two-syllable verbs ending in **-og, -eg, -ög** undergo vowel elision when forming causative and momentaneous verb forms:—

mozog	: mozgat — mozdul	move — keep moving
forog	: forgat — fordul	turn — turn round
pereg	: perget — perdül	turn round, revolve — spin

237. Three Groups of Irregular Verbs

The common characteristic of these irregular verbs is that they form their Present Tense from a verb base ending in **-sz;** most of them, however, have double forms since besides the irregular forms the regular present tense variant is also used.

Group A)

The irregular forms are as follow:—

(1) From an **sz**-base:
(2) From a **v**-base:

(3) From a shortened base:

Indicative Present Tense
(a) Present Participle
(b) Noun with formative suffix **-ás, -és** (English: Present Gerund)

(a) Adverbial Participle (in two verbs)
(b) Verb of Possibility (in three verbs)
(c) Causative Form (in four verbs)

The following verbs with infinitive base ending in **-ud,- -üd-, -od-** belong to Group A):—

Infinitive	aludni *sleep*	feküdni *lie*	nyugodni *rest*
Present Tense	alszik	fekszik	nyugszik
Present Participle	alvó	fekvő	nyugvó
Noun with **-ás, -és**	alvás	fekvés	nyugvás
Adverbial Participle	alva (aludva)	fekve (feküdve)	(meg)nyugodva
Verb of Possibility	alhat(ik) (aludhat)	fekhet(ik) (feküdhet)	nyughat(ik) (nyugodhat)
Causative Form	altat	fektet	nyugtat

Also:—

esküdni	*swear, take an oath*	:	esküszik, esküvő, esküvés, esket
alkudni	*bargain*	:	alkuszik, alkuvó, alkuvás
haragudni	*be angry*	:	haragszik, haragvó, haragvás, haragít

Other forms, not given above, such as the past indicative, the conditional, the imperative, etc. are formed regularly from the infinitive base: **alud-, feküd-,** etc.

29 Group B)

The verbs in this group are used with both the irregular and regular forms. The folloving are the irregular forms:—

(1) From an **sz**-base: Indicative Present Tense
(2) From a **v**-base: *(a)* Present Participle
                             (b) Noun with formative suffix **-ás, -és**

All other forms are formed regularly from the infinitive base.

Verbs belonging to Group B):—

Infinitive	Meaning	Present Tense	Present Participle	Noun with -ás, -és
igyekezni	strive, endeavour	igyekszik igyekezik	igyekvő	igyekvés
cselekedni	do, act	cselekszik cselekedik	cselekvő	cselekvés
növekedni	grow, increase	növekszik növekedik	növekvő növekedő	növekedés
tolakodni	push, throng	tolakszik tolakodik	(tolakvó) tolakodó	tolakodás
dicsekedni	boast	dicsekszik dicsekedik	dicsekvő dicsekedő	dicsekvés dicsekedés
gyanakodni	suspect	gyanakszik gyanakodik	gyanakvó gyanakodó	gyanakvás gyanakodás
törekedni	strive, endeavour	törekszik törekedik	törekvő törekedő	törekvés törekedés
menekülni	flee, fly, escape	menekszik menekül	menekvő menekülő	menekvés menekülés

Group C)

The verbs in this group have double forms in the Indicative Present Tense only; the irregular forms have an **sz-** base, the regular forms take the usual infinitive base.

Infinitive	Meaning	Present Tense
alapulni (!) emlékezni mosakodni (le)telepedni ~ (le)települni	*be founded* or *based upon* *remember* *wash oneself* *settle down,* *establish oneself*	alapszik ~ alapul emlékszik ~ emlékezik mosakszik ~ mosakodik (le)telepszik ~ (le)telepedik, (le)települ

Also:—

megbetegedni	*fall ill*	megöregedni	*get old*
megelégedni	*be satisfied*	megvastagodni	*get thick*
meggazdagodni	*become rich*	verkedni	*fight*
gyarapodni	*increase, put on weight*	veszekedni	*quarrel*
melegedni	*get warm*		

238. Diminutives

The formative suffixes are:—

-cska
-cske   1. **-cska, -cske** (after consonants with a linking vowel)

They can be attached to all nouns (with the exception of Christian names):—

csillagocska   *starlet, asterisk*   felhőcske   *little cloud, cloudlet*

-ka
-ke   2. **-ka, -ke** can be added to two- or more syllable words not ending in **-k, -g** or in a vowel:—

leányka   *little girl, lass*   emberke   *little fellow*

The formative suffix **-ka, -ke** is added to the unchanged base and the suffix **-cska, -cske** to the changed one:—

kanalacska   *small spoon*   levélke ~ levelecske *short letter, little leaf*

-i   3. **-i** is used in a numerous way after a reduced base:—

cigaretta : cigi *cigarette*   csokoládé : csoki *chocolate*

Sometimes the diminutive formative suffixes are attached to adjectives:—

| nagyocska | *fairly large* | nagyobbacska | *fairly large, tallish* |
| kicsike | *very little, tiny* | rövidke | *brief, very short* |

239. Pet Names

A) Pet names formed from Christian names are frequently used. They are very often short forms and various diminutive formative suffixes can be added to the same name, for example: **-(i)ka, -(i)ke; -(i)ska, -(i)ske; -(i)ca, -(i)ce; -csa, -cse; -csi; -us(ka); -ó(ka), -ő(ke).**

Examples:—

István *Stephen:* Istvánka, Isti, Istók, Pista, Pisti, Pistike

Lajos *Lewis:* Lajoska, Lajkó, Lajcsi, Lajcsika, Lali, Lalika

Erzsébet *Elizabeth:* Erzsi, Erzsike, Erzsók, Erzsóka, Zsóka, Bözsi, Bözsike, Böske, Örzse, Örzsi

Ilona *Helen:* Ilonka, Ilka, Ili, Ilike, Ilus, Iluska, Ila, Ica, Icu, Icuka, Icus, Icuska

B) Names of living creatures can also have shortened diminutive forms:—

apa *father*	: apu, apuka, apus, apuska, api, apika
anya *mother*	: anyu, anyuka, anyus, anyuska
nyúl *rabbit, hare*	: nyuszi, nyuszika, nyulacska *little hare* or *rabbit*
őz *deer, roe(-deer)*	: őzike *fawn*

GYAKORLATOK

1. *Write out the 1st Person Singular (Indicative Present, Indefinite) and the Present Participle of the following verbs:* énekel, vásárol, érez, végez.
Form sentences from each of the above verbs.

2. *Translate the following sentences:—*

The mother put the child to bed and she was rocking it to sleep.	*(lefeküdni, elaludni)*
The sleeping child should not be disturbed.	*(aludni)*
You can go to bed now and sleep till morning.	*(lefeküdni, aludni)*
Boasting is not bravery.	*(dicsekedni)*
Whom do you suspect?	*(gyanakodni)*
His bravery was comforting to all of us.	*(megnyugodni)*

ujj, kéz, fiú, könyv, madár, ló, Péter
kő, asszony, fa, tükör, ágy, asztal, veréb
sovány, öreg, nagy, vékony, szegény

Beszédgyakorlat

Describe this picture.

TAVASZ

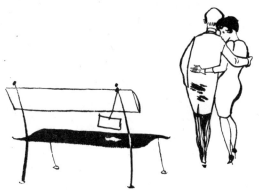

— Te Pista! Frissen festett padon ültünk!!

HARMINCADIK LECKE

Móricz Zsigmond: Fillentő

Móricz Zsigmond *(1879—1942) apja paraszti származású iparos, édesanyja papleány. A középiskola elvégzése után különböző egyetemekre iratkozik be. Az egyetemi tanulmányok azonban nem elégítik ki nyugtalan lelkét: újságíró lesz. Hosszú éveken keresztül szegénységgel küszködve működik előbb vidéki, majd budapesti újságíróként. Végül a ,,Hét krajcár" című elbeszélésével egyszerre az ország legelső írói közé emelkedik.*

Móricz a paraszti élet ábrázolójaként jelent meg az irodalomban, de származása folytán mélyen belelátott a középosztály életébe is. Művészi erővel, sokszor nyers realizmussal jelenítette meg a parasztság mindennapi életét, igazi helyzetét, társadalmi rétegeződését. Híven tárul elénk azonban az úri osztályok élete is a társadalmi valóság sokoldalú összefüggéseiben. Műveiben kíméletlenül leleplezte a feudális Magyarország minden bűnét, a vezető osztályok korruptságát. Nem elégszik meg a puszta ábrázolással, hanem állást is foglal, ítéletet is mond a társadalom felett.

Minden sora a dolgozó nép iránt érzett mély szeretetéről tanúskodik. Társadalom- és emberábrázoló művészete páratlanul színes: mindent lát, mindent megfigyel, mindennek a mélyére pillant. Nyelve rendkívül gazdag, életszerű, stílusa kifejező, tömör. Ő korunk legnagyobb magyar prózaírója.

Egyik fiatalkori elbeszéléséből mutatunk be két részletet.

Volt az én kis pajtásomnak, ,,Fillentőnek" más neve is, de már arra nem is emlékszem. Csak így hívtuk őt, mert sohasem mondott igazat. Mikor pedig erősen ráripakodtak egy-egy hazugság után, lesütötte kis konok fejét, s rendesen ezt dunnyogta:

— Én nem hazudok.

— Hát?

— Csak fillentettem.

A sok ,,fillentés" után rászáradt a Fillentő név, s még a tanító úr is így szólította:

— No, Fillentő, tudod-e a leckét?

425

30 Amire ő rendesen azt füllentette, hogy:

— Tudom.

Pedig bizony nem tudott ő soha egy leckét sem. Hanem azért kifüllentette magát a legnehezebb kérdés után is, mert ehhez aztán úgy értett, hogy mindenki bámult rajta. Még a tanfelügyelő is azzal jött iskolát látogatni, hogy:

— Na hadd lássam, hol az a híres Fillentő.

A mi kis pajtásunk felállott, borzas fején százfelé meredezett a kócos haj, s pisze orrát olyan komikusan rángatta, hogy mi többiek rögtön elkezdtünk vihogni. Még a tanító úr is mosolygott a bajusza alatt, de a tanfelügyelő úr komoly maradt.

— Hát te vagy az? Miért nem fésülködtél ma, fiam?

— Fésülködtem én — füllentett ő egészen komolyan, mi pedig vígan lestük, mi fog ebből kisülni.

— Ne hazudj! — szólt a tanfelügyelő úr, aki még nem volt hozzászokva, hogyan kell a kis Fillentővel beszélni.

— De igen, édesanyám fésült meg, van neki egy aranyfésűje, amit a királytól kapott ajándékba.

A nagyszakállú úrnak egészen elnyúlt a képe bámulatában erre a nyilvánvalóan képtelen hazugságra. A tanító úr odafordult hozzá, s így szólt mosolyogva:

— Nincs is édesanyja, pici baba volt, amikor meghalt. Most a falu tartja sorkoszton. Mindenki szereti, mert különben jó gyerek, és igen mulatságosan tud füllenteni.

A tanfelügyelő úr soká, komolyan nézett rá, s így szólt:

— De kis fiam, te már elég nagy vagy ahhoz, hogy belásd, senki sem él hazugságból, sőt az isten legjobban bünteti azt, aki hazudik. Hát miért nem szoksz le erről a csúnya, rossz szokásról? Látod, pajtásaid sohasem hazudnak, senki sem hazudik, hát te miért teszed. Jobb volna, ha a leckéd megtanulnád, és szorgalmas, okos ember lenne belőled.

— Megtanulok én minden leckét — mondta bűnbánó arccal Fillentő.

— Igazán, nohát akkor mondd meg nekem, hallottad-e hírét az igazságos Mátyás királynak?

— Hogyne.

— Na, beszélj valamit róla.

Az egész iskola Fillentő felé fordult, úgy lestük ragyogó szemmel a gyönyörű feleletet. Ő pedig elkezdte:

— Tegnapelőtt kimentem az erdőbe (halk kacagás hallatszott, mert a falunk határában nincs is erdő), és ott minden fára fel volt írva krétával, hogy itt járt Mátyás király. Az utolsó fához oda volt kötve a kolozsvári bíró, és Mátyás király egy vastag pálcával verte, mert édesanyámnak nem engedte, hogy fát szedjen az erdőben.

Dőltünk a kacagástól jobbra-balra. Az iskolai rend teljesen felbomlott, a könyveket csapdostuk, a tanító úr is kacagott, a tanfelügyelő úr is kacagott. Csak a kis Fillentő volt komoly, s úgy nézett előre, mintha tiszta színigazságot mondott volna. Mikor pedig látta, milyen sikert ért el, szelíden elkezdett mosolyogni.

*

Szegény kis Fillentő! Nem tudtuk meg, hogy milyen ember lett volna belőle. Jött egy irtózatos hideg tél, s a senki gyermekének átjárta rongyos ruháját. Beteg lett, gyulladást kapott, s kilenc napra már az angyalok között keltett nevetést bizonyosan, mikor betoppant füllentésre kész pisze orrocskájával. Utolsó szava is méltó volt egész életéhez. Nagy lázban, lefogyva, meredező szemmel feküdt, én éppen ott voltam nála látogatóban; a bíróné állott mellette, és ápolta a kis beteget.

— Mit érzel, fiacskám? — kérdezte. Rávetette még egyszer hamiskásan a szemét.

— Édesanyám itt volt az elébb, hozott bíró néninek arany guzsalyt, arany orsót, arany szöszt — ott van a másik szobában, nézze meg...

A bíró néninek könny csordult le az arcán, s kiment a másik szobába megnézni az arany guzsalyt, arany orsót, arany szöszt.

Mire bejött, a kis Fillentő nem füllentett többet.

Szegény kis pajtásom, mennyit emlegetjük! Mintha csak élne, s olyan maradt volna, mint akkor volt.

Himnusz

Isten, áldd meg a magyart
Jó kedvvel, bőséggel,
Nyújts feléje védő kart,
Ha küzd ellenséggel.
Balsors akit régen tép,
Hozz rá víg esztendőt,
Megbűnhődte már e nép
A múltat s jövendőt!

(1823)   *Kölcsey Ferenc*

Erkel Ferenc (1845)

Is - ten, áldd meg a ma-gyart   jó kedv-vel, bő - ség - gel,

Nyújts fe-lé-je vé-dő kart,   ha küzd el-len-ség - gel.

Bal - sors a-kit ré-gen tép,   hozz re-á vig esz-ten-dőt,

Meg - bűn-hőd-te már   e nép a múl-tat s jö-ven - dőt

Szózat

Hazádnak rendületlenül
Légy híve, óh magyar;
Bölcsőd az, s majdan sírod is,
Mely ápol s eltakar.

A nagy világon e kívül
Nincsen számodra hely;
Áldjon vagy verjen sors keze:
Itt élned, halnod kell.

(1836)   *Vörösmarty Mihály*

Hazádnak ren - dü-let - le-nül légy hí - ve,   óh ma - gyar;

Bölcsőd az s maj-dan sí - rod is, mely á - pol s el - ta - kar.

A nagy vilá - gon e ki - vül nincsen szá-mod-ra hely,

Áldjon vagy verjen sors keze: itt él - ned, él - ned,halnod kell!

SZÓKINCS

füllent *(dialectal :*	
fillent)	*tell a fib, fib*
származás, -t	*origin, descent*
iparos, -t	*tradesman*
papleány, -t	*clergyman's daughter*
középiskola, '-t	*secondary school*
beiratkozik (iratkozik)	*enrol, register*
kielégít	*satisfy*
nyugtalan	*restless*
lélek, lelket	*soul, spirit*
szegénység, -et	*poverty*
működik	*be active, work*
krajcár, -t, -ja	*farthing*
legelső	*(the very) first, best*
emelkedik	*attain to*
ábrázoló, -t	*portrayer*
folytán *(postp.)*	*in consequence of*
belelát (lát)	*get a sight into*
középosztály, -t	*middle class*
realizmus, -t	*realism*
megjelenít	*describe, depict, realize*
rétegeződés, -t	*layers, strata*
híven	*truly*
tárul	*disclose itself*
összefügg (függ)	*be connected with*
kíméletlen	*ruthless, merciless*
leleplez (leplez)	*expose, unveil, reveal*
bűn, -t	*crime, sin*
korruptság, -ot	*corruption*
puszta *(adj.)*	*mere, bare*
állást foglal	*take sides*
ítéletet mond	*pass a judgement, sentence*

429

30

páratlanul	*extremely*
mély	*(here:) core, bottom*
pillant	*glance at*
életszerű	*life-like*
tömör	*concise*
prózaíró, -t	*prose writer*
fiatalkori	*from young days*
pajtás, -t	*companion, pal, chum*
ráripakodik vkire	*reprimand, speak harshly at sy*
hazugság, -ot	*lie*
lesüti a fejét	*bows his head*
konok	*stubborn, obstinate*
dunnyog (colloquial)	*grumble, mutter*
hazudik	*tell a lie*
rászárad (szárad)	*(here): stick to*
szólít	*call, address*
kifüllenti magát	*get out of (a difficulty) by telling a lie*
bámul vmin	*wonder at, be amazed at*
tanfelügyelő, -t	*school-inspector*
borzas	*tousled*
meredezik (mered)	*stand on end*
pisze orr	*snub-nose*
komikus	*comic*
rángat	*pull about*
rögtön	*at once*
vihog	*giggle, totter*
bajusz, -t *or* bajszot	*moustache*
komoly	*earnest*
les vmit *or* vkire	*watch on sy*
kisül vmiből vmi	*turn out*
elnyúlik a képe bámulatában	*make a long face in amazement*

nyilvánvaló	*obvious, evident*
képtelen	*unreasonable, absurd*
pici	*tiny*
sorkoszt, -ot, -ja	*board in turn with peasant families*
mulatságos	*amusing, gay*
belát vmit	*understand*
büntet	*punish*
csúnya	*ugly*
bűnbánó	*repentant*
nohát *or* nahát	*then*
igazságos [igaʃʃaːgoʃ]	*just, fair*
hogyne	*of course*
kacag	*laugh*
határ, -t	*(here:) surrounding*
Kolozsvár, -t	town in Transylvania
pálca, '-t	*stick*
ver	*beat, flog*
dől	*fall, tumble down*
felbomlik	*dissolve, break*
csapdos (csap)	*lash, beat about*
színigazság, -ot	*unvarnished truth*
szelíd	*soft, mild*
irtózatos	*horrible, dreadful*
átjár (jár) vmit	*permeate, (here:) freeze*
rongyos	*ragged, torn*
nevetést kelt	*make sy laugh*
bizonyos	*undoubted*
betoppan vhova	*drop in (unexpectedly)*
méltó vmihez	*worthy of, fit to*
lefogy (fogy)	*lose weight*
meredező	*staring*
látogatóban van vhol	*be on a visit to sy*
bíró, -t	*(here:) village mayor*
ápol	*nurse*
fiacskám	*sonny*

hamiskás	*mischievous, roguish*	balsors, -ot	*bad luck, misfortune*
az elébb ≐ az		tép	*tear, (here:) haunt, make sy suffer*
előbb	*a short time ago*	esztendő, -t	*year*
guzsaly, -t	*distaff*	megbűnhődik	
orsó, -t	*spindel, spool*	vmit *or* vmiért	*suffer for, pay for*
szösz, -t	*junk, oakum*	szózat, -ot	*appeal*
emleget	*speak often of*	híve vminek	*be true* or *faithful*
himnusz, -t	*hymn, (national) anthem*	= hű vmihez	*to sg*
		bölcső, -t	*cradle*
megáld, áld	*bless*	majdan *(obsolete)*	*some day, sometime*
feléje = föléje	*over, above*	eltakar (takar)	*cover*

431

KEY TO EXERCISES

Első lecke

1. *(a)* Füzet. Ez füzet. — Tábla. Az tábla. — Mi ez? Ceruza. Ez ceruza. — Mi az? Szék. Az szék.

(b) Igen, ez könyv. Nem, ez nem a füzet. — Igen, az a térkép. — Nem, az nem ablak (hanem térkép).

(c) Fogas ez, vagy lámpa? Nem, ez nem fogas, hanem lámpa. — Ez nem asztal, hanem szekrény. Nem asztal, hanem szekrény. — Ez nem a toll, ez a ceruza. Ez nem a toll, hanem a ceruza

2. Mi ez? — Papír ez? — Ez mi? — A kréta ez? — Kép ez, vagy óra? — Pad ez, vagy szék? — A kréta ez, vagy a radírgumi?

3. *E.g.:* Mi ez? Ablak. Ez ablak. Ez az ablak. Az ablak. — Ablak ez? Ablak. Igen, ablak. Igen, ez ablak. — Ablak az? ... Az ablak ez ... Az ablak az? ... Ez az ablak, vagy az ajtó? ... Ablak ez, vagy ajtó? ...

4. Tábla. Ez tábla. A tábla. Ez a tábla. — Papír. Az papír. Az a papír. — Igen, ez ajtó. Igen, ez az ajtó. — Nem, ez nem ajtó. Nem az ajtó. Igen, az ajtó. — Nem az ajtó. — Kérdés. Ez kérdés. Ez kérdés, nem felelet. — A kréta. Az a kréta. Az nem a ceruza, hanem a kréta ... *etc.*

Fordítás

Mi az? Az füzet. — Mi ez? Ez szék? — Asztal az? Nem, nem asztal, hanem szekrény. — Asztal az, vagy szék? Az az asztal, nem a szék. — Ez ceruza? Igen, ez ceruza. — Nyelvtan ez, vagy fordítás? Ez fordítás. — Kérdés ez, vagy felelet?

Második lecke

2.

	Back vowels	Front vowels
ceruza	**u, a**	e
elvtárs	**á**	e
munkásnő	**u, á**	ő
piros	**o**	i
tinta	**a**	i
dió	**ó**	i
Mária	**á, a**	i
nyelvtan	**a**	e

3. *Back vowel words:* úr, dolgozó, állat, János, munkás — leány, szilva, kréta, virág, Ilona, Margit, Géza.

Front vowel words: zöld, felnőtt, szürke, ember, kék, fehér, gyerek, zsebkendő, tanárnő (tanár + nő).

4. Macskák. — Ezek nem felnőttek, hanem gyerekek. — Azok nők, nem férfiak.

5. fiúk, ezek, lámpák, virágok, képek, munkások, tanárok, tollak, szilvák, papírok, szürkék, székek, azok, tanulók, gyerekek, elvtársak.

6. Ezek ajtók. Azok asztalok. Bútorok azok? Zöld kabátok ezek? Kik ezek, felnőttek, vagy gyerekek? Milyen állatok ezek? Férfiak ezek, vagy nők? Ezek tollak, azok kréták.

7. Kik azok? Tanárok ők? Ezek nők, azok férfiak. A gyerekek tanulók. Dolgozók ők? Gyümölcsök azok? Mik ezek? Ezek fekete táblák. Tollak ezek, vagy ceruzák? Kutyák ezek, vagy macskák? Milyen könyvek azok? Milyen kartársak ők? Milyen ajtók ezek?

Fordítás

Mik ezek? Ezek székek, barna székek. Milyen kutya ez? Ez fehér kutya. Ezek itt sárga virágok, azok ott kék virágok. Piros virág ez? Nem, ez nem piros virág, hanem kék. Ki ez? Ez tanuló. Ő jó tanuló. Azok is tanulók? Nem, ők nem tanulók, hanem munkások. Ők nem gyerekek, hanem felnőttek. Milyen munkásnő Nagyné? Ő nem munkásnő, hanem tanárnő. Az alma, a szilva és a körte gyümölcs. Péter már nem gyerek, ő már felnőtt. Melyik kutya fekete? Zsebkendő ez? A nyakkendő piros.

Harmadik lecke

1. A bokrok zöldek. Ezek a gyümölcsfák alacsonyak. Azok a könyvek vastagok. Milyenek azok a hidak? Azok a hidak keskenyek. Kik azok a fiúk? Milyenek a verebek? Ezek a padok magasak. A piros almák érettek, a zöldek még éretlenek. Kik ezek az emberek? Mik azok a férfiak? Kövérek ezek a disznók? Tiszták azok a házak? Ezek a fiatal lányok tanulók.

2. Ki az a lány? Munkásnő. Az az ember munkás. Ez a paraszt gazdag. Milyen az az ablak? Milyen madár ez? Ez fecske, az veréb. Az a nagy tehén fehér. Ez a kert zöld. Milyen ez a virág? Szép. Milyen ez a gyerek? Tiszta és rendes.

3. Azok ott öreg almafák. A körte sárga. A gólya fehér és fekete. Ő nem férfi, hanem nő. Mária és János dolgozók. A fiú és a leány tanuló. Ez az udvar széles, de nem hosszú. A virágok szépek. Az érett szőlő édes gyümölcs.

4. *E.g.:* Ez az ember munkás. Munkás ez az ember? Ő munkás. Munkás ő?

Tollbamondás és fordítás (1)

(b) Milyen a piros ceruza, és milyen a kék ceruza? Melyik ceruza rövid, és melyik ceruza hosszú? Milyen a rövid ceruza, és milyen a hosszú ceruza? — Milyen a híd? Mi széles? Milyen az a piros alma? Mi kicsi? Melyik alma kicsi? Milyen az a kicsi alma? *Etc.*

434

Fordítás (2)

Ezek a tornyok magasak. Ezek magas tornyok. Ezek a nagy·képek szépek. Azok a zöld szekrények keskenyek. Ezek a madarak kicsik, de kedvesek. Az ott vastag, öreg körtefa. Ez a híd széles, ezek a hidak keskenyek. Ezek az emberek munkások, azok parasztok. Milyenek a traktorok, és milyenek a teherautók? Tiszták. Ez a fiú nagy, az a lány kicsi. Ő kis lány. Ez itt egy kis folyó. Kik ezek a fiatal emberek? Egészségesek ezek az állatok? Melyik alma érett, a kicsi piros, vagy a nagy zöld? Milyen gyerek Lajos? Milyen kert ez? Milyen ez a kert? Milyen az istálló? Milyen istállók ezek?

Negyedik lecke

1. térkép, térképek; szöveg, szövegek; felelet, feleletek; fordítás, fordítások; fa, fák; paraszt, parasztok; szám, számok; kérdés, kérdések; bécsi, bécsiek; londoni, londoniak; budapesti, budapestiek; amerikai, amerikaiak.

2. a szép virág — a szép virágok — A virág szép. A virágok szépek. — két angol diák — az angol diákok — A diákok angolok. Ez a két diák angol. Négy diák angol, kettő nem angol.

3. *E.g.:* Ott vannak a magyar szaktársak! Ott van a magyar szaktárs! — Ti vasmunkások vagytok, vagy bányászok? Vasmunkás vagy te, vagy bányász? — Csak én vagyok vasmunkás, ők bányászok. Csak mi vagyunk vasmunkások, ő bányász. — Az elvtársnő is újságíró? Az elvtársnők is újságírók?

4. az a három szép piros könyv

5. Ti franciák vagytok. Te lengyel vagy? Igen, én lengyel vagyok. Nem, mi osztrákok vagyunk. Hány vasutas csehszlovák? Ez a két férfi német mérnök. Ti nem vagytok mérnökök? Vannak itt angol diákok? Igen, vannak. Nem, nincsenek. Ez a fiatal ember nem olasz, hanem amerikai. Hol (van) a piros ceruza? Itt van. Hol vannak a szovjet küldöttek? Ők nincsenek itt. Nincsenek itt kanadai lányok? De igen, kanadai lányok is vannak itt. Hány óra (van)? Hét óra (van). Mi újság? Milyen idő van? Szép idő van. Az idő szép.

Fordítás

(a) A Keleti pályaudvar nagy és szép. Én vasutas vagyok, te bányász vagy. Te és én dolgozók vagyunk. Ezek itt a lengyel küldöttek. Az angolok ott jobbra vannak. A szovjet küldött nincs itt. Hátul nincsenek vasutasok, ők elöl vannak. Három elvtárs olasz, ők textilmunkások. Ez a fiatal ember nem amerikai, hanem német mérnök. Vannak itt francia emberek is? Igen, két francia nő van itt, ők szövőnők. Hol vannak a magyarok? Hány magyar van itt? Ki ő? Müller János, osztrák férfi. Mi ő? Bécsi újságíró. Nincs itt orvos? De igen, itt van orvos.

(b) Három meg egy, az négy. Négy meg kettő, az hat. Három meg hét, az tíz.

Ötödik lecke

1.

vékony — vastag	édes — savanyú
jó — rossz	érett — éretlen
magas — alacsony	széles — keskeny
rövid — hosszú	kicsi — nagy
fiatal — öreg	kövér — sovány

2. *Verbs:* ül, vár, csenget, tud, fordít, olvas, ért, magyaráz, áll
Nouns: tinta, bokor, veréb, eḿber, gyerek, katona
Adjectives: barna, szürke, keskeny, jó, szép, hosszú
Adverbs: most, még, már

3.

jól magyarázok	én nem vagyok magyar
jól magyarázol	te nem vagy magyar
jól magyaráz	ő nem magyar
jól magyarázunk	mi nem vagyunk magyarok
jól magyaráztok	ti nem vagytok magyarok
jól magyaráznak	ők nem magyarok
angolul beszélek	magyarul olvasok
angolul beszélsz	magyarul olvasol
angolul beszél	magyarul olvas
angolul beszélünk	magyarul olvasunk
angolul beszéltek	magyarul olvastok
angolul beszélnek	magyarul olvasnak
nem szeretek énekelni	elöl ülök
nem szeretsz énekelni	elöl ülsz
nem szeret énekelni	elöl ül
nem szeretünk énekelni	elöl ülünk
nem szerettek énekelni	elöl ültök
nem szeretnek énekelni	elöl ülnek

5. *E.g.:* Ő most magyarul akar olvasni. Ő most akar magyarul olvasni. Ő most olvasni akar magyarul. Most ő akar magyarul olvasni.

6. Figyelek. Igen, figyelek. — Nem, nem figyelek.

De igen, akarok írni. De igen, akarok. — Nem, nem akarok írni. Nem, nem akarok. Nem akarok. Nem.

De igen, énekelünk. De, énekelünk. — Nem, nem énekelünk. Nem énekelünk. Nem.

Igen, tudnak oroszul is. — Nem. Nem tudnak oroszul. Nem tudnak.

Igen, szeretünk fordítani. — Nem, nem szeretünk fordítani.

Igen, ő jól tud rajzolni. Jól tud rajzolni. — Nem, ő nem tud jól rajzolni. Nem tud jól rajzolni.

Igen, a tanár úr már itt van. Már itt van. — Még nincs itt a tanár úr. Még nincs itt.

7. várnak — olvas? — ültök? — olaszul beszélnek — segítetek — szeretek várni — kérdezel ... felelek — olvasol ... írok — diákok — nincsenek — akarsz ... szeretsz énekelni? — tudok énekelni. — Értesz ... oroszul?

436

8. *E.g.:* Mi ez itt? — Hol tanulnak a külföldi diákok? Kik tanulnak itt? Milyen diákok tanulnak itt? — Hány óra? Hány óra van? — Hány hallgató van jelen? Kik nincsenek itt?

Fordítás

Ez a leány szorgalmas, most magyarul tanul. Mi csehszlovákok vagyunk, de tudunk magyarul. Szeretünk énekelni. Szorgalmasak vagytok? — Ön elég jól beszél magyarul. Hol tanul magyarul? — Németül vagy angolul akarnak olvasni? Nem olvasni akarunk, hanem fordítani. — Tudsz rajzolni? Igen, elég jól tudok rajzolni. Rajzolni tudok, de énekelni nem tudok. — Most a lányok énekelnek. Most énekelnek a lányok. Énekelnek most a lányok. — A tanár nincs itt. Nincs itt a tanár.

Hatodik lecke

1. *Nouns:* tej, tejet, tejeket; hatalom, hatalmat, hatalmakat; bors, borsot, borsokat; nyelvtan, nyelvtant, nyelvtanokat; fillér, fillért, filléreket; játék, játékot, játékokat; diák, diákot, diákokat; társ, társat, társakat; este, estét, estéket; hallgató, hallgatót, hallgatókat; macska, macskát, macskákat; veréb, verebet, verebeket; szövet, szövetet, szöveteket; tudomány, tudományt, tudományokat; nadrág, nadrágot, nadrágokat; teherautó, teherautót, teherautókat; vasutas, vasutast, vasutasokat; harisnya, harisnyát, harisnyákat.

Adjectives: magas, magasat, magasakat; puha, puhát, puhákat; drága, drágát, drágákat; olcsó, olcsót, olcsókat; öreg, öreget, öregeket; hasznos, hasznosat, hasznosakat; sovány, soványat, soványakat; finom, finomat, finomakat; kemény, keményet, keményeket; alacsony, alacsonyat, alacsonyakat; szorgalmas, szorgalmasat, szorgalmasakat

Antonyms: magas — alacsony; puha — kemény; drága — olcsó

2. tollak, tollakat; barátok, barátokat; fogasok, fogasokat; ablakok, ablakokat; székek, székeket; asztalok, asztalokat; azok, azokat; önök, önöket; ők, őket; traktorok, traktorokat; feleletek, feleleteket; ujjak, ujjakat; parasztok, parasztokat; gyümölcsök, gyümölcsöket; lovak, lovakat

3. Szép képeket mutatok. Szép képeket mutattok. — Mit kívánsz vásárolni? Mit kívántok vásárolni? Mit kívánnak vásárolni? — Már kétszázkilencvenöt magyar szót tudok, tudunk. — Két inget veszel, vesznek. — Milyen külföldi könyveket olvasol, olvasunk? — A tanárok szeretnek magyarázni. — A kartárs angolul akar tanulni. — Ez a cipő kényelmes, nem szorít.

4. Kérek egy és egy negyed liter tejet. Mennyit fizetek? Jó estét kívánok. Marhahúst vagy disznóhúst veszel? Nadrágot vagy kabátot vásároltok? Nadrágokat vagy kabátokat vásároltok? Szép inget (ingeket) akarunk vásárolni. Vársz valakit? Nem várok senkit. Angol könyvet (könyveket) olvastok? Magyar szöveget (szövegeket) fordítunk. Minden szót tudnak. Szavakat és nyelvtant tanulnak. Minden **jó** embert szeretek. Mit (miket) rajzolsz? Egy tehenet és egy lovat rajzolok. Mit veszünk, körtét vagy almát?

5. *E.g.:* csinál**sz**, akar**ok**, kap**ok**, van, lehet, szeret, kíván**ok**, parancsol, kér**ek**, mutat**ok**, szorít, fizet**ek**, kér, ... vesz**el**, ... vesz**ek** ...

6. *E.g.*: Mit kívántok? Mást nem parancsolnak? A tanár magyaráz. Már sok szót tudunk. Szeretsz rajzolni? Veszek egy pár kesztyűt.

7. Péter *cipőt* vásárol. Miklós jó *napot* kíván. A mérnök tíz *forintot* fizet. Szürke *kabátot* akarsz vásárolni. Milyen *gyümölcsöt* kér ön? *Vajat* és *mézet* kérek. Szép *szöveteket* mutatok. Keresek egy pár jó meleg *kesztyűt*. Tessék adni egy kiló *borjúhúst*.

Fordítás

(a) Mit csináltok most? Most magyarul tanulunk. Te fordítasz? Nem, én nem fordítok, hanem szavakat tanulok. Tudsz már magyarul? Nem tudok jól magyarul. Itt még senki sem tud jól, mindenki csak most tanul magyarul. Tud valaki lengyelül vagy csehül? Csehül nem tudok, de lengyelül tudok. Tud ön angolul? Igen, itt mindenki tud angolul.

(b) A nők fehérneműt vásárolnak, mi pedig meleg szövetet. Én egy szép szürke kalapot is akarok venni, és te egy pár fekete cipőt és meleg kesztyűt. Itt mindent kapunk.

— Tessék szép, friss gyümölcsöt venni!
— Tessék! Zöldséget nem parancsol?
— De igen, zöldséget is akarok vásárolni.

Hetedik lecke

1. olvassa, várják, hozza, fedi, borítja, nézik, énekelik, ismeri, hallja, tudja, hallod, kérdezi, hallom, feleli, ismerem, szeretem, fogadja, várjuk, köszönjük, tudjátok, tudjuk, dicséri, szeretitek, látjátok, szeretjük, szeretik, keresik, kérem, mondják, várja

E.g.: Ezt a könyvet olvassa. Várják az autóbuszt. Kovács szaktárs hozza az újságokat ...

2. üdül (3rd P. S.), ül (3rd P. S.), olvas (3rd P. S.), olvasnak (3rd P. Pl.), jönnek (3rd P. Pl.), énekelnek (3rd P. Pl.), figyel (3rd P. S.), szeretek (1st P. S.), kívánok (1st P. S.), lehet (3rd P. S.), szerettek (2nd P. Pl.), szeretünk (1st P. Pl.), nevetnek (3rd P. Pl.), szeretnek (3rd P. Pl.), kérek (1st P. S.), keresnek (3rd P. Pl.), hull (3rd P. S.), fúj (3rd P. S.), remél (3rd P. S.), hoz (3rd P. S.)

olvassa, olvassák, éneklik, figyeli, szeretem, kívánom, szeretitek, szeretjük, nevetik, szeretik, kérem, keresik, reméli, hozza

3.				
várunk	*Indef.* 1st P. Pl.	tanulja	*Def.*	3rd P. S.
szerettek	*Indef.* 2nd P. Pl.	köszönünk	*Indef.*	1st P. Pl.
kérjük	*Def.* 1st P. Pl.	nevetnek	*Indef.*	3rd P. Pl.
keressük	*Def.* 1st P. Pl.	felelem	*Def.*	1st P. S.
halljuk	*Def.* 1st P. Pl.	ismeritek	*Def.*	2nd P. Pl.

tudod	*Def.* 2nd P. S.
énekeli	*Def.* 3rd P. S.
mondják	*Def.* 3rd P. Pl.

4. tudok,	tudsz,	tud,	tudunk,	tudtok,	tudnak
tudom,	tudod,	tudja,	tudjuk,	tudjátok,	tudják
értek,	értesz,	ért,	értünk,	értetek,	értenek
értem,	érted,	érti,	értjük,	értitek,	értik
kérdezek,	kérdezel,	kérdez,	kérdezünk,	kérdeztek,	kérdeznek
kérdezem,	kérdezed,	kérdezi,	kérdezzük,	kérdezitek,	kérdezik
mondok,	mondasz,	mond,	mondunk,	mondotok,	mondanak
mondom,	mondod,	mondja,	mondjuk,	mondjátok,	mondják
ismerek,	ismersz,	ismer,	ismerünk,	ismertek,	ismernek
ismerem,	ismered,	ismeri,	ismerjük,	ismeritek,	ismerik

5. fogadod, fogadja — ismerem, ismerjük — köszöni, köszönitek — tudják, tudja — halljátok, hallod — olvassuk, olvassák

6. *E.g.*: A gondnok fogadja a vendégeket. Szeretitek a téli sportokat? Bocsánatot kérek. A dolgozók újságot olvasnak. Szeretek zenét hallgatni. A vendégeket nagy autóbusz hozza. A fiúk nézik a csillogó havat. A lányok magyar dalt énekelnek.

8. adják [ɑddjaːk], tanuljátok [tɑnujjaːtok], halljuk [hɑjjuk], olvassa [olvɑʃʃɑ], mondja [mondjɑ], szeretjük [sɛrɛtjyk], kívánja [kiːvaːnnjɑ]

Fordítás

Ülök és olvasok. Négy új vendéget várok. A fiatal szaktársakat várom. Már hozza őket az autóbusz. A lányok szép dalokat énekelnek. Ezeket a dalokat ti is ismeritek. Molnár úr mondja: „Ezt a szöveget én nem értem."
— Mit nem ért (ön)?
— Nem értem ezt a közmondást: Minden kezdet nehéz.
Mi már ismerjük ezt a közmondást.

Nyolcadik lecke

1. H o v a? könyvesboltba, villamosra, hídra, Gellérthegyre, városra
H o l? Budapesten, fővárosban, kirakatokban, albumban, sarkon, téren, kocsiban, peronon, hegyen, Duna-parton, hegyen, étteremben
H o n n a n? Londonból, Budapestről, Gellérthegyről, villamosról, beszélgetésből, hídról, ablakokból, hegyről

2. iskolába, völgyben, városban, könyvesboltba, padban *or*: padon, széken, ebben az étteremben, ezt a képet, villamosra, villamost, erre a villamosra, ezeket az embereket, hídról, sarkon, lovon, Gellért téren, fürdőből, Szabadság-szobrot, Gellérthegyre

3. Senki sem ismeri ezt a dalt. Semmi sincs a kocsiban. Te nem szállsz fel a villamosra, én sem szállok fel. A könyvesboltban nincsenek angol könyvek, a kirakatokban sincsenek.

Fordítás

(a) A szavakat tanuljuk. Tud már (ön) minden új szót? Ki tudja ezeket a szavakat? Értik (önök) ezt a szövegrészletet? Sok új szó van ebben a leckében? A tankönyvből vagy a füzetből tanul? Hova teszed a könyvet? Az asztalra teszem.

(b) Sétálunk a fővárosban. Még nem ismerjük a várost. Veszünk egy turista-térképet, és megyünk megnézni a Szabadság-szobrot. Megkérdezzük a rendőrt, hol van a villamosmegálló. A rendőr udvarias, és megmondja, hol kell várni a villamosra. Már jön a villamos. Az utasok leszállnak a villamosról, és mi felszállunk. A kocsi elindul. Mi a peronon állunk, mert bent nincs szabad ülőhely. A Duna nagy, széles folyó, a Szabadság-híd remek nagy híd. A Gellért Szállóban sok külföldi vendég van. A Gellért fürdő nagyon híres. Hova mész? A fürdőbe megyek. Honnan jössz? A fürdőből jövök.

Kilencedik lecke

1. A pincér *az illatos kávét* hozza be. *Or:* Az illatos kávét hozza be a pincér. — *A pincér* hozza be az illatos kávét. *Or:* Az illatos kávét *a pincér* hozza be.

A külföldiek hallgatnak az étteremben magyar zenét. *Or:* Az étteremben *a külföldiek* hallgatnak magyar zenét. — *Az étteremben* hallgatnak a külföldiek magyar zenét. *Or:* A külföldiek *az étteremben* hallgatnak magyar zenét.

A vendégek indulnak el a szállóba. — A vendégek *a szállóba* indulnak el.

2. A pincér nem viszi el a tányérokat. A vendégek nem eszik meg a levest. Nem kóstolom meg a híres tokaji bort. Nem eszem barackot, sem szőlőt.

3. Ki érkezik meg Londonból Budapestre? Helen érkezik meg. Hova érkezik meg Helen? Budapestre érkezik meg. Honnan érkezik meg Helen Budapestre? Helen London-ból érkezik meg Budapestre.

Mi hozza a turistákat az üdülőbe? Kék autóbusz hozza őket. Hova hozza a kék autóbusz a turistákat? A kék autóbusz a turistákat az üdülőbe hozza. Kiket hoz a kék autóbusz az üdülőbe? Turistákat hoz a kék autóbusz az üdülőbe.

Kik isszák meg a feketét? A vendégek isszák meg a feketét. Mit isznak még a vendégek? A feketét isszák meg a vendégek.

Ki készíti el a számlát? A pincér készíti el a számlát. Mit készít el a pincér? A számlát készíti el a pincér.

4. *E.g.*: *(a)* Mikor rendelik meg a feketét? Behozzátok a kabátokat?

        (b) Nem eszi meg a levest. A kisfiút nem visszük el moziba.

        (c) *Én* állok fel. A *kanalat* teszed el.

5.

tesz**ek**,	teszel,	tesz,	teszünk,	tesztek,	tesznek
teszem,	tesszed,	teszi,	tesszük,	teszitek,	teszik
esz**em**,	eszel,	eszik,	eszünk,	esztek,	esznek
eszem,	eszed,	eszi,	esszük,	eszitek,	eszik
hoz**ok**,	hozol,	hoz,	hozunk,	hoztok,	hoznak
hozom,	hozod,	hozza,	hozzuk,	hozzátok,	hozzák
játsz**om**,	játszol,	játszik,	játszunk,	játszotok,	játszanak
játszom,	játszod,	játssza,	játsszuk,	játsszátok,	játsszák

6. *(a)* iszik, következik, eszik

(b) E.g.: Ő bort *iszik.* A diákok *viszik* a könyveiket. A lengyelek *értik* a cseh nyelvet is.

7. Ő leszáll. Itt nincs senki. *Or :* Itt senki sincs. Itt minden van. Ezen az úton megyek. Ez széles utca. Anna bejön. Nem szeretem az édes kávét. A pincér behozza a tányérokat, tálakat. Mit viszel?

8. hozzák — várjuk — köszönik ... fogadtatást — szomjasak vagyunk — következő — szeretik — nem — befejezik — messze — a hegyekbe — villamosra — kalauz ... elindul — villamos ... leszállnak — nagyon — megyünk fel — keskeny

9. Meg. — El. — Be. — Ki. — Meg. — Fel.

Fordítás

A külföldiek bemennek az étterembe. Anna már tud magyarul, ő fordítja le az étlapot. Húslevest, sültet, salátát és főzeléket rendelnek. Italokat is rendelnek. Bort és sört isznak. Egy angol leány csak vizet akar inni, de a tokajit *(or :* tokaji bort) ő is megkóstolja. A pincér gyorsan hozza az ételt és az italt. Kenyeret is hoz. A sótartót az asztalra teszi.
— A kiszolgálás itt nagyon jó — mondja John.
— Nemcsak a kiszolgálás kitűnő, hanem az ételek és az italok is nagyon finomak.
Tésztát és gyümölcsöt is esznek, és mindnyájan rendelnek egy-egy csésze feketét.
— Én csak az erős kávét szeretem. Azt hiszed, hogy a kávé elég erős lesz?
— Hány kockacukrot teszel a kávéba?
— Én egy kis csészébe három kockacukrot teszek.
Befejezik az ebédet, dohányoznak, és zenét hallgatnak. Az idő gyorsan múlik. Fizetnek, kimennek a szállóból és felszállnak egy villamosra.

Tizedik lecke

1. feladatukat, lakásunk, testvérem, húgom, osztálytársam, barátom, órám, lakásotok, szobád, szobám, ágyam, íróasztalom, könyvemet, füzetemet, könyvüket, füzetüket, ceruzám, zsebemben, ceruzádat, tanárunk, munkájukat, osztálytársuk, barátjuk, könyvüket, füzetükbe, szomszédja, kabátját, sapkáját, feladatát, leckéjét, füzetét, könyvüket, füzetüket, táskájukba, kabátjukat, sapkájukat
2. fegyverem, fegyvered, fegyvere, fegyverünk, fegyveretek, fegyverük
utcám, utcád, utcája, utcánk, utcátok, utcájuk
poharam, poharad, pohara, poharunk, poharatok, poharuk
ingem, inged, inge, ingünk, ingetek, ingük
cukrom, cukrod, cukra, cukrunk, cukrotok, cukruk
utam, utad, útja, utunk, utatok, útjuk
tollam, tollad, tolla, tollunk, tollatok, tolluk
barátom, barátod, barátja, barátunk, barátotok, barátjuk

3. Tanulom a leckém(et). Tanulod a leckéd(et). Tanulja a leckéjét. Tanuljuk a leckénket. Tanuljátok a leckéteket. Tanulják a leckéjüket. — Írom a feladatom(at). Írod a feladatod(at). Írja a feladatát. Írjuk a feladatunkat. Írjátok a feladatotokat. Írják a feladatukat. — Felveszem az új kabátom(at). Felveszed az új kabátod(at). Felveszi az új kabátját. Felvesszük az új kabátunkat. Felveszitek az új kabátotokat. Felveszik az új kabátjukat. — A piros ceruzám a zsebemben van. A piros ceruzád a zsebedben van. A piros ceruzája a zsebében van. A piros ceruzánk a zsebünkben van. A piros ceruzátok a zsebetekben van. A piros ceruzájuk a zsebükben van. — Kiveszem a tollam(at) a táskámból. Kiveszed a tollad(at) a táskádból. Kiveszi a tollát a táskájából. Kivesszük a tollunkat a táskánkból. Kiveszitek a tollatokat a táskátokból. Kiveszik a tollukat a táskájukból.

4. vendégünket, könyvem, kalapjukat, húgom, könyvét, szobájában, ágya, íróasztala, zsebemben, kalapját, ebédünket, táskájában, fejeden

5. *E.g.:* A barátom jól tud németül. Hol van a kesztyűd? A kertje szép. Most magyar óránk van. A lakásotok a harmadik emeleten van. Az osztálytársuk nem érti a nyelvtant.

Fordítás

(a) A harmadik emeleten lakunk. Felsietünk a lakásunkba. A (mi) lakásunk nem nagy, de csinos. Az én szobám jobbra van. A szobámban középen egy kis asztal van (= áll). Az ágyam a bal sarokban van. Az íróasztalomon zöld lámpa van.

(b) Sándor és István mindig együtt tanul(nak). Egy orosz versből könyv nélkül megtanulnak két versszakot, és elmondják. Kikeresik az ismeretlen szavakat a szótárból. Kiírják a füzetükbe, és megtanulják őket. „A tudomány a mi fegyverünk" — ezt fordítják a fiúk angolra. Sötétedik. A fiatalemberek befejezik a tanulást. Pál veszi a kabátját és a kalapját, és siet haza.

Tizenegyedik lecke

1. *(a)* barátnői, vendégeit, tanulmányaikról, fényképeit, nagyszüleit, szülei, testvérei, szüleidről, testvéreidről, testvéreid, gyerekeik, rokonaikról, vendégeit, barátnőihez, szüleink
   (b) neve, hajukat, ruhájukat, bátyja, öccse, nénje, húga, családodról, táskámban, apám, anyám, háztartásunkat, bátyám, képe, apánk, katona fiára, néném, foglalkozása, férje, fiuk, kislányuk, unokahúgomat, helyem, családjukról, rokonaikról, csészéteket, teájukat, csészédbe, helyüket

2. róluk, tőlük, náluk
E.g.: Sokat beszélünk róluk. Nem kérek tőlük semmit. Egész délután náluk tanulnak.
őróluk, őtőlük, őnáluk

3. hozzám — nálunk — rajta — tőle — benne — rám — belőle — benne

4. bátyját, fiairól, nénjükhöz, anyjától
E.g.: Nagyon szereti a bátyját. Mindig a fiairól beszél. Elmennek a nénjükhöz. Az anyjától kér ebédet.

5. Behozom a könyveimet. Én kiviszem a füzeteimet. Megkeresem a ceruzámat és a tollamat. Felveszem a könyvet, és olvasom a leckét. Megnézem benne a képeket is.

6. hozzák, mos, mutatunk, vesszük, játssza, nézel, fogadják, varrok, látjátok, isszuk

E.g.: Hozzák a levest. Mária zsebkendőt mos... Mit nézel?

7. Beszélgetnek a házi feladataikról. Elöveszik a könyveiket és a füzeteiket, és tanulnak. Együtt elkészítik a feladataikat.

— Most megmutatom a színes felvételeimet — mondja Pál.

De hol vannak? Keresi a zsebeiben, a táskájában. A zsebeiből mindent kitesz: tollait, ceruzáit. Itt nincsenek. Megkérdezi a húgait:

— Nem tudjátok, hol vannak a fényképeim?

Ők sem tudják. Ott vannak a ruhái, fehérneműi, zsebkendői, harisnyái, nadrágjai, kabátjai.

— Te, mik ezek itt az asztalon?

— Az én felvételeim!

Fordítás

A nevem Miller János. Egyetemi hallgató vagyok. Ebben az évben Budapesten tanulok. Lakásom a Petőfi utcában van. Születési helyem London. Születési évem 1944. Apám Miller Pál, anyám Miller Pálné, White Anna. Apám munkás. Bátyám katonatiszt, néném már asszony, férje textilmérnök. Öcsém Londonban jár egyetemre. Egyik nagyanyám a szüleimnél lakik. Férje, a nagyapám, már nem él. Még nem tudok jól magyarul, de szeretek Budapesten lenni. Magyar barátaim nagyon kedvesek hozzám.

Tizenkettedik lecke

1.

nekem magyar órám van neked magyar órád van neki magyar órája van nekünk magyar óránk van nektek magyar órátok van nekik magyar órájuk van	nekem nincs magyar órám neked nincs magyar órád neki nincs magyar órája nekünk nincs magyar óránk nektek nincs magyar órátok nekik nincs magyar órájuk
nekem magyar óráim vannak neked magyar óráid vannak neki magyar órái vannak nekünk magyar óráink vannak nektek magyar óráitok vannak nekik magyar óráik vannak	nekem nincsenek magyar óráim neked nincsenek magyar óráid neki nincsenek magyar órái nekünk nincsenek magyar óráink nektek nincsenek magyar óráitok nekik nincsenek magyar óráik

2. nekem, neked, neki, nekünk, nektek, nekik

3. barátjának, barátainak — testvéremnek, testvéreimnek — levelünknek, leveleinknek — húgotoknak, húgaitoknak — ismerősödnek, ismerőseidnek — nagybácsijának — szüleidnek

4. *E.g.:* (Nekem) új kabátom van. Nincs új kabátom. — Szép könyved van. Nincs szép könyved. — Neki kék borítékja van. Nincs neki kék borítékja. — Nekünk most magyaróránk van. Nekünk most nincs magyaróránk. *Or:* Nekünk nincs most magyar-óránk. — Van mozijegyetek? Nektek nincs mozijegyetek. — Nekik új kalapjuk van. Nincs új kalapjuk.

Nekem új kabátjaim vannak. Nincsenek új kabátjaim. — Szép könyveid vannak. Nincsenek szép könyveid. — Neki kék borítékjai vannak. Nincsenek neki kék borítékjai. — Nekünk magyaróráink vannak. Nekünk nincsenek magyaróráink. — Vannak mozijegyeitek? Nektek nincsenek mozijegyeitek. — Nekik új kalapjaik vannak. Nincsenek új kalapjaik.

5. Apámnak sok könyve van. Neked külföldi bélyegeid vannak. Ezeknek a gyerekek-nek szép játékaik vannak. Neki gazdag rokonai vannak. Nekünk nagy kertünk van. Kinek van piros ceruzája? Annak a lánynak hosszú szoknyája van. Péternek sok pénze van. Ennek a fiúnak szüksége van új sapkára. Nektek jó fényképezőgépetek van. Nekik van telefonjuk. Senkinek nincs radírgumija.

6. *E.g.:* *(a)* magyarul beszél — rosszul lát — szigorúan néz — olcsón vásárol — lassan dolgozik — gyorsan repül

(b) ketten sétálnak — öten megyünk — hányan ültök — sokan várnak

Ezek a fiúk magyarul beszélnek. A nagyapám már rosszul lát. A tanár szigorúan néz a rossz diákra. Mária egy budapesti áruházban olcsón vásárol. Pál lassan dolgo-zik, de jól dolgozik. A repülőgép gyorsan repül. — A parkban ketten sétálnak. Öten megyünk együtt kirándulni. Az osztályban hányan ültök egy padban? Sokan várnak az autóbuszra.

Fordítás

(a) Van hat almám. Kettőt neked adok, és kettőt Pálnak. Nekem most két almám van, neked is kettő, és Pálnak is van kettő. Én most nem eszem almát. Te megeszel egy almát, és Pál is megeszik két almát. Hány marad nekem, hány marad neked, és hány marad Pálnak? Nekem még van két almám, neked csak egy almád van, és Pálnak egy almája sincs.

(b) Elmegyek a postára. A postán veszek egy levelezőlapot. Megírom egyik ba-rátomnak. Ráírom a címet, és bedobom a levélszekrénybe. Azután felhívom egyik osztálytársamat. Együtt akarunk moziba menni. Neki még nincs jegye, én akarom neki is megvenni.

— Mibe kerül egy mozijegy?

— Azt hiszem, négy forintba kerül.

— Jó! — mondja a barátom. Köszönöm szépen, ma este találkozunk.

— Én biztosan ott leszek pontosan.

Tizenharmadik lecke

1. *(a)* a tanuló tolla, a gyerek szobája, a textilgyár munkása

(b) a tanulók tolla, a gyerekek szobája, a textilgyárak munkása

(c) a tanuló tollai, a gyerek szobái, a textilgyár munkásai

(d) a tanulók tollai, a gyerekek szobái, a textilgyárak munkásai

444

2. a szoba ablaka

a szobám ablaka, a szobád ablaka, a szobája ablaka, a szobánk ablaka, a szobá-
tok ablaka, a szobájuk ablaka — a szobáim ablakai, a szobáid ablakai, a szobái ab-
lakai, a szobáink ablakai, a szobáitok ablakai, a szobáik ablakai — a szobám abla-
kai, *etc.*

E.g.: A szobám ablakai tiszták. Kinyitja a szobája ablakát. A szobáid ablakaiban
sok szép virág van.

3. ennek a tanulónak a könyve — annak az orvosnak a rendelője

4. az egyetem hallgatói — az orvos rendelője — a beteg gyógyszerei — a szoba
ajtaja — Magyarország városai.

E.g.: Az egyetem hallgatói angolul is, oroszul is tanulnak. Az orvos rendelőjében
sok beteg vár. A beteg gyógyszerei az asztalon vannak. A szoba ajtaja fehér. Magyar-
ország városaiban sok új ház van.

5. gyógyítom, figyellek, hívlak, szeretem, küldök, védem, várlak, kérek, meg-
vizsgállak, látom, kérdezlek, keresek

6. *E.g.:* Hány felnőtt beteg vár az orvos rendelőjében? Hány gyereket látsz a
képen? Milyen képek vannak a rendelő falán? Milyen az egyik beteg arca?

Fordítás

Az iskolaorvos rendelője a Petőfi utcában van. A mi osztályunk két tanulója orvosi
vizsgálatra megy. Az egyiknek dagadt a keze, a másiknak fáj a torka. Az orvos meg-
kérdezi (tőlük), mi a bajuk? Az egyiknek beköti a dagadt kezét, a másiknak injekciót
ad, és mind a kettőnek gyógyszert ír fel.

— Most elküldelek benneteket *(or:* titeket) a gyógyszertárba, ott megkapjátok a
gyógyszert — mondja az orvos.

— Köszönjük szépen — felelik.

A gyógyszertárban (ők) megkapják a gyógyszert.

Tizennegyedik lecke

1. *E.g.:* Az ágy az ajtó mellett van. A szobában középen van az asztal. A székek
az asztal körül állnak. A szekrény is az ajtó mellett van, de nem balra, hanem jobbra.
A könyvszekrény nincs a szobában, a könyvszekrény a másik szobában áll. Az ágy fölött
két szép kép van a falon.

2. mellett — előtt — fölött — felől ... felé — elé — elől — alatt ... fölött — közül
— mögött ... mögött — előtt ... előtt — közül ... közül

3. a bokrok között, a bokrok közül — az erdő mellett, az erdő mellől — a hegy
mögött, a hegy mögül — a pad alatt, a pad alól — a fiú előtt, a fiú elől

4. *E.g.:* Előttem Péter ül, mellettem János és mögöttem Dezső. Alattunk a padló,
felettünk a mennyezet van. Közülünk csak Nagy János lesz orvos. Ha az íróasztalomnál
ülök, mellettem jobbra van a szekrény, mögöttem az ágy, előttem a fal, az íróasztal
fölött a kép, édesanyám képe.

5. enyém ... övé — övé ... tied — övék ... tietek — mienk ... tietek

6. Ez az én almám. Ez az enyém. — Ez a te almád. Ez a tied. — Ez az ő almája.
Ez az övé. — Ez a mi almánk. Ez a mienk. — Ez a ti almátok. Ez a tietek. — Ez az
ő almájuk. Ez az övék. — Ezek az én almáim. Ezek az enyéim. — Ezek a te almáid.
Ezek a tieid. — Ezek az ő almái. Ezek az övéi. — Ezek a mi almáink. Ezek a mieink.
— Ezek a ti almáitok. Ezek a tieitek. — Ezek az ő almáik. Ezek az övéik.

7. Az én szobáim kicsik, de a tieid nagyok. A képek a mieink, nem a tieitek. Azok a könyvek az övéi. Az ő ceruzái kemények, az enyéim puhák.

9. téged —engem — őket — magukat — őt — magadat — benneteket (or: titeket) — őt — engem(et) — magamat

10. kérlek téged, titeket — bemutatsz engem, minket —› üdvözöl engem, téged, minket, titeket — gyógyítja őt, őket, magát — keresel engem, minket, — dicsértek engem, minket — néznek engem, téged, minket, titeket — bemutatod őt, őket, magadat — szereti őt, őket, magát

Fordítás

(a) Ebben a csinos kertes házban lakom. A ház nem az enyém, én csak lakom benne. A ház előtt van egy kis kert, mögötte gyümölcsöskert. Jobbra a harmadik ablak az én szobámé. A szobám ajtaja az előszobába nyílik. A szobám világos és kényelmes. Én csak a világos, levegős lakásokat szeretem. Az enyém világos és levegős. A függönyök és a szőnyegek nem drágák, de ízlésesek. Nincsenek értékes képeim, csak fényképek vannak a falon. A nagy magyar írók művei vannak a könyvespolcomon. A rádióm kis kerek asztalon áll. Szeretem hallgatni a rádiót. Nagyon jól érzem magam ebben a lakásban. Szeretek itt lakni.

(b) Töltök magamnak egy pohár bort. Te töltesz nekem egy pohár bort. — Te mindig magadra gondolsz. Sokszor gondolok rád. — Ő sokat kíván magától. Sokat kívánsz tőle. — Új rádiót veszünk magunknak. Új rádiót vesznek nekünk. — Mindig magatokról beszéltek. Ők sokszor beszélnek rólatok.

Tizenötödik lecke

1. a, o, u — á, ó, ú
2. e, ö, ü — é, ő, ű   i — í
3. i, í   — e, é

E.g.: virág, írunk, szerda, tányér, sétál, boríték

5. cs, sz, zs, ly, gy, ty, ny, dz, (dzs)
   ccs, ssz, zzs, lly, ggy, tty, nny, ddz

E.g.: csak, vesz, zseb, kályha, vagyok, kutya, nyak, fogódzik — öccse, etc.

6. [mondja, sabattʃaːg, atts, ʃaːpatt, atta, fidjɛjjyk, køsønnjyk, kutja, kuːttja, nɛvɛtts, njɛlftan, nattsɛryː]

7. (a) alma, körte, szilva, barack, szőlő, dió, citrom

(b) A tehén hasznos háziállat. A kis macska játszik. A fecske kedves madár. Etc.

(c) A test fő részei a fej, a törzs és a végtagok. A fejen haj nő. Etc.

(d) Apám 45 éves, anyám 38 éves. Az öcsém még nem jár iskolába. Etc.

(e) Az emberek az utcán jönnek-mennek. Az óra jár. A gyerekek az iskolába sietnek. Etc.

(f) A torony magas. Ez a szék alacsony. A folyó széles. Etc.

(g) Ebben a szobában új bútorok vannak. A dívány előtt egy kis asztal áll. A tanteremben jobbra vannak az ablakok, balra van az ajtó. A tábla mellett a falon Európa térképe függ. Etc.

446

8. *(a)* fésűk, órák, tornyok, kezek, lábak, madarak, tanulók

(b) fésűt, fésűket, órát, órákat, tornyot, tornyokat, kezet, kezeket, lábat, lábakat, madarat, madarakat, tanulót, tanulókat

(c) fésűm, fésűd, fésűje, fésűnk, fésűtök, fésűjük

fésűim, fésűid, fésűi, fésűink, fésűitek, fésűik

(d) a torony órája, a madár lába, a tanuló fésűje, *etc.*

9. **-t:** Látom a hegyet.

-ba, -be: Megy az iskolába. **-ban, -ben:** A szobában vagyunk. **-ból, -ből:** Iszom a pohárból.

-ra, -re: A madár a fára száll. **-n, -on, -en, -ön:** Az egyetemen tanul. **-ról, -ről:** Leszállunk a villamosról.

-hoz, -hez, -höz: Elmégy a nagyapádhoz. **-nál, -nél:** A nagybátyádnál lakik. **-tól, -től:** Szavakat kérdezek a gyerektől.

-nak, -nek: Adok Péternek egy angol könyvet.

10. belém, beléd, belé (beléje), belénk, belétek, beléjük

bennem, *etc.* — belőlem, *etc.* — rám, *etc.* — rajtam, *etc.* — rólam, *etc.* — hozzám, *etc.* — nálam, *etc.* — tőlem, *etc.*

engem(et), téged(et), őt, minket (bennünket), titeket (benneteket), őket nekem, neked, neki, nekünk, nektek, nekik

E.g.: A barátom mindennap hozzánk jön tanulni. Nálunk vacsorázik. Kérdezek tőle valamit.

11. ezt — azt, ebbe — abba, ebben — abban, ebből — abból, erre — arra, ezen — azon, erről — arról, ehhez — ahhoz, ennél — annál, ettől — attól, ennek — annak ezeket — azokat, ezekbe — azokba, ezekben — azokban, *etc.*

E.g.: Ezt az embert nem ismerem. Ebben a házban lakunk.

12. visz, vastag, felel, nappal, kint, alacsony, édes; megy, alsó, lent, vég, senki, sovány, sohasem (sosem, sose, soha, sohase); drága, rosszul, balra, vidám (víg), belső, reggel, keskeny; felvesz, völgy, nehéz, közel, ott, hátul, víz

13. nagy, hatalmas — beszél, szól — kedves, szívélyes — étkezik — tanuló, hallgató — válaszol — kiváló, nagyszerű — vesz

14. *E.g.:* Ülök és figyelek. Előveszem a magyar könyvemet, füzetemet. Olvasom a szöveget. Ha a tanár kérdez, felelek. Az ismeretlen szavakat beírom a füzetembe. Kimegyek a táblához, felírok rá egy mondatot. Gyakorolom a kiejtést. Számolok magyarul. Az óra végén énekelek egy magyar népdalt.

15. *(a)* szabadság, barátság, újság

(b) előadás, rendelés, kötés, kezelés

(c) üdvözlet, vizsgálat, adat

(d) barátságos, náthás, rendes, értékes

(e) orvosi, központi, budapesti, családi

(f) levelező, szállító, feladó, rövidlátó, *etc.*

16. *E.g.:* Felmegyek erre a magas hegyre. Nem megyek fel erre a magas hegyre. Ki megy fel erre a magas hegyre?

17. érkezem, érkezel — játszom, játszol — gondolkozom, gondolkozol — iszom, iszol

447

18. *(a)* Anya a konyhában főz. *(b)* A munkások a gyárban dolgoznak. *(c)* A húgom a szoknyáját varrja. *(d)* Péter nézi magát a tükörben. *(e)* Én várlak téged. *Or:* Várlak. *(f)* Új cipőt vesz magának. *(g)* Én adok ennek a gyermeknek öt forintot. *(h)* Mi ebben a szobában ketten lakunk.

19. Sietünk az iskolába. — Van egy szép könyvem. — A lányok egy magyar dalt énekelnek. — A fiúk a Kossuth-nótát énekelik. — Pál viszi a magyar füzetét. — Pál visz egy füzetet. — Vezetem az autót. — Mit lát az ember a Gellérthegyről?

20. Ez alatt a híd alatt megy a hajó. — A pályaudvar felé sietünk. — A mellett a könyv mellett van a füzetem. — Leülünk az asztalunk köré. — A gyár kapuja elől indul az autóbusz. — A Duna felől jönnek a villamosok.

21. *E.g.:* *(a)* A feladatokat és a gyakorlatokat mindig elvégzem. A nagy magyar írók műveit is megértem.

(b) Minket mikor vizsgál meg a doktor bácsi? Engem nem ír be a néni?

22. *(a)* Budapest környéke szép. *(b)* A város parkjai szépek. *(c)* Annak a szobának az ablaka nagy. *(d)* Ennek a leánynak a szoknyája rövid. *(e)* Ennek a háznak a teteje piros. *(f)* Az ő könyvei újak. *(g)* Az ő ruhái mindig tiszták. *(h)* A magyar szavak kiejtése nehéz.

23. Budapestnek szép környéke van. — Ennek a háznak zöld csatornája van. — Annak a fiúnak új könyvei vannak. — Nekem nincs száz forintom. — Nektek *(or:* Tinektek) nincsenek értékes bélyegeitek? — Neked két húgod van. — Neki gazdag rokonai vannak. — Szüleimnek nagy kertjük van. — Nekik nincs idejük. — Ezeknek a gyerekeknek szép játékaik vannak.

24. A villamos reggel indul el a Moszkva térről a Nyugati pályaudvar felé. A villamos a Moszkva térről indul el reggel a Nyugati pályaudvar felé. A villamos a Nyugati pályaudvar felé indul el reggel a Moszkva térről.

25. *E.g.:* Látom magamat a tükörben. — Te mindig magadról beszélsz. — Vásárol magának egy kiló szőlőt.

26. Halat rendelek. Ő nem hall jól. — Öt meg öt, az tíz. Őt várjuk. — A füzet a könyv alatt van. Az egér kicsi állat. — Ma későn jövök haza. Ebben az utcában van a háza. — Szól a zene. Kék szeme van. — Ez egy régi magyar népdal. A tál az asztalon van. — Jobbra van a fogas. Következik a második fogás. — A fiuk az egyetemen tanul. A fiúk játszanak. — Ez hideg víz. Mit visz? — Hazám térképe a falon függ. Nincs házam, kertem. — Rám kerül a sor. Ebben az üvegben sör van. — A dobozban már csak két szál gyufa van. A madár a fára száll. — Itt a húsbolt! Húsz forintot fizetek. — Nem állok fel. Megeszem egy fél almát. — Kerek asztal körül ülünk. Inni kérek. — Anyám vár rám. Anyám ruhát varr nekem.

27. Szeretem a barna leányt. A rádiót hallgatod? Az új szavakat tanuljuk. A könyv-szekrényből az angol könyveket vesszük ki.

28. Péter és Pál jegyet vesz(nek) a villamoson. Ők az egyetemre mennek, én a moziba. Mi ennél a megállónál szállunk fel a villamosra. Én megnézek egy új magyar filmet, azután a Béke-étteremben ebédelek. A pincér behozza az első fogást. Péter halat rendel. Pál sültet, ő nem szereti a halat. A vendégek helyet foglalnak az asztal körül. Mi befejezzük az ebédet. Ti leveszitek a kabátotokat és a kalapotokat a fogasról. Az orvos megvizsgálja a beteget.

29. *E.g.:* Ki írja ezt a levelet? Ezt a levelet egy külföldi ösztöndíjas írja. — Hol tanul ebben az évben? Ebben az évben Budapesten tanul. — Melyik egyetem hallgatója? A budapesti agráregyetem hallgatója.

Tizenhatodik lecke

1. gyümölcsért — dióért, körtéért, barackért — cigarettáért — gyufáért — szívességükért

2. kérj-, hozz-, dolgozz-, állj-, menj-, késs-

3. Keljek fel korán? Kelj fel korán! Keljen fel korán! Keljünk fel korán! Keljetek fel korán! Keljenek fel korán! *Etc.*

4.

küldjek	[kyldjɛk]	maradjak	[mɑrɑddjɑk]
küldj(él)	[kyldjeːl]	maradj(ál)	[mɑrɑddj(aːl)]
küldjön	[kyldjøn]	maradjon	[mɑrɑddjon]
küldjünk	[kyldjynk]	maradjunk	[mɑrɑddjunk]
küldjetek	[kyldjetɛk]	maradjatok	[mɑrɑddjatok]
küldjenek	[kyldjenɛk]	maradjanak	[mɑrɑddjɑnɑk]

E.g.: Kit küldjek gyufáért és cigarettáért? Ne küldj(él) senkit, menj magad! Maradjak vagy elmenjek? Maradj(ál) itt!

5. adja — vásárolj — maradjanak — feküdjél *(or:* feküdjön) — dobjuk — felszálljak — jegyezzenek — mondjátok

6. tanulj: tanuljál — művelődj: művelődjél — kelj fel: keljél fel — mosakodj meg: mosakodjál meg, *etc.*
   törd: törjed — dobd: dobjad — engedd: engedjed — csukd be: csukjad be — írd: írjad, *etc.*

7. játszd, nézd, olvasd, küldd, figyeld, mondd

8. Korán keljetek fel minden reggel! Olvassuk el a leckét! Magyar dalokat énekelj! Ne késsenek el az iskolából! Mindenki tanuljon számolni! Írják le ezeket a mondatokat!

9. Beszélj(él) magyarul! Beszéljünk magyarul! — Kezdje el a tanulást! Kezdjék el a tanulást! — Pihenjen egy kicsit! Pihenjetek egy kicsit! — Küldje el ezt a levelet! Küldd *(or:* küldjed) el ezt a levelet!

10. Figyeljük ... — ... haladjunk ... — Nézzünk körül, mielőtt lelépünk a járdáról! — ... szaladjunk! — Amíg a kocsiúton megyünk, ne bámészkodjunk, ne játsszunk, igyekezzünk ...

11. Ki akarom próbálni ... — ... meg kell tanulni. — El tudjátok mondani ...? — El lehet olvasni ...?

12. Péter ruhájának a színe — bátyád feleségének a húga — szomszédom házának a kapuja — Magyarország fővárosának a neve — Budapest utcáinak a fái — Európa országainak térképe

Fordítás

— Hova mész (mégy)?
— A papírüzletbe megyek új füzetért.
— Nem érdemes egy füzetért odamenni, én tudok adni neked egyet.
— Köszönöm, de nemcsak füzetért megyek, hanem egy kicsit mozogni is akarok
(= hanem azért is, hogy kicsit mozogjak).
— Menjünk együtt! Egy kis séta nekem is jólesik.

Séta közben sok feliratot és hirdetést látnak. Én mindenütt figyelem őket: az utcán, a villamosban, a boltokban, az üzemekben, az iskolákban. Ezekből sok új szót és kifejezést tanulok. Te is jegyezd fel az ilyen feliratokat, és tanulj meg néhányat közülük:

Takarékoskodj és termelj! Piros jelzés esetén ne menj át az úttesten! Tilos a dohányzás! Belépés előtt a lábadat töröld meg! Gyakran mosd meg a kezedet! Óvd az egészségedet! Dolgozz a békéért!

Tizenhetedik lecke

1. láss(ál), lássatok — lásd *(or :* lássad), lássátok
szeress(él), szeressetek — szeresd (szeressed), szeressétek
készíts(él) elő, készítsetek elő — készítsd (készítsed) elő, készítsétek elő
bocsáss(ál) meg, bocsássatok meg — bocsásd (bocsássad) meg, bocsássátok meg
fordíts(ál), fordítsatok — fordíts (fordítsad), fordítsátok
halassz(ál) el, halasszátok el — halaszd (halasszad) el, halasszátok el
bonts(ál) ki, bontsatok ki — bontsd (bontsad) ki, bontsátok ki
E.g.: Ne csak nézz, hanem láss is! Lásd a tizenhetedik leckét!

2. ..., hogy új cipőt vegyek. — ..., hogy megtekintsük a téli Balatont. — ..., nehogy elfelejtsük! — ..., hogy készítsék elő a jegyeket. — ..., nehogy elkéss! — ..., hogy mindenki megértse. — ..., hogy segítsd fel a hátizsákot.

3. Ne légy rossz gyerek! Ne tedd le a csomagodat! Ne higgyetek neki! Ne vigye el az én bőröndömet! Ne jöjjön későn haza! Ne igyanak sok bort!

4. *E.g.:* Vegyél ebből a süteményből! Ne vegyél ilyen drága ruhákat!

5. *E.g.:* Álljatok fel. Üljetek le! Írjátok fel ezt a mondatot! Mutasd a nyelvedet! Szedd rendesen a gyógyszert! Kérem, készítsék elő a jegyeket! Tessék aprópénzt adni!

6. állva, futva, énekelve, nevetve, kiabálva, vigyázva

E.g.: Állva ebédelek. Futva megyünk a pályaudvarra.

5. ceruzával ... tollal — szemünkkel ... fülünkkel — Ezzel a tűvel — a barátommal — szemüveggel — testvéreddel — Kivel

Tizennyolcadik lecke

1. *E.g.:* Ez a ház régibb, mint a másik. Itt vannak Budapest legrégibb házai.

2. *E.g.:* A bátyám a legnagyobb a családban. Ő 10 centiméterrel magasabb, mint az öcsém. Egy kicsivel én is kisebb vagyok, mint ő.

3. Péter öregebb nálad. Debrecen nagyobb város Szegednél. A körtét jobban szeretem az almánál. Magyarországon a lomberdő gyakoribb a fenyőerdőnél.

4. Minél gyorsabban dolgozunk, annál hamarabb elkészülünk. Minél hamarabb indulunk, annál hamarabb megérkezünk. Minél többet tanulunk, annál többet tudunk. Minél jobbak az áruk, annál drágábbak.

5. a legjobb — legmagasabb — legszebb — legtöbben — legfiatalabbak — legöregebbek

6. lassabban — kedvesebben — könnyebben — jobban — világosabban — éretlenebbül — szebben — gyorsabban

7. két évvel — sokkal — valamivel — száz méterrel

8. *E.g.:* A terület egyharmad része síkság. Két egész öt **tized** meg három egész öt tized, az hat egész. A második emeleten lakom. Ötször öt, az huszonöt.

9. első — százötvenhárom — nulla egész hét tized — hatszor — háromnyolcad

10. háromszor nagyobb — ötször — magasabbak a mieinknél — hússzor — több — tisztább — sokkal szebb — alacsonyabb nálam

Tizenkilencedik lecke

1. *Group A):* elpusztít, fut, tölt, tanít, hall, látszik, üt
   Group B): elpusztul, pihen, megijed, talál, vár, köszön
   Group C): lát, szeret, címez, keres, kap, úszik, dolgozik, tud
   E.g.: A tatárok elpusztították a városokat. A tatárok sok várost elpusztítottak. — Tegnap láttunk egy új magyar filmet. Láttuk az új magyar filmet.

2. mentem — dolgoztál — tanult — játszottunk — vettetek — ittak — töltött — dolgozott — pihent — szórakozott — lefeküdtem — aludtam — indult — érkezett

3. szerettelek, figyeltelek, láttalak, hívtalak, kértelek
   E.g.: Nagyon szerettelek, de már nem szeretlek. Sokáig figyeltelek az órán.

4. jöttem ... mentem — vettél — hittem ... mondott — vittem — kívánt — ízlett ... hoztam — tudott — ittak — volt ... tett — ismerte ... lakott ... nőtt

5.

láttam, néztem magam(at)	láttunk, néztünk téged
láttalak, néztelek téged(et)	láttuk, néztük őt (önt, magát)
láttam, néztem őt (önt, magát)	láttunk, néztünk valakit
láttam, néztem valakit	láttuk, néztük magunkat
láttalak, néztelek titeket (benneteket)	láttunk, néztünk titeket (benneteket)
láttam, néztem őket (önöket, magukat)	láttuk, néztük őket (önöket, magukat)
láttál, néztél emgem(et)	láttatok, néztetek engem(et)
láttad, nézted magad(at)	láttátok, néztétek őt
láttad, nézted őt (önt, magát)	láttatok, néztetek valakit
láttál, néztél valakit	láttatok, néztetek minket (bennünket)
láttál, néztél minket (bennünket)	láttátok, néztétek magatokat
láttad, nézted őket	láttátok, néztétek őket

látott, nézett engem(et)	láttak, néztek engem(et)
látott, nézett téged(et)	láttak, néztek téged(et)
látta, nézte magát, őt	látták, nézték őt (önt, magát)
látott, nézett valakit	láttak, néztek valakit
látott, nézett minket (bennün-ket)	láttak, néztek minket (bennünket)
látott, nézett titeket (bennete-ket)	láttak, néztek titeket (benneteket)
látta, nézte őket (önöket, magukat)	látták, nézték őket (önöket, magukat)

6. Elhoztam a könyvemet a barátomtól. Elhoztad a könyvedet a barátodtól. Elhozta a könyvét a barátjától. Elhoztuk a könyvünket a barátunktól. Elhoztátok a könyveteket a barátotoktól. Elhozták a könyvüket a barátjuktól. *Etc.*

7. az újjáépített város — a meghódított ország — a megkezdett munka — a bevett (beszedett) gyógyszer — a vásárolt cipő — az ismert író

8. Reggel korán felkeltél. Jól megmosakodtál hideg vízben, azután megfésül-ködtél és gyorsan felöltözködtél. Sosem késtetek el az iskolából. Az órákon figyeltetek. A szünetekben nem maradtatok a tanteremben, kimentetek a friss levegőre. Sétáltatok, sportoltatok, játszottatok. Tanítás után igyekeztetek haza, és már délután elkezdtétek a tanulást. Tanulás után pihentetek, szórakoztatok és olvastatok. Már este összecsomagol-tad a könyveidet. Korán lefeküdtél.

Fordítás

A tizenkilencedik leckéből megismertétek Budapest történetét. Megtudtátok, hogy annak a területnek, ahol most Budapest fekszik, legrégibb ismert lakosai a kelták voltak. Az itt épült római városnak, Aquincumnak a romjait még ma is lehet látni. A hon-foglalás után a magyarok új várost kezdtek itt építeni, amelyet Budának neveztek. A Duna jobb partján, egy másik helyen, másik várost is építettek: ezt Pestnek hívták. A tatárok mindkét várost elpusztították. A tatárjárás után a magyarok új, megerősített várost építettek a mai Várhegyen. A Buda nevet ez az új város kapta, és az újjáépített város Óbuda lett. Pestet a mai Gellérthegy lábánál nem építették fel. A bal parton, a régi várossal szemben levő új város kapta a Pest nevet. A XVI. században a törökök elpusztították ezeket a városokat, és a Habsburgok uralma alatt csak lassan kezdődött meg az újjáépítésük. A XVIII. században Buda és Pest még elég kis városok voltak. Csak a XIX. században fejlődött gyorsan Buda és Pest, és a század végén Budapest már csaknem milliós város volt. A két város egyesítése csak 1872-ben történt meg, és az egyesített város hivatalosan is Magyarország fővárosa lett.

Huszadik lecke

1. *(a)* megcsináltad ... fogod megcsinálni — megcsinálta ... fogja megcsinál-ni — megcsináltuk ... fogjuk megcsinálni — megcsináltátok ... fogjátok megcsinál-ni — megcsinálták ... fogják megcsinálni

(b) megtanultál ... fogsz megtanulni — megtanult ... fog megtanulni — meg-tanultunk ... fogunk megtanulni — megtanultatok ... fogtok megtanulni — meg-tanultak ... fognak megtanulni

2. Ma el fogunk menni hozzátok. Ma majd elmegyünk hozzátok. — El fogjuk vinni magunkkal a tankönyveinket is. Majd elvisszük magunkkal a tankönyveinket is. — Fel fogom venni az új ruhámat, s te is meg fogod mutatni a tiedet. Majd felveszem az új ruhámat, s majd te is megmutatod a tiedet (= te is megmutatod majd a tiedet). — ... el fogjuk énekelni ... majd elénekeljük — ... meg fogják nézni ... majd megnézik — ... meg fogjuk tanulni ... majd megtanuljuk — ... fog még maradni ... meg fogjuk látogatni; ... majd marad még ... (majd) meglátogatjuk

3.
adsz — adod	veszel — veszed
adtál — adtad	vettél — vetted
adni fogsz — adni fogod	venni fogsz — venni fogod
adj(ál) — add, adjad	vegyél (végy) — vedd, vegyed

meghívsz — meghívod
meghívtál — meghívtad
meg fogsz hívni — meg fogod hívni
hívj(ál) meg — hívd, hívjad meg

5. (a) Ezt nektek is jó tudnotok. A diákoknak nem szabad az órákról hiányozniuk. Nem szükséges eljönnie. Reméled, hogy sikerül megoldanod a feladatot? Erre a kérdésre nekem tilos felelnem. A közlekedési szabályokat mindenkinek meg kell tanulnia. Most nem tudok veled menni, mert le kell írnom a szavakat.

(b) Tegnap nagyon fájt a fejem, el kellett mennem az orvoshoz. Az előszobában sokan voltak, ott tilos volt dohányoznunk. Le kellett ülnöm egy székre, mert rosszul éreztem magam. A betegeknek soká kellett várniuk, mert egy beteget az orvos sokáig kezelt. Az orvos azt mondta nekem, hogy le kell feküdnöm, és két napig nem szabad felkelnem. Csak könnyű ételeket szabad ennem, és csak teát szabad innom.

6. E.g.: Gyakorolnom kell a kiejtést. Meg kell védenünk a békét. Be kellett mennünk az egyetemre. Még egyszer el kellett énekelnünk a dalt.

7. Munka nélkül nem lehet élni. Hogy helyes ez szerinted? A rossz idő miatt el kell halasztanunk a kirándulást. Nélkülem nem szabad elmenned. Mozi helyett sétálni mentünk. A műsor szerint most a balett lép fel. A könyvei számára (a könyvei részére, a könyveinek) helyet kell csinálnunk. Miattam (a kedvemért) ne fáradj! Itt nincs számodra hely. Vegyél jegyet részünkre is!

8. Tudod-e, mikor kezdődik az előadás? Kíváncsiak voltak, vajon elmegyünk-e, vagy nem (sem). Akar-e operába menni Budapesten? Ugye, velünk jön? (Velünk jön, ugye?) Nem tudom, vajon jó-e, vagy sem (nem).

Fordítás

— Mikor találkozunk ma este? — Úgy gondolom, hogy hat órakor találkozzunk a Zeneakadémia előtt. Az előadás fél hétkor kezdődik. Külföldi barátaink is odajönnek, és azután együtt megyünk az előadásra. Meg fogjuk nekik mutatni a legjobb magyar színészeket.

— Igen. A műsor kitűnő lesz. Az első számot a Fővárosi Zenekar fogja előadni. A második szám balett lesz. A külföldieknek bizonyára tetszenek majd a Bartók— Kodály dalok.

— Az előadás után táncolni megyünk. Ugye, velünk jön?

— Nem tudom, hogy mehetek-e. Holnap korán kell kelnem, nagyon sok dolgom lesz.

— A munka nem fut el, az embernek néha pihennie is kell egy keveset.

— Ez igaz, de senki sem végzi el helyettem a munkát. Hát majd meglátom. A viszontlátásra hat órakor a Zeneakadémia előtt!

Huszonegyedik lecke

1. *E.g.:* Az idén hűvös nyarunk volt. Tavaly érkeztem Magyarországra. Jövőre vizsgázni fogok. *Etc.*

3. *E.g.:* 1972. április elseje. — 1972. ápr. 1. — 1972. IV. 1. — 1972. ápr. 1-én.

4. *E.g.:* Tegnap óta havazik. Két perc múlva négy óra. Mától kezdve nem fogok dohányozni. A Városliget felé megy a villamos. Nyolc óra tájban érkezem haza.

5. Mennyi idő alatt lehet megtanulni egy nyelvet? *(E.g.:* Egy-két év alatt, ha az ember szorgalmasan tanul.) — Mit csinált a magyaróra előtt? (A magyaróra előtt lefordítottam a szöveget.) — Hova megy az óra után? (Az óra után vásárolni megyek.) — Hány órát dolgozik hetenként? (48 órát). — Hányszor megy moziba havonként *(or:* egy hónapban)? (Háromszor-négyszer.) — Mit csinálsz szombaton? (Meglátogatom a barátomat.) — Mikorra kell otthon lennie? (Hat órára.) — Hány nap múlva *(or:* hány hét múlva) lesz ünnep? (Öt nap múlva. Két hét múlva.) — Hány nappal *(or:* héttel) ezelőtt volt a legutóbbi ünnepnap? (Tíz nappal ezelőtt. Másfél héttel ezelőtt.)

6. *E.g.:* Mikor keltél fel ma reggel? (Fél nyolckor.) — Mióta dolgozik ön ebben az üzemben? (Két év óta. Két éve.) — Mennyi ideje tanul magyarul? (Fél éve.) — Mennyi ideig vártál a villamosra? (Egy negyed óráig.) — Mikorra lesz készen az új ruhám? (Mához egy hétre. Holnaputánra.)

7. *E.g.:* Én 1952. február 12-én születtem, az apám...

Fordítás

Ma szombat van, 1978. ápr. 15-e. Hosszú idő után ismét meglátogatott a barátom. Már több hónap óta (= több hónapja) nem láttuk egymást. Már több mint fél éve nem lakik ebben a városban. 1977. szeptember elején vidékre költözött, és azóta nem láttam. Ma kilenckor érkezett ide, azután felkereste a régi üzemét. Két és fél órát töltött ott, azután eljött hozzám. Csak két óráig (= két órát) akart nálam maradni, mert a vonata két óra tíz perckor indult. Ez alatt az idő alatt, sajnos, nem értem rá beszélgetni vele. Kértem őt, hogy maradjon itt (még) egy napig, és azt javasoltam (neki), hogy este nyolckor menjünk el együtt hangversenyre. Közben pihenjen, olvasson vagy sétáljon. Az előadás előtt 20 perccel, fél nyolc után tíz perccel, találkozzunk az egyetem előtt. Ma csak fél nyolctól van időm (= fél nyolctól érek rá). Az előadás kezdetéig majd megiszunk egy feketét, és (közben még) egy kicsit beszélgetünk.

Huszonkettedik lecke

1. Ha ráérnénk, kirándulnánk. Ha ráérnétek, kirándulnátok. Ha ráérnének, kirándulnának. — Örülnél, ha látnád. Örülne, ha látná. Örülnénk, ha látnánk. Örülnétek, ha látnátok. Örülnének, ha látnák. — Meglátogatnád őt, ha tudnád, hogy hol lakik. ... meglátogatná, tudná; meglátogatnánk, tudnánk; meglátogatnátok,

tudnátok; meglátogatnák, tudnák — Ha jobban vigyáznál, szebben írnád a leckét.
... vigyázna, írná; vigyáznánk, írnánk; vigyáznátok, írnátok; vigyáznának, írnák.

2. tudnék ... írnék — fájna ... elmennék — megvárnál ... mehetnénk — segítenétek ... megcsinálnánk

3. festenék, festenél, festene, festenénk, festenétek, festenének — lőnék, lőnél, lőne, *etc.*

E.g.: Festenék, ha tudnék. Lőnél egy nyulat, ha tudnál. Mit mondana apád ilyenkor? Építenénk egy szép házat, ha lenne pénzünk. Mit tennétek most, ha szép idő volna? Ha hozzám jönnének nyaralni, ebben a szobában aludnának.

4. innám, innád, inná, innánk, innátok, innák — írnám, írnád, írná, *etc.*

E.g.: Ha volna borom, szívesen meginnám. Te hogy írnád ezt a szót? Hol tartaná a kerékpárját?

5. megvehetem — elmehetsz — kerülhet — futhattam — tudhatjátok — megérthesd — alhassék — megbeszélhessük

6. Mikor lesz Györgyi születésnapja? *(E.g.:* Egy hét múlva, május 4-én.) — Milyen ajándékot szeretnének venni neki a szülei? Vennél egy pár divatos cipőt, ha olcsón kaphatnál? Örülne Györgyi, ha szép ruhát kapna? Szebb lenne Györgyi nyári ruhája, ha az édesanyja készítené neki? Hány vendég jönne hozzánk? Jó lenne, há Éva meglátogatna bennünket? Mit beszélhetnétek meg vele, ha itt lenne? Hol laknánk, és hol étkeznénk? Meddig tart a szabadságotok? Egyedül szeretne a Balatonra utazni, vagy a családjával együtt? Hogyan kerülne kevesebbe a nyaralás?

Fordítás

Györgyi készíti a leckéjét, gyorsan és rendetlenül ír. Az anyja látja ezt, és figyelmezteti a lányát:

— Írj szebben, tudnál te bizonyára szebben is írni! Ha jobban vigyáznál, rendesebb lenne az írásod!

— Rossz a tollam. Ha jobb volna, szebben tudnék írni.

— A születésnapodra kapsz tőlem egy kitűnő töltőtollat. Remélem, azzal szebben fogsz majd írni.

Györgyi édesanyja felhívja egyik barátnőjét:

— Segíthetnél nekem! A lányomnak egy jó töltőtollra lenne szüksége.

— Van nekünk sokféle itt az üzletben. Gyere, és megveheted neki a legjobb töltőtollat.

— Nagyon szeretnék találni számára egy jót! Azonnal megvenném. Ha lenne időm, még ma mennék és meglátogatnálak benneteket.

Huszonharmadik lecke

1. vizsgáztatja — csináltat — taníttatja — mosatod és vasaltatod — öntet

2. mosakodunk ... megtörülközünk — borotválkozom — fésülködnek ... öltözködnek (öltöznek) — kezdődik — levetkőzik — ígérkezik

3. becsukja — becsukódik — becsukatom — befejezi — befejezteti — befejeződik

4. *E.g.:* Enni adat a kutyának. Hazaviteti a bőröndjét. A gyerekekkel gyűjtetik a vasat és a papírt. Eteti a kis fiát.

5. *(a)* Új házakat építenek. — A házi feladatot elkészítette. — Engem ma korán felébresztettek. — Az ajtót kinyitották.

(b) Új házakat építtetnek. — A házi feladatot elkészítteti. — Ma korán felébresztettem magamat. — Az ajtót kinyittatták.

6. sétálgattunk ... nézegettük ... beszélgettünk — üldögéltünk — rendezgettem ... olvasgattam

Fordítás

Molnárné nehezen ébred fel, de ha szól az ébresztőóra, azonnal felkel. Megfürdik és megfésülködik a fürdőszobában, azután felöltözködik. Amikor felöltözködött, felkelti kislányát, megfésüli és felöltözteti őt, azután elkészíti a reggelit. A tea hamar elkészül, és a család együtt reggelizik. Reggeli után Molnár úr átnézi az újságokat, játszik egy kicsit a lányával, azután elmegy a hivatalába. A kislány játszik a babájával. Átöltözteti, asztalhoz ülteti, megeteti, megitatja, azután visszafekteti az ágyába. Később Molnárné is elmegy hazulról, hogy bevásároljon. A kislányát nem hagyja otthon egyedül, hanem magával viszi. A kislány boldog, hogy az anyjával mehet. Sok érdekes dolgot láthat és figyelhet meg az utcán.

Huszonnegyedik lecke

1. lett volna ... vettem volna — hívtalak volna meg ... jöttél volna el — tudta volna ... örült volna — megkóstoltad volna ... ittál volna

2. festettem volna, festettél volna, festett volna, festettünk volna, festettetek volna festettek volna

festettem volna, festetted volna, festette volna, festettük volna, festettétek volna, festették volna; *etc.*

3. vártál volna ... találkozhattál volna vele — megértették volna ... válaszoltak volna — lettünk volna ... hívattunk volna

4. *E.g.:* Ha már láttam volna, most megismerném. Bárcsak láttam volna a Balatont! Mikor láttam volna?

4. sportolóvá — boldoggá, erőssé, gazdaggá — esőssé

6. *(a)* Ha Pál rendszeresen tanulna, jó eredményt érne el. Ha Pál rendszeresen tanult volna, jó eredményt ért volna el. — Ez a tanuló az iskolába menne (ment volna). — Ha szorgalmasak lennénk (lettünk volna), sokat dolgoznánk (dolgoztunk volna).

(b) Tanuljon Pál rendszeresen, hogy jó eredményt érjen el. — Menjen ez a tanuló az iskolába! — Legyünk szorgalmasak, dolgozzunk sokat!

7.

tudnánk:	Indef., *or*, Def. Present Conditional, 1st P. Pl.
járunk:	Indef. Present Indicative, 1st P. Pl.
látnék:	Indef. Present Conditional, 1st P. S.
menjen:	Indef. Imperative, 3rd P. S.
szeretek:	Indef. Present Indic. 2nd P. Pl., *or*, Past, 3rd P. Pl.
adjuk:	Def. Present Indic. 1st P. Pl., *or*, Def. Imperative, 1st P. Pl. *etc.*

E.g.: Ha tudnánk, hogy kik lesznek ott, talán mi is elmennénk.

8. Az eső sem esett, a szél sem fújt. — A barátom kirándulni ment, én is elindultam. — Szombaton nem volt csúnya idő, és vasárnap sem esett az eső. — Mondtam nekik, hogy menjenek, mégsem mentek el.

9. Szép téli nap van, és esik a hó. — Szívesen mennék síelni, de még nem vagyok készen a leckémmel. — Az év végén jobb bizonyítványt szeretnék kapni, ezért (tehát) itthon maradok tanulni. — Ma mehetek síelni, holnapra ugyanis nincs sok leckém.

10. Vagy szorgalmasan tanulsz, vagy rossz bizonyítványod lesz. — Vagy visszajövünk értetek, vagy küldünk valakit.

11. *E.g.:* ... és elkészül az ebéd. *Or:* ... de még nincs készen az ebéd. *Or:* ... tehát siessünk ebédelni. *Etc.*

12. *E.g.:* Péter szorgalmas, Pál nem. — Péter szépen ír, de Pál nagyon rendetlenül.

Fordítás

— Örülhetsz, hogy ma eljöttél erre az előadásra. Nem hiszem, hogy máshol jobban szórakozhattál volna.

— Nagyon örülök, hogy eljöttem, különben ezeket a kitűnő színészeket nem láthattam volna, és ezt a csodálatos zenét sem hallhattam volna, pedig — hiszen tudod — mennyire szeretem a zenét.

— A barátod is jobban tette volna, ha az ökölvívóverseny helyett ide jött volna. Azt hiszem, hogy itt sokkal jobban tölthette volna el az idejét, mint ott.

— Ez igaz, de ki gondolta volna, hogy az előadás ilyen kiváló lesz?

— Én gondoltam, hogy jó lesz, (hiszen) ezért jöttem el, és ezért hívtalak téged is. Bár ma nagyon fáradt voltam, és szívesen otthon maradtam volna (= jobban szerettem volna otthon maradni), Mégis eljöttem.

— Ez jobb pihenés volt, mintha otthon maradtál volna. Anélkül, hogy sok pénzt kellett volna elköltenünk, itt kipihentük magunkat (= kipihentettük fáradt tagjainkat), sőt kitűnően szórakoztunk is.

Huszonötödik lecke

1. mesterségesen — kirándulóhelyül — Vasműnek — örömében — ösztöndíjasként — terének

2. feleségül vette — jól érzi magát — jónak (helyesnek) tartanám — eső és hideg ellenére — a tervek alapján

3. Bármikor meglátogathatsz, mindig otthon (itthon) vagyok. Akármilyen idő is lesz holnap, elutazom. Bármennyi pénzt is adok neki, sohasem elég. Bárki jön hozzám a rokonaim közül, örömmel fogadom. Akármelyiket választod ezek közül a kalapok közül, megveszem neked.

Fordítás

(a) Tudjuk, hogy azon a helyen, ahol Budapest fekszik, valamikor a rómaiaknak volt városa: Aquincum. A régi római városnak a nyomai az óbudai kerületben ma is láthatók. A római színháznak és a római fürdőnek az alapfalai, sírkövek és sok régi tárgy maradtak ránk a római élet emlékeiként.

(b) A budai vár a régi magyar történelem sok emlékét őrzi. Budapest nemcsak nagy város, hanem híres fürdőváros is, amelynek különféle gyógyfürdői már sok beteget

meggyógyították. A közeli hegyek kényelmes sétákra vagy kisebb kirándulásokra nyújtanak alkalmat. A Margitszigeten és a Városligetben mindenki megtalálhatja a neki legmegfelelőbb szórakozást. A Duna-part a hidakkal és a Halászbástya különösen szép este, amikor a város sok ezer lámpája csillagként ragyog.

(c) A tudósok, a művészettörténészek és a könyvbarátok a könyvtárakban és a múzeumokban változatos és értékes anyagot találhatnak. A sportolók számos izgalmas versenyen vehetnek részt, és a sportkedvelők a sportpályákon és az uszodákban sok sporteseményt tekinthetnek meg.

Huszonhatodik lecke

1. *(a)* E.g.: ... hogy angol sportolók érkeztek Budapestre. — ... hogy a Dunaparton figyelte az érkező hajókat. — ... hogy vegyen egy kiló cukrot. — ... mert fájt a fejem. — ... ha te is velünk jönnél. — ... mint a frissen esett hó.

(b) ... akinek erősebbek az idegei. — ... amit senki sem várt volna. — ... amelyről remek kilátás nyílik az egész városra. — ... amely illatával betölti az egész szobát. — ... amennyi még sohasem. — ... aki mellettem ül az iskolában.

(c) ... ahol fürdeni is lehet. — ... ahova a néném. — ... mint egy színésznő. — ... amikor még friss az eszünk. — ... amíg be nem sötétedett. — ... valahányszor (ahányszor) elmegyek az iskolátok előtt.

2. *E.g.:* Az volt a baj, hogy esni kezdett az eső. — Azt írta a barátom, hogy látogassam meg. — Azért fekszem még az ágyban, mert az este későn feküdtem le. — Arra megyek haza, amerre rövidebb az út. — Akkor láttam utoljára az állatkertet, amikor ti Budapesten voltatok. — Az emberek azért dolgoznak, hogy jobban és boldogabban élhessenek. — A magyarok 1848-ban azért harcoltak, mert nem akartak tovább rabságban élni. — Az a film volt jobb, amelyikben a mai életet mutatták be. — Addig maradok nálatok, amíg (ameddig) be nem fejezzük a munkánkat. — Azóta nem voltam színházban, amióta elköltöztem Budapestről.

3. Azt — az — Azért — Akkor — Olyan — annyi — Úgy — Arról — Attól

4. Aki okos, az ilyet nem tesz. — Elvégeztük azt a munkát, amit terveztünk. — Nagyszámú hallgatóság vett részt azon az előadáson, amelyet tegnap tartottak. — Az előadást olyan tanár tartotta, aki fizikával foglalkozik. — Aki gyorsan tanul, rendesen hamar felejt. — A Meteorológiai Intézet azt jósolja, hogy eső lesz. — Nagy figyelemmel hallgattuk azokat a szavakat, amelyeket a modern fegyverekről mondtak. — Az a legfontosabb feladatunk, hogy tanuljunk. — Fontos az, hogy alaposan megértsük azt az anyagot, amelyet tanultunk.

5. *E.g.:* Miután megebédeltem, egy fél órát pihentem. — Mielőtt esni kezdett volna az eső, hazajöttem.

Fordítás

Petőfi Sándor az egyik legnagyobb magyar költő. Életét a hazáért és a szabadságért áldozta. Nemcsak költeményeivel, hanem tetteivel is harcolt. 26 éves korában esett el az 1848—1849-i magyar szabadságharc egyik utolsó csatájában.

Még kora ifjúságában megismerkedett a magyar nép életével, mert mint diák, később mint színész és katona sokat vándorolt az országban. Ismerte a népet, a nép nyelvét, érzésvilágát, gondolkodásmódját és törekvéseit. Mint a nép fia a népnek írt. Azt hirdette, hogy az igazi költő legyen a nép vezére, írjon úgy, hogy mindenki megértse. Az igazi költő a nép zászlaját viszi, ezért él és hal. A politikai életben a javak

458

igazságos elosztásáért, a nép jogaiért harcolt. Az 1848. márc. 15-i forradalomban az ifjúság egyik vezetője volt. Petőfi nemcsak saját hazája szabadságáért küzdött, hanem a világ minden elnyomott népe szabadságáért.

Ő nemcsak a magyaroké, hanem az egész világé. Versei a világ csaknem minden nyelvére le vannak fordítva.

Huszonhetedik lecke

2. *(a)* Amikor Budapestre akartunk utazni, magyar barátunk azt ajánlotta, hogy a múzeumokat tekintsük meg.

— Ne felejtsétek el megnézni a Szépművészeti Múzeumot — mondta.

Megígértük (neki), hogy mindent megnézünk, ha lesz rá időnk.

(b) Amikor Budapesten voltunk, megismerkedtünk a város legérdekesebb látnivalóival. Örültünk, hogy megcsodálhattuk a szép kilátást a Gellérthegyről. Egy ismerősünk azt tanácsolta, hogy tegyünk egy kirándulást Visegrádra hajóval. Sikerült hajójegyet kapnunk. Elhatároztuk, hogy még egyszer eljövünk Budapestre.

4. a vízben élő növények — a félelemtől síró gyerekek — a Budapesten élő külföldiek — a politikai életben szerepet játszó költő — a Petőfi körül csoportosuló fiatal írók — a Budapesten levő gyógyforrások — a kis poharakban levő bor — a kirakatokban levő áruk — a kirakatokba való áruk — a versenyre való előkészületek — angolból való fordítás — középkorból való épületek — ez a szék a konyhába való

Huszonnyolcadik lecke

1. látott — ismételt — nyitott — ígért

2. A háború alatt elpusztult házakat már helyreállították. — A munka nélkül szerzett pénzt az ember könnyen elkölti. — A szavakat füzetből kiszakított lapokra írom. — A tegnapi előadásról készített jegyzeteimet szívesen kölcsönadom neked. — Az utóbbi hónapok folyamán történt eseményeket sohasem fogom elfelejteni.

3. A jövő évben teljesítendő terv már ki van dolgozva. — A megvizsgálandó betegek az előszobában várnak. — A megoldandó feladatok szorgalmat és kitartást kívánnak.

4. készítő, készített, készítendő — kereső, keresett, keresendő — író, írt, írandó

Huszonkilencedik lecke

1. éneklek (énekelek), éneklő — vásárlok (vásárolok), vásárló — érzek (érezek), érző — végzek (végezek), végző

E.g.: Magyar dalokat énekelek. — Az éneklő madarak dalától hangos az erdő.

2. Az anya lefektette és elaltatta a gyereket. — Az alvó gyereket nem szabad zavarni. — Most lefekhetsz (lefeküdhetsz), és alhatsz (aludhatsz) reggelig. — A dicsekvés nem bátorság. — Kire gyanakszol (gyanakodol)? — Bátorsága mindnyájunkat megnyugtatott.

3. ujjacska, kezecske, fiúcska, könyvecske, madárka, lovacska, Péterke könyvecske, asszonyka, fácska, tükröcske, ágyacska, asztalka, verebecske soványka, öregecske, nagyocska, vékonyka, szegényke

DICTIONARY

I. Hungarian — English

In this dictionary the words of the Word Lists are given in alphabetical order. Each entry is accompanied by an abbreviation of its grammatical category. In the case of nouns the accusative form is indicated; if the noun ends with a consonant the 3rd Person Singular possessive suffix is given if this is **-ja, -je.** *Arabic numerals in square barckets indicate the lesson in which the word first appeared.*

Abbreviations

acc.	accusative	tárgyeset
adj.	adjective	melléknév
adv.	adverb	határozószó
conj.	conjunction	kötőszó
inf.	infinitive	főnévi igenév
int.	interjection	indulatszó
lit.	literary usage	irodalmi
n.	noun	főnév
num.	numeral	számnév
pers.	personal	személyes
plur.	plural	többes szám
postp.	postposition	névutó
prep.	preposition	elöljárószó
pron.	pronoun	névmás
sg	something	valami
sing.	singular	egyes szám
sy	somebody	valaki
v.	verb	ige
vki	somebody	valaki
vmi	something	valami

A—Á

a, az *article* the [1]
abbahagy vmit *v.* stop, give up [26]
ablak, -ot *n.* window [1]
ábrázat, -ot *n.* visage, face [28]

ábrázol *v.* illustrate [13]; depict, describe [28]
ábrázolás, -t *n.* description [30]
ábrázoló, -t *n.* portrayer [30]
ad *v.* give [6]; **darabot** ~ perform a drama [23]

461

adat, -ot *n.* datum, particular(s) [13]

adat vkinek vmit *v.* supply sg to sy; have sg given to sy [23]

addig *adv.* as far as that; until, till [26]

adminisztrátor, -t *n.* administrator, executive [27]

adoma, '-t *n.* anecdote [20]

ág, -at *n.* branch, bough, twig [15]

aggódik *v.* worry [20]

agráregyetem, -et *n.* University of Agriculture [15]

agronómus, -t *n.* agronomist [11]

ágy, -at *n.* bed [10]

ahelyett *adv.* instead of [22]

ahogy(an) *adv.* and *conj.* as [23]

ahol *adv.* and *conj.* where [19]

ajándék, -ot *n.* gift, present [12]

ajándékoz *v.* present, give sg to sy [12]

ajtó,-t, ajtaja *n.* door [1]

akác, -ot *n.* acacia [18]

akadémia, '-t *n.* academy [25]

akar *v.* will, want, wish [5]

akár *conj.* even, likewise [23]

akaraterő, -t *n.* will-power, strength of mind [24]

aki *pron.* who [10]

akkor *adv.* then [17]

akkora *pron.* so great, so large; ∼, **mint** so/as big . . . as [18]

alá *postp.* (to) under, beneath, below [14]

alacsony *adj.* low, short [3]

aláír *v.* sign [12]

alak, -ot, -ja *n.* form, shape [17]; figure, person chap [29]

alakít *v.* form, shape; act, play (a part) [23]

alakú *adj.* -shaped, -formed, -like, -shapen [17]

alakul *v.* take shape; be formed [23]

alap, -ot, -ja *n.* foundation, ground, base, basis [19]

alapfal, -at *n.* foundation wall [19]

alapít *v.* found [19]

alatt *postp.* under, below; in, during [14]

album, -ot *n.* album; guide in picture [8]

áld *v.* bless [30]

áldoz *v.* offer up. sacrifice [26]

Alföld, -et, -je *n.* the Hungarian Plain [18]

alig *adv.* scarcely, hardly [8]

alkalmas *adj.* suitable [17]

alkalmazás, -t *n.* application, use; **alkalmazásba vesz** employ [29]

alkalom, alkalmat *n.* opportunity, occasion [21]

áll *v.* stand [5]; **jól** ∼ (**rajta**) fits (her) well [11]; **nem állhat** vmit: can't stand sg [28]

állam, -ot *n.* state [18]

államférfi, -t, *plur.* államférfiak *n.* statesman [19]

állandó *adj.* steady, permanent, continual [15]

állás, -t *n.* stand, state; **állást foglal** take sides [30]

állat, -ot *n.* animal [2]

állatkert, -et, -je *n.* zoological garden, zoo [25]

állattenyésztés, -t *n.* animal husbandry [18]

állat- és növényvilág, -ot *n.* animal and plant kingdom [17]

állít *v.* assert, insist [23]

alma, '-t *n.* apple [2]

almafa, '-t *n.* apple tree [3]

alól *postp.* from beneath, from under [14]

álom, álmot *n.* dream [25]

Alpok *plur. n.* Alps [18]

alsó *adj.* lower [13]

alsókar, -t, -ja *n.* forearm [13]

alsónadrág, -ot, -ja *n.* drawers [23]

által *postp.* through, by way of [20]

általában *adv.* generally, usually

általános *adj.* general; ∼ **iskola** elementary school [13]

általmegy = **átmegy** *v.* go across, cross [24]

am *adv.* well, then, but [22]

amekkora *pron.:* **akkora** . . . ∼ so as large-great . . . as [18]

amely *pron.* which, that [14]

amennyi *pron.:* **annyi** . . . ∼ so/as many/much . . . as [18]

amerikai *adj.* American [4]

ami *pron.* that, which [9]

amíg *adv.* as long as, while; till, until [26]

amikor *adv.* and *conj.* when [12]

462

András, -t *n.* Andrew [7]

anélkül *adv.:* ~, **hogy** without + *Gerund* [22]

angol *adj.* and *n.* English; Englishman [4]

angyal, -t *n.* angel [19]

Anna, '-t *n.* Anna, Ann [9]

anya, '-t, anyja *n.* mother [11]

anyag, -ot *n.* material; stuff, cloth [18]

anyú, -t *n.* Mummy [24]

annyi *pron.* so much; ~, **amennyi** so much as [18]

annyira *adv.* so much (that) [25]

apa, '-t, apja *n.* father [11]

ápol *v.* cultivate, foster [27]; nurse, tend [30]

ápolónő, -t *n.* nurse [13]

április, -t *n.* April [21]

apró *adj.* small, little, tiny [17]

aprópénz, -t *n.* small change [17]

ár, -at *n.* price [8]

arany, -at *adj.* and *n.* gold [9]

aranyfésű, -t *n.* golden comb [30]

áraszt *v.* flood, inundate [23]

arc, -ot *n.* face [13]

arcbőr, -t *n.* skin of face [23]

arcocska, '-t *n.* little face [29]

árnyas *adj.* shady [25]

árnyék, -ot *n.* shadow, shade [26]

árpa, '-t *n.* barley [18]

Árpád, -ot *n.* (Hungarian name for man) [19]

áru, -t *n.* goods, article [6]

áruház, -at *n.* stores, warehouse [6]

árul sell

ásatás,-t *n.* excavation [19]

aspiráns, -t *n.* aspirant, candidate [5]

asztal, -t *n.* table [1]

asztalitenisz, -t *n.* table-tennis [24]

asszony, -t *n.* married woman [11]

átad *v.* hand over, pass; deliver up [12]

áthalad *v.* pass through, cross [16]

átjár vmit *v.* permeate; pass through [30]

átkozott *adj.* damned

átlagos *adj.* average [17]

atlétika, '-t *n.* athletics [24]

atlétikai *adj.* athletic [24]

átmegy *v.* pass through, go across, cross [16]

átnéz *v.* look/go through [10]

átok átkot *n.* curse, malediction [26]

átöltözködik, *or* **átöltözik** *v.* change one's clothes [23]

atya, '-t, -ja *(archaic)* = apa *n.* father [28]

augusztus, -t *n.* August [21]

autóbusz, -t *n.* bus [7]

avar, -t *adj.* and *n.* Avar [19]

az *pron.* that [1]

az, a *article* the [1]

azaz *conj.* that is, namely [28]

azonban *conj.* but, however, still [9]

azonnal *adv.* at once, on the spot [14]

azután *adv.* then [10]

B

baba, '-t *n.* doll; baby [22]

babám, -at *n.* my darling, my sweetheart [22]

bableves, -t *n.* bean soup [9]

bácsi, -t *n.* uncle [12]

baj, -t *n.* trouble, evil, ill, pain [10]; **mi bajod?** what is the matter with you? [13]

bajnok, -ot *n.* champion [24]

bajnokság, -ot *n.* championship [24]

bajusz, -t, *or* bajszot *n.* moustache [30]

bal *adj.* left [19]

balatoni *adj.* of/at Lake Balaton [17]

baleset, -et *n.* accident [8]

balettkar, -t *n.* corps de ballet [20]

balettrészlet, -et *n.* part of a ballet [20]

balra *adv.* to the left [4]

balsors, -ot *n.* bad/hard luck, misfortune [30]

bámészkodik *v.* gape/stare at sg [16]

bámul vmin *v.* wonder at, be astounded at [30]; **elnyúlik a képe bámulatában** make a long face in his amazement [30]

bánik vkivel *v.* treat [29]; **nem bánom** I don't mind [22]

bank, -ot, -ja *n.* bank [26]

bánya, '-t *n.* mine [18]

bányász, -t *n.* miner [4]

bár *conj.* although [11]

barack, -ot, -ja *n.* apricot [2]

barackfa, '-t *n.* apricot tree [3]

bárány, -t *n.* lamb [29]
barát, -ot, -ja *n.* friend [6]
barátnő, -t *n.* (lady-)friend, girl-friend [11]
barátság, -ot *n.* friendship [20]
barátságos *adj.* friendly [12]
barbár, -t *adj.* and *n.* barbaric; Barbarian [19]
bárcsak! *int.* if only, I wish . . .; **~ jönne!** if only he would come! [22]
barlang, -ot, -ja *n.* cave [25]
bármerre *adv.* wherever [25]
barna *adj.* brown [2]; **~ kislány** brunette [11]
baromfi, -t *n.* poultry [18]
bátor, bátrat *adj.* brave, fearless [13]
bátyám, bátyád, bátyja *n.* my (your, his) elder brother [11]
bauxit, -ot, -ja *n.* bauxite [18]
bauxittermelő *adj.* bauxite producing [18]
bead (injekciót) *v.* give (an injection) [13]
beleavatkozik vmibe *v.* interfere in/with, intervene in [26]
Bécs, -et *n.* Vienna [4]
bécsi *adj.* Viennese, from Vienna [4]
becsuk *v.* close [16]
bedob *v.* throw in/into, drop [12]
befejez *v.* finish, end [9]
befejezés, -t *n.* finish(ing), completion [19]
befejeződik *v.* come to an end, be finished [19]
befelé = befele *adv.* inwards [29]
beható *adj.* intensive, thorough [29]
behív *v.* call in [13]
behoz *v.* bring in [9]; import [18]
beír *v.* inscribe, matriculate [13]
beiratkozik *v.* enrol, register [30]
bejár vmit *v.* wander all over [21]
béke, '-t *n.* peace [8]
beköt *v.* tie up, dress (a wound) [13]
bekövetkezik *v.* ensue, take place [19]
bél, belet *n.* bowels, intestine(s) [13]
bele *adv.* into (him), inwards [11]
belelát *v.* get a sight into [30]
belenéz *v.* (have a) look into [13]
belép *v.* enter [8]
beletelik *v.* take (time) [29]
belőle *adv.* out of it, from it/him [11]
belső, -t, belseje *n.* interior, inside [16]

belső *adj.* inside, inner [18]
belül *adv.* inside, within [20]
belváros, -t *n.* inner town [25], city
bélyeg, -et *n.* stamp [12]
bélyeggyűjtemény, -t *n.* stamp-collection [14]
bemegy *v.* go in [8]; **~** vmin: go/enter through at [14]
bemutat vkit vkinek *v.* introduce sy to sy [14]
bemutatkozik *v.* introduce oneself [10]
benne *adv.* in it/him [11]
beoszt (időt) *v.* dispose of one's time [24]
berendezés, -t *n.* furniture, furnishing [14]
beszáll *v.* get in/on [17]
beszállás, -t *n.* getting in, taking one's seat (in train) [17]
beszámol vmiről *v.* give an account of, report on [12]
beszéd, -et *n.* speech [15]
beszédgyakorlat, -ot *n.* conversation, speaking [26]
beszédmód, -ot, -ja *n.* way of speaking [28]
beszél *v.* speak [5]; **halkan ~** whisper [13]
beszélget *v.* talk, converse [5]
beszélgetés, -t *n.* talk, chat, conversation [8]
beszív *v.* inhale, draw in [29]
beszól *v.* call on sy [17]
beteg, -et *adj.* and *n.* ill, sick; patient, sick person [13]
betesz *v.* put/place/set in/into [17]
betoppan vhova *v.* drop in (unexpectedly) [30]
betör *v.* break in, invade [26]
betű, -t *n.* letter (of the alphabet), script, type [2]
beüt *v.* bang, bump, knock (one's head against sg) [16]
bevall *v.* confess [27]
bevásárlás, -t *n.* shopping [6]
bevásárol *v.* buy, make purchases [20]
bevezet *v.* show in, lead into [11]
bevisz *v.* take in, carry in [12]
bezár *v.* close [28]
biológia, '-t *n.* biology [10]
biológiai *adj.* biological [17]

bírálat, -ot *n.* criticism [29]

birkózó, -t *n.* wrestler [24]

bíró, -t *n.* judge, justice; referee [24]; village mayor [30]

bíró vmivel *adj.* having [18]

bíróné, -t *n.* (here:) the wife of the village mayor [30]

bizalmatlan *adj.* mistrustful [27]

bizalom, bizalmat *n.* confidence, trust [19]

bizony *adv.* certainly, surely [24]

bizonyára *adv.* certainly, no doubt [22]

bizonyítvány, -t *n.* certificate [24]

bizonyos *adj.* undoubted [30]; certain

biztat *v.* encourage, reassure [21]

biztos *adj.* sure, safe [12]

biztosít *v.* secure, assure sy, insure [23]

blokk, -ot, -ja *n.* bill [6]

blúz, -t *n.* blouse [11]

bocsánat, -ot *n.* pardon [7]

bocsát *v.* let go, admit to; **szabadon ∼** release, set free [26]

bokor, bokrot *n.* bush [3]

boldog *adj.* happy [3]

bolgár, -t, -ja *adj.* and *n.* Bulgarian [4]

bólogat *v.* nod (repeatedly) [27]

bolond *adj.* and *n.* foolish, silly; fool, simpleton [6]

bolt, -ot, -ja *n.* shop [6]

bont *v.* take to pieces, dissolve, open [17]

bor, -t *n.* wine [9]

borbély, -t *n.* barber, hairdresser [23]

borít *v.* cover [7]

boríték, -ot *n.* envelope [12]

borjú, -t *n.* calf [6]

borjúhús, -t *n.* veal [6]

borotvál *v.* shave [23]

borotválás, -t *n.* shave, shaving [23]

bors, -ot *n.* pepper [4]

borús *adj.* gloomy, cloudy [21]

borzas *adj.* tousled [30]

borzasztó *adj.* awful, horrible [29]

botlik *v.* stumble [12]

bő *adj.* wide, loose, rich [18]

bölcső, -t *n.* cradle [30]

bőr, -t *n.* skin; leather [13]

bőrönd, -öt, -je *n.* suitcase, trunk [17]

börtön, -t *n.* prison; **börtönbe zár** imprison [26]

bőség, -et *n.* plenty, abundance [26]

bronz, -ot *adj.* and *n.* bronze [24]

budai *adj.* from Buda [8]

bujdosik *v.* hide, flee abroad, live in emigration [27]

bujdosó, -t *n.* refugee, exile [27]

bújik *v.* hide, conceal oneself [13]

bukás, -t *n.* fall, defeat, failure [27]

burgonya, '-t *n.* potato [9]

búsul *v.* grieve, be sorrowful; **ne búsulj!** don't worry! [21]

bútor, -t *n.* furniture [2]

búza, '-t *n.* wheat [28]

buzgalom, buzgalmat *n.* zeal, fervour [27]

büfé, -t *n.* buffet, snack bar [20]

bükk, -öt, -je *n.* beech, beech-tree [18]

bűn, -t *n.* crime, sin; fault, vice [30]

bűnbánó *adj.* repentant, penitent [30]

bűnös, -t *adj.* and *n.* guilty, criminal; **ki a ∼** who is to blame? [16]

büntet *v.* punish [30]

büntetés, -t *n.* punishment, fine [16]

büszke *adj.* proud [11]

C

cár, -t, -ja *n.* tsar [26]

céltudatos *adj.* conscious of one's purpose, resolute [24]

cenzúra, '-t *n.* censorship [26]

ceruza, '-t *n.* pencil [1]

cigaretta, '-t *n.* cigarette [9]

cím, -et *n.* address [12]

címez *v.* address [12]

cipő, -t *n.* shoes, boots [6]

cirkusz, -t *n.* circus [25]

citadella, '-t *n.* citadel [25]

citrom, -ot *n.* lemon [11]

comb, -ot, -ja *n.* thigh [13]

cukor, cukrot *n.* sugar [9]

cukorrépa, '-t *n.* sugar-beet [18]

cukrászda, '-t *n.* confectionery [23]

Cs

csak *adv.* only [4]; **nézd ∼!** just look! [16]

csakhamar *adv.* soon, presently, shortly [19]

csaknem *adv.* nearly, almost [18]

csal *v.* cheat, deceive [23]

család, -ot, -ja *n.* family [11]

családi *adj.* family [11]

csalfa *adj.* false, deceitful [11]

csaló, -t *adj.* and *n.* deceitful, fraudulent; deceiver, cheat [29]

csapadék, -ot *n.* rainfall [21]

csapadékmennyiség, -et *n.* amount/quantity of rainfall [21]

csapat, -ot *n.* troop, group [19]; team; válogatott ~ representative (selected) national team [24]

csapdos *v.* lash, beat about [30]

csárdás, -t *n.* czardas (dance); *adj.* coquettish, gay [22]

csata, '-t *n.* battle [26]

csatlakozik *v.* join [26]

csatorna, '-t *n.* gutter [14]; canal

csehszlovák *adj.* and *n.* Czechoslovak; Czechoslovakian [4]

cselekedik *or* cselekszik *v.* do, act [21]

csend, -et, -je *n.* silence [17]

cseng *v.* ring [23]

.senget *v.* ring the bell [5]

csengetés, -t *n.* ring, bell [19]

csengő, -t *n.* bell [10]

csepp, -et, -je *n.* drop [29]

Csepel, -t *n.* (a district of Budapest) [23]

Csepel-sziget, -et *n.* Csepel-island [25]

cseppkő, cseppkövet *n.* stalactite, drip-stone [25]

csere, '-t *n.* exchange [27]

csésze, '-t *n.* cup [9]

csillag, -ot *n.* star [22]

csillogó *adj.* glittering, glistening [7]

csinál *v.* make, do [6]

csinos *adj.* nice, pretty; smart [10]

csodálatos *adj.* wonderful [27]

csodálkozik *v.* wonder, be surprised [17]

csomag, -ot, -ja *n.* parcel, packet [12]

csomagpostás, -t *n.* parcel-post delivery man [12]

csónak, -ot, -ja *n.* boat [25]

csónakázik *v.* row, boat [25]

csont, -ot, -ja *n.* bone [13]

csontváz, -at *n.* skeleton [13]

csoport, -ot, -ja *n.* group [17]

csoportosul *v.* rally round/about sy, form a group [27]

csóvál *v.:* fejet ~ shake the head [28]

cső, csövet *n.* pipe, tube [14]

csúcs, -ot *n.* peak [18]; record [24]

csúnya *adj.* ugly [30]

csupán *adv.* merely, purely, only [26]

csügged *v.* despair, lose heart [27]

csütörtök, -öt, -je *n.* Thursday [10]

D

dagadt *adj.* swollen [13]

dajka, '-t *n.* nurse (maid), nanny [26]

dal, -t *n.* song [7]

darab, -ot, -ja *n.* piece, part; play, drama [23]: darabot ad perform [23]

daru, -t, *or* darvat *n.* crane [25]

dátum, -ot *n.* date [21]

de *conj.* but [3]; *(affirmative)* yes [4]; de igen yes; but of course [4]; *adv.* how! [11]

december, -t *n.* December [21]

deka, '-t (dkg) *n.* decagramme [6]

dél, delet *n.* noon; south [8]; délben at noon [8]

délelőtt, -öt *n.* and *adv.* forenoon; in the morning [21]

déli *adj.* southern; midday [17]

délkelet, -et *n.* south-east [18]

délnyugat, -ot *n.* south-west [18]

délután, -t, -ja *n.* and *adv.* afternoon; in the afternoon [16]

demokratikus *adj.* democratic [5]

Dénes, -t *n.* Den(n)is [14]

derék *adj.* clever, honest, brave [18]

dermed *v.* grow numb, be benumbed [29]

derűs *adj.* bright, sunny [21]

Dezső, -t *n.* Desider [10]

diadal, -t *n.* triumph [26]

diák, -ot, -ja *n.* pupil [4]

diákkor, -t *n.* student/school years [26]

diákotthon, -t *n.* students' hostel [15]

dicsér *v.* praise [7]

dió, -t *n.* nut [2]

diófa, '-t *n.* nut-tree [3]

diótörő, -t *n.* nutcracker [20]

diskurál *(colloquial) v.* chat about; talk, gossip [28]

díszít v. decorate [15]
díszítő jelző n. epithet [29]
diszkosz, -t n. discus [24]
diszkoszvetés, -t n. discus throw(ing) [24]
disznó, -t n. pig, swine [3]
disznóhús, -t n. pork [6]
divatos adj. fashionable [22]
dobogás, -t n. beating, throbbing [13]
dohányzás, -t n. smoking [11]
dohányzik v. smoke [9]
dohányzó, -t adj. smoking; n. smoking compartment; smoker [11]
dolgozik v. work [12]
dolgozó, -t n. working man, woman-worker [2]
dolgozószoba, '-t n. study, work-room [14]
dolog, dolgot n. work, thing [12]; sok dolgom van I am very busy [12]
domb, -ot, -ja n. hill [18]
dombos adj. hilly [18]
dől v. fall, tumble down, lean [30]
dörög v. thunder, rumble [21]
drága adj. dear, expensive [6]
Duna, '-t n. Danube [8]
Dunántúl, -t n. Transdanubia [18]
Duna-part, -ot n. bank of the Danube, Danube Embankment [8]
dunnyog v. grumble, mutter [30]
düh, -öt n. rage, fury; elfogja a ~ fly into rage, lose one's temper [28]
dühös adj. furious, mad

E—É

e = ez a pron. this [15]
-e interrogative particle whether; szereted-e? do you like it? [20]
ebéd, -et, -je n. lunch, dinner, midday meal [9]
ebédel v. dine, have lunch, take lunch [8]
ebédlő, -t n. dining-room [14]
ébreszt v. wake (up) [23]
ébresztőóra, '-t n. alarm-clock [23]
édes adj. sweet [2]
édesanya, '-t, édesanyja n. mother [10]
edz v. train, coach [24]
edzés, -t n. training, coaching [24]

ég v. burn, flame; a lámpa/villany ~ the light is on [14]
ég, eget n. sky, firmament
egér, egeret n. mouse [3]
egész adj. whole, complete [8]
egészen adv. quite
egészség, -et n. health [16]
egészséges adj. healthy [3]
éget v. burn [19]
egy article a, an [3]; num. one [1]
eggyé forr v. unite [28]
egyáltalán nem adv. not at all [21]
egyaránt adv. equally, both, alike [26]
egy-egy num. each, one to each [9]
egyéb adj. other (things), else [11]
egyébként adv. otherwise [17]
egyedül adv. alone, by oneself [14]
egyenes adj. straight [15]
egyenlőség, -et n. equality [26]
egyesít v. unite [19]
egyesítés, -t n. union, combination [19]
egyesült adj. united [18]
egyetem, -et n. university [5]
egyetemi adj. university [11]
egyforma adj. equal, of the same form [20]
egyház, -at n. (the) Church [28]
egyházi adj. church, ecclesiastic [28]
egyik adj. a, one; ~ barátom a friend of mine, one of my friends; egyik ... másik the one ... the other [11]
egykori adj. former, one-time [25]
egymás pron. one another, each other [11]
egypár adj. a few, some, one or two [9]
egyre adv. continually, on and on, ever
egyszer adv. once, some day [18]; még ~ once more [12]; egyszerre at once, suddenly [29]
egyszerű adj. simple [11]
egyszerűsít v. simplify [27]
egyszóval = szóval adv. in a word, briefly [28]
együtt adv. together [10]; postp. vkivel ~ with, in company of [19]
éhes adj. hungry [9]
éhezés, -t n. hunger [26]
éjfél, -t n. midnight; éjfélkor adv. at midnight [23]

éjjel-nappal *adv.* day and night [15]

éjszaka, '-t *n.* night; *adv.* at night [6];

éjszakai *adj.* nightly [21]

él *v.* live [11]

elalszik *v.* fall asleep [23]

elárul *v.* betray [29]

elbánik vmivel *v.* handle, deal with sg; settle [29]

elbeszélés, -t *n.* short story [27]

elbeszélget *v.* chat, talk [20]

elbújik *v.* hide [13]

elbukik *v.* fall, fail, go under, be ploughed [27]

elé *postp.* (to) before [14]

elébb = előbb; **az ∼** *adv.* a short while ago, just now [30]

elég, eleget *adj.* enough, sufficient; *adv.* fairly, rather, tolerably; **∼ jól** fairly well [5]

elegáns *adj.* elegant, smart [11]

elegendő = elég *adj.* enough [18]

eleje vminek *n.* fore-part, beginning [19]; **elején** *adv.* at the beginning [21]

élén: vminek ∼ *adv.* at the head, in front of [27]

élénk *adj.* lively, agile, vivid [8]; **∼ színű** bright-coloured [23]

elér (eredményt) *v.* achieve, obtain, get (results) [24]

éles *adj.* sharp [27]

elesik *v.* fall down [19]; eliminate [28]; **csatában ∼** be killed [26]

élesség, -et *n.* sharpness [28]

éleszt *v.* stir up (fire); revive, bring to life [27]

élesztget *v.* try to revive [27]

élet, -et *n.* life [8]

életerő, -t, -ereje *n.* vitality, vital force [27]

életkor, -t *n.* age (of life) [13]

életmű, -művet *n.* life-work, oeuvre [29]

életszerű *adj.* life-like [30]

elfelejt *v.* forget [8]

elfog *v.* catch, overcome; **elfogja a düh** fly into rage, lose one's temper [28]

elfogadtat *v.* have sg accepted [26]

elfoglal *v.* occupy [18]; **el van foglalva** be busy [20]

elfoglaltság, -ot *n.* occupation, engagement, job [23]

elfogy *v.* give out, be used up [26]

elhagy *v.* leave [19]

elhajít *v.* throw away [26]

elhalad vmi mellett *v.* pass by [16]

elhatározás, -t *n.* decision, resolution [17]

elhisz *v.* believe, give credit [13]

elindul *v.* start [8]

elintéz *v.* arrange, settle, do [22]

elismerés, -t *n.* acknowledgement, appreciation [25]

éljen! *int.* hurrah! [26]

eljut vhova *v.* get (through) to [25]

elkér *v.* ask for [12]

elkésik *v.* be late, come too late [16]

elkészít *v.* prepare, get ready, make [9]

elkezd *v.* begin, start [10]

elkísér *v.* walk with, accompany [17]

elküld *v.* send [12]

ellátogat *v.* go to visit, go to see [17]

ellen *postp.* against [16]

ellenállás, -t *n.* resistance [26]

ellenőr, -t, -ők *n.* ticket inspektor [8]

ellenség, -et *n.* enemy [23]

ellentét, -et *n.* contrast, opposite, conflict [28]

elmarad *v.* remain behind, be omitted, not happen [26]

elmegy *v.* go away, go out, leave [8]; **∼ vmi előtt,** *or,* **vmi mellett** pass by [16]

élmény, -t *n.* experience [17]

elmond *v.* tell, relate [10]

elmulaszt *v.* miss, let slip, neglect [17]

elnevez *v.* call, name, give a name [19]

elnyer *v.* win, gain [19]

elnyom *v.* oppress [19]

elnyúlik *v.* reach, extend; **∼ a képe bámulatában** make a long face in his amazement [30]

elolt *v.* switch off, extinguish [23]

előadás, -t *n.* performance, showing [12]; lecture, manner of lecturing, style [28]

előbb *adv.* first, before [20]; **minél ∼** as soon as possible [22]; **az ∼** a short while ago, just now [30]

előbbi *adj.* former, previous [18]

élőbeszéd, -et *n.* spoken language [29]

előfordul *v.* be found, occur, happen [18]

előkészít *v.* prepare [17]

előkészület, -et *n.* preparation, arrangement(s) [22]

elöl *adv.* in front, ahead, in advance [3]

elől *postp.* from before [14]

előlép *v.* step forward [13]

előre *adv.* forward [16]; in advance [22]

előszoba, '-t *n.* hall, anteroom, waiting-room [10]

először *adv.* first, the first time [13]

előtt *postp.* before [14]

előtti *adj.* before, in front of, pre- [19]

elővesz *v.* take out, bring out [10]

elpusztít *v.* destroy, devastate [19]

elpusztul *v.* be destroyed, be laid waste [19]

elrendel *v.* order, decree [26]

elseje *n.* the first (day of the month); **május ~** the first of May [21]

első *num.* and *adj.* first [1]

elsőéves *adj.* first-year student [15]

elszámlál *v.* enumerate, recount [27]

elszántság, -ot *n.* resolution, resoluteness [29]

elszaval *v.* recite [26]

elszegényedik *v.* become poor [26]

eltakar *v.* cover, hide [30]

elterül *v.* be situated [18]

eltesz *v.* put by, lay aside [17]

eltöröl *v.* abolish, repeal [26]

eltűnik *v.* disappear, vanish

elűz *v.* drive away, expel [27]

elvág *v.* cut [17]

elválik *v.* part, separate, take leave of [28]

elvállal *v.* undertake [22]

elvégez *v.* finish, bring to an end, do [15]

elvégzés, -t *n.* finishing, performance, completion [30]

elvesz *v.* take (away, off), deprive [11], **~ feleségül** marry, to take sy to wife [22]

elvész *v.* get lost, go astray, vanish, disappear [29]

elveszik = elvész

elveszt *v.* lose [29]

élvez *v.* enjoy [16]

elvisz *v.* take away, take along [9]

elvörösödik *v.* blush, turn red [29]

elvtárs, -at *n.* comrade, fellow-Communist [2]

elvtársnő, -t *n.* (woman-)comrade [2]

ember, -t *n.* man, person, people [2]

emberi *adj.* human [23]

emelet, -et *n.* storey, floor [10]

emelkedik *v.* rise; climb, ascend [18]; attain to [30]

emiatt *adv.* for this reason, on this account, because of this [20]

emleget *v.* speak often of, remember frequently [30]

emlék, -et *n.* souvenir [8]; memory [25]; monument [18]

emlékmű, -művet *n.* monument [25]

emlékszik, *or,* **emlékezik** *v.* remember [15]

említ *v.* mention, make mention of [19]

én *pron.* I [4]

ének, -et *n.* song, singing [7]

énekel *v.* sing [5]

énekes, -t *n.* singer [20]; *adj.* singing

énekesnő, -t *n.* singer, vocalist [20]

enged *v.* let, permit, concede, allow [16]

engedély, -t *n.* permission [16]

engedmény, -t *n.* concession [26]

engem *pron.* me [13]

enyém *pron.* mine [14]

enyhe *adj.* mild [21]

ennyi *pron.* so much, so many [18]

epe, '-t *n.* gall, bile [13]

épít *v.* build [19]

építési *adj.* building, construction [19]

építkezés, -t *n.* building (in progress) [19]

építkezik *v.* build [19]

éppen *adv.* just now, exactly [10]; **nem ~** not that

épül *v.* be built [19]

épület, -et *n.* building [3]

ér vmire *v.* arrive, come to; extend [8]; **~ vmibe:** get to [14]

ér, eret *n.* vein, artery [13]

érdek, -et *n.* interest [28]

érdekel *v.* interest, be interesting to [11]

érdekes *adj.* interesting [15]

érdeklődés, -t *n.* interest (shown) [24]

érdem, -et *n.* merit [27]

érdemes *adj.* worth [16]

erdő, -t, erdeje *n.* forest, wood [4]

eredet, -et *n.* origin [17]

eredetű *adj.* of origin [17]

eredmény, -t *n.* result, effect [24]

érem, érmet *n.* medal [24]

éretlen *adj.* unripe [3]

érett *adj.* ripe [3]

érez *v.* feel; **jól érzi magát** he feels well [14]

érik *v.* become ripe [21]

érint *v.* touch, concern, allude to [27]

érkezés, -t *n.* arrival [4]

érkezik *v.* arrive [10]

erkölcstelenség, -et *n.* immorality [28]

érme, '-t *n.* coin, counter [12]

erő, -t, ereje *n.* strength, power, might, force [17]; **erőt vesz magán** restrain oneself [22]

erőmű, -művet *n.* power plant, generating station [18]

erős *adj.* strong, powerful; biting, hot [4]

erősödik *v.* get stronger [21]

ért vmit *v.* understand [5]; ~ vmihez: be good at, be expert in [11]

érte *adv.* for him (her, it) [16]

érték, -et *n.* value, worth [25]

értékes *adj.* valuable [14]

értékű *adj.* worth sg; **óriási** ~ of huge value [25]

érzékeny *adj.* sensitive, susceptible (to disease) [23]

érzelem, érzelmet *n.* sentiment, feeling, emotion [28]

érzésvilág, -ot *n.* emotion, range of sy's emotions [26]

Erzsébet, -et *n.* Elizabeth, Eliza [10]

és *conj.* and [2]

esemény, -t *n.* event, happening [25]

eset, -et *n.* case, event [16]

esik *v.* fall, drop; ~ **az eső** rain, it rains [18]

eskü, -t *n.* oath [26]

esküszik *v.* swear [26]

eső, -t *n.* rain [18]

esős *adj.* rainy [21]

este, '-t *n.* evening [6]; *adv.* in the evening [5]; **ma** ~ tonight [12]

esti *adj.* evening [12]

ész, -t, esze *n.* reason, mind, brain, wit [17]; **eszébe ötlik** come into one's mind [28]

észak, -ot *n.* North, north [18]

északi *adj.* north(ern), of the north [17]

északkelet, -et *n.* North-East, north-east [18]

északnyugat, -ot *n.* North-West, north-west [18]

eszik, *inf.* enni *v.* eat [9]

eszpresszó, -t *n.* coffee-room, bar, espresso [23]

esztendő, -t esztendeje *n.* year [30]

étel, -t *n.* food, meal [9]

étkezde, '-t *n.* canteen, eating-house [23]

étkezik *v.* have meals, board [15]

étkezőkocsi, -t *n.* dining car [17]

étlap, -ot, -ja *n.* menu [9]

étterem, éttermet *n.* restaurant, dining-room [8]

Európa, '-t *n.* Europe [5]

év, -et *n.* year [11]; **évről évre** year by year [18]

Éva, '-t *n.* Eve [22]

éves *adj.* year old [11]

evezés, -t *n.* rowing, paddling [24]

évezred, -et *n.* thousand years [18]

évi *adj.* yearly, year's [26]

évszázad, -ot *n.* century [18]

évtized, -et *n.* decade [18]

ez *pron.* this [1]

ezelőtt *adv.* formerly, in former times; **-val, -vel** ~ *postp.* ago [21]

ezer, ezret *num.* thousand [6]; **ezrével** by thousands [25]

ezredéves *adj.* millennial, millenary [25]

ezüst, -öt *n.* and *adj.* silver [24]

F

fa, '-t *n.* tree, wood [3]

fagy *v.* freeze [21]

fagy, -ot *n.* frost [21]

fáj *v.* ache, hurt, be sore; **(neki)** ~ **a torka** he has a sore throat [13]

fakad: sírásra fakad *v.* burst into tears [29]

fal, -at *n.* wall [13]

falu, -t *n.* village [3]

fantasztikus *adj.* fantastic [8]

fárad *v.* take pains; tire [26]

fasiszta, '-t *n.* and *adj.* fascist [19]

fázik *v.* feel cold, be cold [21]

február, -t, ·ja *n*. February [21]
fecske, ′-t *n*. swallow [2]
fed *v*. cover [7]
fedél, fedelet *n*. cover, roof [25]
fedeles *adj*. covered [25]
fegyelem, fegyelmet *n*. discipline [24]
fegyelmez *v*. discipline, keep under discipline [24]
fegyver, -t *n*. weapon, arms [6]
fegyveres *adj*. armed [26]
fehér *adj*. white [2]
fehérnemű, -t *n*. linen, lingerie, underwear [6]
fej, -et *n*. head [6]; **töri a fejét** rack one's brain [11]; **fejét veszi** strike sy's head of [22]; **fejet csóvál** shake one's head [28]; **fejébe vesz** vmit: take sg into one's mind [28]; **fejből** by heart [10]
fejleszt vmit vmivé *v*. develop (sg into sg) [19]
fejlett *adj*. developed [18]
fejlődés, -t *n*. progress, advance [28]
fejlődik *v*. develop, evolve, progress [19]
fekete, ′-t *adj*. black [2]; *n*. black coffee [9]
fekszik *v*. lie [14]
fél, felet *adj*. half [4]; **fele annyi** half [24]
fél vmitől *v*. fear, be afraid of [13]
felad *v*. give up; send by post [12]; **leckét ～ set** lesson [10]
feladat, -ot *n*. lesson, exercise, task; **házi ～ home-work** [10]
feladó, -t *n*. sender [12]
felakaszt *v*. hang up [10]
feláll vmire *v*. get up on sg [15]
felállít *v*. set up, put up, raise [11]
felbomlik *v*. dissolve, break, disintegrate [30]
felbukkan *v*. appear suddenly, come in sight [29]
félcipő, -t *n*. shoes [6]
felcserél *v*. change, transpose, mistake for [29]
feldob *v*. throw up, fling up, toss up [8]
feldúl *v*. ravage, devastate, destroy, ruin [27]
felé *postp*. towards, in the direction of [14]

feléje = föléje, fölé *adv*. over, above [30]
-féle *adj*. kind, sort [22]
felejthetetlen *adj*. unforgettable [17]
felel *v*. answer [5]
felelet, -et *n*. answer, reply [1]
felelős *adj*. responsible, accountable [26]
félénk *adj*. shy, timid [13]
felépül *v*. be reconstructed/rebuilt
felér, *v*. reach up to, reach as far as [16]
feleség, -et *n*. wife; **feleségül vesz** marry, wed [19]; **feleségül megy** vkihez: become sy's wife [22]
felesleges *adj*. superfluous, needless [12]
félévi *adj*. half a year's; ～ **bizonyítvány** terminal school-report [24]
felfordul *v*. overturn, turn over; **fenekestül ～ turn** upside down [27]
felfut *v*. run up [16]
felgyújt *v*. switch on [14]; set fire to sg [19]
felhallatszik *v*. be audible (up swhere), be heard (up in) [15]
felhasznál *v*. use up, make use of, spend [18, 23]
felhív *v*. call, ring up [12]
felhoz *v*. bring up; **védelmére ～ plead** in excuse [27]
felhő, -t *n*. cloud [21]
felhúz *v*. draw up, pull up, put on [23]
felír *v*. write down, note down; prescribe [13]
felirat, -ot *n*. inscription, slogan, poster [16]
felismer *v*. recognize, perceive [28]
feljegyez *v*. note, make a note, put down, register [16]
felkel *v*. get up, rise [16]; **felkelő sereg** uprising army [27]
felkelés, -t *n*. getting up, uprising, revolt [23]
felkelő *adj*. insurrectional, rebellious; *n*. insurgent, rebel [27]
felkér vmire *v*. ask, beg, request [19]
felkeres *v*. visit sy [23]
felkiált *v*. exclaim, cry out [10]
fellép *v*. step up, play [20]
felmegy *v*. go up, walk up, climb, go upstairs [8]

felmelegedés, -t *n.* warming up, rise in temperature [21]

felmelegedik, *or,* **felmelegszik** *v.* grow warm, get warm [29]

felnő *v.* grow up [13]

felnőtt, -et *n. and adj.* grown-up, adult [2]

felolvas *v.* read aloud, read (a paper) [12]

felől *postp.* from the direction of [14]

felráz *v.* shake up, stir up [27]

félretesz *v.* put aside, reserve, lay aside [20]

felsegít *v.* help up [17]

felső *adj.* upper, higher [13]

felsőkar, -t, -ja *n.* upper arm [13]

felszabadulás, -t *v.* liberation [25]

felszáll *v.* fly up, take up; get on (bus, tram) [8]

félszemű *adj.* one eyed [28]

felszentel *v.* consecrate [26]

felszólít *v.* call upon, request to, invite to, ask [17]

feltár *v.* open up, discover; reveal [19]

feltárás, -t *n.* disclosure; revelation [29]

feltétel, -t *n.* condition [15]

feltűnik *v.* appear, come in sight [24]

felugrik *v.* spring up, jump up [14]

félút, -utat *n.* half-way [27]

felvesz *v.* take up, pick up; put on, get on [10]

felvétel, -t *n.* photograph; snapshot; **színes ~** colour photograph [11]

felvonulás, -t *n.* march up, procession, parade [21]

fenék, feneket *n.* bottom; **fenekestül felforgat** turn upside down [27]

fent, *or,* **fenn** *adv.* above, up [4]; **~ van** be up [23]

fenntart *v.* maintain, preserve, keep [19]

fénykép, -et *n.* photo, snap [11]

fényképez *v.* take photo, make snapshots [12]

fényképezőgép, -et *n.* camera [12]

fénylik *v.* glitter, shine, gleam, glare [9]

fenyő, -t *n.* pine(-tree), fir(-tree) [18]

fenyőerdő, -t, -erdeje *n.* pine-forest, fir-wood [18]

Ferenc, -et *n.* Francis [24]

Ferencváros, -t *n.* (district in Budapest) [24]

férfi, -t *plur.* férfiak *n.* man [2]

férfiruha, '-t *n.* suit, man's clothes [6]

férj, -et *n.* husband [11]

fest *v.* paint [17]

festészet, -et *n.* painting [27]

festmény, -t *n.* painting, picture [14]

festő, -t *n.* painter, artist [20]

festőművész, -t *n.* painter-artist [20]

fésű, -t *n.* comb [2]

feudális *adj.* feudal [29]

fia (fiam, fiad, etc.) *n.* son [11]

fiacskám (fiacskád, fiacskája, etc.) *n.* Sonny, little boy [30]

fiatal *adj.* young [3]

fiatalkori *adj.* from young days [30]

figyel *v.* listen to, be attentive, watch [5]

figyelmeztet *v.* warn; call attention; remind [16]; **figyelmeztető tábla** (warning-)notice [16]

fillent *(dialectal)* = **füllent** *v.* tell a fib, fib [30]

fillér, -t, -je *n.* fillér (smallest Hungarian coin) [6]

filléres *adj.* cheap [12]

film, -et, -je *n.* film, picture [12]

finom *adj.* fine [6]

fiók, -ot, -ja *n.* drawer [14]

fiú, -t *n.* boy [2]

fizet *v.* pay [6]

fizika, '-t *n.* physics [10]

fodrász, -t *n.* hairdresser [23]

fog, -at *n.* tooth [13]

fog *v.* hold, catch; *(auxiliary verb)* shall, will [20]

fogad *v.* receive; welcome, entertain (guests) [7]

fogadtatás, -t *n.* welcome, reception [7]

fogalmazás, -t *n.* composition, draft [11]

fogas, -t *n.* coat-rack, rack [1]

fogás, -t *n.* course, dish [9]

fogkefe, '-t *n.* tooth-brush [23]

fogkrém, -et, -je *n.* tooth-paste, dentifrice [23]

foglal *v.* occupy, seize [7]; **helyet ~** take a seat [13]; **állást ~** take sides [30]

foglalkozás, -t *n.* profession, occupation, trade [11]

foglalkozik vmivel *v.* deal with, be employed, be occupied [18]

fogódzik, *or* **fogódzkodik** *v.* hold on [16]
fogoly, foglyot *n.* prisoner; captive [26]
fogva *postp.* **-tól, -től** ~ from . . . on [21]
fok, -ot *n.* degree, scale [13]
fokoz *v.* boost, speed up [16]
fokozódik *v.* increase, intensify [28]
folyamán *postp.* in the course of, during, while [19]
folyékony *adj.* fluid, liquid; fluent [21]
folyik *v.* flow; go on, be going; **tovább** ~ continue [13]
folyó, -t *n.* river, stream [3]
folyó hó this month [20]
folyosó, -t *n.* corridor [16]
folytán *postp.* in consequence of, as a result of [30]
folyvást *adv.* continually, without a break [26]
fontos *adj.* important [18]
fordít *v.* turn; translate, render [5]
fordítás, -t *n.* translation [1]
fordul vkihez *v.* turn to sy [11]
fordulatos *adj.* lively, full of surprise, full of turns [28]
forgalmas *adj.* busy [15]
forgalom, forgalmat *n.* traffic [8]
forint, -ot, -ja *n.* forint (Hungarian coin) [4]; **forintos** forint-piece [17]
forma, '-t *n.* form, shape [17]; **jó formában van** be in good form [24]
forr *v.*: **eggyé** ~ unite [28]
forradalom, forradalmat *n.* revolution [19, 26]
forrás, -t *n.* spring, source [25]
forró *adj.* hot, boiling [18]
forradalmi *adj.* revolutionary [26]
fő *adj.* main, chief, important [13]; *n.* main thing [25]
főiskola, '-t *n.* academy; **Zeneművészeti** ~ Academy of Music [20]
főként *adv.* mainly, chiefly [28]
föld, -et, *n.* earth; land, ground [10]
földbirtok, -ot *n.* landed property, landed estate [29]
földgáz, -t *n.* natural gas [18]
földművelés, -t *n.* agriculture [18]
földrajz, -ot *n.* geography [10]
földszint, -et *n.* ground floor [14]
földszinti *adj.* on the ground floor [16]

földterület, -et *n.* territory [18]
fölé *postp.* above, over [14]
fölmelegedik = felmelegedik
fölött *postp.* above, over [14]
főszereplő, -t *n.* leading figure, chief character [27]
főúr, -at *n.* aristocrat [20]
főúri *adj.* aristocratic [20]
főváros, -t *n.* capital [8]
fővárosi *adj.* of the capital, municipal, metropolitan [20]
főz *v.* cook, prepare (a meal) [5]
főzelék, -et *n.* vegetable dish, greens [9]
francia *adj. and n.* French; Frenchman [4]
friss *adj.* fresh [6]
fúj *v.* blow [7]
furcsa *adj.* curious, strange, funny [23]
fut *v.* run [17]
futás, -t *n.* run(ning); race [24]
futószám, -ot *n.* running events, race [24]
fű, füvet *n.* grass [6]
függ *v.* hang [15]
függöny, -t *n.* curtain [14]
fül, -et *n.* ear [6, 12]
fülemüle, '-t *n.* nightingale [28]
füllent *v.* tell a fib, fib [30]
fürdés, -t *n.* bath(ing), bathe [22]
fürdik *v.* have/take a bath, bathe [20]
fürdő, -t *n.* bath, public baths; pool [8]
fürdőszoba, '-t *n.* bathroom [14]
fürdőváros, -t *n.* spa, watering-place, health-resort [25]
fürt, -öt, -je *n.* bunch, cluster [9]
füstöl *v.* fume, smoke [25]
füstölög = füstöl *v.* emit smoke, smoulder [25]
fűt *v.* heat [17]
fűtés, -t *n.* heating [14]
fűz *v.* stitch, sew (book); thread (needle); connect, attach [20]
füzet, -et *n.* exercise book [1]

G

gabona, '-t *n.* grain, corn [18]
galamb, -ot, -ja *n.* pigeon [15]; **galambom** my darling [15]

gáz, -t *n.* gas [14]

gazdag, -ot *adj.* and *n.* rich [3]

gazdálkodás, -t *n.* farming [18]; economy, management

gazdasági *adj.* farming; economic [18]

gége, '-t *n.* throat, larynx [28]

gégebaj, -t *n.* throat trouble [28]

Gellért, -et, -je *n.* Gerald [8]

gémberedik *v.* grow stiff (with cold) [29]

geológia, '-t *n.* geology [25]

geológiai *adj.* geologic(al) [25]

geometria, '-t *n.* geometry [11]

gép, -et *n.* machine; apparatus [12]

Géza, '-t *n.* (Hungarian name for man) [2]

gól, -t, -ja *n.* goal (sport) [24]

gólya, '-t *n.* stork [3]

golyóstoll, -at *n.* ball-point pen [12]

gond, -ot, -ja *n.* care, worry, trouble [26]

gondnok, -ot *n.* steward; warden [7]

gondol vmire *v.* think of [11]

gondolkodás, -t *n.* thinking, thought; (frame of) mind [26]

gondolkodik, *or,* gondolkozik *v.* think; reflect [23]

gondos *adj.* careful, conscientious [27]

gondoskodik vkiről *v.* take care of, look after [27]

gótikus *adj.* Gothic [25]

gróf, -ot, -ja *n.* count [19]

gúnyolódik *v.* mock, make fun of [28]

guzsaly, -t *n.* distaff [30]

Gy

gyakori *adj.* frequent [18]

gyakorlás, -t *n.* exercise, practice [15]

gyakorlat, -ot *n.* exercise [1]

gyakorlati *adj.* practical [18]

gyakorol *v.* practise, exercise [15]

gyakran *adv.* frequently, often [15]

gyalázat, -ot *n.* scandal, shame, dishonour

gyalog *adv.* on foot, afoot [15]

gyalogos *adj.* pedestrian, walker [15]; *n.* infantryman [27]

gyanú, -t *n.* suspicion; gyanúba kever make sy suspected [29]

gyár, -at *n.* factory [11]

gyárkémény, -t *n.* chimney-stack [25]

gyáva *adj.* coward [26]

gyávaság, -ot *n.* cowardice [26]

gyenge *adj.* weak, feeble, infirm

gyep, -et, -je *n.* lawn, grass [16]

gyerek, -et *n.* child [2]; úri ~ child of upper-class parents [29]

gyerekszoba, '-t *n.* nursery, children's room [14]

gyermek, -et = gyerek *n.* child [7]

gyermekes anya, '-t *n.* mother with child [16]

gyermekvers, -et *n.* nursery rhyme [7]

gyere! gyertek! *v.* come! [17]

gyerünk! *v.* let us go! [17]

gyógyforrás, -t *n.* medicinal spring, mineral spring [25]

gyógyfürdő, -t *n.* medicinal bath, spa [18]

gyógyít *v.* cure, heal [13]

gyógyszer, -t *n.* medicine, drug [13]

gyógyszertár, -t *n.* chemist's shop, pharmacy [13]

gyógyul *v.* be cured, be healing up [13]

gyógyvíz, -vizet *n.* mineral water, medicinal water [18]

gyomor, gyomrot *n.* stomach [13]

gyomorrontás, -t *n.* indigestion, upset stomach [13]

gyors *adj.* quick, fast, rapid [8]

gyorsan *adv.* quickly, fast, rapidly [9]

gyorsúszás, -t *n.* free style swimming [24]

gyorsvonat, -ot *n.* fast train [17]

gyönyörű *adj.* wonderful, splendid [7]

gyönyörűség, -et *n.* pleasure; delightfulness [29]

Györgyi, -t *n.* Georgina [22]

győz *v.* win, gain a victory [24]

gyufa, '-t *n.* match [11]

gyufásdoboz, -t *n.* box of matches [11]

Gyula, '-t *n.* Julius [20]; (town in the Great Hungarian Plain) [29]

gyulladás, -t *n.* inflammation [13]

gyűjt *v.* collect, gather together [12]

gyűjtemény, -t *n.* collection [12]

gyülekezik *v.* gather, assemble, rally [26]

gyűlés, -t *n.* meeting, assembly [17]

gyümölcs, -öt *n.* fruit [2]

gyümölcsfa, '-t *n.* fruit-tree [3]

gyümölcsös, -t *n.* orchard [14]

gyümölcsöskert, -et, -je *n.* fruit garden [14]

H

ha *conj.* if [5]

háború, -t *n.* war [26]

hacsak *conj.* if only, if at all; ～ **lehet** if possible [20]

hadbíró, -t *n.* judge of military tribunal [27]

hadbíróság, -ot *n.* military tribunal [27]

hadd! *int.* let; ～ **lássam!** let me see! [17]

hadjárat, -ot *n.* campaign [27]

hadsereg, -et *n.* army [27]

hadvezér, -t *n.* general, commander [29]

hagy *v.* let, leave [17]

hagyma, '-t *n.* onion [18]

hagyomány, -t *n.* tradition [27]

haj, -at *n.* hair [11]

hajkefe, '-t *n.* hairbrush [23]

hajlék, -ot *n.* home, shelter; cover, roof [28]

hajó, -t *n.* ship [15]

hajvágás, -t *n.* hair-cut [23]

hajvágatás, -t *n.* hair-cut [23]

hal, -at *n.* fish [9]

halad *v.* go on, advance, proceed; go forward, progress [13]

haladó *adj.* progressive [27]

halál, -t *n.* death [26]

halálbüntetés, -t *n.* death-penalty, capital punishment [27]

Halászbástya, '-t *n.* Fishermen's Bastion [25]

halászlé, -lét, *or,* -levet *n.* fish stew, chowder [9]

halaszt *v.* postpone, defer, adjourn [17]

halk *adj.* soft, low [13]

hall *v.* hear, perceive [7]

hallgat vmit *v.* listen to [7]; be silent [17]

hallgató, -t *n.* listener; **egyetemi** ～ student [5]

halló! *int.* hallo! [20]

hálószoba, '-t *n.* bedroom [14]

hamar *adv.* soon, fast, quickly [12]; **minél hamarabb** as soon as possible [22]

hamarosan *adv.* soon, in a little while [22]

hamiskás *adj.* mischievous, roguish [30]

hamutartó, -t *n.* ash-tray [14]

hanem *conj.* but [1]

hang, -ot, -ja *n.* sound, voice [15]

hangverseny, -t *n.* concert [15]

hangversenyterem, -termet *n.* concert hall [25]

hangzik *v.* sound [17]

hangya, '-t *n.* ant [15]

hány? *pron.* how many? [4]

hányad? *pron.* what (which) part? [18]

hányadik? *pron.* which number? how many? [18]

hányadika? *pron.* what is the date (today)? [21]

hanyatlik *v.* (be in) decay, decline, fail [28]

hányszor? *pron.* how often? how many times? [18]

haragszik *v.* be angry [29]

harc, -ot *n.* fight, combat, battle; struggle [15]

harcol *v.* fight, strive [26]

harctér, -teret *n.* battlefield [27]

harisnya, '-t *n.* stocking [6]

harmadik *num.* third [3]

Hármashatárhegy, -et *n.* Three-Border Hill [25]

harminc *num.* thirty [6]

három *num.* three [3]

háromnegyed *num.* three-quarters [4]

háromszög, -et *n.* triangle [11]

has, -at *n.* belly, abdomen [13]

hasogat *v.* split, cut up in pieces [14]

hasonlít vkihez *v.* be similar to sy; resemble, be like sy

használ *v.* use, make use of; be useful [19]

használat, -ot *n.* use, usage [21]

hasznos *adj.* useful, serviceable [3]

haszon, hasznot *n.* advantage, benefit; profit, gain [28]

hat *num.* six [4]

hát, -at *n.* back [13]

hát *conj.* well, why, then [15]

hatalmas *adj.* monumental, enormous, mighty [7]

hatalom, hatalmat *n.* power, might [3]

határ, -t *n.* frontier, border [18]; *(sing.)* the fields (of a village), surrounding, environs [30]

határoz *v.* decide, determine, resolve [20]

hatás, -t *n.* effect, influence [26]

hátizsák, -ot, -ja *n.* knapsack [17]

hatodik *num.* sixth [6]

hátul *adv.* at the back, behind [3]

hatvan *num.* sixty [6]

havas *adj.* snowy, snow covered [7]

havazik *v.* it is snowing [21]

ház, -at *n.* house [3]

haza *adv.* home [10]

haza, '-t *n.* fatherland, native land [15]

hazaérkezik *v.* return home, arrive home [12]

hazafelé *adv.* homewards; **útban** ～ on the way home [23]

házi *adj.* home-, house-, domestic [10]; ～ **feladat** home-work [10]

háziállat, -ot *n.* domestic animal [2]

háztartás, -t *n.* household [11]; **háztartást vezet** keep house [11]

hazudik *v.* tell a lie, lie [30]

hazugság, -ot *n.* lie [30]

hazulról *adv.* from home [22]

hegy, -et *n.* mountain, hill [7]

hegyi *adj.* mountain [7]

hegyoldal, -t *n.* mountain-side, slope of mountain [18]

hegység, -et *n.* mountains [18]

hegyvidék, -et *n.* highlands [18]

hektár, -t *n.* hectare [25]

hely, -et *n.* place, seat, spot [7]; **helyet foglal** take a seat [7]

helyes *adj.* right, proper, correct; pretty, nice [16]

helyett *postp.* instead of, in place of [20]

helyiség, -et *n.* premises, room [16]

helyszín, -t *n.* locale, the spot [29]

helytartótanács, -ot *n.* council of governor-general [26]

helyzet, -et *n.* situation, state, position, site [21]

herceg, -et *n.* prince, duke [20]

hét, hetet *num.* seven [4]; *n.* week [22]

hetedik *num.* seventh [7]

hétfő, -t *n.* Monday [10]

hétköznap, -ot, -ja *n.* weekday [23]

hetven, -et *num.* seventy [6]

hí = **hív** *v.* call; name [26]

hiába *adv.* in vain [21]

hiányzik *v.* be missing, be absent [27]

hiba, '-t *n.* mistake, fault, slip [10]

hibátlan *adj.* faultless, correct, exact [15]

hibázik *v.* make a mistake, commit an error [18]

híd, hidat, -ja *n.* bridge [3]

hideg *adj.* cold [16]

hídépítő, -t *n.* bridge-builder [19]

hídfő, -t *n.* bridge-head [19]

himnusz, -t *n.* hymn, anthem [30]

hintaló, -lovat *n.* rocking horse [6]

hintázik *v.* swing, seesaw, rock

hír, -t *n.* news [26]

hirdet *v.* announce, proclaim, advertise [26]

hirdetés, -t *n.* advertisement, placard [16]

híres *adj.* famous, illustrious [9]

hisz, *inf.* hinni *v.* believe, think [9]

hiszen *adv.* and *conj.* why, because, surely, but [16]

hit, -et *n.* belief, faith [27]

hív, hívok *v.* call, name [9]

hivat *v.* send for sy; have sy called [22]

hivatalos *adj.* official [19]

híve vkinek/vminek *n.* follower, adherent, faithfully [30]

híven *adv.* truly [30]

hó, havat *n.* snow [7]; **esik a** ～ = havazik: be snowing

hódít *v.* conquer, subdue [19]

hófúvás, -t *n.* snow-storm, blizzard [21]

hogy *conj.* that [7]

hogy? = **hogyan?** *adv.* how? [12]

hogyha *conj.* if [22]

hogy-hogy? *adv.* how then? [28]

hogyne *adv.* of course, naturally [30]

hol? *adv.* where [4]

holdfény, -t *n.* moonlight [22]

holnap *adv.* tomorrow [10]

holnapután *adv.* the day after tomorrow [21]

homokos *adj.* sandy [17]

hónap, -ot, -ja *n.* month [21]

honfoglalás, -t *n.* conquest, occupation of the country [19]

honnan? *adv.* whence? from where? [8]

honvédsereg, -et *n.* Honvéd-army, national army [26]

hord *v.* carry, bear; wear [23]

hordár, -t *n.* station porter [4]

hossz, -at *n.* length [17]
hosszat *postp.* along, during, for [21]
hosszú *adj.* long [3]
hova? *adv.* where? whither [8]
hoz *v.* bring, carry, fetch [7]; **rendbe ~** place in order, repair [23]
hozzá *adv.* to(wards) him [11]; **még ~** and what is more [23]
hozzáértés, -t *n.* expertness, competence [19]
hozzászokik vmihez *v.* get used to [21]
hőforrás, -t *n.* thermal spring [25]
hőmérő, -t *n.* thermometer [13]
hőmérséklet, -et *n.* temperature [13]
hős, -t *n.* and *adj.* hero; heroic [23]
hősiesség, -et *n.* heroism [27]
húg, -ot *n.* younger sister [10]
hull *v.* fall, drop down; **~ a hó** it is snowing [7]
hullám, -ot *n.* wave [26]
humor, -t *n.* humour [28]
hun, -t *adj.* and *n.* Hunnish; Hun [19]
hunyorog *v.* blink [28]
hús, -t *n.* meat, flesh [6]
húsleves, -t *n.* meat soup, broth [9]
húsz, -at *num.* twenty [6]
huszár, -t *n.* hussar, cavalryman [27]
húz *v.* draw, pull [23]
hű *adj.* faithful, true, loyal [18, 30]
hűvös *adj.* cool, fresh, chill [16]

I

ibolya, '-t *n.* violet [24]
ideg, -et *n.* nerve [13]
idegen, -t *n.* and *adj.* stranger, foreigner; strange, foreign [8]; **~ hangzású** foreign-sounding [26]
idejön *v.* come here [21]
idén *adv.:* **az ~** this year [16]
idő, -t, ideje *n.* time [2]; weather [4]; **jut ~ vmire:** have time, time is left [24]; **időt tölt** pass, spend (time) [17]; **itt az ideje** it is time [23]
időjárás, -t *n.* weather [21]
időjárásjelentés, -t *n.* weather forecast [21]
időjós, -t *n.* weather forecaster [21]

idős *adj.* old, aged, elderly [26]
időszak, -ot *n.* period, space, time [19]
időszámítás, -t *n.* era, calendar, time [19]
ifjú, -t *n.* and *adj.* young man; young [7]
ifjúmunkás, -t *n.* young worker [7]
igaz, -at *adj.* and *n.* true; truth; **igaza van** he is right [20]
igazán *adv.* indeed, truly [6]
igazgató, -t *n.* headmaster, director [16]
igazi *adj.* true, real, authentic [26]
igazság, -ot *n.* truth, fact [9]; justice [26]
igazságos *adj.* just, fair(-minded) [30]
igen *int.* yes [1]; *adv.* very [3]
ígér *v.* promise [20]
ígéret, -et *n.* promise [20]
ígérkezik *v.* promise to be sg, is going to be [23]
így *adv.* so, thus, in this way [6]
igyekszik, *or,* **igyekezik** *v.* endeavour, strive, work hard [16]
ijed *v.* take fright, be startled [13]
ijedt *adj.* frightened [13]
illat, -ot *n.* aroma [13]
illatos *adj.* fragrant, sweet-smelling, odorous [9]
illetőleg *adv.* respectively, or rather
illik *v.* fit (into), match; be meet, be proper [22]
Ilona, '-t *n.* Helen [2]
ily, ilyen *adj.* such; *adv.* so [3, 9]
ilyenkor *adv.* at this time [21]
ilyesmi *pron.* such a thing, the like of it [22]
immár *(obsolete) adv.* already, here and now [23]
impertinens fráter *n.* impertinent fellow, scoundrel [28]
Imre, '-t *n.* Emeric, Emery [12]
indul *v.* start, begin to move, depart [8]
indulás, -t *n.* departure, start [17]
influenza, '-t *n.* influenza [13]
ing, -et *n.* shirt [6]
ingujj, -at *n.* shirt-sleeve [21]
ingyen *adv.* gratis, for nothing, free of charge [29]
ingyentej, -et *n.* free milk [29]
injekció, -t *n.* injection [13]
inkább *adv.* rather, sooner, more, better [5]; **~ szeret** prefer [5]
innen *adv.* from here [8]

innen-onnan *adv.* from here and there [17]

intézet, -et *n.* institute [21]

ipar, -t *n.* industry [18]

ipari *adj.* industrial [18]

iparos, -t *n.* tradesman, handicraftsman [30]

iparváros, -t *n.* industrial town [18]

ír, írok *v.* write [5]

iránt *post.* in, about, for, in the direction, towards [24]

iránti *adj.* concerning, towards [29]

írás, -t *n.* writing [28]

Irén, -t *n.* Irene [11]

író, -t *n.* writer [4, 13]

íróasztal, -t *n.* writing-dcsk [10]

iroda, '-t *n.* office, bureau [17]; **utazási ~** travel agency [17]

irodalom, irodalmat *n.* literature [19]

irtózatos *adj.* horrible, dreadful [30]

is *conj.* also, too [2]

is . . . is *conj.* both . . . and [13]

iskola, '-t *n.* school [10]

iskolaorvos, -t *n.* school doctor [13]

ismer *v.* know, be acquainted [7]

ismeretlen *adj.* unknown [10]

ismerős, -t *n.* and *adj.* acquaintance; known [12]

ismét *adv.* again [10]

ismétel *v.* repeat [12]

ismétlődik *v.* repeat itself, be repeated [26]

istálló, -t *n.* stable, cow-house [3]

Isten, -t *n.* God, god [26]

István, -t *n.* Stephen [10]

iszik *inf.* inni *v.* drink [9]

ital, -t *n.* drink, beverage, potion [9]

ítél *v.* judge, pass judgement [27]

ítélet, -et *n.* sentence, judgement [27]; **ítéletet mond** pass a judgement/sentence [30]

itt *adv.* here [2]

itthon *adv.* at home [12]

íz, -t *n.* taste [13]

izen = üzen *v.* let sy know, send a message [26]

ízes *adj.* savoury, tasty [29]

izgalmas *adj.* exciting, thrilling [15]

izgat *v.* excite, stir up [27]

izgatott *adj.* excited [17]

ízléses *adj.* tasteful, neat [8]

ízlik *v.* like [15]

izom, izmot *n.* muscle [13]

izzad *v.* perspire, sweat [21]

J

jaj! *int.* oh! ah! [17]

János, -t *n.* John [2]

január, -t, -ja *n.* January [21]

jár *v.* go, walk [10]

járás, -t *n.* going, walking; course; **a maga járásán** (go) one's own way [28]

járda, '-t *n.* pavement, sidewalk [16]

jár-kel *v.* come and go, wander about [27]

játék, -ot *n.* toy, game, play [6]

játékszer, -t *n.* toy, plaything [15]

játszik *v.* play [9]

játszótér, -teret *n.* playground [16]

javára *postp.* in favour, for the benefit, to [24]

javasol *v.* propose, suggest, move [17]

javít *v.* mend; better, correct; mark (an exercise) [10]

javul *v.* improve, get better [21]

jég, jeget *n.* ice [7]

jéghideg *adj.* icy cold, chilly [21]

jegy, -et *n.* ticket [8]

jel, -et *n.* sign, mark [28]

jelen, -t *adj., n.* and *adv.* present [5]

jelent ? n [10]; report, announce

jelentkezik *v.* present oneself, report; **katonának ~** join the army [26]

jelentős *adj.* considerable, important [18]

jeleskedik *v.* excel in sg [28]

jelleg, -et *n.* (external) character, type [29]

jelzés, -t *n.* signal, mark [16]

jelző, -t *n.* attribute; **díszítő ~** epithet [29]

jelzőlámpa, '-t *n.* signal lamp, traffic light [16]

Jenő, -t *n.* Eugene [27]

jó *adj.* good [2]; **jót tesz** vkinek vmi: do good [22]

jobb *adj.* better; right [19]; **jobbra** to the right [4]; **jobb parti** *adj.* (of the) right bank [19]

jobbágy, -ot *n.* serf [26]

jog, -ot *n.* right, title, claim; law, juris-prudence [26]

jól *adv.* good, well [5]; ～ **áll** vkin vmi: become fit sy well [22]

jólesik vkinek vmi *v.* be pleased by, do sy good [9]

jómódú *adj.* well-to-do, wealthy [27]

jósol *v.* foretell, prophesy [21]

jön *v.* come [7]

jövendő = **jövő** *n.* and *adj.* future [16, 27]

Jucika, '-t *n.* Judy [16]

juh, -ot *n.* sheep [18]

juhtenyésztés, -t *n.* sheep-farming [18]

július, -t July [21]

június, -t *n.* June [21]

jut *v.* get to, arrive [8]; **idő** ～ vmire: have time [24]

jutalom, jutalmat *n.* reward, prize [24]

juttat *v.* let sy, get sy, bring sy to [29]

K

kabát, -ot, -ja *n.* coat, jacket [2]

kacag *v.* laugh heartily [30]

kacagás, -t *n.* loud laugh, hearty laugh [30]

kacsa, '-t *n.* duck [18]

kagyló, -t *n.* (cockle-)shell; **(telefon-)** ～ receiver [12]

kakas, -t *n.* cock [3]

kalap, -ot, -ja *n.* hat [2]

kalauz, -t *n.* conductor

kalauznő, -t *n.* conductress, (woman) conductor, clippy [17]

Kálmán, -t, -ja *n.* Coloman [28]

kályha, '-t *n.* stove [15]

kanadai *adj.* Canadian [4]

kanál, kanalat *n.* spoon [9]

kap *v.* get, receive [6]; **kedvet** ～ take a fancy to sg [28]

kapaszkodik *v.* cling on [16]

kapitalista, '-t *n.* capitalist [28]

kapitalizmus, -t *n.* capitalism [28]

Kápolna, '-t *n.* (village in Hungary) [27]

kapu, -t *n.* gate; goal [101]

kapusarok, -sarkot *n.* corner of the gate [29]

kar, -t, -ja *n.* arm [13]

kár, -t *n.* damage, detriment; ～ + *inf.* it is no use [28]

karácsony, -t *n.* Christmas [6]

karcsú *adj.* slender, slim [25]

kardvívó, -t *n.* fencer [24]

karikagyűrű, -t *(popular)* *n.* wedding-ring [29]

Károly, -t *n.* Charles [2]

Kárpát-medence, '-t *n.* Carpathian basin [19]

Kárpátok *plur.,* -at *n.* Carpathians [18]

kartárs, -at *n.* colleague, fellow-worker [2]

kartársnő, -t *n.* woman colleague [2]

kártya, '-t *n.* card [24]

kártyázik *v.* play card [24]

kastély, -t *n.* manor-house, country-seat [22]

Katalin, -t *n.* Catherine [13]

Kató, -t *(nickname) n.* Kate [11]

katona, '-t *n.* soldier [4]

katonaság, -ot *n.* the military, the army [26]

katonatiszt, -et, -je *n.* officer [11]

kávé, -t *n.* coffee [9]

kávéház, -at *n.* café [20]

kazán, -t, -ja *n.* boiler [14]

kedd, -et, -je *n.* Tuesday [10]

kedélyes *adj.* jovial, cheerful [28]

kedv, -et *n.* liking; mood, temper; disposition [15]; **kedve van** vmire, *or,* vmihez: feel like, mind [20]; **kedvet kap** be attracted by, take fancy to sg [28]; **kedvét keresi** vkinek: try to please sy [29]

kedvel *v.* be fond of, like, love [21]

kedves *adj.* dear, kind, lovely [3]

kefe, '-t *n.* brush [23]

kegyelem, kegyelmet *n.* mercy, grace [27]

kék *adj.* blue [2]

kékszakállú *adj.* blue-bearbed [20]

kel = **felkel** *v.* rise, get up [16]

kelet, -et *n.* East, Orient [4, 18]

keleti *adj.* eastern [4]

kell *v.* must [8]; **nekem** ～ I must [12]; ～ **vkinek** vmi: need [12]

kellemes *adj.* pleasant, agreeable [7]

kellemetlen *adj.* unpleasant, disagreeable [21]

kelt *v.:* **nevetést kelt** make sy laugh [30]

kelta *adj.* and *n.* Celtic; Celt [19]

kemence, '-t *n.* oven, furnace, kiln; **mészégető** ~ lime-kiln [19]

kemény *adj.* hard [6]

kémény, -t *n.* chimney [14]

kémia, '-t *n.* chemistry [10]

kény, -t *n.* tyranny, despotism [26]

kényelmes *adj.* comfortable [6]

kenyér, kenyeret *n.* bread [9]; **vajas** ~ bread and butter [17]

kénytelen *adj.:* ~ vmire: be obliged, be forced [27]

kép, -et *n.* picture, face [1]; **elnyúlik a képe bámulatában** make a long face in his amazement [30]

képest: vmihez képest *postp.* in comparison with sg [18]

képtelen *adj.* unreasonable, absurd; unable, unfit [30]

képviselő, -t *n.* deputy, Member of Parliament [20]

képviselőtárs, -at *n.* fellow M. P. [20]

képzel *v.* imagine, suppose [23]

képzelőerő, -t, -ereje *n.* imagination, inventive power [27]

kér *v.* ask for sg [6]

kérdés, -t *n.* question [1]

kérdez *v.* ask, put a question [5]

kerek *adj.* round [15]

kerék, kereket *n.* wheel; **kereket old** take to one's heels [28]

kereken *adv.* roundly [18]

kerekes *adj.* wheeled; ~ **kút** draw-well [11]

kerékpár, -t, -ja *n.* bicycle [15]

keres *v.* look for, seek [6]; **pénzt** ~ earn; **kedvét keresi** vkinek: to please sy [29]

keresés, -t *n.* seeking, search [20]

kereset, -et *n.* earnings, income [26]

kereskedelem, kereskedelmet *n.* trade, commerce [18]

kereskedő, -t, *n.* merchant, tradesman

keresztül *postp.* through, across [22]

kert, -et, -je *n.* garden [3]

kertes ház, -at *n.* house with garden [10]

kertgazdálkodás, -t *n.* horticulture [18]

kerül *v.:* vhova ~ get somewhere, arrive at, get to, fall into; vmibe ~ cost

sor ~ vkire: take one's turn [12]; **kezére** ~ get hold of, capture [19]; **kezébe** ~ get/come/fall into sy's hands [26]; **napvilágra** ~ come to light, reveal [29]

kerület, -et *n.* district [25]

kés, -t *n.* knife [9]

késedelem, késedelmet *n.* delay [3]

keserű *adj.* bitter [9]

késés, -t *n.* delay, late arrival; **késése van** to be late [17]

késik *v.* be behind, be slow [23]

keskeny *adj.* narrow [3]

késő *adv.* late [10]

későbbi *adj.* later, subsequent [28]

készen *adv.* ready, finished [12]

készít *v.* make, prepare; make ready [9]

készruha, '-t *n.* ready-made suit [22]

kesztyű, -t *n.* glove(s) [6]

készülék, -et *n.* apparatus; *(here:)* telephone [12]

készülődik *v.* prepare (oneself) for, get ready for [17]

két, kettő *num.* two [4]

kétségkívül *adv.* without doubt, undoubtedly [20]

kétségtelen *adj.* unquestionable, doubtless [24]

kettő, két *num.* two [2]

kettős *n.* duet [20]; *adj.* double, twofold

kever *v.* mix; **gyanúba** ~ make sy suspected [29]

kevés *adj.* few, little [18]

kevésbé *adv.* less [18]; **annál** ~ that much less

kéz, kezet *n.* hand [9]; **kezet fog** shake hands [9]; **kéznél van** be near at hand [12]; **kezére kerül** get hold of, capture [19]

kezd *v.* begin, start [10]

kezdet, -et *n.* beginning, start [6]

kezdődik *v.* begin, start, set in [16]

kezdve: -tól, -től kezdve *postp.* from on [21]

kezel *v.* treat [13]; handle; check; manage, administer, punch (ticket)

kezelés, -t *n.* treatment [13]; punch, control [17]

kézfej, -et *n.* (part of) hand (between wrist and fingers) [13]

kézimunka, '-t *n.* needlework, embroidery [14]

ki? *plur.* kik? *pron.* who? [2]

ki = aki *pron.* who [16]; *adv.* out, outwards [8]

kiabál *v.* cry, shout [17]

kiad *v.* give out; publish; let (on lease) [22]

kiállítás, -t *n.* exhibition, exposition [15]

kiált *v.* call, cry, exclaim [8]

kibír *v.* endure [17]

kibont *v.* open, unpack [12]

kibontakozik *v.* develop, assert oneself [27]

kicsi *adj.* little, small [3]

kicsoda? = ki? *pron.* who? [28]

kicsordul *v.* overflow, run over; ~ a könny he (she) sheds tears [27]

kidalol *v.* name in a song [22]

kiderít *v.* clear up, bring to light [29]

kié? *pron.* whose? [14]

kiejtés, -t *n.* pronunciation [1]

kielégít *v.* satisfy [30]

kiéleződik *v.* sharpen, become strained [28]

kifejez *v.* express, voice [28]

kifejezés, -t *n.* expression, phrase, term, idiom [15]

kifejlődik *v.* develop; *(here:)* ensue [28]

kifogás, -t *n.* excuse, objection [24]

kifüllenti magát *v.* get out of (a difficulty) by telling a lie [30]

kigúnyol *v.* make fun of [28]

kiír *v.* write out, copy out [10]

kijavít *v.* correct, rectify, repair [10]

kijön *v.* come out [8]

kikérdez (leckét) *v.* hear the lesson [10]

kikeres *v.* look up, search for, choose, select [10]

kilátás, -t *n.* view, sight, panorama [8]

kilátó, -t *n.* look-out tower [21]

kilenc, -et *num.* nine [4]

kilencedik *num.* ninth [9]

kilencven, -et *num.* ninety [6]

kilép *v.* step out [12]

kilincs, -et *n.* door-handle, latch [14]

kiló, -t (kg) *n.* kilogramme [6]

kilométer, -t *n.* kilometre [17]

kimegy *v.* go out [8]

kíméletlen *adj.* ruthless, merciless [30]

kimond *v.* speak out, pronounce, express [15]

kimos *v.* wash (out), launder [23]

kínál vkit vmivel *v.* offer [11]

kínálkozik *v.* offer oneself [25]

kinyit *(deep-voweled)* *v.* open [10]

kiöblít *v.* rinse (out), wash out [23]

kipróbál *v.* try, test [16]

kirak *v.* take out, unload, lay out [11]

kirakat, -ot *n.* shop-window, show-window [8]

király, -t *n.* king [19]

kirándul *v.* go on an excursion [7]

kirándulás, -t *n.* excursion, trip; **kirándulást tesz** make an excursion [7]

kirándulóhely, -et *n.* place of excursion [25]

kis *adj.* little, small [3]; **egy** ~ a little, some [9]

kisangyalom *n.* my darling [19]

kisebb-nagyobb *adj.* greater and smaller [18]

kísérő, -t *n.* attendant [26]

kisétál *v.* go out for a walk [25]

kislány, -t *n.* little girl, young girl; **barna** ~ brunette [11]

kispolgárság, -ot *n.* petty bourgeoisie [29]

kisül vmiből vmi *v.* turn out, come to light [30]

kiszabadít *v.* liberate, release, set free, deliver [26]

kiszakít *v.* tear, rend, rip [27]

kiszáll *v.* get off, get down, alight [8]

kiszolgálás, -t *n.* service [6]

kiszopogat *v.* suck out, keep sucking [29]

kitalál *v.* find out, guess, invent [11]

kitart *v.* endure, persevere [24]

kitartás, -t *n.* endurance, persistency, holding out [24]

kitesz *v.* put out; amount [28]

kitisztít *v.* clean [23]; **kitisztíttat** have it cleaned [23]

kitölt *v.* fill in [12]

kitör *v.* break out [19]
kitűnő *adj.* excellent, eminent [6]
kiválaszt *v.* choose, select [23]
kiváló *adj.* excellent, outstanding [7]
kíván *v.* wish [6]
kíváncsi *adj.* curious, inquisitive, wondering [11]; ~ vmire: be curious to know [11]
kivasal *v.* iron [23]
kivesz *v.* take out [8]; **kiveszi részét** vmiből: take one's share of [19]
kivisz *v.* take out, carry out, export [9]
kivív *v.* win, gain, attain [26]
kivonul *v.* march out, withdraw from, leave [19]
kivonulás, -t *n.* withdrawal, marching to, parade, evacuation [19]
kívül *adv.* outside; *postp.* vmin ~ out of, apart from; besides [18]
kívülről *adv.* from outside; by heart
klasszikus *adj.* classical [25]
kocka, '-t *n.* cube, die [9]
kockacukor, -cukrot *n.* lump of sugar [9]
kócos *adj.* tousled, uncombed [29]
kocsi, -t *n.* waggon, carriage, vehicle, car [8]
kocsis, *n.* coach-man, driver [18]
kolbász, -t *n.* sausage [23]
Kolozsvár, -t *n.* (town in Transylvania) [30]
Komárom, -ot *n.* (town on the Danube) [27]
komikus *adj.* comical, droll [30]
kommunista, '-t *adj.* and *n.* communist [19]
komoly *adj.* earnest, stern [30]
kongresszus, -t *n.* congress [4]
konok *adj.* stubborn, obstinate [30]
konyha, '-t *n.* kitchen [14]

kopogtat *v.* knock (at), percuss [13]
koporsó, -t *n.* coffin [28]
koptat *v.* wear out, abrade, use up [28]
kor, -t *n.* age, epoch, era, time [20]
korabeli *adj.* contemporary, of the age, of the period [29]
korán *adv.* early, in good time [16]
korcsolyázik *v.* skate [21]

kormány, -t *n.* government, cabinet, regime [19]
kormánybiztos, -t *n.* commissioner, commissary [27]
korruptság, -ot *n.* corruption [30]
korszak, -ot *n.* period, era, epoch, age [28]
kosár, kosarat, *n.* basket [8]
kosárlabda, '-t *n.* basket-ball [24]
Kossuth Lajos (statesman and military-governor in the years 1848—1849) [7]
kóstol *v.* taste, try [9]
kosztüm, -öt, -je *n.* costume [11]
kő, követ *n.* stone [6]
köd, -öt *n.* fog [21]
ködös *adj.* foggy, misty [21]
köhög *v.* (have a) cough [13]
kölcsönkér *v.* borrow [12]
költemény, -t *n.* poem [26]
költő, -t *n.* poet [26]
költőtárs, -at *n.* fellow-poet [26]
költözik *v.* move, change residence, migrate [19]
költség, -et *n.* expense(s), cost [27]
könny, -et *n.* tear [15]; **a ~e kicsordult** he (she) shed tears [27]
könnyű *adj.* easy, light [11]
könnyűzene, '-t *n.* light music [11]
könyök, -öt *n.* elbow [13]
könyv, -et *n.* book [1]; ~ **nélkül** by heart [10]
könyvesbolt, -ot, -ja *n.* bookshop [8]
könyvszekrény, -t *n.* book-case [10]
könyvtár, -t, *plur.* -ak *n.* library [23]
kőolaj, -at, -ok *n.* crude oil [18]
köré *adv.* (a) round; *postp.* round [14]
környék, -et *n.* surroundings, environs [15]
környezet, -et *n.* environment, periphery, surroundings [23]
köröm, körmöt *n.* nail [13]
köröskörül *adv.* all, round, round about [7]
körte, '-t *n.* pear [2]
körtefa, '-t *n.* pear tree [3]
körút, -utat, -ja *n.* boulevard, tour [25]
körül *adv.* and *postp.* (a)round, about [14]
körülbelül *adv.* about, approximately, roughly [17]
körülnéz *v.* look round [16]

körvonal, -at *n.* contour, outline [25]
kőszívű *adj.* stony-hearted, heartless, callous [27]
köszön vkinek *v.* greet, salute [6]; ~ vmit: thank for [7]
köt *v.* tie, bind [23]
kötény, -t *n.* apron [25]
kötés, -t *n.* bandage, dressing [13]
kötet, -et *n.* volume [28]
kövér *adj.* fat [3]
követ vkit/vmit *v.* follow [17]
követ, -et *n.* envoy; deputy [22]
követel *v.* claim, demand [24]
követelés, -t *n.* claim, demand [26]
következik *v.* follow, come next, succeed [9]
következő *adj.* following, succeeding; *n.* the next [13]
követség, -et *n.* mission, legation [22]
közben *adv.* meanwhile [11]; *postp.* during, while [16]
közé *postp.* (to, in) between, among [14]
közel *adv.* near; *n.* vicinity [15]
közeledik *v.* come nearer, draw near, approach [21]
közélet, -et *n.* public life [27]
közeli *adj.* near [16]
közép, közepet *n.* middle, centre [10]
középen *adv.* in the middle [10]
Közép-Európa, '-t *n.* Central Europe [18]
középhegység, -et *n.* mountain of medium height [18]
középiskola, '-t *n.* secondary school [30]
középkor, -t *n.* Middle Ages [25]
középkori *adj.* medieval, of the Middle Ages [25]
középosztály, -t *n.* middle class, bourgeoisie [30]
középpont, -ot, -ja *n.* centre [25]
középület, -et *n.* public building [25]
közlekedés, -t *n.* traffic, transport [16]
közmondás, -t *n.* proverb [2]
közöl *v.*
publish, quote [21]
közönség, -et *n.* audience, spectators [25]
közönségszervező, -t *n.* cultural propagandist [23]
közös *adj.* collective, common [10]
között *postp.* between, among [14]

központ, -ot, -ja *n.* centre [18]
központi *adj.* central [14]
köztársaság, -ot *n.* republic [5]
közül *postp.* from between, among [14]
közvetlenség, -et *n.* directness, immediacy, spontaneity [28]
közzene, '-t *n.* musical interlude, intermezzo [20]
krajcár, -t *n.* farthing [30]
krém, -et, -je *n.* cream, paste [23]
kréta, '-t *n.* chalk [1]
krumpli, -t *(colloquial) n.* potato [9]
kukorica, '-t *n.* maize [18]
kulcs, -ot *n.* key [22]
kulcslyuk, -at *n.* keyhole [22]
kulturális *adj.* cultural [25]
kút, -at, -ja *n.* fountain, well [11]
kutat *v.* search, do research work [25]
kutatóintézet, -et *n.* research institute [17]
kutya, '-t *n.* dog [2]
kutyaugatás, -t *n.* bark(ing) of dogs [22]
küld *v.* send [5, 12]
küldött, -et, -je *n.* delegate [4]
külföld, -et, -je *n.* foreign lands, abroad [5]
külföldi, -t, *plur.* -ek *n.* foreigner; *adj.* foreign [5]
külön *adv.* separate; *adv.* separately [12]
különböző *adj.* different, diverse [18]
különbség, -et *n.* difference [24]
különféle *adj.* diverse, various [18]
különös *adj.* curious, particular [28]
különösen *adv.* especially [15]
külső *adj.* outer, exterior [18]
külügyminiszter, -t *n.* Minister for Foreign Affairs [20]
küszködik *v.* struggle, strive [26]
küszöb, -öt *n.* threshold [14]
küzd *v.* struggle, contend, fight, battle [26]

L

láb, -at *n.* foot [11]; **a hegy lába** foot of mountain [19]
lábacska, '-t *n.* little foot [29]
labda, '-t *n.* ball [24]

labdarúgó, -t *n.* football-player [24]
lábfej, -et *n.* foot [13]
laboratórium, -ot *n.* laboratory [23]
lábszár, -at *n.* leg [13]
lábtörlő, -t *n.* door-mat [14]
Laci, -t *(nickname) n.* Ladislas [13]
ladik, -ot, -ja *n.* punt, barge [24]
Lajos, -t *n.* Lewis [2]
lak, -ot *(arch.) n.* cottage, villa, dwelling [15]
lakás, -t *n.* flat, dwelling, home [10]
lakik *v.* live [10]
lakocska, '-t *(arch.) n.* small cottage, small house [15]
lakos, -t *n.* inhabitant [18]
lakosság, -ot *n.* population [18]
lakótelep, -et *n.* housing estate, colony [25]
lámpa, '-t *n.* lamp [1]
lánc, -ot *n.* chain [19]
láng, -ot, -ja *n.* flame [15]
lángol *v.* flame, burn [27]
langyos *adj.* lukewarm, mild [23]
lány = leány *n.* girl [2]
lárma, '-t *v.* noise, din [15]
lassan *adv.* slowly, tardily [12]
lassú *adj.* slow [12]
lát *v.* see [7]
látnivaló, -t *n.* worth seeing, sight, show [24]
látogat *v.* visit [11]
látogatóban van vhol *v.* be on a visit to sy [30]
látóhatár, -t *n.* horizon [29]
látszat, -ot *n.* appearance [23]
látszik *v.* seem, be visible, appear [12]
látszólag *adv.* apparently, seemingly [25]
látvány, -t *n.* sight, view, spectacle [8]
láz, -at *n.* fever [13]; **lázat mér** take one's temperature [13]
leány, -t *n.* girl [2]
lebilincsel *v.* fascinate; thrill [28]
lecke, '-t *n.* lesson [1]
ledörzsöl *v.* rub off, give sy a rub-down [23]
leesik *v.* fall down [8]
lefekszik *v.* go to bed, lie down [16]
lefelé = lefele *adv.* downwards, downstairs [29]
lefoglal *v.* reserve [22]; seize, confiscate [26]

lefogy *v.* lose weight [30]
lefordít *v.* translate [10]
legalább *adv.* at least [17]
legelő, -t *n.* pasture [18]
legelső *adj.* (the very) first/best [30]
legény, -t *n.* lad, young man, bachelor [25]
legfeljebb *adv.* at (the very) most [18]
leginkább *adv.* mostly [18]
legutóbb *adv.* recently, lately, last [23]
légy, legyet *n.* fly [22]
legyőzhetetlen *adj.* invincible, unsurmountable [15]
léha *adj.* frivolous, light-minded [28]
lehajol *v.* bend, bow down [14]
lehet *v.* can be, may, be possible [6]
lehetetlen *adj.* impossible [22]
lehetőség, -et *n.* possibility [25]
lehetséges *adj.* possible [22]
lehűl *v.* cool down, turn cold(er) [21]
lehűlés, -t *n.* cooling down, fall in temperature [21]
leír *v.* write, put down [10]
lekvár, -t *n.* marmalade, jam [23]; **lekváros kenyér** bread and jam [23]
lel *v.* find [16]
lélek, lelket *n.* soul, spirit [24, 30]
lelép *v.* step down [16]
leleplez *v.* expose, reveal; unveil [30]
lelkes *adj.* enthusiastic, keen [26]
lelkesedés, -t *n.* enthusiasm [19]
lelkesedik *v.* be (become) enthusiastic [24]
lemegy *v.* go down, go downstairs; leave (for the country) [22]
lengyel *adj.* Polish; *n.* Pole [4]
lent, lenn *adv.* below [4]
lenyom *v.* press down [14]
leöntöget *v.* pour off, spill [29]
lép *v.* step [11]
lépcső, -t *n.* stair, step [10]
lépcsőház, -at *n.* staircase, stairhall [10]
lépés, -t *n.* step [19]
leplez *v.* hide, conceal [28]
leragaszt *v.* stick (down), seal [12]
leráz *v.* shake down [25]
les vmit, *or*, vkire *v.* watch sg, watch on sy [30]
lesegít *v.* help off [11]

lesimít v. sleek, smooth down [23]

lesüt v.: lesüti a fejét bows his head [30]

lesz v. become; shall be, will be [9]

leszáll v. alight, settle; land, get off, step off [8]

leszèd v. pick, pluck, take off, get off; leszedi az asztalt clear the table [9]

letekint v. look down [10]

letelepedik, or, letelepszik v. settle down [19]

létesít v. establish, institute, set up, found, create [25]

létesül v. be established, come into existence [18]

leül v. sit down [9]

leüt v. strike down, knock down; leüti a fejét strike sy's head off [22]

levegő, -t n. air [16]

levél, levelet n. letter [12]; leaf

levelezőlap, -ot, -ja n. postcard [12]

levélírás, -t n. letter-writing, correspondence [22]

levélpapír, -t, -ja n. letter-paper, note-paper [12]

levélszekrény, -t n. pillar-box [12]

levesz v. take down, get down [12]

lever v. beat down, suppress [26]

leves, -t n. soup [9]

levet v. take off, get off [13]

levetkőzik v. undress, strip [23]

lezár v. close, seal, lock up [25]

liba, '-t n. goose [18]

liget, -et n. grove, city park, town park [25]

Lillafüred, -et n. (a popular resort-place in the Bükk mountains) [7]

Lipcse, '-t n. Leipzig [11]

ló, lovat n. horse [6]

lomb, -ot, -ja n. leaves, foliage [18]

lomberdő, -t, -erdeje n. broad-leaved forest, leafy forest [18]

lomha adj. sluggish, inert, lazy [26]

lomhaság, -ot n. laziness, sluggishness [26]

londoni adj. of London, Londoner [4]

lótenyésztés, -t n. horse-breeding [18]

lovas, -t n. horse-soldier, cavalryman [27]

lovasság, -ot n. cavalry [27]

lök v. give a push, jerk [24]

lukaszt v. punch [8]

M

ma adv. today [10]; ~ este tonight [12]; ~ egy hete this day last week

macska, '-t n. cat [2]

madár, madarat n. bird [3]

madzag, -ot, -ja n. string [17]

maga, '-t, plur. maguk pron. you [5]; -self; alone [14]

magánélet, -et n. private life [27]

magas adj. high, tall [3]

magyar, -t adj. and n. Hungarian [3]

magyaráz v. explain [5]

Magyarország, -ot n. Hungary [5]

mai adj. today's, of today; present-day, modern [19]

máj, -at n. liver [13]

majd adv. then, later (on); almost [14]

majdan (obsolete) adv. some day, some time [30]

majdnem adv. almost, nearly [15]

Majland, -ot (obsolete) n. Milan [12]

május, -t n. May [21]

már adv. already, yet; before, previously [2]; ~ nem no more, not any more [2]

marad v. remain, rest; stay, continue; be left to; be left over [8]; ránk ~ have survived [25]

március, -t n. March [19]

Margit, -ot n. Margaret [2]

Margitsziget, -et n. Margaret Island [24]

marha, '-t n. cattle [6]

marhahús, -t n. beef [6]

marhatenyésztés, -t n. cattle-breeding [18]

Mária, '-t n. Mary [2]

máris adv. at once; already, even now [6]

Marosszék, -et n. (a district in old Transylvania) [22]

mártás, -t n. sauce, gravy [22]

más, -t adj. and n. other; somebody else [6]; mások plur. others, other people [13]

máskor adv. at another time [9]

másnap adv. next day [21]

második adj. second [2]

másodperc, -et n. second [18]

másodszor adv. (at) second, the second time [18]

matematika, '-t *n.* mathematics [10]
Mátyás, -t *n.* Matthias [22]
medence, '-t *n.* basin [18]
meddig? *pron.* how far? till where? till when? how long? [17]
meg *conj.* and [4]
még *adv.* still [2]; **~ egyszer** once more [12]; **~ hozzá** and what is more [23]; **~ . . . is** even
megáld *v.* bless [30]
megalkuvó *adj.* compromising [27]
megáll *v.* stop [8]
megállapít *v.* settle, fix [17]
megállapodik vkivel vmiben *v.* agree [22]
megállás, -t *n.* stop(ping), halt [16]
megálló, -t *n.* stopping-place, stop (tram- or bus-) [8]
megárt *v.* do harm, do evil [24]
megbán *v.* regret [24]
megbénul *v.* become lamed, become paralysed [27]
megbeszél *v.* discuss, talk over [14]
megbíz vkit vmivel *v.* entrust [19]
megbocsát *v.* excuse [17]
megborotválkozik *v.* shave [23]
megbotlik *v.* stumble [12]
megbűnhődik vmit, *or,* vmiért *v.* suffer for, pay for [30]
megcímez *v.* address [12]
megcsal *v.* deceive, cheat [29]
megdicsér *v.* praise [17]
megdönt *v.* break (record) [24]
megelégedik, *or,* **megelégszik** *v.* be contented [28]; **meg van elégedve** be satisfied [20]
megépítés, -t *n.* building, setting up [19]
megérkezik *v.* arrive [9]
megerősít *v.* fortify [19]
megért *v.* understand [10]
megeszik *v.* eat up [9]
megfázik *v.* catch cold [21]
megfelelő *adj.* convenient [25]
megfésülködik *v.* comb (oneself) [16]
megfigyel *v.* observe, watch [28]
megfigyelés, -t *n.* observation, watching [28]
megfogad *v.* pledge oneself, vow [22]
megfogódzik *v.* grip, catch hold of [17]
meggyógyul *v.* be cured [13]

meghal *v.* die [19]
meghallgat *v.* sound [13]; listen to [17]
megharagszik *v.* be angry [29]
meghív *v.* invite [17]
meghívás, -t *n.* invitation [20]
meghívó, -t *n.* invitation (card) [20]
megigazít *v.* set straighten (one's tie) [14]
megígér *v.* promise, engage to
megijed *v.* be frightened [13]
megindít *v.* set in motion [27]
megint *adv.* again, once more
mégis *adv.* nevertheless, yet [12]
megismer vkit *v.* recognize, know
megismerkedik vkivel *v.* get acquainted with [26]
megitat *v.* give sy a drink, make sy drink [29]
megjegyez magának vmit *v.* record, note; keep in mind [16, 25]
megjelenik *v.* appear [17]; be published, be issued [27]
megjelenít *v.* describe, depict, realize [30]
megkérdez *v.* ask [8]
megkeres *v.* look for, find [12]
megkezdődik *v.* begin, start [13]
megkopogtat *v.* percuss [13]
megkóstol *v.* taste [9]
meglátogat *v.* visit [11]
megmagyaráz *v.* explain [10]
megmarad *v.* remain, stay [12]
megment *v.* save [27]
megmér *v.* measure [13]
megmosakodik, *or,* **megmosdik** *v.* wash (oneself) [16, 28]
megmutat *v.* show [11]
megnéz *v.* look at [8]
megnyer *v.* win [24]
megnyír *v.* cut (hair) [23]
megnyugvás, -t *n.* acquiescence [26]
megoldás, -t *n.* solution [11]
megölel *v.* embrace, hug [14]
megragad *v.* seize, strike [25]
megrémül *v.* be frightened [26]
megrendel *v.* order [9]
megsejt *v.* guess [29]
mégsem *adv.* still not [11]
megsérül *v.* become damaged, be injured, be hurt [19]
megszáll *v.* occupy [19]

megszokik vmit v. get used to, become accustomed to [21]

megszólal v. begin to speak, sound [26]

megszolgál v. serve, deserve, merit [29]

megszületik v. be born [19]

megszűnik v. cease, stop [19]

megszüntet v. cease, end [26]

megtagad v. deny, refuse [27]

megtámad v. attack [22]

megtanul v. learn [10]

megtekint v. visit [16]

megtekintés, -t n. visit [16]

megtelefonál vmit vkinek v. (tele)phone sy about sg, ring up sy about sg [20]

megterít v. lay the table [11]

megtesz v. make, do [19]

megtöröl v. wipe, clean [14]

megtörténik v. happen, take place [19]

megvacsorázik v. have supper [23]

megválik = elválik vkitől, v. separate, part from [28]

megvált v. buy, take, book [17]

megvan v. exist [14]; nekem ~ I have [14]

megvár vkit v. wait for [8]

megvarr v. sew, stitch [22]

megvesz v. buy [17]

megvizsgál v. examine [13]

megy·v. go [7]

megye, '-t n. county [27]

meggy, -et n. sour cherry, morello [25]

meleg adj. warm [6]; melege van be warm [21]

mell, -et n. chest [13]

mellé postp. (to) beside [14]

mellékelten adv. enclosed [15]

mellett postp. beside [14]

mellől postp. from beside [14]

méltó vmihez adj. worthy of, fit to [30]

mely = amely pron. which, that [14]

mély adj. deep, profound [7]; core, bottom [30]

melyik? plur. melyek? pron. which? [2]

mélység, -et n. deepness [17]

menekült, -et, -je n. refugee [27]

menet közben en route, underway [16]

menetrend, -et, -je n. time-table [17]

mentében postp. along, by [15]

mentén postp. along [29]

menza, '-t n. canteen [15]

mennyezet, -et n. ceiling [4]

mennyi? pron. how much? [4]; (exclamation) what a lot of [8]

mennyiség, -et n. quantity [18]

mennyiszer? adv. how many times? how often? [18]

mer v. dare [11]

mér v. measure [13]

meredezik v. stand on end [30]

méret, -et n. measurement [23]

mérkőzés, -t n. match [24]

mérkőzik v. play [24]

mérnök, -öt n. engineer [4]

mérnöktárs, -at n. fellow-engineer [19]

mérsékel v. moderate, reduce [21]

mert conj. because [5]

meseszövés, -t n. plot, fabulisation [28]

mester, -t n. master, craftsman [23]

mesterséges adj. artificial [25]

mész, meszet n. lime [19]

mészáros, -t n. butcher [26]

mészárosmester, -t n. butcher [26]

mészégető adj.: ~ kemence lime-kiln [19]

messze adv. far away [8]

meteorológia, '-t n. meteorology [23]

meteorológiai adj. meteorological [21]

méter, -t n. meter [6]

méz, -et n. honey [6]

mézes adj. honeyed [23]

mezőgazdaság, -ot n. agriculture [18]

mi pers. pron. we [4]

mi? pron. what? [1]

mi = milyen: (exclamation) how! [15]

miatt postp. because of [20]

micsoda? = mi?: what? [28]

midőn conj. when [28]

mielőtt conj. before [16]

mienk pron. ours [14]

miért? adv. why? for what reason? [16]

Mihály, -t n. Michael [20]

Miklós, -t n. Nicholas [6]

mikor? adv. when? [12]

mikorra? adv. when? by what time? [21]

millenniumi adj. of the millennium [25]

milliméter, -t n. millimetre [21]

millió, -t num million [6]

milyen? *pron.* what sort of? what is it like? what kind of? [2]; *(exclamation)* how! what a...! [7]

mindegyik *adj.* each, every [25]

minden, -t *pron.* all [5]

mindenekelőtt *adv.* first of all [28]

mindenki, -t *pron.* everybody, everyone [6]

mindennapi *adj.* daily; ~ **élet** everyday life [28]

mindenütt *adv.* everywhere [14]

mindig *adv.* always [10]

mindinkább *adv.* more and more [28]

mindjárt *adv.* soon [5]

mindkét *num.* both, either [14]

mindnyájan *pron.* (we, you, they) all [9]

minél... annál *conj.* the + *comparative...* the [18]

miniszter, -t *n.* minister [20]

minisztérium, -ot *n.* ministry [25]

minket *pers. pron. acc. plur.* us [13]

minőség, -et *n.* quality [23]

mint *conj.* as, like [3] than [12]

mintegy *adv.* about [18]

mintha *conj.* as if [22]

mínusz *adj.* minus [21]

mióta *conj.* since [26]

mivel? *adv.* by what? [17]

mivel *conj.* because [19]

modern *adj.* modern [14]

mogyoró, -t *n.* hazel-nut [7]

mond *v.* say, tell [5, 7]

mondás, -t *n.* saying [15]

mondat, -ot *n.* sentence [15]

montreali *adj.* of Montreal [4]

Mór, -t, -ja *n.* Maurice [26]

mos *v.* wash [11]

mosakodik, *or,* **mosdik** *v.* wash (oneself) [16, 23]

mosolyog *v.* smile [15]

most *adv.* now [5]

mostanában *adv.* nowadays [8]

mostani *adj.* present, actual [22]

motor, -t, -ja *n.* motor [15]

motorkerékpár, -t, -ja *n.* motorcycle [15]

mozdulat, -ot *n.* movement, gesture [28]

mozgalom, mozgalmat *n.* movement [27]

mozi, -t *n.* cinema [12]

mozijegy, -et *n.* cinema ticket [12]

mozog *v.* move [16]

mögé *postp.* (to) behind [14]

mögött *postp.* behind [14]

mögül *postp.* from bedind [14]

mulat *v.* amuse oneself [17]

mulatságos *adj.* amusing, gay [30]

múlik *v.* pass away [9]

múlt *adj. and n.* past [19]

múltkori *adv.:* **a** ~ last time, the other day [22]

múlva *postp.* in, after [21]

munka, '-t *n.* work [10]; **munkát végez** do work [24]

munkahely, -et *n.* place of work [23]

munkás, -t *n.* worker [2]

munkásnő, -t *n.* (woman-)worker, work-woman [2]

munkásság, -ot *n.* working class, workers [28]

mutat *v.* show [6]

múzeum, -ot *n.* museum [15]; **Szépművészeti Múzeum** Museum of Fine Arts [25]

mű, művet *n.* work [6, 14]

Műcsarnok, -ot *n.* Art Gallery [25]

műértő *adj.* art expert [25]

műhelygyakorlat, -ot *n.* workshop practice [10]

műjégpálya, '-t *n.* skating rink [25]

működik *v.* be active, work [30]

műsor, -t *n.* programme [20]

műsoros *adj.:* ~ **előadás** evening with entertainment programme [20]

műszaki *adj.* technical [10]

művelődik *v.* educate/improve oneself [16]

művész, -t *n.* artist [20]

művészest, -et, -je *n.* artist's concert [20]

művészettörténész, -t *n.* art historian [25]

művészi *adj.* artistic(al) [19]

N

na! *int.* well! [13]

nadrág, -ot, -ja *n.* trousers [6]

nagy *adj.* big, large [3]

Nagyabony, -t *n.* (village in Hungary) [12]

nagyanya, '-t, nagyanyja *n.* grandmother [11]

nagyapa, '-t nagyapja *n.* grandfather [11]

nagybirtokos, -t *n.* landowner [28]

nagycirkusz, -t *n.* grand circus [25]

nagykendő, -t *n.* shawl [29]

nagyon *adv.* very [5]

nagyság, -ot *n.* largeness, bigness [18]

nagyszakállú *adj.* long-bearded [30]

nagyszálló, -t *n.* Grand-Hotel [25]

nagyszerű *adj.* magnificent [7]

nagyszülő, -t *n.* grandparent [11]

nagyterem, nagytermet *n.* big hall [20]

nagyüzem, -et *n.* (large-scale industrial) works, big works [18]

nagyüzemi *adj.:* ∼ gazdálkodás farming of a large scale [18]

nála *adv.* by him [11]

nap, -ot, -ja *n.* day; sun [6]; egyik napról a másikra from one day to the other [24]

naponta *adv.* daily [21]

napos *adj.* sunny [21]

nappal *n.* and *adv.* day(-time); by day [21]

nappali *adj.* day-, of the day [21]

napsütés, -t *n.* sunshine [21]

napvilág, -ot *n.* sunlight, daylight [26];

napvilágra kerül come to light, reveal [29]

nátha, '-t *n.* cold [13]

náthás *adj.* having a cold [13]

-né *formative suffix* Mrs. X, wife of [2]

ne *negative particle* not [16]

nedves *adj.* damp [21]

nefelejcs, -et *n.* forget-me-not [24]

négy, -et *num.* four [4]

negyed, -et *num.* and *n.* quarter [4]

negyedik, -et *num.* and *n.* fourth [4]

negyven, -et *num.* forty [6]

négyzetkilométer, -t *n.* square kilometre [17]

néha *pron.* sometimes [21]

néhány, -at *pron.* some, few [6]

néhányszor *adv.* sometimes; several times [18]

nehéz *adj.* heavy; difficult, hard [6]

nehézipar, -t *n.* heavy industry [18]

nehogy *conj.* lest, so that . . . not [16]

nekem *pron.* (to) me, for me [12]; ∼ van I have [12]; ∼ kell I must [12]

nékem = nekem [15]

neki *pron.* (to) him, (to) her [12]

nélkül *postp.* without [20]

nélkülöz *v.* be in want of [26]

nélkülözés, -t *n.* want, privation [26]

nem *negative particle* no, not [1]

néma *adj.* dumb; mute [28]

nemcsak *conj.* not only [14]

nemdohányzó *adj.* and *n.* non-smoking, non-smoker; compartment "for non-smokers" [11]

nemes, -t *adj.* and *n.* noble [27]

nemesi *adj.* noble, nobiliary [27]

német, -et, -je *adj.* and *n.* German [4]

Németország, -ot *n.* Germany [5]

némi *pron.* some [30]

nemsokára *adv.* soon, before long [15]

nemzet, -et *n.* nation [26]

nemzeti *adj.* national [25]

nemzetközi *adj.* international [24]

néném, nénje (my) elder sister; (my) aunt [11]

néni, -t *n.* aunt, auntie [12]

nép, -et *n.* people [15]

népdal, -t *n.* folksong [10]

népesség, -et *n.* population [18]

népgyűlés, -t *n.* popular meeting; public meeting [26]

népies *adj.* popular [29]

népköztársaság, -ot *n.* people's republic [18]

népstadion, -t, -ja *n.* People's Stadium [24]

népszerű *adj.* popular [24]

népvándorlás, -t *n.* great migration [29]

név, nevet *n.* name [11]

névcsere, '-t *n.* change of name [27]

nevelés, -t *n.* education [27]

neves *adj.* well-known [10]

nevet *v.* laugh [7]

nevetés, -t *n.* laughter [30]; nevetést kelt make sy laugh [30]

nevez vkit vminek *v.* call, name [19]

nevezetesség, -et *n.* sight [17]

névnap, -ot, -ja *n.* name-day, fête day [22]

néz *v.* look, see [7]; nézd csak! just look! [16]

nézeget v. keep looking at sy [23]
nézet, -et n. view, opinion [27]
néző, -t n. audience, spectator [23]
nincs, plur. nincsenek v. there is no (not), there are no (not) [4]
nini! int. look! [3]
no! int.: **no látod!** now, you see! [20]
noha conj. though [29]
nohát, or, **nahát** int. then [30]
nos int. well? well now [11]
nosza! int. well! [28]
nóta, '-t n. (popular) song [7]
novella, '-t n. short story [28]
november, -t n. November [12]
nő, -t n. woman [2]
nős adj. married [27]
növekszik, or, **növekedik** v. increase, grow [26]
növény, -t n. plant [18]
növényvilág, -ot n. vegetable kingdom, flora [17]
nulla, (sport) **null** num. zero; nil [24]

Ny

nyak, -at n. neck [22]
nyakkendő, -t n. (neck-)tie [2]
nyár, nyarat n. summer [17]
nyaral v. spend one's summer holidays [22]
nyaralás, -t n. summer holiday [20]
nyaraló, -t n. villa, cottage [17]
nyargal v. gallop, run [29]
nyári adj. summer [22]
nyelv, -et n. language; tongue [10, 13]
nyelvtan, -t n. grammar [1]
nyelvtani adj. grammatical [10]
nyelvtanulás, -t n. learning a language[15]
nyelvtudás, -t n. knowledge of a language [15]
nyers adj. raw [18]
nyersanyag, -ot n. raw material [18]
nyilatkozik v. declare [25]
nyílik v. open [14]
nyilván adv. apparently [29]
nyilvánosság, -ot n. publicity [27]; **nyilvánosságra hoz** publish, let out [29]
nyilvánvaló adj. obvious, evident [30]

nyirat v. have sg cut [23]
nyiratkozás, -t n. hair-cut(ting) [23]
nyiratkozik v. have one's hair cut [23]
nyitány, -t n. overture [20]
nyolc, -at num. eight [4]
nyolcadik num. eighth [8]
nyolcvan, -at num. eighty [6]
nyom v. press [14]
nyomás, -t n. pressure [19]
nyomda, '-t n. printing, press [11]
nyomdagép, -et n. printing machine [26]
nyomdász, -t n. printer, typographer [13]
nyomor, -t n. misery, distress [26]
nyomorog v. lead a miserable life [29]
nyomorult, -at, -ja n. wretch [28]
nyugat, -ot, -ja n. west [18]
nyugodt adj. quiet [27]
nyugtalan adj. restless, unquiet [30]
nyújt v. give, afford [17]; **pihenést ~** provide rest [25]
nyúlvány, -t n. range [18]
nyüzsög v. pulsate, mill; swarm [25]

O—Ó

ó adj. old(en), ancient [19]
oda adv. there [8]
odaad v. give, hand
odább adv. further on [25]
odafordul v. turn to [30]
odamegy v. go (there) [12]
odanéz v. look at [24]
ok, -ot n. cause, reason [26]
okos adj. clever, brainy, intelligent
okoz v. cause [16]
október, -t n. October [21]
olasz, -t adj. and n. Italian [4]
olcsó adj. cheap [6]
old v. undo, untie; dissolve [28]; **kereket ~** take to one's heels [28]
oldal, -t, plur. -ak n. side; page; aspect [6]
olimpia, '-t n. Olympic Games [24]
olvas v. read [5]
olvasgat v. be reading, read from time to time [23]
olvasmány, -t n. reading-piece [27]
oly = olyan [9]
olyan pron. such [3]; adv. so [9]
onnan pron. from there [14]

opera, '-t *n.* opera [20]
operaház, -at *n.* opera-house [20]
operarészlet, -et *n.* part of an opera [20]
óra, '-t *n.* clock, watch, hour; lesson, period [1, 10]
órás, -t *n.* watchmaker [23]
orca, '-t *(obsolete and lit.)* = arc *n.* cheek [15]
óriási *adj.* huge [15]
orosz, -t *adj.* and *n.* Russian [5]
orr, -ot *n.* nose [13]; **pisze** ∼ snub-nose [30]
orrcimpa, '-t *n.* wing of nose [29]
orrocska, '-t *n.* little nose [30]
orsó, -t *n.* spindle, spool [30]
ország, -ot *n.* country, land [16]
országgyűlés, -t *n.* parliament [19]
országház, -at *n.* Houses of Parliament; Parliament [25]
országos *adj.* national, public; ∼ **bajnokság** national championship [24]
országszerte *adv.* throughout the country, all over the country [24]
orvos, -t *n.* doctor, physician [4]
orvosi *adj.* medical [13]
orvosnő, -t *n.* lady doctor [4]
ostrom, -ot *n.* siege [19]
osztály, -t *n.* department; class; form [6, 10]
osztályfőnök, -öt *n.* form-master [10]
osztályfőnöki *adj.* form-master's [10]
osztálytárs, -at *n.* class-mate [10]
osztrák, -ot, -ja *adj.* and *n.* Austrian [4]
óta *post.* since, for [18]
ott *adv.* there [2]
ottani *adj.* of that place; local [29]
otthon *adv.* at home [11]
otthon, -t *n.* home
otthoni *adj.* home, domestic
óv *v.* protect [16]
óvatos *adj.* cautious [22]

Ö—Ő

ő, *plur.* ők *pers. pron.* he, she, it; they [2]
öcsém, öccse *n.* (my, etc.) younger brother [11]
Ödön, -t *n.* Edmund [27]

ököl, öklöt, ökle *n.* fist [28]
ökölvívó, -t *n.* boxer [24]
ökör, ökröt, ökre *n.* ox [3]
öl, -et *n.* cord [14]
ölel *v.* embrace, hug [14]
öltözik *v.* dress (oneself) [16]
öltözködés, -t *n.* dressing [23]
öltözködik *v.* dress (oneself) [9]
ön, *plur.* önök *pron.* you [5]
önbizalom önbizalmat *n.* self-confidence [27]
öngyújtó, -t *n.* lighter [14]
önként *adv.* voluntarily [26]
önt *v.* pour [11]
öntöde, '-t *n.* foundry [23]
öntöget *v.* keep (on) pouring [29]
öntvény, -t *n.* cast(ing), mould(ing) [23]
öreg *adj.* old [3]
öregedik, *or,* öregszik *v.* get old [23]
őriz *v.* preserve; watch, guard [25]
örök *adj.* eternal [27]
öröm, -et, -e, *plur.* -ök *n.* joy [24]
örül vminek *v.* be glad of [12]
ősz, -t *n.* autumn [16]
őszi *adj.* autumnal [16]
összeállít *v.* select (team) [24]
összecsókol *v.* kiss (repeatedly) [15]
összecsomagol *v.* pack up [16]
összefoglal *v.* summarize, sum up [26]
összefügg *v.* be connected with [30]
összeg, -et *n.* sum, amount [12]
összegyűjt *v.* collect [16]
összegyűlik *v.* come together, collect, assemble [26]
összejön *v.* come together, meet [17]
összeölel *v.* embrace (repeatedly) [15]
összesen *adv.* altogether; sum total [6]
összeszed *v.* pick up, gather, collect [17]
összetétel, -t *n.* composition [23]
ösztöndíjas, -t *n.* holder of a scholarship, scholar [15]
öt, -öt *num.* five [4]
ötemeletes *adj.* five-storied [10]
ötlet, -et *n.* idea [17]
ötletes *adj.* witty [28]
ötlik *v.:* eszébe ∼ come into one's mind [28]
ötödik *num.* fifth [5]
ötven *num.* fifty [6]

pad, -ot, -ja *n.* desk, form [1]
padlás, -t *n.* attic, garret [14]
padló, -t *n.* floor [4]
páholy, -t *n.* box [23]
páholyjegy, -et *n.* box ticket [23]
pajtás, -t *n.* companion, pal, chum [30]
Pál, -t, -ja *n.* Paul [10]
pálca, '-t *n.* stick; cane [30]
Pali, -t *(pet name) n.* Paul [10]
pálinka, '-t *n.* brandy [15]
palota, '-t *n.* palace, mansion [7]
pálya, '-t *n.* career; course; track; ground(s) [29]
pályaudvar, -t *n.* railway station [4]
panasz, -t *n.* complaint [13]
pap, -ot, -ja *n.* priest, clergyman, minister [28]
Pápa, '-t *n.* (town in Transdanubia) [27]
pápaszem, -et *(obsolete) n.* spectacles, eyeglasses [28]
papír, -t, -ja *n.* paper [1]
papírszalvéta, '-t *n.* paper napkin, paper serviette [11]
papleány, -t *n.* clergyman's daughter [30]
paprika, '-t *n.* red pepper, paprika [9]
papság, -ot *n.* clergy [28]
pár, -t, -ja *n.* and *adj.* pair (of) [6]
pára, '-t *n.* vapour [29]
paradicsom, -ot *n.* tomato [18]
parancs, -ot *n.* command
parancsol *v.* command, order [6] wish [9]
paraszt, -ot, -ja *n.* and *adj.* peasant [3]
Parasztbecsület, -et *n.* Peasant Chivalry (Cavalleria rusticana) [20]
paraszti *adj.* peasant, rustic [30]
parasztíró, -t *n.* peasant writer [26]
parasztleány, -t *n.* peasant girl, country lass [26]
parasztság, -ot *n.* peasantry, the peasants [28]
páratlan *adj.* unparalleled, unrivalled; odd, uneven [17]; *adv.* **páratlanul** extremely [30]
párbeszéd, -et *n.* dialogue, conversation [28]
Párizs, -t *n.* Paris [26]

park, -ot, -ja *n.* park [8]
páros *adj.* paired
párszor *adv.* a few times [18]
part, -ot, -ja *n.* bank, shore, coast [8]
párt, -ot, -ja *n.* party [19]
patak, -ot, -ja *n.* brook, stream [7]
Pécs, -et *n.* (town in Transdanubia) [18]
pedig *conj.* however [6]; though, although [11]
példa, '-t *n.* example, instance [18]
példány, -t *n.* copy [26]
például *adv.* for instance [18]
péntek, -et, -je *n.* Friday [10]
pénz, -t *n.* money [2]
pénztár, -t, *plur.* -ak *n.* pay desk, cash desk; box-office, booking-office [6]
pénztáros, -t *n.* booking clerk, cashier [17]
per, -t *n.* lawsuit, process, legal action [27]
perc, -et *n.* minute [17]
peron, -t, -ja *n.* platform [8]
persze *adv.* of course, certainly [13]; ~ **hogy** of course [13]
pesti *adj.* from Pest [8]
Péter, -t *n.* Peter [2]
pici *adj.* tiny [30]
pihen *v.* rest, relax [16]
pihenés, -t *n.* rest, relaxation; **pihenést nyújt** provide rest [25]
pihenőhely, -et *n.* resting-place [25]
pilla, '-t *n.* eyelash [15]
pillanat, -ot *n.* moment, twinkling [17]
pillanatkép, -et *n.* snapshot [8]
pillant *v.* glance at, cast a glance at sg [30]
pince, '-t *n.* cellar [14]
pincér, -t *n.* waiter [9]
pingpong, -ot, -ja *n.* ping-pong
pingpongozik *v.* play table-tennis, play ping-pong [24]
pipa, '-t *n.* pipe [11]
piros *adj.* red, pink [2]
piroslik *v.* glow, look red [15]
Pista, '-t *n.* Steve [10]
pisze *adj.:* ~ **orr** snub-nose [30]
piszkál vmit *v.* poke about [23]
pohár, poharat, pohara *n.* glass [4]
polc, -ot *n.* shelf [10]

polgármester, -t *n.* mayor [26]
polgárság, -ot *n.* citizens; bourgeoisie [26]
politika, '-t *n.* policy; politics [26]
politikai *adj.* political [26]
pompás *adj.* splendid, pompous [7]
pont, -ot, -ja *n.* point; item [26]
pontos *adj.* punctual, exact [14]
por, -t *n.* dust [23]
posta -t *n.* post, post-office [12]
postai *adj.* postal, post- [12]
postás, -t *n.* postman [12]
postatisztviselő, -t *n.* post-office clerk [12]
postautalvány, -t *n.* postal order, money order [12]
próba, '-t *n.* fitting; test, trial; rehearsal [23, 28]
próbál *v.* try [11]
prózaíró, -t *n.* prose-writer [30]
puha *adj.* soft [6]
pulóver, -t, -e *n.* pullover [11]
pulyka, '-t *n.* turkey [18]
puszta, '-t *adj.* mere, bare, deserted [30]
pusztulás, -t *n.* decay, destruction, ruin; death [19]

R

rá, *or,* **reá,** *adv.* upon him (me, you, etc.), on him (me, etc.) [11]
rab, -ot, -ja *n.* slave, prisoner [26]
rábeszél *v.* persuade sy (to do sg), talk sy (into doing sg) [20]
rábír vkit vmire *v.* induce, make sy do [27]
(rá)bíz vkire vmit *v.* entrust sg to sy [22]
rábizonyít vkire vmit *v.* prove sy guilty of, convict sy of [27]
rádió, -t *n.* wireless, radio [11]
radírgumi, -t *n.* india-rubber [1]
ráér vmire *v.* have time (get somewhere) [17]
rág *v.* chew
ragyog *v.* glitter [22]
ráír *v.* write on [12]
rajta *adv.* upon him (me, you, etc.), on him (me, etc.) [11]
rajz, -ot *n.* drawing [10]
rajzlap, -ot, -ja *n.* drawing paper [6]

rajzol *v.* draw [5]
rak *v.* put [8]
rakétafegyver, -t *n.* rocket weapon [26]
rámutat vmire *v.* point at; show to sg [14]
rángat *v.* pull about [30]
rámarad *v.* fall to one's lot; **ránk ~** have survived [25]
rápillant *v.* cast a glance [20]
ráragaszt *v.* stick [12]
ráripakodik vkire *v.* reprimand, speak harshly at [30]
rászárad *v.* dry up; stick to [30]
ráül *v.* sit [17]
ravaszkodik *v.* finesse, resort to trickery [29]
realizmus, -t *n.* realism [30]
régen *adv.* (for a) long time [17]
regény, -t *n.* novel [22]
regényíró, -t *n.* novelist, novel-writer [26]
reggel, -t *n.* and *adv.* morning; in the morning [6]
reggeli *adj.* morning- [17]
reggeli, -t *n.* breakfast [23]
reggelizik *v.* have breakfast [23]
régi, *plur.* régiek *adj.* old [14]
regiment, -et, -je *(obsolete) n.* regiment [26]
régiség, -et *n.* antiquity [22]
régóta *adv.* long ago; for a long time [21]
rejlik *v.* be hidden, lie, rest [28]
rejtőzik *v.* hide, take shelter [27]
rekord, -ot, -ja *n.* record [24]
remek *adj.* splendid, superb [8]
remél *v.* hope; expect [7]
rend, -et, -je *n.* order; **rendbe hoz** put in order, repair [11, 23]; **hajat (frizurát) rendbe hoz** do one's hair [11]
rendel *v.* order [9]
rendelés, -t *n.* consulting-hours [13]
rendelő, -t *n.* consulting-room [13]
rendes *adj.* tidy, neat [3]; **rendesen** *adv.* orderly, regularly [13]
rendetlen *adj.* untidy, disorderly [18]
rendezőség, -et *n.* organizing committee [20]
rendkívül *adv.* extremely [17]
rendőr, -t *n.* policeman [8]
rendszer, -t *n.* system [28]

rendszeres *adj.* systematic [17]

rendületlen *adj.* frim, unshaken, steady [27]

rengeteg *adj.* enormous, huge [15]

répa, '-t *n.* beet [18]

repül *v.* fly [28]

repülőgép, -et *n.* aeroplane [8]

rész, -t *n.* part [13]; **részt vesz** vmiben: take part [27]; **kiveszi részét** vmiből: take one's share [19]

részére *postp.*: vki ∼ for sy; *adv.* for him (me, you, etc.) [20]

részesít *v.* give (sy a share in); **nevelésben** ∼ give sy education [27]

reszket *v.* tremble [29]

részlet, -et *n.* part; detail; instalment; passage [20]

rét, -et, -je *n.* meadow [18]

rétegeződés, -t *n.* layers, strata [30]

retteg vmitől *v.* fear sg, be afraid of [27]

révén *postp.* by means of, through [26]

ritka *adj.* rare, infrequent [18]

ritkul *v.* get thin [23]

rizs, -t *n.* rice [18]

rizstermesztés, -t *n.* growing or rice [18]

rohamos *adj.* rapid, speedy; **rohamosan** *adv.* rapidly [19]

rokon, -t *n.* relation, relative [6]

róla *adv.* of him (me, you, etc.). about him (me, etc.) [11]

rom, -ot, -ja *n.* ruin [19]

római *adj.* Roman [19]

román *adj.* and *n.* Roumanian [4]

rongyos *adj.* ragged, torn [30]

roppant *adj.* huge, enormous [29]

rossz *adj.* bad [2]

rozs, -ot *n.* rye [18]

rózsa, '-t *n.* rose [15]; **rózsám** my darling, my sweetheart [15]

Rózsadomb, -ot, -ja *n.* Rose Hill [25]

rózsás *adj.* rosy, adorned with roses [25]

rögtön *adv.* at once [30]

rövid *adj.* short [3]

rövidesen *adv.* shortly, before long [26]

rövidít *v.* abridge; shorten [27]

rövidlátó *adj.* short-sighted [12]

rúd, -at, -ja *n.* pole; bar, rod [24]

rúdugrás, -t *n.* pole-jump, pole-vault [24]

rúg *v.* kick [24]

ruha, '-t *n.* suit, dress, clothes [6]

ruhaanyag, -ot *n.* dress material [22]

ruhatisztító, -t *n.* (dry-) cleaner [28]

rum, -ot, -ja *n.* rum [11]

S

s = **és** *conj.* and [19]; ∼ **a többi (stb.)** and so on, etcetera

saját *adj.* own [12]

sajátságos *adj.* peculiar, strange [29]

sajnál vmit *v.* be sorry for, regret [22]

sajnos *int.* unfortunately, sorry (to say) [8]

sajt, -ot, -ja *n.* cheese [23]

sajtó, -t *n.* press [26]

saláta, '-t *n.* lettuce; salad [6]

Sándor, -t *n.* Alexander [10]

Sanyi, -t *(nickname) n.* Sandy, Alec [24]

sápadt *adj.* pale [13]

sapka, '-t *n.* cap [10]

sárga *adj.* yellow [2]

sárgarigó, -t *n.* (golden) oriole [28]

sarok, sarkot, sarka *n.* corner; heel; hinge [8]

savanyú *adj.* sour [3]

se ... se = **sem ... sem** *conj.* neither ... nor [11]

segédszerkesztő, -t *n.* assistant editor, sub-editor [26]

segít *v.* help [5, 15]

sej! *int.* alas; heigh-ho [12]

selyem, selymet, selyme *n.* silk [11]

selyemblúz, -t *n.* silk-blouse [11]

sem *conj.* nor, either [8]; **sem ... sem** neither ... nor [9]

semmi *pron.* nothing [6]; **semmi esetre (sem)** by no means [22]

senki *pron.* nobody, not anybody, no one [6, 9]

sereg, -et *n.* army; lot, crowd [27]

sertés, -t *n.* pig [18]

sertéstenyésztés, -t *n.* pig-breeding [18]

séta, '-t *n.* walk [16]

sétál *v.* walk [8]

sétaút, -at, -ja *n.* promenade, esplanade, walk [25]

sí, -t *n.* ski

síel v. ski [7]
siet v. hurry [10]
sík adj. plain [17]
siker, -t n. success [22]
sikeres adj. successful [19]
sikerül v. succeed [11]
síkfutás, -t n. track-race [24]
síkság, -ot n. plain [18]
sincs, plur. sincsenek v. nor is [8]
sír v. cry, weep [29]
sír, -t, -ja n. tomb, dig up [29]
sírás, -t n. crying, weeping [29]; sírásra
   fakad burst into tears [29]
sírkő, sírkövet, sírköve n. tomb-stone [25]
sítúra, '-t n. ski-tour [7]
só, -t n. salt [9]
sógornő, -t n. sister-in-law [20]
sohasem pron. never [8]
sok num. much, many [3]; sokat adv.
   much, a lot [15]; ~ minden all kinds
   [6]
sokadmagával adv. with a lot of other
   people [29]
sokáig adv. long, for a long time [8]
sokgyermekes adj. having many child-
   ren [29]
sokoldalú adj. many-sided [28]
sokszor adv. often, many times [15]
somfordál v. slink, sidle [29]
sonka, '-t n. ham [23]
sor, -t n. row, line [12]; ~ kerül vmire:
   take one's turn [12]
sorakozik v. be side by side; line up,
   align, rally [17]
sorkoszt, -ot, -ja n. board in turn with
   peasant families [30]
sorrend, -et, -je n. order, succession [18]
sors, -ot n. fate [29]
sorsú adj. of . . . fate, -fated [29]
sose(m) = sohase(m) pron. never [16]
sótartó, -t n. salt cellar [9]
sovány adj. thin, lean [3]
sör, -t n. beer, ale; barna ~ porter;
   világos ~ lager-beer [9]
sőt conj. as well, even, nay (more) [7]
sötét adj. dark [11]
sötétedik v. it is getting dark [10]
sport, -ot, -ja n. sport [7]
sportág, -at n. branch of sport [24]

sportcsarnok, -ot n. sports hall [24]
sportesemény, -t n. sporting event [25]
sportközvetítés, -t n. sport-broadcast [24]
sportmérkőzés, -t n. match [15]
sportol v. go in for sport [16]
sportolás, -t n. sports, sporting [25]
sportoló, -t n. sportsman [24]
sportpálya, '-t n. sports-ground, stadium
   [25]
sportszerű adj. sportsmanlike, fair [24]
sportújság, -ot, -ja n. sportspaper [7]
sportuszoda, 't- n. swimming pool [24]
stadion, -t, -ja n. stadium [24]
statiszta, '-t n. mute [26]
stb. = s a többi: etc. [13]
stílus, -t n. style [25]
stílusú adj. with . . . style, in . . . style
   [25]
strandfürdő, ·t n. open air bath [25]
strandol v. be on the beach [17]
strandolás, -t n. bathing on the beach
   [17]
stratégia, '-t n. strategy [29]
súly, -t n. weigh [24]
súlylökés, -t n. putting the shot, shot-
   put [24]
súlyos adj. heavy; serious, grave [28]
sült, -et, -je n. roast, fried meat [9]
süllyed v. decrease [21]
sürgős adj. urgent [20]
sűrű adj. thick, dense [7]
süt v. bake, roast, fry [22]; ~ a nap the
   sun is shining, it is sunny [16]
svéd, -et, -je adj. and n. Swedish; Swede
   [5]

Sz

szabad adj. free, clear; empty, unoccu-
   pied; permitted, permissible [8]; szaba-
   don bocsát release [26]
szabadság, -ot n. freedom, liberty [8];
   holiday leave [22]
szabadságharc, -ot n. war of independ-
   ence [26]
szabadsághős, -t n. champion of freedom,
   hero of freedom [27]
szabadtéri adj.: ~ színpad open-air
   theatre [25]

szabály, -t *n.* rule [10]
szabálytalan *adj.* irregular [16]
szabó, -t *n.* tailor [23]
száj, -at *n.* mouth [11]
szájaszéle, '-t *n.* lip [29]
szakajt = szakít *v.* pluck [18]
szakáll, -at *n.* beard [20]
szakmunkás, -t *n.* skilled worker [11]
szakszervezet, -et *n.* trade union [4, 23]
szakszervezeti *adj.* belonging to a trade union [4]
szaktárgy, -at *n.* special subject [15]
szaktárs, -at *n.* mate, fellow worker [2, 4]
szál, -at *n.* piece [11]; thread
szalad, *v.* run [21]
szalámi, -t *n.* salami [23]
száll *v.* get in, get on [17]; drift, fly; put up at
szállít *v.* deliver [18]; carry
szállítólevél, szállítólevelet *n.* bill of delivery, waybill [12]
szálló, -t *n.* hotel [8]
szalvéta, '-t *n.* napkin, serviette [11]
szám, -ot *n.* number [4]; item, piece [20]
számára, *postp.* for; *adv.* for him (me, you, etc.) [20]
számla, '-t *n.* bill [9]
számol *v.* count, reckon [5]
számos *adj.* several; numerous [25]
szanatórium, -ot *n.* sanatorium [25]
szántóföld, -et, -je *n.* field, arable land [18]
szappan, -t *n.* soap [23]
száraz *adj.* dry [21]
származás, -t *n.* origin, descent; derivation [30]
származik *v.* originate, descend; come from; derive, spring [13]
szatíra, '-t *n.* satire [28]
szatírai *adj.* satiric(al) [28]
száz, -at *num.* hundred [6]
század, -ot *n.* century; company; hundredth [19]
századforduló, -t *n.* turn of the century [28]
százalék (%), -ot *n.* per cent [18]
százméteres *adj.* of 100 metres [24]
szed *v.* pluck, pick; gather, collect [10]; gyógyszert ~ take medicine [13]

Szeged, -et *n.* (town in the Great Hungarian Plain) [29]
szegélyez *v.* seam, line [10]
szegény *adj.* poor, needy [29]
szegénység, -et *n.* poverty [30]
szégyen, -t *n.* shame [29]
szék, -et *n.* chair [1]
szekrény, -t *n.* wardrobe, chest [1]
szél, szelet, szele *n.* wind [7]
szél, -t *n.* edge, brink, rim, skirts
széles *adj.* wide, broad [3]
szélesség, -et *n.* breadth, width; latitude [17]
szelet, -et, -je *n.* slice, steak; segment [9]
szelíd *adj.* soft, mild [30]
szellem, -et *n.* spirit, mind [26]
szem, -et *n.* eye; grain [11]; szemet vet vkire: cast a glance at sy [11]
szembefordul vkivel *v.* turn against [27]
szemben vmivel *adv.* opposite [19]
személy, -t *n.* person [29]
személyi *adj.* personal, private [13]; ~ adatok particulars [13]
szemét, szemetet, szemete *n.* litter, rubbish dirt, refuse [16]
szemetel *v.* litter, scatter, rubbish [16]
szemétkosár, szemétkosarat *n.* litter-bin wastepaper basket [16]
szemlél *v.* view, look on; muster [25]
szemorvos, -t *n.* oculist [29]
szemtelen *adj.* cheeky, impudent [28]
szemüveg, -et *n.* spectacles [12]
szén, szenet, szene *n.* coal, carbon [18]
szénbánya, '-t *n.* coal-mine [18]
szentel vmit vmire *v.* devote to [25]
szentlélek, szentlelket, szentlelke *n.* holy spirit, holy ghost [28]
szenved *v.* suffer from [28]
szép *adj.* beautiful, nice, fine [3]
Szépművészeti Múzeum Museum of Fine Arts [25]
szépség, -et *n.* beauty; prettiness [17]
szépségű *adj.* of beauty [17]
szeptember, -t *n.* September [21]
szerb, -et, -je *adj.* and *n.* Serb, Serbian [18]
szerda, '-t *n.* Wednesday [10]
szerelem, szerelmet *n.* love
szerencse, '-t *n.* luck, fortune [14]

szerény *adj.* modest [26]

szerep,. -et *n.* role, part [19]

szerepel *v.* play, act; figure, occur [20]

szeret *v.* love, like, be fond of; care for, cherish [5]; **inkább ~**, *or*, **jobb(an) ~** prefer, like better (than) [5]

szeretet, -et *n.* love, affection, fondness [19]

szerető, -t *n.* lover, sweetheart [21]

szerez *v.* get, obtain, acquire [20]

szerint *postp.* according to [20]

szervez *v.* organize [23]

szervusz, *plur.* szervusztok: hello, cheerio [6]

szerző, -t *n.* author [23]

szeszélyes *adj.* freakish, moody, capricious [17]

szétrobban *v.* blow up, explode, scatter, disperse [27]

sziget, -et *n.* island [25]

szigeti *adj.* from island, of island [25]

szigorú *adj.* strict, severe, rigorous, hard [15, 21]

szilárdság, -ot *n.* strength, solidity [23]

szilva, '-t *n.* plum [2]

színes *adj.* coloured, colourful; picturesque [11]

színész, -t *n.* actor, performer [20]

színészet, -et *n.* dramatic art [19]

színésznő, -t *n.* actress [26]

színház, -at *n.* theatre [15]

színhely, -et *n.* spot, scene [25]

színigazság, -ot *n.* unvarnished truth [30]

színjáték, -ot *n.* pageantry of colours; drama, play [17]

színpad, -ot *n.* stage (of theatre); **szabadtéri ~** open-air theatre [25]

szinte *adv.* almost, nearly [21]

szintén *conj.* also, as well [20]

színű *adj.:* **élénk ~** high coloured, bright-coloured [23]

szív, -et *n.* heart [13]

szív, szívok *v.* suck; smoke [14]; breathe (in), inhale, sniff [16]

szívélyes *adj.* hearty, cordial [15]

szíves *adj.* hearty, kind [7]; **szívesen** *adv.* gladly, with pleasure [12]

szláv, -ot, -ja *adj.* and *n.* Slav(ic) [19]

szlovák, -ot, -ja *adj.* and *n.* Slovak(ian) [18]

szó,.szót, szava, *plur.* szavak *n.* word [6]; **miről volt ~** ? what was it all about? [28]; **szóval** so, in a word [20]

szoba, '-t *n.* room, chamber [10]

szobatudós, -t *n.* dryasdust [28]

szobor, szobrot, szobra *n.* statue [8]

szocialista, '-t *adj.* and *n.* socialist(ic) [18]

szokás, -t *n.* use, custom, habit; convention [25]

szokatlan *adj.* unusual [21]

szokik, szokott *v.* get used to, used to [21]

szókincs, -et *n.* vocabulary, word list [1]

szoknya, '-t *n.* skirt [11]

szól *v.* sound [9]; ring [10]; speak, say [11]

szolgál *v.* serve [25]

szólít *v.* call; address, summon [30]

szómagyarázat, -ot *n.* explanation of words [3]

szombat, -ot, -ja *n.* Saturday [10]

szomjas *adj.* thirsty [9]

szomorú *adj.* sad, tragical, doleful [19]

szomszéd, -ot, -ja *n.* neighbour [10]; **~ állam** neighbouring state [18]

szomszédos *adj.* neighbouring [18]

szórakozás, -t *n.* amusement, good time [8]

szórakozik *v.* amuse oneself; enjoy oneself [15]

szórakozóhely, -et *n.* place of amusement [25]

szorgalmas *adj.* diligent, hard-working [5]

szorgalom, szorgalmat, szorgalma *n.* diligence [15]

szorgos *adj.* thorough; hard-working [25]

szorít *v.* pinch, hurt, press [6]

szótár, -t, *plur.* -ak *n.* dictionary [8]

szóval *adv.* so, in short [20]

szovjet *adj.* Soviet [4]

Szovjetunió, -t *n.* Soviet Union [5]

szózat, -ot *n.* appeal; message, manifesto [30]

szökik *v.* flee, escape, run away [29]

szőlő, -t *n.* grape [2]; vine; vineyard [18]

szőnyeg, -et n. carpet [14]

szörnyű adj. monstrous, horrible; szörnyen adv. horribly, awfully [18]

szösz, -t n. junk, oakum [30]

szöveg, -et n. text [1]

szövet, -et n. cloth, fabric

szövetkezet, -et n. co-operative (society) [3]

szövetségi adj. federal [5]

szövőnő, -t n. weaver [4]

szúr v. prick; stab; sting [13]

szúrás, -t n. prick [13]

szűk adj. narrow [25]

szükség, -et n. need [12]; szüksége van vmire: want sg, need sg [12]

születési adj. of birth; natal, native; ~ év year of birth; ~ hely birthplace [11]

születésnap, -ot -ja n. birthday [22]

születik v. be born; set (record) [24]

szülő, -t, szülője, plur. szülők, szülei n. parent [11]

szünet, -et n. break, intermission [16]

szürke adj. grey [2]

T

tábla, '-t n. blackboard; table, board; chart [1]; figyelmeztető ~ warning board [16]; hirdető ~ bulletin board, notice board [16]

tábor, -t n. camp [19]

tag, -ot, -ja n. member [20]

tagad v. deny; refuse [19, 27]

taglejtés, -t n. gesticulation [28]

táj, tájat n. landscape; region, tract [7]

tájban postp. at about [21]

takarékoskodik vmivel v. save; be economical [16]

tál, -at n. dish [9]

talál v. find [12]

tálal v. serve up [22]

találkozik v. meet [10]

találkozó, -t n. meeting, appointment [24]

találós adj.: ~ kérdés riddle [8]

talán adv. perhaps, maybe [15]

tálca, '-t n. tray [11]

talpra! int. rise, up [26]

támadás, -t n. agression, attack [26]

tanács, -ot n. advice; council [26]

tanácsos, -t n. councillor [26]

tanár, -t n. teacher [2]

tanárnő, -t n. woman-teacher [2]

tánc, -ot n. dance

táncol v. dance [7]

tanév, -et n. school-year [21]

tanfelügyelő, -t n. school-inspector [30]

tanfolyam, -ot n. course (of study) [10]

tanít v. teach [15]

tanítás, -t n. teaching; lesson, period, school [16]

tanítat v. send sy to school, give sy an education [26]

tanrend, -et, -je n. time-table [10]

tanterem, tantermet, tanterme n. classroom [5]

tanú, -t n. witness [27]

tanul v. learn, study [5]

tanulás, -t n. learning [10]

tanulmány, -t n. study [11]

tanulmányoz v. study [17]

tanuló, -t n. pupil [2]

tanúskodik v. testify, bear witnes, give evidence [27]

tányér, -t, -ja n. plate [9]

tapaszt v. press; stick, glue; plaster over [29]

tárcsáz v. dial [12]

tárgy, -at n. subject, topic, theme; object, thing [15]

tarka adj. colourful [10]

társ, -at n. companion, fellow [2]

társadalmi adj. social, of society [19]

társadalom, társadalmat n. society, community [19]

társaság, -ot n. company [20]

tart v. hold, keep [5, 10]; ~ vmeddig: last, hold on, endure [19]; ~ vminek: consider, repute [25]; ~ vmitől: be afraid, fear [22]

tartós adj. lasting [21]

tárul v. open, unfold itself [15]; disclose itself [30]

táska, '-t n. (hand)bag, satchel [6]

tatár -t, -ja adj. and n. Tartar [19]

tatárjárás, -t n. Tartar invasion (in 1242) [19]

tavaly *adv.* last year [21]

tavasz, -t *n.* spring [21]

tavaszi *adj.* spring-, of spring [21]

távirat, -ot *n.* wire, telegram, cable [12]

távol, -t *n.* and *adv.* distance; far (away) [15]; **távolból** from the distance [15]; **távolról** from afar [22]

távolugrás, -t *n.* long-jump [24]

távozik *v.* leave [28]

taxi, -t *n.* taxi [23]

taxis, -t *n.* taxi-driver [23]

te *pers. pron. sing.* you [4]

tea, '-t *n.* tea [11]

teáskanna, '-t *n.* teapot [11]

teasütemény, -t *n.* (small) cakes [11]

téged *pers. pron. sing. acc.* you [13]

tegnap *adv.* yesterday [21]

tegnapelőtt *adv.* the day before yesterday [21]

tegnapelőtti *adj.* of the ady before yesterday [21]

tegnapi *adj.* yesterday's, [21]

tehát *conj.* so, accordingly [19]

tehén, tehenet, tehene *n.* cow [3]

teherautó, -t *n.* lorry, van, motor-lorry [3]

tehetség, -et *n.* talent [24]

tej, -et, *n.* milk [6]

tejecske, '-t *n.* little milk [29]

tél, telet, tele *n.* winter [7]

télapó, -t *n.* Father Christmas, Santa Claus [7]

tele *adj.* full, filled [24]

telefon, -t *n.* telephone [23]

telefonál *v.* (tele)phone [12]

telefonfülke, '-t *n.* callbox [12]

telek, telket, telke *n.* site, piece of ground [19]

televízió -t *n.* television [21]

teli = tele *adj.* full [29]

téli *adj.* wintery, winter- [7]

telít *v.* fill [28]

teljes *adj.* complete, entire, full, [19]

teljesít *v.* fulfil; perform, effect [26]

templom, -ot *n.* church [25]

tenger, -t *n.* sea [17]

tenisz, -t *n.* (lawn-)tennis [24]

tenyér, tenyeret, tenyere *n.* palm [29]

tenyészt *v.* breed [18]

tép *v.* tear; haunt [30]

tér, teret, tere *n.* square [8]

térd, -et *n.* knee [13]

térdel *v.* be kneeling [29]

terem *v.* grow, bear, produce [17]

terem, termet, terme *n.* hall, (large) room [5]

teremtés, -t *n.* creature [29]

terhes *adj.* pregnant; loaded; onerous [16]

terítő, -t *n.* table-cloth [11]

térkép, -et *n.* map [1]

termék, -et *n.* product [26]

termékeny *adj.* fruitful, prolific [27]

termel *v.* produce [16]

termelékenység, -et *n.* productivity [16]

termelőszövetkezet, -et *n.* producer's co-operative, farmer's co-operative [3]

termés, -t *n.* crop [18]

termosz, -t *n.* thermos, vacuum flask [17]

terület, -et *n.* area, territory [17]

tervez *v.* plan [14]

tessék! please [6]

test, -et *n.* body [13]

testület, -et *n.* corporation, (corporate) body [27]

testvér, -t *n.* sister, *or*, brother [10]

tesz *v.* make [7]; **jót ~ vkivel vmi**: do good [22]

tészta, '-t *n.* cake, noodles [9]; **édes ~** pastry [9]

tető, -t, teteje *n.* roof [14]

tetszik vkinek vmi *v.* like [12]

tett, -et *n.* deed [17]

textil, -t, -je *n.* textile [4]

textilgyár, -at *n.* textile factory [11]

textilmunkás, -t *n.* textile worker [4]

ti *pres. pron. plur.* you [4]

tied, tietek, tieid, tieitek *pron.* yours [14]

Tihany, -t *n.* (resort place at Balaton) [17]

tilos *adj.* prohibited, forbidden [11]

tilt *v.* forbid [29]

tinta, '-t *n.* ink [2]

tippel *v.* give a tip [24]

tiszta *adj.* clean [3]

tisztaság, -ot *n.* cleanliness [16]

tisztelet, -et *n.* respect [19]

tisztít *v.* clean, make clean [23]
tisztítás, -t *n.* cleaning, cleansing
tisztítási *adj.* cleaning [28]
tisztító, -t *n.* cleaner's [23]
tisztviselő, -t *n.* clerk [12]
titeket *pers. pron. plur. acc.* you [13]
titok, titkot, titka *n.* secret [15]
tíz, -et *num.* ten [4]
tized, -et *num.* tenth (part) [13]
tizedik *num.* tenth [10]
tizenegyedik *num.* eleventh [11]
tizenharmadik *num.* thirteenth [13]
tizenkettedik *num.* twelfth [12]
tízes *adj.* ten forint note; ten [17]
tó, tavat, tava *n.* lake [6]
tojás, -t *n.* egg [8]
tokaji (bor) *n.* Tokay (wine) [9]
toll, -at *n.* pen [1]; feather [18]
tollbamondás, -t *n.* dictation [1]
torna, '-t *n.* gymnastics [10]
tornászik *v.* do gymnastics [23]
torok, torkot, torka *n.* throat [13]
torokgyulladás, -t *n.* inflammation of the throat, angina [13]
torony, tornyot, tornya *n.* tower [3]
torta, '-t *n.* cake, tart [22]
tovább *adv.* longer, more; further, farther, along [13]; ~ folyik continue [13]
továbbá *adv.* moreover, and [28]
tő, tövet, töve *n.* base, stem, root; foot, stock [6]
több *num.* more, other [18]
többi, -t, -ek *adj.* and *n.* remaining, other; (é)s a ~ and so on [13]; a többiek the others, the rest [8]
tökéletes *adj.* perfect [28]
tökéletesít *v.* make perfect [28]
tökéletlen *adj.* imperfect, defective; imbecile [29]
tőle *pron.* from him (her, it), by him, of him [11]
tölgy, -et *n.* oak [18]
tölt *v.* pour in [11]; (időt) ~ spend [14]
töltőtoll, -at *n.* fountain pen [12]
tömeg, -et *n.* crowd; mass [15]
tömegsport, -ot, -ja *n.* mass sport(s) [24]
tömör *adj.* concise; solid, massive [30]
tör *v.* break [11]; töri a fejét vmin: rack one's brain [11]

törekedik *or* törekszik *v.* strive, endeavour [29]
törekvés, -t *n.* ambition, endeavour [26]
török, -öt, -je *adj.* and *n.* Turkish; Turk [19]
töröl *v.* wipe; clean [14]
történet, -et *n.* story; history [19]
történelem, történelmet *n.* history [10]
történelmi *adj.* historical [18]
történik *v.* happen [20]
törülközés, -t *n.* drying oneself [23]
törülközik *v.* dry (oneself), towel [23]
törülköző, -t *n.* towel [23]
törvény, -t *n.* law [26]
törzs, -et *n.* trunk [13]; tribe [19]
tövis, -t *n.* thorn [20]
traktor, -t, -ja *n.* tractor [3]
tréfa, '-t *n.* joke [8]
tréfál *v.* joke [17]
tréfás *adj.* amusing, funny [21]
tréfáskedvű *adj.* good-tempered [22]
tud *v.* know, be aware of; can, be able to [5]; ~ vmiről: have knowledge of [18]
tudás, -t *n.* knowledge [3]
tudniillik *conj.* namely [20]
tudomány, -t *n.* science [5]
tudományos *adj.* scientific [25]
tudós, -t *n.* learned man, scholar, scientist [17]
tudta *n.:* ~ nélkül without his (her) knowledge [27]
túl *adv.* and *postp.* too (much), excessively; beyond, over, past [23]
tulajdonképpen *adv.* really, actually [27]
túlerő, -t túlereje *n.* superior force, numerical superiority [26]
túlnyomó *adj.* overwhelming, most; predominant [18]
túlsó *adj.* opposite [25]
túlszárnyal *v.* excel, (sur)pass [28]
turista, '-t *n.* tourist [8]
tű, -t *n.* needle [13]
tüdő, -t *n.* lung [13]
tükör, tükröt, tükre *n.* looking-glass, mirror [11]
tükröződik *v.* reflect [28]
türelem, türelmet *n.* patience [16]
türelmes *adj.* patient, tolerant [13]
tűz, tüzet *n.* fire [14]

Ty

tyúk, -ot, -ja *n.* hen [3]

U—Ú

uborka, '-t *n.* cucumber, gherkin [18]
udvar, -t *n.* yard, farm [3]
udvarias *adj.* polite [8]
udvarol *v.* make court to, woo [23]
ugat *v.* bark, yelp
ugatás, -t *n.* bark(ing) [22]
ugrás, -t *n.* jump(ing) [24]
ugrik *v.* jump, spring [24]
úgy *adv.* so, like that; so much, so far [25]
ugyan *conj.* and *int.* though; then, ever [26]
ugyanaz *pron.* the same [19]
ugyanis *conj.* namely [19]
ugye *interrogative particle* isn't it? is it not (so)? [8]
úgyis *adv.* anyway, in any case [14]
úgynevezett (ún.) *adj.* so-called (s.c.) [25]
úgyse(m) *adv.* not... anyway, not at all [24]
új *adj.* new [7]
újév, -et *n.* New Year [21]
újítás, -t *n.* innovation, invention [16]
ujj, -at, *n.* finger; toe; sleeve [4]
ujjacska, '-t *n.* little finger [29]
újjáépít *v.* rebuild [19]
újjáépítés, -t *n.* reconstruction, rebuilding [19]
újjászervez *v.* reorganize, reform [27]
újra *adv.* again [29]
újság, -ot, -ja *n.* news(paper), journal [4]; news [12]
újságírás, -t *n.* journalism [29]
újságíró, -t *n.* journalist [4]
un vmit *v.* be tired of, be bored by [21]
unoka, '-t *n.* grandchild [11]
unokahúg, -ot *n.* niece [11]
úr, urat, ura *n.* Mister [2]
uralom, uralmat, uralma *n.* reign, rule [19]

úri *adj.* gentlemanly, gentlemanlike; ~ gyerek child of upper-class parents [29]
úrnő, -t *n.* lady [22]
úszik *v.* swim; float, sail [15]
uszoda, '-t *n.* swimming-bath, swimming-pool [24]
út, utat, útja *n.* way, road, path [7, 10]; útban on the way [23]
után *postp.* after [9]
utáni *adj.* after [24]
utas, -t *n.* traveller, passenger [4]
utazás, -t *n.* travelling, journey; tour, voyage, ruide [17]
utazási *adj.* travelling; ~ iroda travel agency [17]
utazik *v.* travel, go [16]
utca, '-t *n.* street [8]
utcai *adj.* street [16]
útitárs, -at *n.* travelling companion, fellow-traveller [5]
útközben *adv.* underway, along the way [16]
utókor, -t *n.* posterity [27]
utolér *v.* overtake, catch up [29]
utoljára *adv.* at last [21]
utolsó *adj.* last, final, latest [17]
utószor *(obsolete)* = utoljára *adv.* for the last time [26]
úttest, -et *n.* road(way), carriage-way [16]
úttörő, -t *n.* pioneer [25]
útvonal, -at *n.* route, path [14]

Ü—Ű

üdül *v.* take a holiday, refresh; recover [7]
üdülés, -t *n.* holiday, vacation; recreation [7]
üdülő, -t *n.* holiday home, resort place; guest at a holiday home, holiday-maker [7]
üdülőhely, -et *n.* holiday resort, spa [20]
üdvözlet, -et *n.* greeting [12]
üdvözöl *v.* greet, salute [11]
ügy, -et *n.* matter, affair; business [23]
ügyel *v.* take care of; note [16]

501

ügyes *adj.* skilful [12]; ~ vmiben: good at, clever at [22]

ül *v.* sit [5]

ülés, -t seat; sitting [18]

ülőhely, -et *n.* seat, place for sitting [8]

üres *adj.* empty; free, unoccupied [17]

üt *v.* strike, hit, slap; beat

ütközet, -et *n.* battle [27]

üveg, -et *n.* bottle; glass, pane [9]

üzem, -et *n.* plant, mill; functioning, running [16]

üzemi *adj.* operating, plantshop-; ~ nyaraló factory's holiday home [17]

üzen = izen *v.* let sy know, send a message [26]

üzlet, -et *n.* shop; business [15]

V

vacsora, '-t *n.* evening meal, supper

vacsorázik *v.* have supper, diner [20]

vádlott, -at, -ja *n.* accused, defendant; prisoner [27]

vág *v.* cut [23]

vágány, -t *n.* rail-track, track; platform [17]

vagy, vagyok, vagyunk, vagytok *v.* you are, I am, etc. [4]

vagy *conj.* or [1]; ~ ... ~: either ... or [1]

vagyis *conj.* namely, that is; i.e. [18]

vaj, -at *n.* butter [6]

vajas *adj.:* ~ kenyér bread and butter [17]

vajon *interrogative particle* if, whether [20]

valaha *adv.* ever; once [21]

valahányszor *adv.* whenever [15]

valahova *adv.* somewhere [16]

valaki *pron.* somebody, anybody, anyone [6]

valamelyik *pron.* one (of them) [20]

valami *pron.* something; some; anything, any [6]

válasz, -t *n.* answer, reply [12]

válaszol *v.* answer [10]

választ *v.* choose [23]

válik vmivé *v.* become [24]

vállal *v.* undertake [27]

vállalat, -ot *n.* undertaking, enterprise

vallás, -t *n.* religion [28]

való *adj.* existing, being [27]; true, real

valóban *adv.* indeed, really [20]

válogat *v.* choose, pick out; sample [24]

válogatott *adj.* chosen, picked, selected; ~ csapat representative team, selected team [24]

valóság, -ot *n.* reality [25]

váltakozik *v.* alternate, vary [25]

váltogat *v.* keep (ex)changing; váltogatják egymást alternate, vary [25]

változó *adj.* diversified, varied [17]

változtat *v.* change [26]

van, *plur.* vannak *v.* is, be [4]

vándorol *v.* wander [26]

vándorszínész, -t *n.* strolling player [26]

vár *v.* wait [5]; ~ vkit: await [7]; ~ vkire or, vmire: wait for [8]

vár, -at *n.* fortress; castle [8]; királyi ~ royal palace

várakozik *v.* wait [23]

Várhegy, -et *n.* Castle Hill [19]

várkastély, -t *n.* castle [22]

város, -t *n.* town [8]

városháza, '-t *n.* town-hall [26]

városi *adj.* town, city, municipal [29]

Városliget, -et *n.* City Park [25]

városligeti *adj.* of City Park [25]

városrész, -t *n.* quarter [19]

varr *v.* sew [11]

varrat *v.* have sg sewn [23]

vásárlás, -t *n.* shopping [6]

vasárnap, -ot, -ja *n.* Sunday [10]

vásárol *v.* buy, shop [6]

vas, -at *n.* and *adj.* iron [18]

vasérc, -et *n.* iron ore [18]

vasmunkás, -t *n.* ironworker [4]

vasmű, vasművet, vasműve *n.* iron works [23]

vastag *adj.* thick [3]

vasút, vasutat, vasútja *n.* railway [21]

vasutas, -t *n.* railway worker, railway employee [4]

véd *v.* defend, protect [16]

védekezik vmi ellen *v.* defend oneself, guard oneself from sg [16]

502

védelem, védelmet *n.* defence, guard [27]; **védelmére felhoz** vmit: plead sy in one's defence [27]

vég, -et *n.* end [15]

végett *postp.* for, with the object of [20]

végez *v.* finish, end [11]; **munkát** ~ do work [24]

végig *adv.* to the end, along [18]

végigjár *v.* go through [26]

végigsétál *v.* walk along [16]

végigvonul vmin *v.* pass through [26]

végleges *adj.* final, definitive [20]

végre *adv.* finally, at last [21]

végtag, -ot, -ja *n.* limb [13]

vegyész, -t *n.* chemist [11]

vékony *adj.* thin [3]

vele *adv.* with him (her, it) [17]; **véled** = veled: with you [19]

vélemény, -t *n.* opinion, view [20]

véletlen *adj.* chance, accidental [27]; **véletlenül** *adv.* by chance [14]

vendég, -et *n.* guest [7]

vendéglátás, -t *n.* hospitality [11]

vendéglő, -t *n.* restaurant, eating-house, tavern [20]

ver *v.* beat, flog [30]

vér, -t *n.* blood [13]

veréb, verebet, verebe *n.* sparrow [3]

vers, -et *n.* poem, verse [7]

verseny, -t *n.* competition [15]

versenyez *v.* compete [24]

versenyző, -t *n.* contestant, competitor [24]

versszak, -ot *n.* stanza, verse [10]

vérzik *v.* bleed [13]

vese, '-t *n.* kidney [13]

vesz *v.* take; buy [5]; **alkalmazásba** ~ employ [29]; **fejébe** ~ vmit: take sg into one's mind [28]; **fejét veszi** vkinek: strike sy's head off [22]; **feleségül** ~ marry, wed [19]; **részt** ~ vmiben: take part [27]

veszedelem, veszedelmet, veszedelme *n.* danger [3]

veszélyes *adj.* dangerous [16]

vet *v.* cast, throw, toss; sow, drill [11, 24]

vetet *v.* have sg bought [23]

vetkőzik *v.* undress, take off one's clothes [23]

vezényel *v.* conduct; command [20]

vezér, -t *n.* leader [19]

vezet *v.* lead [14]

vezetés, -t *n.* leadership [19]

vezető, -t *n.* leader [17]

vidám *adj.* gay, merry, bright, jolly [3]

vidék, -et *n.* country(-side) [7]

vidéki *adj.* and *n.* provincial, country; man *or* woman from the country [20]; **Szeged** ~ of the surrounding of Szeged [29]

víg *adj.* gay, cheerful, lively [15]

vigyáz *v.* take care, heed to [16]

vihar, -t, -a, *or,* -ja *n.* storm, tempest [21]

vihog *v.* giggle, titter [30]

világ, -ot *n.* world [18]

világháború, -t *n.* world-war

világhírű *adj.* world-famous [25]

világít *v.* light [15]

világos *adj.* clear, light; distinct [12]; ~ **sör** lager [9]

világosszürke *adj.* light gray [11]

világtörténelem, világtörténelmet *n.* history of the world [29]

villa, '-t *n.* fork [9]

villa, '-t *n.* villa, cottage [14]

villámlik *v.* there is lightning [21]

villamos, -t *n.* tram [8]

villany, -t *n.* electric light; electricity [14]

villanykapcsoló, -t *n.* switch [14]

villanylámpa, '-t *n.* electric lamp [15]

virág, -ot *n.* flower [2]

virágoskert, -et *n.* flower garden [14]

virágzik *v.* flourish, bloom [18]; flower

virágzó *adj.* flourishing, prosperous; flowering [18]

virít *v.* bloom [24]

visel *v.* wear, have on [11]

viszont *adv.* on the other hand [24]

viszontlátásra *adv.* good-bye, so long [6]

viszony, -t *n.* relation, connection [26]

vissza *adv.* back, backward(s) [10]

visszaad *v.* give back [12]

visszaakaszt *v.* put back [17]

visszaemlékezik *v.* remember, recall sg [27]

visszaérkezik *v.* come back, return [10]

503

visszahív *v.* call back; ~ **telefonon** call back by phone [20]

visszanyer *v.* regain, win back [25]

visszanyújt *v.* hand over, hand back [27]

visszatér *v.* return [28]

visszatesz *v.* replace, set back [14]

visszavon *v.* withdraw, cancel, rescind [26]

visszavonul *v.* withdraw; retire from [29]; **visszavonulóban van** be withdrawing [29]

visszhang, -ot, -ja *n.* echo, resounding sound [17]

víz, vizet *n.* water [4]

vízilabdázik *v.* play water-polo [24]

vízilabdázó, -t *n.* water-polo player [24]

vízvezeték, -et *n.* water-pipe [14]

vizsga, '-t *n.* examination [11]

vizsgál *v.* examine [13]

vizsgálat, -ot *n.* examination; investigation [13]

vizsgázik vmiből *v.* pass an examination, sit for examination [15]

volt *v.* was, be [19]

vonat, -ot, -ja *n.* train [4]

vonul *v.* march [26]

vonz *v.* attract [24]

vonzó *adj.* attractive [28]

völgy, -et *n.* valley, vale [7]

vörös *adj.* red, ruddy [21]

vulkanikus *adj.* volcanic [17]

Z

zab, -ot, -ja *n.* oat [18]

zamatos *adj.* aromatic, tasty [15]

zápor, -t *n.* (heavy) shower [23]

zár *v.* close, lock [26]; **börtönbe** ~ imprison [26]

zár, -at *n.* fastening, lock, latch

zászló, -t *n.* flag [3]

zavar *v.* disturb [15]

zavar, -t *n.* confusion, disorder

zavaros *adj.* confused, obscure [29]

zene, '-t *n.* music [7]

zenekar, -t *n.* orchestra, band [9]

zeneművészet, -et *n.* musical art

Zeneművészeti Főiskola Academy of Music [20]

zivatar, -t *n.* thunder-shower, tempest, squall [21]

zokni, -t *n.* sock [6]

Zoltán, -t, -ja *n.* (Hungarian man's name) [13]

zöld *adj.* green [2]

zöldség, -et *n.* greens, vegetables [6]

Zs

zsarnok, -ot *n.* tyrant [26]

zseb, -et *n.* pocket [10]

zsebkendő, -t *n.* handkerchief [2]

zsebkés, -t *n.* penknife [17]

zsemle, '-t *n.* roll

Zsigmond, -ot, -ja *n.* Sigismund [30]

II. English—Hungarian

In this part are inclosed only those words that occur in the English Texts and sentences intended for being translated into Hungarian.

A

a (an) *indefinite article* egy
able *adj.:* **be ~ to** képes, tud; -hat, -het
about *prep.* -ról, -ről; felől
academy *n.* főiskola, akadémia; **~ of Music** Zeneművészeti Főiskola; **Music ~** Zeneakadémia *(colloquial)*
according *adv.:* **~ to** szerint *(postp.)*
acquaintance *n.* ismerős
acquainted *adj.:* **get ~ with sg** megismerkedik vmivel
actor *n.* színész
address *n.* cím
admire *v.* megcsodál
adult *adj. and n.* felnőtt
advertisement *n.* hirdetés
after *adv. and prep.* után *(postp.)*
again *adv.* újra, újból, megint, ismét; még egyszer [27]
age *n.* kor: **at the ~ of 26:** 26 éves korában; **Middle Ages** középkor
ago *adv.* előtt *(postp.)* **; how many days ~** hány nappal ezelőtt
airy *adj.* levegős
alarm-clock *n.* ébresztőóra
Alexander *n.* Sándor
alight *v.* leszáll
alive *adj.:* **be ~** él
all *adj. and n.* minden *(pron.)* **; ~ of us** mindenki [6]; mindnyájunk
alone *adv.* egyedül
along *adv.* tovább; **take ~** magával visz [23]

already *adv.* már
also *adv.* is *(conj.)*
although *conj.* bár, pedig
always *adv.* mindig
American *adj.* amerikai
amusement *n.* szórakozás
an (a) *indefinite article* egy
ancient *adj.* régi
and *conj.* és, s, meg
animal *n.* állat
Ann *n.* Anna
another *pron.* másik, más, még egy
answer *n.* felelet
any *pron.* akárki, valaki; akármi, valami; **at ~ time** bármikor
anyone *pron.* valaki
anywhere *adv.* valahol; **~ else** máshol
apple *n.* alma
April *n.* április
aren't you? ugye?
arrive *v.* érkezik, megérkezik
art *n.* művészet; **Museum of Fine Arts** Szépművészeti Múzeum
art historian *n.* művészettörténész
as *conj.* mint; **~ if** mintha; **~ well** is
ask *v.* megkérdez vkit; kér vkit (vmire)
aspiration *n.* törekvés
at *prep.* -nál, -nél; -n; kor-; **~ home** otthon; **~ once** azonnal
attend *v.* látogat, részt vesz; megtekint [25]
attention *n.* figyelem; gond; **pay ~** vigyáz, ügyel
Austrian *adj.* osztrák, osztrák férfi
await *v.* vár vkit
away *adv.* el, tovább; el-; **go ~** elmegy

B

back *adv.* vissza; **call** ~ visszahív; **at the** ~ hátul
bad *adj.* rossz
ballet *n.* balett
bandage *v.* beköt
bank *n.* part
banner *n.* zászló
basis *n.* alap; **on the** ~ **of sg** vminek az alapján
bastion *n.* bástya; **Fishermen's** ~ Halászbástya
bath *n.* fürdő; **take a** ~ fürdik, megfürdik; **medicinal** ~ gyógyfürdő
bathroom *n.* fürdőszoba
battle *n.* csata
be *v.* van, lenni; ~ **on** fellép műsoron van
bear *v.* visz, hord(oz), visel
beautiful *adj.* szép
because *conj.* mert; *prep.* miatt *(postp.)*
become *v.* lesz
bed *n.* ágy; **go to** ~ lefekszik
beer *n.* sör
before *adv.* elöl; *prep.* előtt, elé *(postp.)*
begin *v.* kezd; kezdődik
beginning *n.* kezdet; **at the** ~ **of September** szeptember elején
behalf *n.:* **on,** ~ **of sy** vki kedvéért
behind *adv.* hátul; *prep.* mögött, mögé *(postp.)*
bell *n.* csengő; **ring the** ~ csenget
belong *v.:* ~ **to** vmi vkié; **it belongs to me** ez az enyém
benefit *n.* jótétemény, haszon; **material benefits** javak
best *adj.* legjobb
better *adj.* jobb; *adv.* jobban
big *adj.* nagy
bird *n.* madár
birth *n.* születés; **year of** ~ születési év
birthday *n.* születésnap
birth-place *n.* születési hely
black *adj.* fekete; ~ **coffee** feketekávé, fekete
blackboard *n.* (fekete) tábla
blue *adj.* kék
boast *v.* dicsekszik, dicsekedik

boasting *n.* dicsekvés
boat *n.* hajó
boat-ticket *n.* hajójegy
book *n.* könyv
book-lover *n.* könyvbarát
bookshelf *n.* könyvespolc
both *adj.* mindkét; ~ **of them** *n.* mind a kettő, mindkettő
boxing *n.* ökölvívás; ~ **match** ökölvívó verseny
boy *n.* fiú
bravery *n.* bátorság
bread *n.* kenyér
breakfast *n.* reggeli
bridge *n.* híd
bright *adj.* világos
bring *v.* hoz; ~ **in** behoz
brother *n.* fivér; **my elder** ~ bátyám; **my younger** ~ öcsém
brown *adj.* barna
Budapest *n.:* **from** ~ budapesti
build *v.* épít
building *n.* épület
bus *n.* autóbusz
but *conj.* hanem, de; ~ **of course** de igen
buy *v.* vesz, megvesz, vásárol
by *prep.* -tól, -től; által *(postp.)* ; mellett *(postp.)* ; ~ **what time** mikorra

C

cake *n.* tészta
call *v.* nevez vminek
can *v.* tud; lehet; **one cannot live** nem lehet élni
capital *n.* főváros
carelessly *adv.* rendetlenül, gondatlanul
carpet *n.* szőnyeg
carriage *n.* kocsi; ~ **way** úttest
castle *n.* vár; **Castle Hill** Várhegy
Celt *n.* kelta
century *n.* század, évszázad
certain *adj.* biztos, bizonyos; ~**ly** *adv.* biztosan, bizonyára
chair *n.* szék
chalk *n.* kréta
change *v.* cserél; ~ **the clothes** átöltöztet
cheap *adj.* olcsó: ~ **ly** *adv.* olcsón

506

chemist's gyógyszertár
chest *n.* szekrény
child *n.* gyerek, gyermek
choose *v.* választ
cinema *n.* mozi
city *n.* város; **City Park** Városliget
class *n.* osztály
class-mate *n.* osztálytárs
clean *adj.* tiszta
clever *adj.* jó [2]; okos
clock *n.* óra; **at six o'clock** hat órakor
cloth *n.* szövet
coat *n.* kabát
coffee *n.* kávé; **black** ~ feketekávé, fekete
cold *adj.* and *n.* hideg
comb *n.* fésű; *v.* fésül, megfésül; ~ (one-self) (meg) fésülködik
come *v.* jön, megy; ~ **here** idejön
comfort *v.* megnyugtat, vigasztal
comfortable *adj.* kényelmes
competition *n.* verseny
comrade *n.* elvtárs
concert *n.* hangverseny
conductor *n.* kalauz
copy *v.* másol; ~ **down** kiír
corner *n.* sarok, zug, szeglet
cost *v.* kerül vmibe
country *n.* ország; vidék [21]; haza [26]
  occupation of the ~ honfoglalás
course *n.* haladás, **in the** ~ folyamán
  (postp.) ; **of** ~ pedig, persze; **but of** ~
  de igen
cross *v.* áthalad, átmegy
cry *v.* kiabál; sír [27]
cup *n.* csésze
cure *v.* gyógyít, meggyógyít
curtain *n.* függöny
Czech *adj.* cseh
Czechoslovak *adj.* csehszlovák

D

dance *n.* tánc; *v.* táncol
Danube *n.* Duna; ~ **Embankment**
  Duna-part
dark *adj.* sötét; **it is getting** ~ sötétedik
daughter *n.* leánya (vkinek)
day *n.* nap

dear *adj.* kedves
deed *n.* tett
delegate *n.* küldött
destroy *v.* elpusztít
develop *v.* fejlődik
dictionary *n.* szótár
die *v.* meghal; **live and die** él és hal
difficult *adj.* nehéz
diligence *n.* szorgalom
dining-room *n.* étterem
distribution *n.* elosztás
district *n.* terület [19]; kerület [25]
disturb *v.* zavar
do *v.* csinál, tesz, készít, ~ **sy good** jól-
  esik; ~ **the work** elvégzi a munkát
doctor *n.* orvos, doktor
dog *n.* kutya
doll *n.* baba
door *n.* ajtó
draw *v.* rajzol
dress *n.* ruha; *v.* ~ **sy** felöltöztet; ~
  (oneself) felöltözködik
drink *n.* ital; *v.* iszik
during *prep.* alatt *(postp.)* ; *adv.* közben

E

each *pron.* mindegyik; **they** ~ ők mind-
  nyájan; ~ **other** egymás(t)
early *adv.* korán
earn *v.* szerez (pénzt), keres (pénzt)
easy *adj.* könnyű; ~**ly** *adv.* könnyen
east *n.* kelet; ~ **Station** Keleti pálya-
  udvar
eat *v.* eszik
eight *num.* nyolc
eighth *num.* nyolcadik
else *adv.* más; **anywhere** ~ máshol
embankment *n.* part, rakpart; **Danube-**
  ~ Duna-part
emotion *n.* érzelem, érzés
end *n.* vég
endurance *n.* kitartás
engineer *n.* mérnök; **textile** ~ textil-
  mérnök
English *adj.* angol
enjoy *v.* élvez; ~ **oneself** jól szórakozik,
  jól érzi magát

enough *adj.* and *adv.* elég
enter *v.* bemegy
entering *n.* belépés
especially *adv.* különösen
even *adv.* még; még...is
evening *n.* est(e); **this** ~ ma este, az este *(adv.)* ; **in the** ~ este *(adv.)*
event *n.* esemény; **sporting** ~ sport-esemény
every *adj.* minden *(pron.) ;* ~ **month** havonként; ~ **week** hetenként
everybody *pron.* mindenki
everyone *pron.* mindenki
everything *pron.* minden
everywhere *adv.* mindenütt, mindenhol [16]; mindenhova [27]
examination *n.* vizsgálat, vizsga; **medi-cal** ~ orvosi vizsgálat
examine *v.* megvizsgál
excellent *adj.* kitűnő
exciting *adj.* izgalmas
excursion *n.* kirándulás; **make an** ~ kirándulást tesz, kirándul
exercise *n.* gyakorlat; ~ **book** füzet
expect of sy sg *v.* kíván vkitől vmit
expensive *adj.* drága
expression *n.* kifejezés

F

factory *n.* üzem, gyár
fairly *adv.* meglehetősen, elég; ~ **well** elég jól
fall *v.* elesik
family *n.* család
famous *adj.* híres
fan *n.* sportkedvelő, sportrajongó, szurkoló
father *n.* édesapa, apa
fear *n.* félelem
feel *v.* érez; érzi magát; ~ **fit** jól érzi magát, jól van
fellow *n.* társ; **fellow-worker** szaktárs
few *adj.* kevés; **a** ~ néhány
fight *v.* harcol, küzd
find *v.* talál, megtalál
fine *adj.* finom; szép; **Museum of** ~ **Arts** Szépművészeti Múzeum

finish *v.* befejez
first *adj.* első
fisherman *n.* halász; **Fishermen's Bastion** Halászbástya
fit *adj.* alkalmas; ~ **for** való; **feel** ~ jól érzi magát; *v.* megfelel
flat *n.* lakás
floor *n.* emelet
flower *n.* virág
fond *adj.* hiszékeny; **be** ~ **of** szeret
food *n.* étel
foot *n.* láb
for *prep.* -nak, -nek; számára, részére *(postp.) ;* -ért; -ra, -re; miatt *(postp.)* óta *(postp.)* [21]; ~ **his sake** miatta, kedvéért; **go** ~ **a walk** sétálni megy
forbidden *adj.* tilos
foreign *adj.* külföldi, idegen
foreigner *n.* külföldi
forget *v.* elfelejt
former *adj.* régi, előző
fortify *v.* megerősít
foundation-wall *n.* alapfal
fountain *n.* forrás; ~ **pen** töltőtoll
four *num.* négy
free *adj.* szabad; **be** ~ ráér vmire, van ideje vkinek vmire
freedom *n.* szabadság; ~ **Monument** Szabadság-szobor
French *adj.* francia
fresh *adj.* friss
friend *n.* barát
from *prep.* -ból, -ből; -tól, -től; -ról, -ről; ~ **here** innen
front *n.* homlok, arc; **in** ~ **of** előtt *(postp.) ;* **in** ~ elöl *(adv.)*
fruit *n.* gyümölcs
fulfil *v.* teljesít

G

garden *n.* kert
Georgina *n.* Györgyi
German *adj.* német
get *v.* kap, megkap; ~ **acquainted with** sg megismerkedik vmivel; **have got to** kell + *inf.;* ~ **on** felszáll; ~ **up** kel, felkel

girl *n.* leány, lány
give *v.* ad
glad *adj.* boldog, vidám; **be** ~ örül
gladly *adv.* szívesen
glass *n.* pohár; üveg
glove *n.* kesztyű
go *v.* megy; jár; elmegy [27]; ~ **for a walk** sétálni megy; ~ **to bed** lefekszik; ~ **to visit** felkeres; ~ **away** elmegy; ~ **out** elmegy hazulról; ~ **up** megy
good *adj.* jó; **do sy** ~ jólesik; **goods** *n.* áru(k)
good-bye *int.* a viszontlátásra!
grammar *n.* nyelvtan
grandfather *n.* nagyapa
grandmother *n.* nagyanya
great *adj.* nagy
green *adj.* zöld
grey *adj.* szürke
guest *n.* vendég
guide *n.* kalauz; **tourist** ~ turista térkép

H

half *adj.* and *n.* fél; ~ **a year** fél éve; **at** ~ **past six** fél hétkor
hall *n.* előszoba
hand *n.* kéz; **left** ~ bal, baloldali
handkerchief *n.* zsebkendő
happen *v.* történik
hard *adj.* nehéz; ~ **working** szorgalmas
hat *n.* kalap
have *v.* van vkinek vmije; ~ **(got) to** kell + *inf.;* ~ **no(t)** nincs vkinek vmije; ~ **time** van ideje, ráér
he *pron.* ő
health *n.* egészség
heatlhy *adj.* egészséges
hear *v.* hall
heart *n.* szív; **by** ~ könyv nélkül, fejből, kívülről
help *v.* segít
her *pron.* őt; az ő...-(ja), -(je); ~ **mother** az anyja
here *adv.* itt; ide; **from** ~ innen; ~ **you are!** tessék! [6]
high *adj.* magas
hill *n.* hegy; **Castle Hill** Várhegy

him *pron.* őt; **to** ~ neki
himself *pron.* (ő) maga; (őt) magát
his *pron.* az ő...-(j)a; -(j)e; ~ **father** az apja
history *n.* történet [19], történelem [25]
holiday *n.* ünnep; szabadság; **summer** ~s nyaralás
home *n.* otthon; *adv.* otthon; haza; **at** ~ otthon
homework *n.* házi feladat
hope *v.* remél
hotel *n.* szálló, szálloda
hour *n.* óra
house *n.* ház
how *adv.* hogy, hogyan; ~ **long** meddig; ~ **many** hány; ~ **many hours** hány órát [21]; ~ **many days ago** hány nappal ezelőtt; ~ **much** mennyi, mennyire [24]; ~ **much is it?** mibe/mennyibe kerül? ~ **much time** mennyi idő alatt; ~ **often** hányszor, milyen gyakran
however *adj.* bármennyire; ~ **much** bármennyi
Hungarian *adj.* magyar; *adv.* magyarul
Hungary *n.* Magyarország
hurry *v.* siet, siettet; **hurry upstairs** felsiet (a lépcsőn)
husband *n.* férj

I

I *pron.* én; **I'll see** majd meglátom
if *conj.* ha; vajon
in *prep.* -ban, -ben; -ba, -be; -n, -on, -en, -ön; -ra, -re; ~ **spring** tavasszal
independence *n.* függetlenség; **War of Independence** szabadságharc
inhabitant *n.* lakos
injection *n.* injekció
inside *adv.* bent, belül
instead *prep.:* ~ **of** helyett *(postp.)*
interesting *adj.* érdekes
into *prep.* -ba, -be; -ra, -re; ~ **English** angolra
introduce *v.* bevezet; megismer vmit [19]; megmutat, bemutat [20]
invasion *n.* betörés; **Tartar** ~ tatárjárás
invite *v.* meghív

is *v.* van; **there ~ no** nincs
island *n.* sziget
it *pron.* az; ő
Italian *adj.* olasz
item *n.* szám, műsorszám, tétel

J

John *n.* János
just *adj.* igazságos

K

kind *adj.* kedves; **be ~ to** kedves vkihez;
n. fajta; **his own ~ of** a neki (leg)meg-
felelő(bb); **several kinds** sokféle; **what
~ of** milyen, miféle
kitchen *n.* konyha
know *v.* ismer; tud; megismerkedik [26];
for you ~ hiszen tudod; **known** ismert
knowledge *n.* tudás

L

lamp *n.* lámpa
language *n.* nyelv
large *adj.* nagy
last *adj.* utolsó; legutóbbi [21]; *v.* tart;
how long does it ~ meddig tart
later *adv.* később, későbben
leader *n.* vezér, vezető
learn *v.* tanul; megtud [19]
leave *v.* marad; indul [21]; elutazik [25];
hagy [23]
lecture *n.* előadás
left *adj.* bal; **~ hand** bal, baloldali [10]
lend *v.* kölcsönad, kölcsönöz
less *adj.* kevesebb, kisebb
lesson *n.* lecke
Lewis *n.* Lajos
library *n.* könyvtár
life *n.* élet
light *n.* fény; lámpa; *adj.* világos
like *adj.* hasonló; **what is it ~** milyen;
v. szeret vmit [9]; tetszik vkinek vmi
[20]
limb *n.* tag

listen *v.* figyel; **~ to** hallgat vmit
little *adj.* kis, kicsi; **a ~** *adv.* egy keveset,
egy kicsit
live *v.* él [11]; lakik [10]
Londoner *adj.* londoni
long *adj.* hosszú; **how ~** meddig; **no
longer** már nem
look *v.* néz, tekint; **~ through** átnéz;
~ up kikeres
lorry *n.* teherautó
lot *n.* rész; **a ~ of** nagyon sok
lovely *adj.* kedves
lump *n.* kocka; **~ of sugar** kockacukor
lunch *n.* ebéd

M

make *v.* készít, csinál; **~ an excursion**
kirándulást tesz, kirándul; **~ a note**
feljegyez
man *n.* ember, férfi
manage *v.* kezel; **we ~ to get** sikerül
kapnunk [27]
many *adj.* sok; **how ~** hány, mennyi
map *n.* térkép
March *n.* március
Margaret *n.* Margit
marry *v.* feleségül vesz
match *n.* verseny, mérkőzés, meccs;
boxing ~ ökölvívó verseny/mérkő-
zés
material *n.* anyag; *adj.* anyagi; **~
benefits** (anyagi) javak *(plur.)*
me *pron.* engem(et); nekem
meal *n.* étkezés; **take ~** étkezik
mean *adj.* közepes; **in the ~ time** köz-
ben, időközben; ezalatt
meat *n.* hús; **~ soup** húsleves
medical *adj.* orvosi
medicinal *adj.* gyógyító; **~ bath** gyógy-
fürdő
medicine *n.* gyógyszer, orvosság
meet *v.* találkozik
menu *n.* étlap
middle *n./adj.* közép; **Middle Ages** közép
kor; **in the ~** középen
million *num.* millió
mine *pron.* az enyém

miner *n.* bányász
minute *n.* perc
modern *adj.* divatos, modern
money *n.* pénz
month *n.* hónap, hó; **each** ~ havonként
monument *n.* emlékmű; **Freedom** ~ Szabadság-szobor; **Liberation** ~ Felszabadulási emlékmű
more *adv.* többé; **no** ~ már nem; *adj./n.* több; ~ **than** több, mint; **he has no** ~ **apples** egy almája sincs
moreover *adv.* sőt *(conj.)*
morning *n.* reggel
most *adv.* leginkább; **the** ~ . . . a leg. . .bb
mother *n.* édesanya, anya
move *v.* mozgat; mozdul; ~ **to** költözik
Mr. . . . *n.* . . . úr; **Mrs.** . . . -né
much *adv.* sokkal; **how** ~ mennyi, mennyire; **how** ~ **is it** mibe kerül; **so** ~ nagyon, annyira; **very** ~ nagyon szépen
municipal *adj.* fővárosi   ✓
museum *n.* múzeum; ~ **of Fine Arts** Szépművészeti Múzeum
music *n.* zene; ~ **Academy** Zeneakadémia
must *v.* kell; ~ **not** nem szabad
my *pron.* (az én) . . .-m, -am, -em, -om, -öm; -(ja)im, -(je)im; ~ **room** a szobám
myself *pron.* (én) magam

N

name *n.* név; *v.* nevez
narrow *adj.* keskeny
nearby *adj.* közeli
nearly *adv.* csaknem, közel
neat *adj.* szép, tiszta, csinos
need *v.* szüksége van vmire
never *adv.* soha, sohase(m), sose(m)
nevertheless *adv.* mégis
new *adj.* új
newspaper *n.* újság
next *adj.* legközelebbi; ~ **year** a jövő év
nice *adj.* szép, csinos
no *adv.* nem; **there is** ~ nincs; ~ **more** már nem

nobody *pron.* senki
nor *conj.* sem
not *adv.* nem
note *n.* jegyzet; **make a** ~ feljegyez; **take notes** jegyzetet készít
notice *v.* figyel vmit, megfigyel vmit
now *adv.* most
number *n.* szám

O

object *n.* tárgy
occupation *n.* megszállás; ~ **of the country** honfoglalás
occupy *v.* meghódít
of *prep.* -ból, -ből; -tól, -től; -ról, -ről; -nak, -nek; **a book** ~ **Tom** Tamás könyve, Tamásnak a könyve
offer *v.* nyújt; ~ **up** feláldoz [26]
office *n.* hivatal
officer *n.* katonatiszt, tiszt
official *adj.* hivatalos
often *adv.* gyakran, sokszor; **how** ~ hányszor
old *adj.* öreg; régi, ó
on *prep.* -n, -on, -en, -ön; -ra, -re; -ba, -be; ~ **his behalf** kedvéért, miatta
once *adv.* valamikor, egyszer; **at** ~ azonnal
one *num.* egy; *adj.* egyik; ~ **of** az egyik; **the** ~ . . . **the other** az egyik . . . a másik; *pron.* az ember
one *indefinite article* egy
only *adv.* csak
open *v.* nyílik
opera *n.* opera
opportunity *n.* alkalom
opposite *adv.*: ~ **to** szemben vmivel
oppress *v.* elnyom
or *conj.*, *unstressed* vagy; **whether** . . . ~ vajon . . . -e, akár . . . akár
orchard *n.* gyümölcsöskert
orchestra *n.* zenekar
order *v.* rendel, megrendel
other *pron./adj.* más; **the** ~ a másik
otherwise *adv.* különben
our *pron.* (a mi) -nk, -unk, -ünk; -(j)aink, -(j)eink; ~ **flat** a lakásunk

ourselves *pron.* magunk(at)
outside *prep.* vmin kívül *(postp.)*
outstanding *adj.* kiváló
own *adj.* saját; **his ~ kind of** . . . a neki
megfelelő

P

pair *n.* pár; **a ~ of shoes** egy pár cipő
paper *n.* papír; újság
parent *n.* szülő
park *n.* park; **City Park** Városliget
part *n.* rész; **take ~ in sg** részt vesz
vmiben, *or*, vmin
pass *v.* múlik [9]
passage *n.* szöveg, szövegrészlet
passenger *n.* utas
past *adv./prep.* (el)múlt *(v.)* ; után
(postp.) ; **at half ~ six** fél hétkor
patient *n.* beteg, páciens
Paul *n.* Pál
pay *v.* fizet; **~ attention** vigyáz
peace *n.* béke
pear *n.* körte; **~ tree** körtefa
peasant *n.* paraszt
pen *n.* toll
pencil *n.* ceruza
people *n.* nép, emberek *(plur.)*
performance *n.* előadás
performer *n.* színész
Peter *n.* Péter
photograph *n.* fénykép
picture *n.* kép; film; **pictures** mozi
piece *n.* darab; műsorszám, szám [20]
pillar-box *n.* levélszekrény
placard *n.* hirdetés, plakát
place *n.* hely; **~ of excursion** kiránduló-
hely; **take ~** megtörténik
plan *n.* terv
plant *n.* növény
platform *n.* peron
play *v.* játszik; előad, fellép [20]
pleasant *adj.* kellemes
pleasure *n.* öröm, **with ~** örömmel,
szívesen
plum *n.* szilva
poem *n.* vers. költemény
poet *n.* költő

policeman *n.* rendőr
Polish *adj.* lengyel
polite *adj.* udvarias
political *adj.* politikai
pool *n.* fürdő, medencefürdő; **swimming
~** uszoda
postcard *n.* levelezőlap
poster *n.* felirat, hirdetés
post-office *n.* posta
postpone *v.* elhalaszt
pour *v.* önt
prefer *v.* jobb(an) szeret
preparation *n.* előkészület
prepare *v.* elkészít
prescribe *v.* felír [13]
present *adj.* mai, mostani; *n.* ajándék
preserve *v.* őriz, megőriz
pretty *adj.* csinos
proclaim *v.* hirdet, kihirdet
produce *v.* termel
programme *n.* műsor
promise *v.* megígér
proper *adj.* jó, helyes, megfelelő
protect *v.* óv, véd
proverb *n.* közmondás
pupil *n.* tanuló
put *v.* tesz; **~ to bed** (le)fektet; **~ in**
bedob

Q

question *n.* kérdés
quickly *adv.* gyorsan
quite *adv.* egészen; **~ well** elég jól

R

railway *n.* vasút; **~ worker** vasutas
rain *n.* eső
rally *v.* csoportosul; **~ round sy** csopor-
tosul vki köré
rapidly *adv.* gyorsan
read *v.* olvas
ready *adj. and adv.* kész; **be ~** elkészül
rebuild *v.* újjáépít
rebuilding *n.* újjáépítés
receive *v.* kap, megkap; **~ sy** fogad vkit

recite *v.* elmond
reconstruct *v.* helyreállít
red *adj.* piros
regularly *adv.* rendszeresen; gyakran [16]
relation *n.* rokon
relax *v.* pihen
relaxation *n.* pihenés
relic *n.* emlék, maradvány
remain *v.* marad
reply *v.* felel
reporter *n.* újságíró, riporter
require *v.* kíván
rest *v.* pihen
revolution *n.* forradalom
right *adj.* igaz; jobb; *n.* jobb oldal; on the ~ jobbra; jog [26]; *adv.* igen, helyes; jobbra
ring *v.* cseng; ~ the bell csenget; ~ up felhív
ripe *adj.* érett
river *n.* folyó
roast *n.* sült
rock *v.* ringat; ~ to sleep elaltat
role *n.* szerep
Roman *adj.* római
room *n.* szoba; hely
round *prep.* köré, körül *(postp.)*
ruin *n.* rom
run *v.* fut, szalad; ~ away elfut
Russian *adj.* orosz

S

sake *n.*: for his ~ miatta, kedvéért
salad *n.* saláta
salt-cellar *n.* sótartó
Saturday *n.* szombat
save *v.* takarékoskodik
say *v.* mond
school *n.* iskola; ~ doctor *n.* iskolaorvos
scientist *n.* tudós
seat *n.* ülőhely; *v.* ültet, leültet
second *adj.* második
see *v.* lát [7]; megnéz [8]; meglátogat [22]; I'll ~ majd meglátom!
send *v.* elküld, küld
September *n.* szeptember

service *n.* kiszolgálás
seven *num.* hét
several *adj.* több; ~ kinds sokféle
she *pron.* ő
shoe *n.* cipő
shop *n.* bolt, üzlet; *v.* bevásárol
shopping *n.* bevásárlás
shop-window *n.* kirakat
short *adj.* rövid
show *v.* megmutat, mutat
sick *adj.* beteg
sight *n.* látnivaló [27]
since *prep.* óta *(postp.)*; ~ then azóta
sing *v.* énekel
sister *n.* nővér; my elder ~ a néném
sit *v.* ül
situated *adj.* fekvő; be ~ fekszik vmi
six *num.* hat
sleep *v.* alszik; *n.* alvás; rock to ~ elaltat
slogan *n.* felirat, jelmondat
slowly *adv.* lassan
small *adj.* kicsi, kis
smoke *v.* dohányzik
so *adv.* úgy, annyira; ~ outstanding ilyen kiváló
soldier *n.* katona
solve *v.* megold
some *adj.* and *pron.* néhány, némely, valami, egy kevés
something *pron.* valami
sometimes *adv.* néha
son *n.* (vkinek a) fia
song *n.* dal
soon *adv.* gyorsan, hamar
sore *adj.* fájó; have a ~ throat fáj a torka
sort *n.* fajta; what ~ of miféle, milyen
Soviet *adj.* szovjet
spa *n.* fürdőváros, fürdőhely
sparkle *v.* ragyog
speak *v.* beszél, beszélget
spend *v.* (pénzt) költ, elkölt, kiad; (időt) tölt, eltölt; ~ one's time in vmivel tölti az idejét
spite *n.*: in ~ of vminek ellenére
splendid *adj.* remek
sporting *adj.* sport-; ~ event sportesemény

sportsman *n.* sportoló

spot *n.* : **on the** ~ azonnal

spring *n.* forrás; **thermal** ~ gyógyforrás, hőforrás

stable *n.* istálló

stadium *n.* stadion, sportpálya

stand *v.* áll

star *n.* csillag

start *v.* indul, elindul

station *n.* pályaudvar, állomás

stationer's papírüzlet

stay *v.* marad

still *adv.* még, még mindig

stop *n.* megálló, megállóhely; *v.* befejez

street *n.* utca

strong *adj.* erős

student *n.* diák; egyetemi hallgató

study *v.* tanul

study(ing) *n.* tanulás

such *pron.* and *adj.* olyan

sugar *n.* cukor; **lump of** ~ kockacukor

suggest *v.* javasol [21]; tanácsol, ajánl [27]

summer *n.* nyár; ~ **holidays** nyaralás

surgery *n.* rendelő

survive *v.* túlél; **have survived** ránk maradt

suspect *v.* gyanúsít; ~ **sy** gyanakodik, *or,* gyanakszik vkire

swimming *adj.* úszó; ~ **pool** uszoda

swollen *adj.* dagadt

T

table *n.* asztal

take *v.* tesz [9]; megkap [19]; bevesz [19]; ~ **along** magával visz; ~ **a bath** megfürdik; ~ **meals** étkezik; ~ **notes** jegyzetet készít; ~ **part** részt vesz; ~ **place** megtörténik

talk *v.* beszél; ~ **over** megbeszél vmit; ~ **to sy** beszélget vkivel

Tartar *adj.* tatár; ~ **invasion** tatárjárás

task *n.* feladat

taste *v.* megkóstol

tasteful *adj.* ízléses

tea *n.* tea

teacher *n.* tanár

tear *v.* szakít; ~ **from** kiszakít

tell *v.* megmond

ten *num.* tíz

text *n.* szöveg

text-book *n.* tankönyv

textile *n.* and *adj.* textil; ~ **engineer** textilmérnök; ~ **worker** textilmunkás

than *conj.* mint

thank for sg *v.* köszön vmit

that *pron.* az; amely, aki; *conj.* hogy

the *definite article* a, az

theatre *n.* színház

their *pron.* (az ő) ... -(j)uk, -(j)ük; -(j)aik, -(j)eik; ~ **task** a feladatuk

then *adv.* azután

there *adv.* ott, oda; ~ **is** van; ~ **is no(t)** nincs

thermal *adj.* termál; ~ **bath** gyógyfürdő

they *pron.* ők

thick *adj.* vastag

thing *n.* dolog

think *v.* gondol; hisz; tart vminek [25]; ~ **of** gondol vkire, *or,* vmire

thinking *n.* gondolkodás; **way of** ~ gondolkodásmód

third *num.* harmadik

this *pron.* ez

thousand *num.* ezer

three *num.* három

throat *n.* torok; **have a sore** ~ fáj a torka

ticket *n.* jegy

tidy *adj.* rendes

tie *n.* nyakkendő; *v.* köt

till *prep.* -ig; míg

time *n.* idő; **have** ~ ráér, van ideje; **at any** ~ bármikor; **by what** ~ mikorra; **how much** ~ mennyi idő alatt; **in the mean** ~ közben, időközben, ezalatt; **on** ~ időre, időben, pontosan; **spend one's** ~ **with** vmivel tölti az idejét; **what** ~ mikor, hány órakor, hánykor

tired *adj.* fáradt

to *prep.* -hoz, -hez, -höz; -ra, -re

today *adv.* ma; **even** ~ még ma is

together *adv.* együtt

Tokay *n.* tokaji (bor)

tomb-stone *n.* sírkő

Most Commonly Used Abbreviations

áll.	állami	*State*
ált.	általános	*general (gen.)*
B.ú.é.k.	Boldog új évet kívánok.	*Happy New Year*
c.	címû	*entitled (tit.)*
cm	centiméter	*centimetre (cm.)*
db	darab	*piece (pc.)*
de.	délelőtt	*morning (a.m.)*
dkg	dekagramm	*dekagramme (dkg.)*
Dr., or, dr.	doktor	*doctor (D. — university degree)*
du.	délután	*afternoon (p.m.)*
em.	emelet	*floor, storey*
érk.	érkezik, érkezés	*arrives, arrival (arr.)*
f	fillér	*coin (one hundredth part of forint)*
f. hó	folyó hó	*current month's (inst.)*
fszt.	földszint	*ground-floor*
Ft	forint	*forint (Hungarian coin)*
g	gramm	*gramme (g.)*
i.e.	időszámításunk előtt	*before our era, before Christ (B.C.)*
i.sz.	időszámításunk szerint	*of our era (A.D.)*
ill.	illetőleg, illetve	*respectively (resp.)*
ind.	indul, indulás	*departure, start (dep.)*
kb.	körülbelül	*about (approx.)*
ker.	kerület	*district (dist.)*
kg	kilogramm	*kilogramme (kg.)*
km	kilométer	*kilometre (km.)*
krt.	körút	*boulevard (blvd.)*
l	liter	*litre (l. = 1,76 pint)*
l.	lásd, *or*, lap	*see (s.), or, page (p.)*
m	méter	*metre (m. = 3,28 feet)*
mm	milliméter	*millimetre (mm.)*
mp	másodperc	*second (sec.)*
ó	óra	*hour, o'clock (h.)*
özv.	özvegy	*widow*
p	perc	*minute (min.)*
pl.	például	*for instance (e.g.)*
pu.	pályaudvar	*railway station (ry.st.)*
q	métermázsa	*quintal (q.)*
s.k.	saját kezével	*with one's own hand (m.p.)*

stb.	s a többi	*et cetera (etc.)*
sz.	század, *or*, szám	*century (cent.), or, number (no.)*
szül.	született	*born (b.)*
t	tonna	*ton (t.)*
ti.	tudniillik	*namely (viz.), that is (i.e.)*
u.	utca	*street (St.)*
ua.	ugyanaz	*the same (id.)*
ui.	ugyanis	*namely*
ún.	úgynevezett	*so-called*
v.	vagy	*or*
vö.	vesd össze	*compare (comp.), confer (conf.)*

Grammatical Terms Used in Our Book

accusative (case of object, or, object case): *tárgyeset;* ~ suffix: *tárgyrag,* or, *a tárgyeset ragja*

active: *cselekvő;* ~ voice: *cselekvő igeragozás*

adjectival: *melléknévi;* ~ form: *melléknévi (használatú) alak;* ~ pronoun: *melléknévi névmás*

adjective: *melléknév;* ~ quantitative: *határozatlan számnév*

adjunct: *bővítmény;* adverbial ~ : *határozó*

adverb: 1. (proper) *határozószó;* interrogative ~ : *kérdő határozószó;* pronominal ~ : *névmási határozószó* 2. *határozó;* ~ of (attendant) circumstance(s), or, condition: *állapothatározó;* ~ of degree: *mérték-,* or, *fokhatározó;* ~ of instrument: *eszközhatározó;* ~ of manner: *módhatározó;* ~ of place: *helyhatározó;* ~ of purpose: *célhatározó;* ~ of reason, or, cause: *okhatározó;* ~ of time: *időhatározó*

adverbial: *határozói;* ~ adjunct, or, ~ modifier: *határozó;* ~ clause: *határozói mellékmondat;* ~ form: *határozói (használatú) alak;* ~ ordinal of time: *számhatározó;* ~ participle: *határozói igenév*

affricate: *affrikáta,* or, *kettős mássalhangzó*

agreement: *egyezés*

article: *névelő;* definite ~ : *határozott névelő;* indefinite ~ : *határozatlan névelő*

aspiration: *hehezet*

assimilation: *hasonulás,* or, *asszimiláció*

attribute: *jelző;* substantive ~ : *főnévi jelző*

attributive: *jelzői*

auxiliary: *segédszó;* ~ verb: *segédige*

back: *hátul képzett,* or, *veláris;* ~ vovel: *mély magánhangzó,* or, *veláris magánhangzó;* ~ vowel word: *mély hangrendű szó*

base: *tő;* changed ~ : *változott tő;* changing ~ : *változó tő;* extended ~ : *hosszabb tő(alak);* noun ~ : *névszótő;* reduced ~ : *csonkatő;* shortened ~ : *rövidebb tő(alak),* or, *rövidült tő;* unchanged ~ : *változatlan tő;* v-base: *v-tő;* word ~ : *szótő;* ~ vowel: *tőhangzó;* final ~ vowel: *tővégi magánhangzó,* or, *tővéghangzó*

building: *képzés;* word ~ : *szóképzés*

case: *eset;* accusative ~ , or, object ~ : *tárgyeset;* dative ~ : *részes eset,* or, *a részeshatározó esete;* nominative ~ : *alanyeset:* ~ governed by verb: *vonzat,* or, *állandó határozó*

clause: *mondat;* ~ of manner: *módhatározói mellékmondat;* ~ of place: *helyhatározói mellékmondat;* ~ of purpose, or, final ~ : *célhatározói mellékmondat;* ~ of reason, or, ~ of cause: *okhatározói mellékmondat;* ~ of result: *következményes mellékmondat;* ~ of time: *időhatározói mellékmondat;* adverbial ~ : *határozói mellékmondat;* attributive ~ : *jelzői mellékmondat;* comparative ~, or, ~ of comparison: *hasonlító mellékmondat;* concessional ~, or, ~ of concession: *megengedő mellékmondat;* conditional ~, or, ~ of condition: *feltételes mellékmondat;* main ~: *főmondat;* object ~: *tárgyi mellékmondat;* predicate ~: *állítmányi mellékmondat;* subject ~: *alanyi mellékmondat;* subordinate ~: *mellékmondat*

close, or, closed: *zárt*

comparative (degree, or, grade): *középfok*

comparison: 1. *fokozás* 2. *összehasonlítás*

compound: 1. *összetett;* ~ nominal predicate: *összetett névszói állítmány;* ~ sentence: *mellérendelő összetett mondat;* ~ word: *összetett szó* 2. *összetétel*

condition: 1. *feltétel;* adverbial clause of ~: *feltételes mellékmondat* 2. *állapot;* adverbial modifier of ~ or state: *állapothatározó*

conditional: *feltételes ;* ~ mood: *feltételes mód;* past ~: *feltételes múlt*

conjugation: *igeragozás;* definite ~: *tárgyas igeragozás;* indefinite ~: *alanyi igeragozás*

conjunction: *kötőszó;* coordinate ~: *mellérendelő kötőszó;* pronominal ~: *névmási kötőszó*

connective, see: linking

consonant: *mássalhangzó;* ~ assimilation: *mássalhangzó hasonulás*

construction: *szerkezet*

dative (case): *részes eset,* or, *a részeshatározó esete*

deictic, see: reference

derivation, see: formation

derivative: 1. *(képzett) származék(szó) ;* ~ adjective: *származék melléknév* 2. *képző ;* ~ suffix, see: formative suffix

diphthong: *kettős magánhangzó,* or, *kettőshangzó,* or, *diftongus*

direct: *közvetlen;* unmarked ~ object: *jelöletlen tárgy*

dissyllabic: *kétszótagú ;* ~ verb base: *kéttagú szótő*

elision: *kivetés ;* ~ of vowel, or, vowel ~: *magánhangzó kivetés*

emphasis: *nyomaték,* or, *hangsúly*

ending: *végződés;* infinitive ~: *a főnévi igenév képzője*

expression: *kifejezés;* idiomatic ~: *állandósult kifejezés*

final: *végső;* ~ vowel: *véghangzó;* ~ base vowel: *tővégi magánhangzó*

flexion: *ragozás*

flexional: *ragozási;* ~ suffix: *rag*

form: *alak;* adjectival ~: *melléknévi (használatú) alak;* adverbial ~: *határozói (használatú) alak;* numerical ~: *számnévi (használatú) alak;* personal ~: *személyes alak,* or, *birtokos személyraggal ellátott alak,* or, *személyragos alak;* substantival ~: *főnévi (használatú) alak;* suffixless ~: *ragtalan alak*

formation (derivation): *képzés,* or, *szóképzés ;* ~ of nouns: *névszóképzés ;* ~ of verbs: *igeképzés*

formative: ~ suffix, or, derivative: *képző ;* ~ suffix of nouns: *névszóképző ;* ~ suffix of verbs: *igeképző*

fraction: 1. *tört* 2. *törtszámnév*

front: *elöl képzett*, or, *palatális;* ~ vowel: *magas magánhangzó*, or, *palatális magánhangzó;* ~ vowel word: *magas hangrendű szó*
fusion: *összeolvadás;* ~ of consonants: *mássalhangzó összeolvadás*
future: *jövő;* ~ tense: *jövő idő*

gender: *nem*, or, *nyelvtani nem*
general: *általános;* ~ subject: *általános alany*
grammatical: *nyelvtani;* ~ subject: *nyelvtani alany*

half-close, or, half-closed: *félzárt*
half-open: *félnyílt*
harmony: vowel ~: *hangrend*

imperative: *felszólító mód;* ~ suffix: *a felszólító mód jele*, or, *felszólító módjel*
impersonal: *személytelen;* ~ construction: *személytelen szerkezet;* ~ subject: *nyelvtani alany*
indefinite: *határozatlan;* ~ conjugation: *alanyi igeragozás;* ~ pronoun: *határozatlan névmás;* ~ subject: *határozatlan alany*
indicative: *kijelentő mód*
infinitive: *főnévi igenév*
inflexion: *ragozás*
interjection: *indulatszó*, or, *mondatszó*
interrogative: *kérdő;* ~ pronoun: *kérdő névmás;* ~ sentence: *kérdő mondat;* ~ word: *kérdőszó*
intonation: *hanglejtés*

length: 1. *hosszúság* 2. *időtartam*
letter: *betű;* capital ~: *nagybetű;* minuscule: *kisbetű;* digraph: *kétjegyű betű;* trigraph: *háromjegyű betű*
link: *kapcsoló elem*
linking: *kapcsoló;* ~ mark: *kapcsolójel;* ~ vowel, or, connective (vowel): *kötőhangzó*
lip-rounding: *ajakkerekítés, kerek ajaknyílás*
lip-spreading: *széles ajaknyílás*

main: ~ clause: *főmondat*
modifier: adverbial ~: *határozó;* adverbial ~ of manner: *módhatározó;* etc.
modifying: *módosító;* ~ suffix: *jel;* ~ suffix of comparison: *fokjel;* etc.
monosyllabic: *egytagú;* ~ noun: *egytagú főnév*
mood: *mód*, or, *igemód;* conditional ~: *feltételes mód;* imperative ~: *felszólító mód;* indicative ~: *kijelentő mód*

name: *név;* geographical ~: *földrajzi név;* personal ~: *személynév;* pet ~, or, nick ~: *becéző név*, or, *becenév;* proper ~: *tulajdonnév*
nasal: *orrhang*, or, *nazális*
negation: *tagadás;* double ~: *kettős tagadás*
negative: *tagadó;* ~ particle: *tagadószó(cska);* ~ sentence: *tagadó mondat*
nominal: *névszói;* ~ predicate: *névszói állítmány;* ~ sentence: *nominális mondat*
nominative: *alanyeset*
noun: 1. *főnév;* abstract ~: *elvont főnév;* proper ~: *tulajdonnév* 2. *névszó;* ~ base: *névszótő*

noun-possessed: *birtokszó*
noun-possessor: *birtokosszó*
number: *szám;* cardinal ~ : *tőszám*
numeral: *számnév;* ~ of multiplication: *szorzószámnév;* cardinal ~ : *tőszámnév;* indefinite
    ~ : *határozatlan számnév;* ordinal ~ : *sorszámnév*
numerical: *számnévi;* ~ form: *számnévi (használatú) alak*

object: *tárgy;* ~ of the second person: *második személyű tárgy;* ~ clause: *tárgyi mellék-*
    mondat; definite ~ : *határozott tárgy;* direct ~ : *tárgy;* indefinite ~ : *határozatlan tárgy;*
    indirect ~ : *részeshatározó*
ordinal: ~ number: *sorszám;* ~ (numeral): *sorszámnév*
orthography: *helyesírás*

parts of speech: *szófajok*
participle: present ~ : *folyamatos* (or, *jelen idejű) melléknévi igenév;* past ~ : *befejezett* (or,
    múlt idejű) melléknévi igenév; future ~ : *beálló* (or, *jövő idejű) melléknévi igenév;* adverbial
    ~ : *határozói igenév*
particle: *szócska;* interrogative ~ : *kérdőszócska;* negative ~ : *tagadószó(cska)*
passive: *szenvedő;* ~ voice: *szenvedő igeragozás*
past: *múlt;* ~ tense: *múlt idő*
person: *személy*
personal: ~ form: *személyragos alak,* or, *személyjeles alak;* ~ pronoun: *személynévmás,* or,
    személyes névmás; ~ suffix: *személyjel,* or, *személyrag*
place-name: *helynév*
plosive, or, stop: *zárhang*
plural: *többes szám;* ~ possession, or, ~ possessed: *több birtok;* ~ possessor: *több birtokos;*
    ~ possessive: *a birtok többes száma;* ~ suffix: *a többes szám jele,* or, *többesjel*
polysyllabic: *többtagú;* ~ verb: *többtagú ige*
positive (degree, or, grade): *alapfok*
possession: *birtok;* plural ~ : *a birtok többes száma,* or, *több birtok;* single ~ : *egy birtok;*
    ~ suffix: *birtokjel*
possessive: *birtokos;* ~ relation: *birtokviszony;* double ~ relation: *kettős birtokviszony;*
    ~ suffix: *birtokos személyjel,* or, *birtokos személyrag;* suffix of plural ~ : *a birtok többes*
    számának jele
possessor: *birtokos;* plural ~ : *több birtokos;* single ~ : *egy birtokos*
postposition: *névutó*
predicate: *állítmány;* compound ~ : *összetett állítmány;* nominal ~ : *névszói állítmány*
prefix: verbal ~, or, preverb: *igekötő*
preposition: *elöljárószó,* or, *prepozíció*
present: *jelen;* ~ tense: *jelen idő*
prohibition: *tiltás*
pronominal: *névmási;* ~ conjunction: *névmási kötőszó*
pronoun: *névmás;* adjectival ~ : *melléknévi névmás;* adverbial ~ : *határozói névmás;* de-
    monstrative ~ : *mutató névmás;* demonstrative ~ expressing identity: *azonosító mutató*
    névmás; indefinite ~ : *határozatlan névmás;* interrogative ~ : *kérdő névmás;* personal ~ :
    személynévmás, or, *személyes névmás;* reflexive and emphatic ~ : *visszaható és nyomósító*
    névmás; relative ~ : *vonatkozó névmás*
punctuation: *központozás,* or, *az írásjelek használata*

question: *kérdés*; partial or pronominal ~ : *kiegészítendő kérdés*; yes or no ~ : *eldöntendő kérdés*; ~ tone: *kérdő hanglejtés*

reference: ~ word, or, deictic: *utalószó*, or, *rámutatószó*
relation: *viszony*; external local or spatial ~s: *külső helyviszonyok*; internal local or spatial ~s: *belső helyviszonyok*; surface ~s: *felületi helyviszonyok*; possessive ~ : *birtokviszony*; vowel ~s: *magánhangzó megfelelések*
root: *gyökér*, or, *gyök*, or, *szógyökér*
rounded: *labiális*, or, *ajakkerekítéssel képzett*

sentence: *mondat*; adversative ~s: *ellentétes mondatok*; affirmative ~ : *állító mondat*; complex ~ : *(alárendelő) összetett mondat*; compound ~ : *mellérendelő összetett mondat*; coordinating ~s: *kapcsolatos mondatok*; declarative ~ : *kijelentő mondat*; disjunctive, or, alternative ~s: *választó mondatok*; explanatory ~ : *magyarázó mondat*; interrogative ~ : *kérdő mondat*; negative ~ : *tagadó mondat*; nominal ~ : *nominális mondat*; optative ~ : *óhajtó mondat*; resultative ~ : *következtető mondat*; simple ~ : *egyszerű mondat*
sentence-stress: *mondathangsúly*
shortening: *rövidítés*; ~ of base vowel: *tőhangzó rövidítés*; ~ of consonants: *mássalhangzó rövidítés*
sibilant: *sziszegő mássalhangzó*
singular: *egyes szám*
sound: *hang*; ~ value: *hangérték*
spelling: *helyesírás*
stress: *nyomaték*; word ~ : *szóhangsúly*
subject: *alany*; general ~, or, impersonal ~ : *általános alany*; indefinite ~ : *határozatlan alany*
substantival: *főnévi*; ~ form: *főnévi (használatú) alak*
substantive: *főnév*
suffix: formative ~, or, derivative ~ : *képző*; modifying ~ : *jel*; flexional ~ : *rag*; ~ of adverbs of manner: *módhatározórag*, or, *a módhatározó ragja*; ~ of adverbs of place, or, adverbial ~ of place: *helyhatározórag*; ~ of the conditional mood: *a feltételes mód jele*, or, *feltételes módjel*; ~ of comparison: *fokjel*; ~ of comparative: *a középfok jele*; ~ of the plural possessive: *a birtok többes számának a jele*; accusative ~ : *tárgyrag*; adverbial ~ : *határozórag*; dative ~ : *a részeshatározó ragja*; diminutive ~ : *kicsinyítő képző*; imperative ~ : *a felszólító mód jele*, or, *felszólító módjel*; modal ~ : *módjel*; personal ~ : *személyjel*, or, *személyrag*; plural ~ : *többesjel* or, *a többes szám jele*; possession ~ : *birtokjel*; possessive ~ : *birtokos személyjel*, or, *birtokos személyrag*; tense ~ : *időjel*; past tense ~ : *a múlt idő jele*
superlative (degree, or, grade): *felsőfok*
syllabification: *szótagolás*
syllable: *szótag*

tense: *idő*, or, *igeidő*; future ~ : *jövő idő*; past ~ : *múlt idő*; present ~ : *jelen idő*; ~ suffix: *időjel*

unstressed: *nyomatéktalan*, or, *hangsúlytalan*
unvoiced: *zöngétlen*
uvular: *uvuláris*

523

verb: *ige;* ~ of possibility: *ható ige;* active ~ : *cselekvő ige;* auxiliary ~ : *segédige;* causative ~, or, factitive ~ : *műveltető ige;* frequentative ~ : *gyakorító ige; ik-*~ : *ikes ige;* impersonal ~ : *személytelen ige;* intransitive ~ : *tárgytalan ige;* irregular ~ : *rendhagyó ige;* momentaneous ~ : *mozzanatos ige;* passive ~ : *szenvedő ige;* reflexive ~ : *visszaható ige;* transitive ~ : *tárgyas ige;* ~ base: *igető*

verbal: *ige-;* ~ form: *igealak;* ~ prefix, or, preverb: *igekötő*

voiced: *zöngés*

vowel: *magánhangzó;* back ~ : *mély magánhangzó,* or, *veláris magánhangzó;* final ~ : *véghangzó;* front ~ : *magas magánhangzó,* or, *palatális magánhangzó;* linking ~, or, connective ~ : *kötőhangzó;* ~ elision: *(magán)hangzókivetés;* ~ harmony: *hangrend*

word: *szó;* back vowel ~ *mély hangrendű szó;* ~ front vowel ~ : *magas hangrendű szó;* compound ~ : *összetett szó;* ~ base: *szótő;* ~ building: *szóképzés;* ~ order: *szórend*

INDEX OF SUBJECTS

References are to page numbers and to sections of Grammar (in brackets).

The Substantive

527

528

EXPLANATION OF WORDS

Kultúra Külkereskedelmi Vállalat
Kiadásért felelős: Szabó József vezérigazgató

88/3357 Franklin Nyomda, Budapest
Felelős vezető: Mátyás Miklós igazgató

A kézirat nyomdába érkezett: 1988. június
Megjelent: 1988. augusztus
Terjedelem: 46,5 (A/5) ív + 3 tábla
Készült álló montírungról, íves ofszetnyomással, az MSZ 5601–59 és az MSZ 5602–55 szabvány szerint